SISSI, IMPÉRATRICE D'AUTRICHE

collection tempus

JEAN DES CARS

SISSI, IMPÉRATRICE D'AUTRICHE

Perrin
www.editions-perrin.fr

ISBN : 2-262-02338-7

tempus est une collection des éditions Perrin.

A la mémoire de
S.A.S. la Princesse Grace de Monaco.

POURQUOI SISSI ?

En 1967, mon premier reportage hors de France me conduisait en Autriche. Le sujet était le tournage de la nouvelle version du drame de Mayerling, certainement pas la dernière car il y a des évocations historiques qui paraissent inépuisables et révisables...

Le principal intérêt de ce film n'était pas dans le choix des comédiens. Catherine Deneuve, ravissante, et Omar Sharif, séduisant, sont, physiquement, le contraire des personnages de la jeune baronne Mary Vetsera et de l'archiduc Rodolphe de Habsbourg. De même, Ava Gardner ne pouvait, malgré sa très grande beauté, prétendre ressembler à l'impératrice Elisabeth. Comme des millions d'admirateurs, j'étais toujours sous le charme de Romy Schneider, fraîche et espiègle comme il convenait. Au cinéma, elle seule fut Sissi. Elle seule l'est restée, y compris dans ce magistral *Crépuscule des dieux* du grand Visconti où elle incarnait l'impératrice mûrissante aux côtés de l'extravagant roi Louis II de Bavière, son cousin. Et, après le cinéma, qui a popularisé ce mythe, la télévision l'a amplifié, notamment en France. Chaque diffusion de cette célèbre série obtient, aujourd'hui encore, un maximum d'audience et de satisfaction. Seul, dans ce *Mayerling* mis en scène par Terence Young, réalisateur des premiers films de la série – encore plus prolifique ! – des James Bond, le comédien James Mason campait un étonnant François-Joseph.

Ce film avait, pourtant, un grand mérite : il avait été mis en scène, en partie, sur les lieux mêmes de l'histoire. Et j'avais, moi aussi, arpenté consciencieusement les couloirs du palais impérial de la Hofburg, à Vienne, et les salons lambrissés du château de Schönbrunn. J'avais rêvé aux balcons de la cité impériale, capitale nostalgique de la vieille Europe. Et j'avais commencé à rassembler les débuts d'une enquête dans ce passé. Cinq ans plus tard, lors de mes recherches pour mon premier livre, consacré à Louis II de Bavière [1], j'ai « rencontré » pendant plusieurs mois l'impératrice Elisabeth, la seule femme qui ait su véritablement émouvoir le roi foudroyé de Bavière. Comment résister à cette femme exceptionnelle ? Certes, l'impératrice d'Autriche et la reine de Hongrie furent Sissi. Image exacte mais très incomplète. Elle fut aussi une grande dame, l'une des plus belles d'Europe (l'impératrice Eugénie était, dans ce domaine, sa rivale) et l'une des plus surprenantes. Déconcertante par ses caprices, touchante par sa simplicité, émouvante par ses enthousiasmes, influente par ses vues politiques, épuisante par ses voyages, bouleversante par sa dignité dans le drame, telle fut la souveraine. Un personnage très riche, singulièrement contrasté et qui ne peut laisser indifférent. Pour tout dire, une héroïne passionnante.

Mais pourquoi ce livre ? Encore ? !

Ne sait-on pas tout ? N'a-t-on pas tout dit et tout écrit sur cette imagerie parfois sucrée et un peu vieillotte ? La valse viennoise serait-elle devenue une rengaine ? Sincèrement, je ne le crois pas. Curieusement, si le public français a montré un intérêt inlassable au mélodrame qu'est la vie de Sissi, très rares sont les auteurs de langue française lui ayant consacré une étude récente. Après les réflexions brillantes de M. Henri Valloton et de Maurice Barrès, Maurice Paléologue et Paul Morand, de l'Académie française, le dernier ouvrage français paru à ce jour reste celui, bref mais bien conçu, de M. Raymond Chevrier (éditions Pierre Waleffe, 1968), intelligemment illustré. Certes, en 1982, la réédition, en français, de la traduction d'un ouvrage germanique de l'entre-deux-guerres fut, à nouveau, disponible. Je veux parler du livre classique du comte Corti, travail remarquable et ouvrage de référence

1. Chez le même éditeur.

mais dont le texte remonte à 1934[1]. Depuis, la moisson des historiens d'outre-Rhin et d'outre-Danube a été fructueuse car l'Histoire est une science de plus en plus vivante. Des archives s'ouvrent, des témoins se confessent, des descendants parlent. Peu à peu, les êtres et les événements sont éclairés par la lumière implacable du détail. Des idées reçues, des clichés peuvent être confirmés ou, au contraire, infirmés. En Autriche, où l'on peut mesurer la popularité et même l'affection qui entoure la famille de Habsbourg, les librairies sont nombreuses où l'on peut se procurer un ouvrage sur l'histoire de cette dynastie ou de ses grandes figures. Le culte est non seulement entretenu mais vivifié par des publications fréquentes.

Au-delà de ces travaux, mes recherches personnelles, qui ont duré près de cinq ans, m'ont permis d'accéder à des sources inédites, même en Autriche. J'ai éprouvé la joie suprême de tenir entre mes mains et d'analyser des documents, des archives et des souvenirs intimes de l'impératrice. Ceux-ci permettent d'affiner son image, d'expliquer certaines de ses réactions bizarres. Je me suis attaché à fouiller le personnage pour mieux le comprendre et l'éclairer. Mon étude est destinée, en premier lieu, aux lecteurs de langue française qui ne peuvent être familiers de tous les épisodes complexes d'une destinée à la fois proche et lointaine. Ce livre se propose de dresser un bilan des connaissances actuelles, en faisant le point des recherches les plus sérieuses, enrichies de multiples détails demeurés secrets. Il n'a qu'un souci, faire revivre la souveraine en reconstituant, avec un maximum de minutie, sa vie hors du commun car cet inventaire de l'Europe d'hier, aujourd'hui en lambeaux, appartient à notre mémoire. Avant de porter un jugement, il convient de connaître cette vie. J'ai tenté de la reconstituer pas à pas, sans l'isoler de son contexte, souvent déterminant.

1. Editions Payot, traduit en 1936, et réédité en 1950. Le même auteur a également publié une monumentale vie de François-Joseph, jamais traduite en français. Longtemps, François-Joseph attira moins que son épouse. En 1987, Jean-Paul Bled a publié un très solide *François-Joseph* (Fayard) qui comblait cette lacune.

Qu'il me soit permis d'exprimer, d'abord, ma profonde gratitude à S.M. Zita, dernière impératrice d'Autriche et reine de Hongrie, qui succéda à Elisabeth sur le trône féminin de la double monarchie en 1916. La qualité de son accueil, sa mémoire vive et la pertinence de son propos ainsi que la dignité de son existence face aux pires épreuves sont une leçon. Mieux : un exemple à méditer. S.M. Zita est, en effet, l'ultime grand témoin des heures sombres qui ont démantelé l'Europe et l'ont conduite à se faire deux fois la guerre à elle-même. L'audience que S.M. Zita a bien voulu m'accorder restera un moment exceptionnel de ma vie. Et le samedi 13 novembre 1982, à Vienne, je fus l'un des rares Français présents lors de son extraordinaire retour dans la capitale après... soixante-trois années d'exil. Un événement historique et bouleversant, en présence de près de vingt mille personnes de tous âges et de toutes conditions où les représentants des anciennes nationalités de l'Empire austro-hongrois avaient tenu à paraître. Un véritable triomphe, hommage populaire envers une personnalité très attachante et envers la famille d'Autriche. L'ancienne souveraine est décédée le 14 mars 1989. Ses obsèques, à Vienne, solennelles et impressionnantes, ont rassemblé un million de personnes et ont été retransmises par plusieurs télévisions européennes.

Le fils aîné de S.M. Zita, S.A.I.R. l'archiduc Otto, chef de la Maison de Habsbourg-Lorraine, voudra bien trouver ici l'hommage de mon profond respect et de ma sincère admiration. Brillant député au Parlement européen et observateur aux vues lucides, l'archiduc Otto m'a manifesté une disponibilité et un intérêt encourageants.

Que LL. AA. SS. les princes et les princesses Henri, Elisabeth, Vincent, Hélène et Bénédicte de Liechtenstein sachent, tout particulièrement, ma vive reconnaissance pour leur appui et leur compréhension. Ils n'ont pas ménagé leurs efforts et m'ont ouvert leurs archives et documentation familiales avec une courtoisie inlassable. Que M. Erik von Kuehnelt-Leddihn sache mon estime très amicale, que son épouse Christiane ainsi que son frère, M. le comte Léopold Goëss, reçoivent mes remerciements chaleureux. Leur arrière-grand-mère, la comtesse Marie Goëss, fut l'ultime Grande Maîtresse de la

Cour de l'impératrice Elisabeth. Merci à M. Ogris, directeur des archives de Carinthie, à Klagenfurt.

Que M. Erich Feigl, auteur de la plus complète biographie de l'impératrice Zita avant celle de Jean Sévillia – parue en français et intitulée *Zita, impératrice courage* (Perrin, 1997) –, sache toute ma sympathie et ma reconnaissance.

Que M. Max Karkegi, collectionneur hors pair et fureteur acharné, sache combien j'apprécie son concours dévoué, efficace et amical. Que Mme Robert Koreska, M. Gary Sommer et M. Lucien-René Dauven soient certains que leur aide m'a été très précieuse. Merci, également, à M. Jacques Mayer, propriétaire et directeur de l'hôtel Beau-Rivage, à Genève, où l'impératrice rendit l'âme, assassinée. La grand-mère de M. Jacques Mayer, jeune épouse du directeur de cet hôtel en 1898, a consigné ses souvenirs qui sont relatés ici pour la première fois ainsi que d'autres détails inédits sur le dernier séjour de l'impératrice et l'émotion que sa mort brutale souleva en Europe. Merci, également, à M. François-Achille Roch, journaliste de la presse suisse.

Que Mme Monique Travers et Mlle Dorothée Palka, ainsi que Mme Brigitte Pätzold pour ses aides complémentaires, sachent combien j'ai apprécié leurs travaux appliqués de traduction. Je n'oublierai pas Mlle Hélène Bourgeois, directrice de la Librairie Académique Perrin, pour sa patience et sa compréhension toujours souriantes et encourageantes. Merci, également, à Mme la Comtesse de Mun de m'avoir confié les souvenirs de M. Albert Perquer sur le séjour de l'impératrice à Sassetot-le-Mauconduit, en Normandie. J'adresse aussi ma gratitude à Mme Jean-Loup Telinge et à son fils Christian, sans oublier mon amicale reconnaissance à M. Roger Le Barrois.

Enfin, les personnalités qui m'ont apporté leur concours, sous des formes diverses en répondant à mes demandes mais qui souhaitent garder l'anonymat, sauront, dans ces lignes, combien je leur sais gré de la confiance qu'elles m'ont accordée à titre tout à fait exceptionnel.

Toutes et tous m'ont permis de mieux comprendre la fascination qu'exerce l'image de l'impératrice Elisabeth, depuis plus de cent ans. J'ai voulu saisir sa vie, inaugurée en opérette et achevée en tragédie et j'ai cherché à comprendre son caractère tour à tour pathétique, cocasse et grandiose. Ils constituent le plus poignant des romans vécus du siècle passé. Il m'a semblé que le moment était venu de présenter ce portrait d'une femme inoubliable.

Jean des CARS.

I

LA PRINCESSE SAUVAGE

Dans l'après-midi du mercredi 15 août 1853, une berline qui a quitté le sud de la Bavière roule vers la petite cité autrichienne de Bad Ischl, au cœur du Salzkammergut, cette contrée où l'on exploite le sel et qui a donné son nom à Salzbourg. Sur ce vieil axe du commerce européen, l'été lumineux des Alpes irradie ses couleurs vives. Dans un décor boisé reflété par l'émeraude serein des lacs romantiques, la ville connaît depuis une trentaine d'années une animation estivale croissante. Un médecin viennois, le docteur Wirer, a établi, vers 1820, les propriétés thérapeutiques des eaux salines. Symbole de négoce, le sel est promu symbole de santé. Toute la haute société se donne bonne conscience en allant prendre les eaux. Ses plus prestigieux représentants ont même reçu un surnom : on les appelle « les princes du sel »... Et, progressivement, lovée dans une boucle formée par les rivières Traun et Ischl, Bad Ischl est devenue un centre thermal, une villégiature recherchée et un rendez-vous du Gotha. Une véritable ville d'eaux.

Pourtant, la berline ne transporte pas des curistes. Elle a franchi les Alpes et elle appartient au duc Max en Bavière, chef de la branche cadette de la maison de Wittelsbach[1]. Le duc Max, beau-frère du roi, l'austère Maximilien II, n'est pas

1. Il ne faut pas confondre le titre du duc de Bavière, réservé à la branche royale (aînée) avec celui de duc en Bavière, porté par la branche ducale (cadette) auquel la qualité d'altesse royale ne sera rattachée qu'en 1845, par la volonté du roi Louis Ier.

dans sa voiture. Comme d'habitude, il a délégué son épouse, la duchesse Ludovika, qui se prépare à une importante réunion de famille. Partie de Possenhofen, sa résidence peu luxueuse des bords du lac de Starnberg, à trente kilomètres au sud de Munich, la duchesse voyage simplement avec deux de ses filles, Hélène et Elisabeth, ainsi qu'une femme de chambre. Leurs bagages suivent dans une seconde voiture.

La mère regarde ses filles. Deux sœurs ? Elles sont si différentes... Hélène a dix-neuf ans, des traits réguliers et un air sérieux qui frise la gravité. Fine, belle mais avec langueur. Et une grande piété. Son comportement pendant ces heures de voyage est à son image, un modèle de sagesse. Elle est bien la fille de sa mère. En revanche, Elisabeth, âgée de quinze ans et demi, élancée et ravissante, exprime la gaieté et la joie de vivre. Et, depuis toujours, l'indiscipline. Elle est bien, en revanche, la fille de son père.

Au relais de Rosenheim, à un bon tiers du parcours, Elisabeth n'a pas résisté à l'envie de donner elle-même à boire aux chevaux. En s'adressant familièrement aux valets et aux cochers, elle s'est attiré une observation glaciale de sa mère. Et quand, ayant trempé ses pieds dans un seau d'eau renversé, elle éclate de rire, elle est bien la seule ! Pour le reste du voyage, elle est placée sous la surveillance étroite de la femme de chambre. Elisabeth n'a plus qu'à soupirer secrètement tandis que la berline laisse, sur la gauche, le Chiemsee, le plus grand lac de Bavière qu'on appelle « la mer bavaroise ». Elisabeth n'a qu'à bien se tenir et à se faire oublier. En cette mi-août 1853, ce n'est pas elle qui compte dans la famille, mais sa sœur, la très sage Hélène.

Hélène porte l'espoir d'une revanche. En effet, sa mère est doublement frustrée, dans sa vie d'épouse comme dans sa vie de mère. Fille de l'électeur comte palatin des Deux Ponts Birkenfeld qui devait être le premier roi de Bavière grâce à Napoléon en 1805, elle est née princesse *de* Bavière. Par son mariage avec le duc Max qui est son cousin, en 1825, elle a été, en quelque sorte, rétrogradée au rang de duchesse *en* Bavière. De plus, Ludovika a vu ses sœurs contracter des unions plus prestigieuses que la sienne. L'une, en épousant François II, sera l'impératrice Caroline Augusta d'Autriche.

Deux autres, Marie et Amélie, auront l'originalité d'être successivement reines de Saxe. Une quatrième, Elisabeth, est reine de Prusse et la cinquième, Sophie, est archiduchesse d'Autriche, elle a épousé François-Charles, le frère de l'empereur Ferdinand. Dans ces combinaisons familiales alambiquées dont l'Europe a le secret, Ludovika est, au regard du protocole, celle qui a le rang le moins élevé...

Son mari, l'excellent duc Max, n'a rien d'un homme conventionnel. Il est passionné. Par la liberté, d'abord, et surtout par la sienne. Malgré ses apparitions en haut-de-forme et sa très grande culture, on ne le voit guère à Munich où, d'ailleurs, il n'a aucune fonction officielle. La ville l'ennuie, les mondanités l'accablent et le protocole l'étouffe. Il ne vit vraiment qu'à la campagne, épanoui par l'air vif des Alpes. Bohème, il disparaît dans les forêts, accaparé par des parties de chasse et de pêche. Ses longues heures à cheval sont ponctuées de haltes dans toutes les auberges de la Bavière méridionale. Dans la tenue traditionnelle – courte culotte de cuir, vareuse feutrée, chapeau hérissé d'un blaireau –, il trinque joyeusement avec les paysans puis repart escalader un sommet. D'humeur lyrique, il joue de la cithare, depuis que le fils d'un aubergiste viennois, rencontré en 1837, lui a appris à pincer les cordes. Dans la révolution de la musique au XIXe siècle, le duc Max est très appliqué. Certes, lorsqu'il laisse éclater toutes ses passions retenues, le résultat est surprenant. S'il ne bat pas la campagne bavaroise, il parcourt la Grèce, la Turquie et l'Egypte[1]. Ivre de joie en découvrant les impressionnants vestiges ensablés du temps des pharaons, Max, toujours accompagné de son ménestrel, joue de la cithare au sommet de la grande pyramide de Chéops ! Et, à son retour, il publie un *Voyage en Orient* qui est très remarqué. Mais son arrivée à Munich est bien davantage remarquée : il a ramené du Caire quatre négrillons qu'il tient à faire baptiser. Décidément, le duc mérite bien le pseudo-

1. Selon la mode du XIXe siècle à la recherche des racines de notre civilisation, la famille de Bavière montrera un grand intérêt pour la Grèce classique. L'origine de cette curiosité, autant historique qu'esthétique, peut être l'arrivée sur le trône de Grèce, en 1832, d'Othon de Wittelsbach, fils du roi Louis Ier de Bavière. L'indépendance de la Grèce avait été reconnue par la France, l'Angleterre et la Russie.

nyme de *Phantasius* qu'il s'est donné pour signer des nouvelles et des chroniques caustiques, inhabituelles dans ce milieu ultraconservateur de la capitale bavaroise. Il écrit depuis longtemps ; jeune, il a même commis une pièce de théâtre.

Les commentaires et critiques le laissent indifférent. Une fois pour toutes, lorsqu'il revêt son uniforme de général – fonction quasi honorifique –, c'est une corvée. Les propos des militaires et des fonctionnaires paraissent bien fades à ce voyageur joyeux. Toutefois, on se tromperait en le considérant tel un paysan rustre aux traits empâtés par la charcuterie et les flots de bière et affichant ce teint rougeaud des gens vivant en plein air... Au contraire, fin, psychologue, à quarante-cinq ans il a une silhouette mince, très jeune. Sa fortune, modeste, fond car il méprise toute idée de gestion. Il ne compte pas, il vit. Il plaisante, il préfère la franchise à l'hypocrisie et il est irrésistiblement sympathique. On dit même que les jolies filles le lui font savoir. Max est un original bon et attachant.

En vingt-cinq ans de mariage, il s'est donné la peine de faire huit enfants à Ludovika, mais pas celle d'élever leurs cinq filles et leurs trois fils. Il n'est pas là pour cela ! Fidèle à la tradition des Wittelsbach, qui furent des Médicis alpins, le duc est un artiste, un créateur, un être sensible. Mais quel père fascinant... quand il est là ! Pour lui, son épouse a une tendre indulgence, ses enfants un culte. Ne connaît-il pas tous les secrets de la nature ? Ne revient-il pas du pays des Rois Mages ? Et puis il dresse les chevaux en quadrille dans un manège qu'il a fait construire. Il est bon tireur et il chante. On se tromperait également en le jugeant dilettante, futile et même superficiel. Max, petit, racé, le front large et la bouche sensuelle, a de grands yeux qui s'assombrissent brutalement, témoins d'une nostalgie et d'une tristesse surprenantes. Mais, vite, il se ressaisit, se hâtant de considérer les artifices de la vie avec dérision.

Incontestablement, son enfant préféré est le troisième, sa deuxième fille. Elle est née à Munich, un dimanche, pendant la nuit de Noël de l'an 1837, à dix heures quarante-trois du soir. La petite princesse a vu le jour dans un palais de la

Ludwigstrasse, tout près de la résidence royale, au cœur d'une ville en pleine transformation. Son oncle, le roi Louis Ier, a entrepris de faire de Munich une nouvelle Rome érigée d'arcs de triomphe et de colonnades antiques. Mais il est aussi tenté par une nouvelle Florence dont il fait copier les balcons et les loggias. Et il souhaite aussi que Munich devienne « l'Athènes de l'Isar », du nom de la rivière traversant la cité. Néoclassique, le style munichois devient un hommage à la Méditerranée et la cité ressemble à un gigantesque musée des moulages. La Ludwigstrasse où est née la princesse, la rue Louis, a été percée dès 1816, sur ordre du futur souverain.

A peine délivrée, Ludovika entend la sage-femme qui, selon l'usage, présente l'enfant dans le boudoir blanc attenant à sa chambre. On s'extasie, on glousse. Et on fait remarquer qu'une petite dent perce déjà la gencive du nourrisson. Comme Napoléon... Un signe exceptionnel. Et on souligne que, née la même nuit que le Sauveur, la princesse sera un être de paix et de bonheur. Royaume au catholicisme fervent, la Bavière considère comme un don du ciel ce précieux cadeau de Noël. La marraine de l'enfant, qui est aussi sa tante, est la reine Elisabeth de Prusse. Elle reçoit donc le même prénom.

L'enfance d'Elisabeth et de ses frères et sœurs se déroule dans la simplicité, l'hiver à Munich, l'été et aussi souvent que possible, à la campagne, là où le plateau bavarois s'élève doucement jusqu'aux cimes des Alpes marquant la frontière avec l'Autriche. Possenhofen, vieux château acheté par son père en 1834, est une bâtisse rectangulaire en pierre rouge. Flanqué d'écuries et d'une chapelle, entouré d'un parc et de magnifiques roseraies étalées le long des eaux grises du lac de Starnberg, ce vénérable logis, qui n'a rien de raffiné, sent bon les foins lorsque, l'été, court le fœhn, ce vent du sud qui dessèche les hommes et les bêtes. La ferme jouxte la demeure entretenue par des domestiques qui font partie de la famille et sont d'un dévouement à toute épreuve. Au milieu des animaux, en particulier des chevaux et des chiens, ces derniers étant les véritables propriétaires des fauteuils, dans une atmosphère paisible et de famille unie, Possenhofen est un paradis de l'enfance. Affectueusement, tout le monde en parle avec un diminutif tendre : « Possi ». Les enfants ont aussi le leur. Charles Théodore est « Gackerl », Hélène devient « Néné », Mathilde est « Moineau », Max Emmanuel est « Mapperl ». Quant à Elisabeth, on l'appelle « Sissi [1] ». Sissi, Possi, des surnoms à l'unisson.

De ces années 1840-1848, il faut retenir la très grande liberté dont jouissent les enfants de Max et de Ludovika. Ils voient leurs parents sans cesse, sans difficulté, évoluent avec une absence de manières et de distances qui contrastent avec la froideur inévitable dans de nombreuses grandes familles. Un jeune cousin de Sissi, le prince Louis de Bavière, futur Louis II, fera quelques séjours à Possenhofen. Il aura l'impression d'un voyage dans une planète inconnue. Sissi est élevée dans l'ignorance des contraintes. Elle guette l'arrivée de son père et envahit son cabinet de travail où il tente, d'une plume appliquée, de réveiller une inspiration lasse. La poésie est le péché mignon des Wittelsbach.

Sa mère essaie de gommer les excentricités de son époux et s'efforce de remettre un peu d'ordre dans cette vie qui en est totalement dépourvue. Les poètes n'ont pas d'ordre, les mères de famille conservent le sens des réalités. Et ce mariage de Ludovika, mariage de pure convention mais où Max apparaît tellement plus séduisant que bien des fiancés possibles, s'il est fragile, n'est pas un échec.

Chargée de l'éducation de Sissi à partir de 1846, la baronne Louise Wulffen, gouvernante vite débordée, observe qu'elle est la plus rêveuse, la plus tendre et la plus distraite des huit enfants. Paradoxe : elle est aussi la plus scrupuleuse dans ce qu'elle aime. Le seul horaire respecté est le petit déjeuner autour de la mère, à huit heures au plus tard. Puis les leçons occupent jusqu'à deux heures. Sans méchanceté, le duc sape l'autorité de la gouvernante, bousculant les programmes et l'emploi du temps. Très tôt, il a senti que les vraies études de Sissi sont la vie autour d'elle. Il a compris que ses compagnons secrets s'appellent le vent, les fleurs, les étoiles. Il a

1. Deux orthographes sont possibles. Les germanistes écrivent *Sisi* et l'impératrice signait elle-même ses lettres « Sisi ». Nous disons, de préférence, *Sissi*. Je m'y conforme.

noté que les chevaux recueillent ses premières confidences et les chiens ses premières caresses. M. Raymond Chevrier observe « ce père qui lui fera, en définitive, tant de mal pour avoir voulu lui faire trop de bien ». On a beaucoup critiqué le laxisme de ce père qui n'aurait pas préparé Sissi à devenir Elisabeth. A l'inverse, il a su préserver les moments envolés de l'enfance. Il lui a assuré une aube de vie heureuse. Et cette empreinte sera si forte que dans toute sa vie, tragédie à répétitions, Elisabeth recherchera désespérément Sissi...

Max est heureux de se retrouver dans ce caractère spontané, sans calcul, avalanche d'enthousiasmes qui explosent en une boule de vie. Tant pis si son instruction est réduite et ses manières ordinaires. Tant pis si elle n'est pas douée pour la musique. En vain, elle martyrise un piano. En revanche, elle a une passion pour le dessin et pour l'écriture. Très tôt, elle exprime des sentiments et des émotions graves. Tant pis... Max décide que Sissi doit suivre ses penchants pour être épanouie. Il n'y met aucun frein. Sissi grandit sous le signe de la liberté. L'idée et le mot sont à la mode lorsque la princesse atteint l'âge de dix ans, au printemps de 1848, souvent appelé « le Printemps des peuples ».

La tempête napoléonienne avait ébranlé l'Autriche de différentes manières. En 1804, François II renonçait au titre de chef du Saint Empire romain germanique pour celui de François Ier, empereur d'Autriche. Depuis cinq cent soixante-quinze ans, les Habsbourg étaient chez eux le long du Danube, écrivant l'histoire de l'Europe centrale avec l'idée, déjà très avancée, d'un Etat multinational. L'esprit de conquête, qui avait été celui de Charles Quint et celui de l'impératrice Marie-Thérèse, avait mis en valeur deux constantes de la politique autrichienne : d'une part la lutte contre l'envahisseur turc assurait à la dynastie le rôle de défenseur de l'Occident et renforçait la puissance du catholicisme ; d'autre part, un antagonisme vis-à-vis de la Prusse, partisane d'une germanisation extrême, posait la question de savoir quelle serait la grande Allemagne : autrichienne ou prussienne ? Au Congrès de Vienne, congrès de la revanche sur Napoléon, l'Autriche récupérait, entre autres, le Tyrol, le Vorarlberg, la région de Salzbourg et obtenait la Lombardie ainsi que la Vénétie. Le chancelier de Metternich triomphait, il était le nouvel arbitre suprême, le « cocher de l'Europe ». Bismarck, qui analysa plus tard l'habileté de Metternich, note, au moment d'entrer dans la vie politique en 1847 comme député au Landtag de Prusse, que le diplomate autrichien « coupait les peuples en morceaux comme de vieilles culottes ». Pour se garantir de tout mouvement révolutionnaire, Metternich avait même concocté un traité de sauvegarde entre l'empereur Ferdinand d'Autriche, le tsar et le roi de Prusse, la Sainte-Alliance.

Pendant une trentaine d'années, l'Autriche avait connu la stabilité. Paix et développement économique pour les uns, immobilisme et étouffement des nationalités pour les autres. L'émancipation était refusée aux Hongrois, aux peuples de Bohême et d'Italie car l'émancipation eût signifié la dislocation. Et l'Autriche préservait cet équilibre car il symbolisait sa revanche. Avec Metternich, la légitimité l'emportait sur les nationalités mais l'Autriche, de nouveau, existait.

En mars 1848, la fièvre révolutionnaire gagne l'Autriche. Des émeutes chassent Metternich de Vienne et, après des affrontements sanglants, la Cour elle-même doit se réfugier à Innsbruck, capitale du Tyrol fidèle à la monarchie, puis à Olmütz, en Moravie[1]. Budapest et Milan se soulèvent et Venise veut même proclamer une république, éphémère, fantôme de la Sérénissime. Pendant cet été chaud, l'Autriche est ballottée entre deux courants : doit-elle être « allemande », unie à la Prusse en raison de la communauté linguistique ou bien, au contraire, doit-elle être uniquement « autrichienne », unie à tous les peuples danubiens liés aux Habsbourg ? En d'autres termes, quelle sera l'identité de la *Mitteleuropa*, cette Europe du milieu, tour à tour couloir d'invasion et de conquête ou frein à des impérialismes entêtés ?

Le 21 novembre, le prince Félix de Schwarzenberg, diplomate à poigne, prend la tête d'un gouvernement avec l'appui de son beau-frère, le prince Alfred de Windischgrätz. En juin, ce dernier avait écrasé le soulèvement de Prague où sa femme était morte.

---

1. Aujourd'hui Olomouc, en République tchèque.

D'apparence libérale mais, en fait, opposé au laxisme, ces deux hommes suivent le même raisonnement : les émeutiers ont chassé Metternich, ils n'ont pas chassé les Habsbourg. Au contraire, il les avaient « libérés » du chancelier. Dans Vienne, on avait même chanté un hymne de Haydn : *Dieu garde notre empereur*. La restauration de l'autorité autrichienne, c'est-à-dire de l'ordre, passe obligatoirement par le rétablissement du prestige impérial. Or toute la difficulté est là : l'empereur Ferdinand, qui règne depuis 1835, n'a aucun prestige. Faible, sujet à d'inquiétantes crises nerveuses, privé de Metternich qui lui servait à la fois d'auréole et de bouclier, Ferdinand Ier venait de se révéler, dans toute son incapacité. Depuis que, jeune prince héritier, il errait dans les couloirs, cramponné à ses aides de camp, en bégayant, son état avait empiré. L'épilepsie, dont il était atteint, restait encore fort mal connue. Gentil et lucide sur son état, Ferdinand Ier avait été surnommé le Débonnaire, ce qui était aimable. Ferdinand le Débile eût, hélas, mieux convenu. Le problème autrichien est donc, d'abord, un problème de famille.

Théoriquement, c'est à son frère cadet, l'archiduc François-Charles, que doit revenir la couronne. Hélas, encore hélas... Il n'est guère brillant. Sa timidité, son absence de caractère et d'esprit de suite l'éliminent aux yeux de Schwarzenberg. Tandis que gronde l'orage des nationalismes et que Vienne est la chambre d'écho de Paris, qui a chassé Louis-Philippe, le seul candidat possible est le fils de François-Charles.

Le neveu de l'empereur a dix-huit ans et la maladie nerveuse l'a heureusement épargné. Il a des manières parfaites, une belle allure et un jugement sain. Sa mère, l'archiduchesse Sophie, est une Wittelsbach et l'une des sœurs du roi de Bavière. Autoritaire, stricte, une vraie maîtresse femme, dotée d'une énergie qui manquait chez son époux. Depuis la naissance de son fils aîné le 18 août 1830, elle ne songeait qu'à prendre sa revanche sur ce pauvre mari, si « absent ». Ce fils, à qui elle inculque très tôt des préceptes d'ordre et de rigueur, ce garçon qu'elle éduque dans la haine du chaos et du laisser-aller, elle l'appelle Franzi. Nous l'appellons François-Joseph. Avec lui, l'heure est venue d'installer sur le trône des Habsbourg un souverain sain et équilibré, pas du tout décadent. Et il est « neuf » : la jeunesse de l'empereur rajeunira l'Empire.

Le 2 décembre 1848, dans le somptueux palais de l'archevêque d'Olmütz, l'empereur Ferdinand abdique puis l'archiduc François-Charles, son frère, renonce à ses droits. Il est huit heures du matin. Devant une assemblée de hauts dignitaires, François-Joseph s'agenouille et demande à son oncle de le bénir. Le vieil empereur a encore la force de dire à son successeur :

— Que Dieu te bénisse. Reste simplement courageux et Dieu te protégera [1].

Un silence impressionnant suit cette recommandation. Franzi est devenu François-Joseph. Ici, sans couronnement et dans une retraite qui ressemble à l'exil. Olmütz n'est pas Vienne...

La stratégie de Schwarzenberg a réussi : l'âge de François-Joseph est un facteur d'espoir. Le nouvel empereur a dix-huit ans et trois mois et demi mais, en quelques instants, il a vieilli. Pâle, étreignant sa mère, il dira, quelques heures plus tard :

— Adieu ma jeunesse !

Sa prise de conscience est réelle, une mission écrasante est désormais la sienne. Ainsi commence, loin de sa capitale, un interminable règne comparable, en importance et en durée, à ceux de Louis XIV et de la reine Victoria. Sa mère ne cache pas son apaisement. Au début de son mariage, elle avait déclaré : « Je ne suis pas heureuse, je suis satisfaite », une remarque cinglante qui était un aveu. La voici comblée et vengée, son fils est empereur. *In extremis*, la monarchie vacillante est sauvée et l'Autriche a un nouveau maître dont l'obsession, qui ira jusqu'à l'aveuglement, est résumée en un seul mot, le devoir. En un serment qui datait du 18 août 1843, le jour de ses treize ans, il avait noté, dans son *journal* : « Aujourd'hui, au seuil de ma quatorzième année et en tant qu'officier, je m'engage fermement à ne plus jamais montrer de la crainte et à ne plus jamais dire un mensonge. »

D'émotion, l'archiduchesse avouera, deux mois après l'in-

1. Dorothy Guies Mac Guigan, *Les Habsbourg*, trad. franç., Tallandier, 1968.

tronisation d'Olmütz, au poète tyrolien Walpurga Schmidl : « J'offre à Dieu l'angoisse d'une mère car voir peser sur un fils âgé d'à peine dix-neuf ans l'immense poids de tout un empire n'est pas une mince épreuve pour le cœur d'une mère. » Son fils entre dans l'Histoire mais cette journée est son triomphe. Dans sa robe de moire blanche, elle rayonne de fierté. Dans ses cheveux, des fleurs roses alternent avec des diamants. Autour du cou, elle porte un collier de turquoises et de diamants que son mari lui avait offert pour la naissance de François-Joseph. Et elle s'est drapée dans une écharpe rouge à broderies d'or.

Le lendemain, une migraine tenace et des vomissements ne l'empêcheront pas de répondre à toutes les félicitations. L'orgueil est le meilleur des remèdes. Ainsi, la lettre du tsar Nicolas Ier est bien douce à lire : « La situation est vraiment difficile, peu de princes ont dû commencer dans des circonstances aussi critiques. Mais, d'après ce que j'ai entendu, ce jeune homme possède des qualités qui garantissent qu'il saura se montrer à la hauteur de la situation. » Le roi de Prusse Frédéric-Guillaume IV est moins chaleureux et davantage politique : « La Prusse et l'Autriche doivent marcher la main dans la main. »

De l'autre côté des Alpes, en Bavière, si l'agitation avait été moins sanglante, le résultat était identique : le souverain avait dû également abdiquer. Cette transition dynastique chassait Louis Ier davantage pour des raisons personnelles que pour des raisons politiques ; le bon roi avait soudain perdu la tête pour une fausse danseuse espagnole mais authentique aventurière, Mlle Lola Montez. Le scandale privé s'était mué en scandale public et son fils, Maximilien II, père du futur Louis II, était monté sur ce trône avec un souci évident de bonne conscience et de sagesse. Lui aussi incarne le devoir mais sans éclat.

Les barricades avaient empêché la famille de Sissi de regagner, après les fêtes de Noël, son palais d'hiver de la Ludwigstrasse ; le duc Max avait trouvé désagréables ces contretemps et déclaré, une fois de plus, qu'il ne faisait bon vivre qu'à Possenhofen. La nature s'y révolte rarement. Les villes sont ingrates, capricieuses et leur politiciens des menteurs...

A l'été 1848, ces révolutions avaient rapproché les sœurs ; Ludovika et Sophie s'étaient soutenues, conseillées, épaulées. En juin, Ludovika, accompagnée d'Hélène et de Sissi et de deux de ses fils, avait retrouvé Sophie à Innsbruck, dans leur premier éloignement prudent. Franzi et deux frères accompagnaient leur mère. Sissi et Franzi s'étaient vus pour la première fois mais un monde les séparait. L'âge, d'abord : il avait presque dix-huit ans, elle n'en avait que onze. Les préoccupations, ensuite : Franzi faisait un apprentissage officieux de futur chef d'un Etat au bord de l'écroulement. Sa mère lui serinait que l'avenir reposait sur ses épaules, le temps des jeux d'enfants était passé. Le garçon était grave et regardait sans intérêt particulier cette petite cousine aux joues rondes, coiffée en bandeaux selon la mode bavaroise, pas vraiment jolie mais que tout le monde adorait. En revanche, son frère Charles-Louis, qui n'a que quinze ans, tombe en arrêt devant Sissi. Et tous les prétextes sont bons pour lui cueillir un bouquet et lui choisir des fruits. Comme une étoupe, Charles-Louis s'enflamme. Quel trésor, cette Sissi, quel cœur, cette cousine bavaroise ! Et puis son regard est irrésistible. La fillette qui croule sous ces petites attentions est ravie. La séparation n'en est que plus triste. Charles-Louis se précipite sur sa plume et écrit à sa cousine qui a regagné Possenhofen. Il lui adresse même une rose et, geste révélateur, une bague : Charles-Louis est amoureux. Totalement, sincèrement, définitivement... Elle lui répond le 26 juin. Et sa lettre, gentille, est accompagnée, elle aussi, d'une bague. Une bague en échange d'une bague. Charles-Louis n'en doute pas, un tel cadeau représente un serment. Evidemment, le garçon, ébloui, reçoit une correspondance de petite fille : elle parle des deux moutons donnés par sa mère, de ses promenades en forêt et sur les lacs. Elle l'invite à Possi. Grand événement : elle a vu des écuyers et des danseurs de corde [1],

1. Egon Cesar, comte Corti, *Elisabeth d'Autriche*, trad. franç. par Marguerite Diehl, Payot, 1936, réédité en 1950 et 1982.

premier intérêt déclaré pour le monde des forains et des gens du voyage. Au cours de l'été, le 28 juillet, et en octobre, l'archiduc accélère le rythme de ses missives, expédiant une fois des friandises, une autre fois une jolie montre avec chaîne qui faisait rêver sa cousine. Petits cadeaux, petites émotions. Comme le remarque le comte Corti, « elle le remercie toujours très cordialement mais ne parle jamais d'elle ». L'année suivante, Sissi, qui a douze ans, lui écrit de Possenhofen (lettres du 15 et du 29 juillet). Pour le nouvel an, Charles-Louis lui fait parvenir un bracelet. Le 1er janvier 1850, de Munich, sur son papier à lettres enguirlandé de fleurs, elle le remercie. Mais Sissi est encore une fillette, une princesse de la forêt, un bouton de rose. Adorable et déjà adorée mais qui est bercée d'insouciance.

Trois ans plus tard, à la mi-août 1853, Sissi est devenue une jeune fille obligée de se taire et de se tenir tranquille dans la berline familiale qui a quitté Salzbourg pour sa dernière étape, Bad Ischl.

Le projet de sa mère est à la fois simple et immense, elle veut marier Hélène à François-Joseph. Depuis que son neveu est sur le trône des Habsbourg, elle s'est transformée en marieuse. Et sa sœur, à Vienne, rejoint tout à fait son idée. Ayant déjà donné un empereur à l'Autriche, Sophie s'occupe activement de trouver une impératrice pour le souverain. La politique européenne est alors, essentiellement, une affaire de famille, succession d'alliances et de rivalités.

Son premier portrait officiel par Anton Einsle, le peintre de la Cour, nous montre le jeune empereur dans sa tenue favorite, l'uniforme. Il a été soldat, recevant le baptême du feu contre les Sardes, à la bataille de Santa Lucia le 6 mai 1848 ; il le restera toute sa vie. Tunique blanche brodée d'un cordon rouge et or, pantalon rouge à bandes dorées, ceinture dorée, il arbore les couleurs de l'Autriche. La main droite à la taille, le poing gauche sur quelque plan de bataille, François-Joseph porte le sabre. Son bicorne à plumet vert est posé et, dans le fond de la toile, un campement et un bivouac soulignent les ambitions de l'empereur. Cheveux auburn, lèvres épaisses, visage allongé et fin, il est beau. Son corps, très mince, passe pour être fragile et délicat. Il a pourtant résisté à une épidémie de typhus et à un rythme de travail stupéfiant. Et son énergie laisse pantois.

Le vernis libéral a vite sauté et les revendications nationales se sont heurtées à une terrible répression. Schwarzenberg a été très clair : « Nous serons cléments par la suite. Pour l'instant, il nous faut pendre encore un peu. » Et l'archevêque de Vienne, Mgr Rauscher, avait annoncé, avec une très relative charité chrétienne : « Le silence des morts et des pendus est une garantie pour le développement du règne. » Les soulèvements d'Italie ont été matés par un vieux maréchal, Joseph Radetzky. A quatre-vingt-deux ans, le 25 juillet 1848, il a battu les Piémontais à Custozza, repris le contrôle de la Lombardie et de la Vénétie à Novare (22 août 1849) dont il est nommé gouverneur. Mais c'est en Hongrie que la répression fut la plus dure. Sur ordre du tsar, trois cent mille soldats russes ont écrasé la résistance hongroise. Nicolas Ier n'a pas agi par seul amour de l'Autriche mais par crainte que la Pologne, à son tour, ne s'embrase. Les chefs de la révolte ont pu fuir. Le comte Andrassy, d'une vieille et influente famille, s'est réfugié en Angleterre tandis que Lajos Kossuth, petit hobereau qui avait réveillé la conscience hongroise et s'était retrouvé ministre des Finances en 1848 en prônant une rupture totale avec Vienne, avait fait proclamer la « déchéance des Habsbourg » le 14 avril 1849, avant de se réfugier, au mois d'août, en Turquie. En revanche, le président du Conseil Batthyány avait été fusillé et treize généraux agonisaient au bout d'une corde. En l'apprenant, le tsar, qui avait réclamé « une punition sévère contre les meneurs et l'indulgence envers les égarés, seul moyen pratique de parvenir à une paix durable », se déclara offensé par le zèle.

Il le fait savoir : « Les condamnations à mort de ceux qui se sont rendus à notre armée sont une infamie et une insulte pour nous. » François-Joseph lui-même avait demandé qu'on use du droit de grâce et prescrit que toute condamnation capitale soit approuvée, d'abord, par son cabinet. Certains généraux autrichiens ayant oublié cette procédure parce qu'ils s'estimaient les sauveurs de la monarchie, François-Joseph a le courage de les démettre de leurs fonctions, tel le général Haynau.

Ainsi, l'engrenage infernal de la répression en Italie et en Hongrie ensanglante les premiers mois du règne de François-Joseph. Séquestrations, confiscations, exécutions, emprisonnements, personne n'échappe à la contre-révolution, pas même l'aristocratie qui avait osé se dresser contre Vienne. Schwarzenberg, grand maître de cette course de vitesse pour éteindre l'incendie révolutionnaire, résume sa politique : « La base du gouvernement est la force, non les idées. » Les Croates, les Tchèques, les Hongrois, les Bohémiens, les Lombards, les Piémontais et les Vénitiens avaient eu trop d'idées, ou plutôt, ils n'en avaient qu'une seule : être libres. Mais la fragile monarchie viennoise considérait que ces foyers de révolte étaient trop nombreux pour être spontanés.

Et « François-Joseph fait figure de bourreau, alors qu'il n'a pas encore vingt ans[1] ». Il a beau vouloir être informé des moindres détails – ce sera toujours sa méthode –, il est encore obligé de faire confiance à son entourage. L'empereur est un débutant mais particulièrement appliqué.

Le 4 mars 1849, il promulgue une Constitution. Ce texte, utopique, ne reconnaît qu'un seul Etat, l'Autriche ; la Hongrie y est intégrée en qualité de terre de la Couronne tandis que la Lombardie et la Vénétie deviennent des provinces. Les nationalismes ne sont pas calmés, ils sont bâillonnés. Mais ce rétablissement de l'autorité intérieure n'est pas la seule visée de Schwarzenberg car la solidité – l'existence même – de l'Autriche en Europe est en jeu. La Prusse, qui bénéficie d'une bonne situation économique grâce au Zollverein, l'Union douanière créée en 1834, avait cherché à profiter de l'affaiblissement de Vienne. Au Parlement de Francfort, siège de la Confédération germanique regroupant trente-cinq Etats, les rivalités entre l'Autriche et la Prusse tournaient à l'antagonisme avoué.

Comme d'habitude, deux thèses s'opposaient. Selon la première, la grande Allemagne inclurait l'Autriche ; selon la

1. Raymond Chevrier, *Histoire de Sissi*, éd. Pierre Waleffe, 1968.

seconde, la petite Allemagne « serait dominée par la Prusse ». Le roi de Prusse, Frédéric-Guillaume IV, refusa la couronne d'empereur sans doute parce que l'Autriche amorçait son redressement et aussi, peut-être, parce que sa femme, sœur de l'archiduchesse Sophie, est une tante de François-Joseph. Mais une nouvelle manœuvre prussienne se fait jour : sous le prétexte d'une union restreinte, la Prusse occupe la Hesse. Schwarzenberg lance un ultimatum à la Prusse. Le poids du tsar, prêt à empêcher toute guerre, à soutenir François-Joseph et l'habileté musclée de Schwarzenberg contraignent le gouvernement prussien à la « reculade d'Olmütz ». L'ancienne Confédération germanique est rétablie et elle est, de nouveau, présidée par l'Autriche comme au temps où Metternich conduisait l'Europe. Mais cette humiliation, très durement ressentie en Prusse, contient les germes d'une revanche. Désormais, entre les Hohenzollern et les Habsbourg, l'hostilité a succédé à la méfiance. Dans l'ombre, Bismarck tempête, s'exaspère, s'indigne. Il sera l'auteur de la relève, le phare du nationalisme prussien.

Il faut également noter que la révolution européenne, partie de Paris, a tourné court. En France, la IIe République est moribonde et Louis Napoléon Bonaparte, élu président, sert le régime avant de s'en servir. L'élan est devenu un frein. Pour les uns, l'espoir s'est brisé, pour les autres l'anarchie est domptée par l'ordre.

Enfin installé à Vienne, François-Joseph préside son premier Conseil des ministres le 17 août 1851. Il doit reconnaître l'impossibilité d'appliquer la Constitution de 1849 et déclare que des réformes sont nécessaires à l'unité de la monarchie et aux besoins réels de ses peuples. Il insiste sur un point capital : les ministres ne doivent être responsables qu'envers lui seul. Et neuf jours plus tard, du palais de Schönbrunn où il était né, dans une chambre de lambris blancs tendue de damas rouge, il écrit à sa mère : « ... L'Autriche n'a plus qu'un seul maître. Mais, maintenant, il faut encore plus travailler. » La puissance et le devoir. Plus que jamais, l'archiduchesse règne sur son fils de vingt et un ans qui est toujours célibataire. En grande organisatrice, l'archiduchesse pourvoit même à ses plaisirs intimes. Son attitude, qui peut surprendre, est logique : il ne faut rien laisser au hasard, pas même le choix d'une liaison. Sophie régente toute la vie de son fils, y compris ses amours et ses distractions. L'image de François-Joseph studieux, voire laborieux, enchaîné à ses bureaux et esclave des affaires de l'Etat est, certes, exacte mais il convient de la nuancer pour la période du début de son règne. Sa jeunesse ne l'a pas encore complètement quitté... Sa mère, préoccupée par l'état de fatigue de ce fils qui s'impose huit heures de suite au service de la Couronne, réduit ses promenades et même sa chasse qui est son seul vrai plaisir, organise des petits thés intimes dans ses propres appartements. Quelques invités, quelques invitées. L'empereur vient se détendre secrètement et peut danser sous des yeux tendres et bienveillants sans être, encore une fois, en représentation. L'archiduchesse retient le prince de la musique, Johann Strauss fils, en personne. Il a succédé à son père, mort en 1849, qui a fait triompher, déjà depuis 1820, une danse populaire à trois temps, qu'on entend dans toutes les auberges et dans tous les petits théâtres des faubourgs. Sa Majesté la valse viennoise. Elle va mettre en musique le règne de François-Joseph. Un tourbillon qui durera presque un siècle [1]. Johann Strauss père avait été l'un des directeurs des bals de la Cour et le promoteur, avec Joseph Lanner, de cette nouvelle musique de danse. Johann Strauss fils portera, avec l'opérette, la valse à sa perfection. Valser, aimer, boire et chanter seront les quatre commandements du Viennois friand de légèreté et d'ironie.

Ces « Kammerbälle » ou bals de chambre permettent à Sophie d'honorer quelques hôtes. Son fils est bon danseur : valse, polka, quadrille, mazurka polonaise lui sont familiers. Et, dans l'hiver 1850-1851, pendant la période du Carnaval, à trois heures du matin, Sophie présente à son fils les plus jolies jeunes filles de la société viennoise et les mieux nées. On sert un thé chaud, revigorant. Qui sert ? Les jeunes filles elles-mêmes, rouges de confusion comme le velours frappé

1. Et dure toujours. Tous les 31 décembre, le célèbre « Bal de l'Empereur » attire à Vienne un certain public viennois et étranger pour une soirée particulièrement élégante. De même, pendant le Carnaval, se déroule un bal fameux à l'Opéra de Vienne dont la salle est alors transformée en piste de danse qui prolonge la scène.

des murs. L'honneur se double d'un précieux exercice pratique des bonnes manières : comment ne pas renverser une tasse de thé en faisant une révérence, même discrète, à l'empereur toujours vêtu de blanc et de rouge[1] ? Elles sont fraîches et exquises, ces jeunes personnes. La comtesse Czernin présente la tasse, la comtesse Luidau, ravissante, présente le lait, selon le rite viennois. Habilement, Sophie glisse dans ce parterre timide et babillant quelques femmes plus mûres et peu farouches avec la mission de satisfaire le fougueux et jeune empereur. Et ces dames sont discrètes. Bientôt, on les surnomme les « comtesses hygiéniques », ce qui se passe de commentaires. Pour l'archiduchesse, femme stricte mais franche, il y a un temps pour tout, à condition que ces divertissements soient prévus, organisés, et contrôlés. Son fils ne lui échappe pas un instant, même pas lors des étreintes programmées pour rendre grâce à la nature...

En revanche, au bal de cour (*Hofball*) et au bal à la Cour (*Ball bei Hof*), officiels, solennels et protocolaires, l'empereur ne danse pas. Il est en service commandé et en profite pour glisser des paroles aimables, voire des mots. Il a l'humour sec, mais cultive une courtoisie et une disponibilité qui désarment ses adversaires. A un officier sarde qui lui est présenté, l'empereur s'adresse ainsi :

— Vous servez dans l'artillerie ? C'est une belle arme. Nous l'avons remarquée dans nos deux dernières campagnes.

Allusion claire au baptême du feu reçu contre les Sardes, quatre ans plus tôt.

De même, il rompt avec l'interdiction de la czardas, considérée comme emblème musical de la révolte hongroise. Au bal du 14 janvier, sans être attendu, il paraît en uniforme de hussard de Hongrie, s'attirant une sympathie jusque-là réticente. « L'empereur ne nous en veut plus », annoncent certains Hongrois.

Une sorte de triumvirat officieux dirige les affaires autrichiennes : François-Joseph règne, Schwarzenberg gouverne et le vieux chancelier Metternich, enfin rentré à Vienne,

1. A noter : les couleurs impériales sont restées celles de l'Autriche d'aujourd'hui, établissant une sorte de continuité nationale malgré la proclamation de la république en 1918.

conseille l'empereur qui le consulte fréquemment. Et l'archiduchesse régente la vie de son précieux fils. Son mariage est devenu une obsession car il n'est rien de tel que l'image du bonheur pour consolider une monarchie, surtout si elle est convalescente. L'archiduchesse pose son regard sur les grandes familles d'Europe avec d'autant plus d'acuité que l'empereur est amoureux. Pour la première fois, semble-t-il, mais cela ne satisfait guère sa mère. La jeune fille se prénomme... Elisabeth. C'est une de ses cousines, fille d'un prince hongrois. Une Hongroise ? Pas question ! Le contentieux sanglant ne saurait être apuré par des sourires de cour. Le moment n'est pas encore venu. Comment les Autrichiens pourraient-ils oublier l'insurrection de Budapest et ses assassinats ? Comment les Hongrois gommeraient-ils l'exécution du comte Batthyány, président du Conseil des ministres, qui, après une tentative de suicide, avait été fusillé sur ordre de François-Joseph ? Pour se venger, sa veuve avait proféré une malédiction terrible : « Que Dieu le frappe dans tous ceux qu'il aime, dans toute sa lignée [1]. » Non, c'était trop tôt, trop vite...

Un peu plus au nord, la Prusse pourrait peut-être fournir une prétendante digne... Sophie compte sur les voyages de son fils qui parcourt l'Europe centrale. En août 1852, il est à Berlin. Un voyage qui s'impose car le couple royal de Prusse, le roi Frédéric-Guillaume IV et la reine également prénommée Elisabeth et qui est une tante maternelle de François-Joseph, est déjà venu trois fois à Vienne. Le plan de Sophie est simple : face à la France où Louis Napoléon Bonaparte ourdit le rétablissement de l'Empire, face à la Russie lointaine mais pesante, une alliance avec la Prusse pourrait donner à l'Autriche un poids certain. En érodant, par leur mariage, le vieil antagonisme Hohenzollern-Habsbourg, le « problème allemand » serait obligatoirement réglé avec le concours de Vienne. François-Joseph est, comme prévu, séduit par la princesse Anna, nièce du roi. Elle a vingt-deux ans, elle lui plaît mais, catastrophe ! elle est déjà fiancée avec le prince de

---

1. Célia Bertin, *Mayerling ou le destin fatal des Wittelsbach*, Librairie Académique Perrin, 1967.

Hesse-Cassel. Sophie n'est pas femme à renoncer et demande à sa sœur tout son appui, dans le plus grand secret. Malgré leurs efforts, les deux sœurs se heurtent au refus énergique de l'ambassadeur de Prusse au Parlement de Francfort, le comte de Bismarck, qui cherche à affaiblir l'Autriche et, *a fortiori*, refuse de renforcer les liens prussiens avec Vienne. Les tractations, qui ne filtrent pas des chancelleries, sont bloquées. Elles tournent court avec l'impossibilité, pour la princesse Anna, de renoncer à la religion protestante. Bismarck, luthérien, insiste sur ce point. En réalité, il ne pardonne pas l'humiliation d'Olmütz. François-Joseph, qu'il a rencontré à Vienne en juin, lui a fait bonne impression et ce compliment, rare chez le *Junker*, mérite d'être noté. Il loue, chez le jeune empereur, « le feu, la dignité, le sang-froid, le coup d'œil, la droiture, la sincérité, surtout quand il rit [1] ». Non et non ! Bismarck, l'homme qui a réveillé la Diète en imposant son cigare, se moque de vivre en harmonie avec l'Autriche. Alors, un mariage...

Le complot de Sophie échoue et l'échec est d'autant plus vexant que le plus récent des empereurs, Napoléon III, vient d'épouser la ravissante deuxième fille d'un comte espagnol, Mlle Eugénie de Montijo. Un mariage d'amour et non une alliance politique. Sophie, qui ne saurait se résoudre à une telle aventure, regarde vers l'ouest, tout près de l'Autriche, de l'autre côté du Tyrol, vers la Bavière. Elle regarde du côté d'une autre sœur, Ludovika.

Politiquement, la Bavière est sûre. Le roi Maximilien n'est pas original ni dangereux. C'est à peine s'il a quelques idées. La Bavière est catholique, comme l'Autriche ; la Bavière est menacée par la Prusse, comme l'Autriche. Une alliance entre les Wittelsbach et les Habsbourg – une de plus – pourrait être bien utile dans le rôle que l'Autriche joue à nouveau au sein de la Confédération germanique. Et puis la Bavière n'est-elle pas la patrie de l'archiduchesse Sophie ? Elle se souvient de sa nièce Hélène, belle et surtout raisonnable, la jeune fille parfaite. Elle serait une impératrice rêvée et ne risquerait pas de lui nuire, à elle, la grande dame de la famille.

1. Yves Grosrichard, *Les Cent Usages de Bismarck*, Presses de la Cité, 1970.

L'archiduchesse est sur le point d'écrire à sa sœur pour lui demander des nouvelles de sa fille Hélène, « Néné » pour la famille, lorsqu'un attentat plonge Vienne dans la stupeur. Le 18 février 1853, un peu après midi et demi, un Hongrois, ancien tailleur, ancien forgeron, se précipite sur François-Joseph penché sur un rempart, occupé à regarder des troupes à l'exercice.

Le Hongrois, Janos Libenyi, est armé d'un couteau à longue lame à deux tranchants. Un cri de femme fait détourner la tête du souverain, la lame glisse entre le col de l'uniforme de lancier et la boucle métallique de la cravate. A quelques centimètres près, l'empereur était égorgé. Dans la confusion qui suit, François-Joseph saigne. Il crie à un promeneur courageux qui, avec l'aide de camp Maximilien O'Donnel, a maîtrisé l'agresseur déchaîné :

— Ne le tuez pas !

La blessure, moins grave qu'on ne l'avait craint mais moins bénigne qu'on ne l'a dit, provoquera trente bulletins de santé en dix jours, un évanouissement spectaculaire de l'archiduchesse Sophie et un accroissement non moins spectaculaire de la popularité impériale. Le premier attentat contre un Habsbourg... Il faut noter que, deux jours plus tard, le blessé, alité, choqué, souffrant curieusement des yeux, a reçu ses ministres et travaillé sur des dossiers urgents. Trois semaines plus tard, il paraît, sans escorte, dans une voiture découverte, qui le conduit au Prater, ce célèbre parc où l'on chante et danse au bord du Danube. En le reconnaissant, la foule laisse éclater sa joie. François-Joseph est intransigeant mais courageux : la foule est la meilleure cachette pour un assassin : Janos Libenyi avait attendu quinze jours, assis tranquillement sur un banc avant de bondir pour venger Kossuth. Et François-Joseph avait été sauvé par son uniforme. Un symbole...

Apaisée, rehaussée dans son rôle de mère d'un empereur que Dieu a protégé d'un poignard, Sophie invite sa sœur et sa nièce Hélène à venir à Bad Ischl au milieu de l'été. Ludovika est aux anges, affairée dans la préparation d'une garde-robe neuve pour sa très sage fille et Maximilien s'arrange pour ne pas entreprendre ce voyage qui l'ennuie. L'agitation, la ruche qu'est devenu Possenhofen, le fait fuir au fond des forêts. Enfin, préparée par mille conseils, leçons, et remarques appuyées, Hélène monte dans la berline ducale avec sa mère qui n'a oublié ni ses sels, ni ses poudres, ni ses bouteilles d'eau minérale sans compter deux éventails et son livre de prières émergeant d'un bric-à-brac de vêtements et dessous féminins. Au dernier moment, elle a décidé que Sissi serait du voyage, décision qui ne pose aucun problème. Sissi n'a, comme atours, qu'une robe de voile, confectionnée en hâte. Cela n'a aucune importance, Sissi n'est encore qu'une fillette, une gamine sauvage à qui des mondanités familiales feront le plus grand bien...

Le 16 août, avec une bonne heure et demie de retard, la berline s'immobilise enfin devant l'hôtel Austria, une maison modeste et provinciale sur l'esplanade, près de l'établissement thermal. Ludovika y a fait retenir des chambres. Une heure et demie de retard ! Voilà qui est fâcheux car la duchesse et ses filles doivent rencontrer l'empereur ce soir même. Ludovika, nerveuse, tempête contre ses malles qui n'arrivent pas, contre sa migraine et celle d'Hélène, fait brosser ses vêtements de voyage. Elles sont en noir, en raison d'un deuil, remarque Mme Brigitte Hamann [1]. La femme de chambre, Mlle Roedi, aide à dépoussiérer et à coiffer les voyageuses, émues et fatiguées.

Vient l'heure solennelle, qui est aussi l'heure du thé. Vite, la mère et ses filles descendent au salon de l'hôtel. L'empereur ne va pas tarder, il est d'une ponctualité sans défaut. Il est même arrivé en avance : au lieu des trente heures habituelles pour parcourir les deux cents kilomètres qui séparent Vienne de Bad Ischl, sa voiture et son escorte n'ont pas mis vingt heures. Vingt heures seulement car François-Joseph a grand besoin de se détendre. Depuis la mort brutale de Schwarzenberg, il a supprimé le ministère de la Guerre, assurant lui-même les fonctions de chef de l'armée. Et voici que la vieille question d'Orient vient d'entraîner une rupture des relations diplomatiques entre la Russie et la Turquie. Le prétexte est la garde des saints lieux. Le tsar entend protéger les

1. *Elisabeth, Kaiserin wider Willen*, Amalthea, Wien, 1982.

chrétiens orthodoxes de Jérusalem et de Constantinople. Sa protection commence par l'occupation des provinces danubiennes. Le jeune empereur est assailli de problèmes qu'il doit tous régler personnellement : il est le seul maître de la politique autrichienne ayant choisi un homme terne, le comte de Buol, comme ministre des Affaires étrangères. Retrouver Bad Ischl, c'est savourer une sorte d'entracte dans cette cité coquette et paisible, avec son théâtre, son casino, ses cafés. Dieu merci, l'archiduchesse veut son bonheur, il n'aura qu'à suivre son avis puisqu'elle s'occupe de ces « questions ». Et puis, il y a beaucoup de gibier... Et puis il y aura Hélène, cette cousine dont sa mère lui parle depuis le printemps... Il s'est installé, protocole oblige, chez le maire de Bad Ischl avec sa suite mais continue de prendre ses repas avec sa mère et son père François-Charles qui occupent toujours la villa du Dr Eltz, devenue la villa Marstallier, louée chaque été depuis neuf ans.

Quatre heures du soir. Hélène est officiellement présentée à son cousin. Sa révérence est sans faute. Un peu en arrière, Sissi, se débrouille. François-Joseph, en uniforme de général, observe Hélène tandis que les deux mères s'embrassent avec le mélange d'affection et de respect dû par une famille ducale à une famille impériale. Néné est bien une jolie jeune fille, élancée, grande et excessivement timide. Elle est instruite et sérieuse. L'empereur sourit. Il est intéressé, sans plus. Très vite, son regard se pose sur Sissi. Quel contraste ! Elle a un visage encore enfantin mais des cheveux si beaux, coiffés en bandeaux, dégageant le front. Ses yeux bruns sont du velours. Le regard de l'impérial cousin s'est figé. Son frère note qu'il a le « visage radieux ». Sissi, embarrassée, rougit, n'ose regarder sa sœur, encore moins sa mère. Pendant quelques interminables secondes, Sissi ressent la première gêne qu'est le regard insistant d'un homme. Et elle paraît tellement plus naturelle qu'Hélène pourtant censée être à l'aise... Sa robe, sans prétention, lui sied à ravir ; « la petite a beaucoup de grâce ». François-Joseph a l'habitude de passer des inspections, de vérifier des détails. Sissi n'échappe pas à son étonnement. Quelle surprise ! Sa mère lui a parlé d'Hélène sur un ton qui admettait difficilement la contradiction certes, mais que n'a-t-elle parlé de Sissi ! Sissi est à la frontière floue de l'enfant et de la femme : elle a tellement changé...

La pâtisserie viennoise et le rite du thé ne souffrant aucun retard, les deux familles passent à table. Comme prévu, Sissi est placée au bout, la place des enfants avec leur gouvernante. Mais François-Joseph ne la quitte plus des yeux, même s'il a des mots, plats et courtois, pour Hélène. En cette fin d'après-midi, dans le va-et-vient des théières, des assiettes et de l'argenterie, l'archiduchesse Sophie ne sait pas qu'elle perd sa première bataille ; le destin conjugal de son fils lui échappe, le choix d'une épouse pour lui est dévié, détourné. Sissi murmure à sa gouvernante : « J'ai tellement peur que je n'ai pas faim du tout[1]. » Une onde imprécise la transperce. De l'angoisse ? De l'embarras ? Oui, un peu tout cela et puis l'impression diffuse qu'il se passe un événement que personne n'avait prévu et cela est sûrement indécent, pas convenable... Ce que deux mères – deux sœurs – avaient comploté, ce que les chancelleries envisageaient avec bienveillance, s'effondre devant la plus imprévisible des réactions, le coup de foudre.

Le second frère de François-Joseph, Charles-Louis, vingt ans, a espionné ces regards et a tout compris. Et le lendemain matin, à sa mère, il annonce d'un ton triomphant, que Franzi a préféré Sissi à Néné. Sissi ? Cette gamine ? Impossible ! L'archiduchesse a à peine repoussé cette éventualité que François-Joseph paraît, d'excellente humeur et lui déclare :

— Sissi est délicieuse.

L'archiduchesse, atterrée, réplique ses arguments : une gamine, une fille qui aime trop la nature, la forêt, qui n'en fait qu'à sa tête, qui n'a pas de manières, qui est peu instruite, qui parle un dialecte bavarois... Et puis elle n'a que seize ans... Tandis qu'Hélène est mûre, équilibrée, préparée à sa tâche. Mais son fils ne veut pas entendre parler de Néné. Sophie insiste, et met en jeu toute son autorité. Or voilà que l'empereur se comporte en empereur : il décide seul. Pire, il décide contre l'avis de sa mère. L'amour a transformé le garçon qui fête ses vingt-trois ans dans vingt-quatre heures. La

1. D'après une lettre de Sophie à sa sœur la reine de Saxe, citée par le comte Corti, *op. cit.*

première conséquence de l'entrée de Sissi dans sa vie est un acte de désobéissance à sa mère. Celle-ci ne l'oubliera pas. François-Joseph lui doit ce trône, il ne veut plus lui devoir son épouse.

Alors, tandis que la discussion s'envenime, sa mère ruse. Soudain, elle fait valoir qu'il n'y a pas d'urgence, qu'il faut réfléchir. « Personne ne te demande de te fiancer tout de suite », ajoute-t-elle, oubliant qu'hier encore, elle n'avait qu'une hâte, marier le maître de l'Autriche... Mais ce dernier est devenu impatient : il est déjà sorti, il est déjà à la recherche de Sissi qu'il est pourtant sûr de voir, au plus tard, au déjeuner familial que Ludovika donne tout à l'heure. Non seulement, le fils résiste à sa mère, mais en plus, il lui échappe. Et il répète que Sissi est comme une amande fraîche, qu'elle a des yeux doux et des lèvres comme des fraises. Néné n'a pas droit à tous ces éloges.

Le déjeuner commence très mal pour l'empereur car Sissi n'est pas là. Elle a été reléguée, avec sa gouvernante, dans une petite pièce contiguë à la salle à manger. Et, furieuse, elle plonge dans ses hors-d'œuvre avec rage. Mlle Roedi lui fait une observation glacée. A côté, à la grande table, Hélène, qui a fait des efforts et paraît plus à son avantage que la veille, essaie de suivre une conversation anodine avec François-Joseph. Mais il est ailleurs, son regard fixe l'autre pièce. Juste avant le dessert, composé de chaussons fourrés aux pommes, des éclats de voix parviennent jusqu'à la grande table. Sissi a répondu à sa gouvernante, furieuse de son éloignement et, sans doute, vexée d'être encore traitée comme la sœur cadette qui accompagne la promise. Intrigué, l'empereur demande à sa tante la permission d'inviter Sissi à la grande table. Délivrée et triomphante, la princesse entre, rouge de colère et de confusion, dans un de ces silences dont les familles attablées ont soudain le secret. Elle triomphe sur sa mère et sa gouvernante. Elle entre d'un pas impatient et vient faire sa révérence sans douceur. Quelle impertinence ! Curiosité et réprobation. Sa peau très blanche, ses cheveux auburn, et son regard, oui, surtout ce regard « chargé de rêve », comme l'écrit Célia Bertin, l'élèvent au rang d'une apparition. A seize ans, la princesse Elisabeth en Bavière peut-elle se permettre ses caprices ? Elle séduit. Déjà. Toute sa vie, elle séduira.

En prenant congé, François-Joseph, ravi, insiste auprès de sa tante pour que Sissi soit présente au bal qu'il donne le soir même, franchissant un degré dans la rébellion sentimentale contre sa mère. Au dîner précédant le cotillon, si Hélène est encore assise à côté de François-Joseph, il ne s'agit plus que d'une courtoisie froide, une ultime concession à un programme grignoté par les élans du cœur. Evidemment, Sissi est bien à la grande table, entre sa mère et le prince de Hesse. Gênée par le regard de son cousin, mesurée par celui, de plus en plus agacé, de sa tante et par celui de sa mère, elle baisse les yeux et rougit. Son assiette reste presque vide. Le prince de Hesse, à qui ces joutes échappent totalement, se penche vers l'archiduchesse Sophie et lui assure à haute voix, avec un sens accompli de la gaffe :

— Sissi n'a mangé que du potage et de la salade russe ! Elle a dû décider que ce serait jour de jeûne...

Mais comment manger davantage quand on est à la fois embarrassée d'être un point de mire et fière d'être la plus remarquée ? Les témoins, ceux qui savent observer, assistent à une double révolution : François-Joseph s'affranchit de sa mère, Sissi dit adieu à son enfance.

Jusqu'au 17 août, l'empereur s'est montré un modèle de conformisme, respectant, avant tout, l'étiquette. Un modèle, empesé dans le carcan du protocole et des conventions. Ce soir, les dernières barrières vont voler en morceaux. Ludovika entre avec ses deux filles. Hélène est majestueuse, Elisabeth est troublante. Hélène porte merveilleusement sa longue robe de satin blanc confectionnée à Munich. Sissi, dans une simple robe de voile couleur pêche puisque sa présence au bal était initialement exclue, se fait remarquer encore plus en serrant la main de l'empereur. Une familiarité amusante. Sur un signe, l'orchestre se déchaîne dans une polka. François-Joseph s'abstient mais il a donné l'autorisation de danser. Quarante-cinq couples s'épuisent dans un galop irrésistible. L'empereur glisse un mot à l'oreille de son aide de camp, le baron Hugo de Weckbecker :

— Invitez donc la princesse Elisabeth à danser la seconde polka.

Sissi, tendue, contractée, est aux anges. Oubliées l'angoisse de ses rares leçons de danse, la peur de glisser, de se tromper de pas. Dans les bras de l'aide de camp, elle a des ailes. Tout autour, les commentaires s'enflent. On apprend que l'empereur a choisi de danser le cotillon, qui marque la fin du bal, uniquement avec Sissi. Avant de l'avoir observée, il l'avait choisie comme cavalière. L'aide de camp conclut :

— Il me semble que j'ai dansé avec la future impératrice.

Un peu avant minuit, l'empereur invite donc sa cousine. Ce soir, sa dernière danseuse est également la première ; il n'a d'yeux que pour elle et lui chuchote les pas dans lesquels elle s'embrouille. Les plus avertis restent pris de court lorsque, en conclusion, il lui offre non seulement le bouquet du cotillon, mais aussi tous les autres bouquets. Cet accroc à la tradition, qui honore exclusivement une jeune fille en éliminant les autres, ne peut avoir qu'un sens, une demande de fiançailles. Au traditionnel thé qui suit le bal, la famille est un peu embarrassée. Un tel geste, si soudain, en présence d'Hélène... François-Joseph est transformé, il est gai ! Il est heureux. Il est amoureux. Sissi n'a pas eu le temps de comprendre. Toutes ces fleurs pour elle seule ? Elle s'est surtout sentie gênée. Sans plus. Ses allusions à son cousin l'agacent. Il est tard, il fait très chaud, elle est lasse. Dans la nuit, les nuages qui traînent crèvent en cataractes. Un orage d'été, violent, noie Bad Ischl. Les coups de tonnerre n'ont pas fini de s'y faire entendre. François-Joseph ne dort pas.

Au matin du 18 août, la pluie n'a pas cessé. Le temps est aussi maussade que l'humeur des deux familles. Une migraine généralisée cloue mères et filles dans leurs chambres. Personne n'a eu envie de se lever de bonne heure. Seul, François-Joseph affiche une gaieté conquérante. Un grand jour est commencé : il a vingt-trois ans et a décidé de se marier...

Béat, vivifié par une nuit quasiment blanche, il entre dans la chambre de sa mère. L'archiduchesse fait d'immenses efforts pour masquer sa déception de voir son fils obstiné sur ce mauvais choix. Maîtresse d'elle-même et n'osant encore s'avouer vaincue, elle entame des démarches auprès de son mari, ce qui ne pose guère de difficultés ; le pauvre homme compte si peu... Puis elle informe sa sœur, Ludovika, qui n'est évidemment pas surprise. Que perd-elle dans ce changement de programme ? Rien ! Elle est venue pour marier une fille. Au lieu de l'aînée, la cadette sera impératrice.

Au déjeuner, la disposition des places est révélatrice. Sissi est à côté de son cousin. Hélène a pris la place de sa cadette. Néné, fort bien élevée, affiche une dignité exemplaire. Sous un ciel gris, l'archiduchesse, qui a besoin d'air, décide d'une promenade à quatre avec son fils et ses deux cousines. A travers les collines boisées, on roule jusqu'à Saint-Wolfgang, distant de douze kilomètres. Un village charmant sur la rive nord du Wolfgang See [1], qui est un lieu de pèlerinage. La promenade ne modifie rien, Sissi et son cousin se regardent sans parler, Hélène fait la conversation presque toute seule, l'archiduchesse a toujours son mal de tête car la voiture est fermée en raison du temps menaçant.

Au retour, l'empereur a un nouvel entretien avec sa mère, définitif. Son avis est balayé. Soit. Elle accepte car elle ne peut qu'accepter mais ce n'est qu'une feinte. Sissi sera la femme de François-Joseph mais c'est elle qui en fera une impératrice. Et il y a beaucoup à faire...

Dans la soirée, Sissi est la dernière consultée. Devant sa mère et sa tante, sa surprise éclate en larmes. Des larmes de joie :

— Mais bien sûr, j'aime l'empereur ! avoue-t-elle.

Des larmes de regret aussi où perce une tristesse bizarre. Elle ajoute :

— Si seulement il n'était pas empereur...

Elle sanglote. Voici des larmes d'angoisse :

— Je suis si jeune, si insignifiante. Je ferai tout pour rendre l'empereur heureux. Mais le pourrai-je ?

Sissi passe sa nuit à pleurer. Tout va si vite... Il y a encore

1. A partir de 1930, Saint-Wolfgang bénéficiera d'une réputation universelle, avec la célèbre opérette *L'Auberge du Cheval Blanc*, dont l'action se déroule dans cette auberge, qui existe toujours. Mentionnée dès 1640, elle est l'une des plus anciennes d'Europe.

deux jours, elle était la plus heureuse des princesses en Bavière, une princesse sauvage qui parlait aux chevaux et aux chiens et lisait dans le ciel. En deux jours, entre le jeudi et le samedi, elle se retrouve examinée, scrutée, préférée et fiancée. Elle n'a pas eu le temps de réfléchir. Elle ignore que son cousin, malgré la précipitation d'un amour déclaré tambour battant, n'a pas cherché à l'influencer. Au contraire, conscient de sa responsabilité, il a soupiré devant sa mère :

— Ma charge est si lourde que, Dieu m'en est témoin, ce n'est pas un plaisir de la partager avec moi.

Et Sissi ne peut savoir que sa tante, qui devient sa belle-mère, n'a qu'une idée, une idée de revanche afin de reprendre le contrôle de la situation. On veut lui imposer Sissi ? Soit. Mais elle va la modeler et la dompter car elle n'est pas femme à rester sur un échec. Ce n'était pas en vain que Bismarck, après une entrevue avec l'archiduchesse à Vienne, avait noté : « Au fond, c'est elle qui tire les ficelles de la politique. » A Bad Ischl, un coup de foudre a cassé irrémédiablement ces ficelles. A quinze ans et demi, Sissi va affronter une intraitable rivale car le mariage de son fils préféré est une question politique. Or Sissi ne paraît pas de taille à se défendre.

Dimanche 19 août. Tôt ce matin – il n'est pas sept heures – les deux mères se sont embrassées, congratulées et félicitées. Deux sœurs heureuses, l'une sincèrement, l'autre officiellement. Sur un billet, elles se confirment le consentement de Sissi. L'archiduchesse y ajoute quelques lignes d'approbation et fait porter le document à son fils. Encore plus matinal que d'habitude, François-Joseph, déjà prêt, bondit chez sa mère, comblé de bonheur. L'amour n'attend pas. A huit heures, l'empereur amoureux est à l'hôtel de Ludovika, qui l'embrasse comme un nouveau fils. Et il n'a qu'une hâte, embrasser Sissi. Egalement matinale – ce sera un de leurs grands points communs –, elle apparaît dans la porte de la chambre de sa mère, fraîche, ravissante, aussi délicate qu'une rose. Il prend sa jeune cousine dans ses bras et l'embrasse avec une tendresse retenue. Ils sont fiancés. Et François-Joseph veut communiquer son bonheur à son entourage. Il présente sa cousine à tous ses aides de camp, à tous les dignitaires. Le personnel accourt et la surprise se répand dans Bad Ischl qui s'éveille, sous un soleil glorieux. D'une auberge à l'autre, cochers, palefreniers et marmitons colportent la nouvelle dans les escaliers cirés. Des fenêtres dominant les enseignes clinquantes, on se crie l'événement : « L'empereur est fiancé ! » On en parle même à l'établissement thermal, entre deux gobelets d'eau aux vertus, dit-on, fécondantes. A onze heures, pour la grand-messe, le jeune couple entre dans l'église où le curé, vite prévenu, fait jouer l'hymne impérial à l'orgue. La foule se presse. Au moment précis où arrivent les jeunes gens, l'archiduchesse marque le pas et, geste très remarqué, s'efface devant sa nièce. La mère de l'empereur fait semblant de céder la préséance à la future impératrice. Sissi n'y fait pas attention. Lors de la bénédiction finale, François-Joseph prend la main de Sissi et demande au prêtre de les bénir particulièrement.

— Voici ma fiancée.

A leur sortie, la foule bon enfant jette des fleurs. Une vraie répétition de mariage. Eperdue d'émotion, Sissi cherche la main de son cousin. Elle paraît fragile mais il est si heureux qu'il a du courage pour deux.

Ludovika envoie un télégramme à son époux, car Max n'est toujours pas au courant. On peut se demander si, en sa présence, les fiançailles auraient été aussi précipitées. Le duc adore sa fille qui est un autre lui-même. Mais elle est si jeune... on lui vole un trésor fragile. Il n'est pas dans son genre de tergiverser. Attendre ? Difficile. Réfléchir ? Impossible. Certes, il a été surpris en lisant la dépêche et a d'abord cru à une erreur de transmission en lisant que François-Joseph demandait la main de Sissi au lieu de celle d'Hélène. Mais, en homme qui sait toujours voir le bon côté de la vie, il expédie son accord et boucle un bagage rudimentaire pour gagner Bad Ischl au plus vite. Pour une fois qu'une réunion de famille est une véritable fête...

Tandis qu'il se met en route, une nouvelle promenade conduit les fiancés vers le sud, jusqu'au village romantique de Halstatt. L'accès en est problématique, on ne l'atteint que par le lac ou des sentiers audacieux. Mais le cortège est récompensé par une vue splendide, des maisons en étages agrippées à la montagne dans un dédale de ruelles, d'escaliers, de voûtes et d'arcades. Depuis sept ans, la découverte d'une nécropole préhistorique datant du premier âge du fer confère au bourg une importance quasi scientifique. François-Joseph, avec casquette et tunique bleue et Sissi, à sa droite, en robe pâle et tenant une ombrelle bleu clair, ont pris place dans un cabriolet brun. Le comte Grünne, grand écuyer, ganté de blanc, conduit l'attelage à six chevaux pie, deux au timon et quatre au front.

Au retour de l'excursion, le couple retrouve Bad Ischl illuminé de dix mille bougies, cependant que, sur une colline, des lampions ont été disposés en une sorte de temple avec les initiales des deux fiancés. La flamme de leur amour naissant part de Bad Ischl pour embraser toute l'Autriche. Sissi pleure de joie ou d'émotion, elle ne sait plus très bien mais sa belle-mère trouve qu'ainsi elle est « mignonne » (déclaration de Sophie à Ludovika).

En Bavière, l'enthousiasme s'appuie sur la fierté nationale. Etourdie, Sissi se demande exactement ce qu'elle ressent. Et sa belle-mère avoue qu'elle est dépassée en écrivant : « Il nous est arrivé tant de bonheur en quelques heures que nous ne savons même plus quel jour nous sommes ni quelle heure il est ! » S'étant renseignée, elle date sa lettre à sa sœur, la reine Marie de Saxe, du lundi 20 août.

Très empressé, François-Joseph apporte à Sissi des bijoux, des broches, des perles, des diamants. Pendant la dernière semaine d'août, trois bals entraînent joyeusement les danseurs jusque fort tard. Infatigable, l'empereur ne change rien à ses horaires et guette le réveil de Sissi toutes les demi-heures, puis tous les quarts d'heure. Leurs véritables premiers moments d'intimité ont la chasse pour prétexte. Très bon fusil, François-Joseph apprécie Bad Ischl pour son abondant gibier. Il tire le cerf et les canards rassemblés autour des lacs qu'il connaît bien. Et il emmène Sissi dans un site splendide, le lac de Gosau, miroir des cimes glacées du massif de Dachstein et sorte de désert, en altitude, qui sépare la Haute-Autriche de la Styrie.

La barque glisse en silence et, soudain, une détonation déchire l'air pur. L'empereur est le plus heureux des hommes.

Il est avec sa fiancée, il est à la chasse. Deux joies confondues en un bonheur qui est l'amour de la nature.

En une semaine, ils ont appris beaucoup l'un sur l'autre.

A vingt-trois ans, François-Joseph a beaucoup d'atouts. Il a belle allure dans sa tenue de général. Seule exception vestimentaire : son costume de chasse gris et vert, immuable, véritable uniforme alpin. Sous une chevelure blonde aux reflets roux, son visage, allongé, n'est pas encore encadré de ses célèbres favoris, ces « côtelettes » dorées puis ouatées par l'âge et qui seront un symbole de l'empire. Mais ses tempes commencent à foisonner. Ses yeux sont gros, très bleus. Il a la paupière lourde, la bouche gourmande. Un bel homme plus séduisant que séducteur, d'une intelligence moyenne relevée par une honnêteté et un labeur incontestables. Formaliste, maniaque de l'ordre, soucieux du détail, plus orienté vers l'action que la réflexion, mais aussi foncièrement bon, certain que sa mission est délicate et sa tâche écrasante. Et, par-dessus tout, il est animé d'une volonté de bien faire qui explique que, jusqu'à présent, il se soit conformé aux conseils et aux idées de sa mère. Le temps d'apprendre. Premier bureaucrate de son empire, exemple de fonctionnaire appliqué, ce jeune souverain s'appuie sur les deux colonnes impériales que sont l'armée et l'Eglise. Historiquement et géographiquement, il est au carrefour d'une Europe en gestation. Mais il serait excessif de ne retenir de l'empereur que son côté laborieux, voire terne. Il sait être gai, se divertir et, à l'époque, sa vie est particulièrement riche et complète. Mais il ne rêve point. Il est le contraire d'un oisif et son énergie, qui lui fera sans doute commettre des maladresses, est très estimable.

Et Sissi ? Le contraire, à tous points de vue. Une jeune fille romantique, une biche. Physiquement, si sa beauté et surtout son charme fascineront toute l'Europe, l'honnêteté commande de dire qu'elle sourit rarement parce qu'elle a les dents gâtées, comme le seront d'ailleurs celles de cet autre cousin, le futur Louis II de Bavière, qui, lui, n'en sera nullement gêné, au contraire. Selon lui, ce trait le rapprochera encore de Louis XIV, son modèle ! Sissi fait un complexe de sa denture et, pour cette raison, on la verra serrer les lèvres.

L'archiduchesse, à qui ce défaut n'a pas échappé, en a fait la remarque à son fils sur le ton sifflant d'une belle-mère vexée :

— Oui, elle est très jolie mais elle a les dents jaunes !

Sophie ne pouvait pardonner... Elle avait perdu la première manche de cette bataille de femmes. Maintenant, la nouvelle était rendue publique. Le jeudi 23 août, la *Wiener Zeitung*, quotidien viennois proche de la Cour, annonce que « Sa Majesté impériale, royale et apostolique, l'empereur François-Joseph s'est fiancé à Ischl avec le consentement du roi Maximilien II de Bavière à la jeune Elisabeth, Amélie, Eugénie, duchesse en Bavière, fille de LL.AA.RR. le duc Maximilien-Joseph et la duchesse Ludovika, née princesse royale de Bavière ».

Mais Sissi est grande : elle mesure un mètre soixante-douze. Sa taille est d'une finesse exquise, elle est élancée et son regard est profond. Si ses études n'ont guère été poursuivies ni encouragées par un père extravagant, elle est un être d'une sensibilité marquée, voire excessive. L'alternance de gaieté et de gravité définit son caractère. Fraîche, décidée, merveilleusement spontanée, sans aucun doute. Mais Sissi est aussi capricieuse, coléreuse, exclusive, passionnée, d'une énergie désordonnée. En bref, une jeune fille. Mais une jeune fille qui médite sur la vie et, curieusement, sur la mort. En secret, la princesse sauvage écrit, elle noircit des cahiers de poèmes. L'œuvre poétique de Sissi, qu'on a parfois raillée, dont on a souligné la médiocrité, ne mérite pas tant de sarcasmes. Elle est une donnée fondamentale de sa vie, peut-être la clé de ses états d'âme et un témoignage direct car les poètes trichent mal ; ils vibrent.

C'est en 1851 – elle avait alors quatorze ans – qu'elle a commencé à se réfugier dans sa chambre pour jeter son cœur sur le papier. La famille de Wittelsbach comptait déjà deux poètes, l'ancien roi Louis Ier qui destinait ses vers à Lola Montez, et le père de Sissi, qui les récitait dans les auberges. Sissi n'échappe pas à la manie familiale mais avec une plume grave et même morbide. La fascination qu'exerce la mort sur la jeune Elisabeth est inquiétante. Son enfance si libre, si éloignée de la notion de sacrifice et de devoir et rebelle aux conventions, se heurte régulièrement au drame. Les poèmes de Sissi sont toujours tristes. Sa gaieté extérieure ne serait-elle qu'une façade ? Et il faut noter que, dans ses pages, la mort est déjà liée à l'amour. L'un de ses premiers poèmes [1] évoque une amourette contrariée pour un garçon qu'elle a rencontré. Un drame couve ; le garçon, éloigné, meurt. Bouleversée, Sissi crie en silence le chagrin de ce premier émoi du cœur fauché par la mort :

Le sort en est jeté,
Richard, hélas, n'est plus !
Le glas sonne, Seigneur,
Ayez pitié de moi !

Une réaction étrange. Sissi demande déjà à être délivrée. La peine, la tristesse lui pèsent. Ce « spleen » est précoce et sa mélancolie appuyée. A quatorze ans, Sissi vit déjà confidentiellement dans le culte de la mort, fascinée par l'ultime mystère. L'émotion est son oxygène. Elle rôde autour de la tragédie, s'en imprègne et s'en nourrit l'âme. Et déjà, elle l'appelle, regrettant de faire partie des survivants. Il y a quatre mois, en avril 1853, le jeune frère d'une amie a succombé à une pneumonie. Un deuxième rêve d'amour, une deuxième mort, un deuxième chagrin. Sissi a achevé son hommage au disparu en écrivant :

Oh, que ne suis-je morte aussi
Et au ciel, comme toi.

S'il est fréquent qu'une jeune fille de seize ans rêve d'un amour pur, s'enthousiasme pour des riens et se fâche pour tout, l'obstination de Sissi à célébrer la mort est inquiétante. On songe, évidemment, au caractère déséquilibré de la famille Wittelsbach qui traverse l'histoire européenne avec une réputation morbide et exaltée mais aussi un raffinement, un esthétisme remarquables et des dons, en particulier ceux des langues, une ironie glacée et une fantaisie séduisante.

Il faut encore rappeler que les nombreux mariages consan-

1. Traduction de Marguerite Diehl, *in* Comte Corti, *op. cit.*

guins, les cousinages répétés n'ont guère apuré un sang riche véhiculant plusieurs hérédités. Compagne invisible des autres, la mort est, trop tôt, présente dans les pensées de Sissi. Cependant, d'une pirouette, la princesse mélancolique redevient la jeune fille qui rayonne. Et ses rayons ont transformé le jeune empereur qui découvre que l'amour est plus enrichissant que le pouvoir. « ... Libéré du poids de toute dignité, il ne respire que l'amour », observe Karl Tschuppik[1]. Au tsar, François-Joseph écrit : « Je parle de mon bonheur car je suis convaincu que ma fiancée possède toutes les qualités d'esprit et de cœur pour me rendre heureux. » Et à son cousin Albert de Saxe : « Je suis aimé comme un sous-lieutenant et heureux comme un dieu. » Ce trésor qu'il découvre un peu plus chaque jour, l'empereur veut le magnifier. Une dépêche envoyée à Vienne convoque le peintre Schwager d'urgence à Bad Ischl. Sissi a du mal à poser, l'immobilisme n'est pas dans son tempérament. François-Joseph assiste aux séances tandis que l'artiste s'extasie sincèrement sur le charme de ce visage. Cela ne suffira pas : le portrait sera jugé exécrable ! L'archiduchesse ne perd pas une occasion de faire remarquer à son fils que sa fiancée a besoin d'être prise en main. Sophie vérifie quotidiennement que, dans le cœur de son fils, elle est passée au second plan. Pour se justifier, elle avance l'éducation de cour que sa nièce doit recevoir d'urgence. La Cour de Munich n'est pas celle de Vienne... « Cette petite ne sait pas présenter son verre pour un toast. » L'autorité de Sophie ne peut qu'être désagréable. Mais avec sa bonne humeur contagieuse, l'empereur répond qu'il s'occupera de tout cela. N'est-il pas là, désormais, pour lui apprendre l'amour et donc la vie ?

31 août. Ces quelques journées, où l'agitation a été relayée par l'apaisement et où les fêtes se sont glissées entre deux excursions, resteront à jamais gravées dans la mémoire des deux cousins. François-Joseph en est bien conscient, parlant des « semaines les plus heureuses de sa vie ». Sissi n'appré-

1. *Elisabeth, impératrice d'Autriche*, traduit de l'allemand par Gabrielle Godet, Plon, 1933.

ciera que plus tard le prix de ce bonheur arrivé par surprise. « Je l'aime déjà », dira-t-elle, presque étonnée d'être finalement gagnée par ce sentiment qu'elle est censée éprouver. En ce dimanche, François-Joseph est heureux et Sissi croit l'être. L'amour partagé pourrait ne plus être tout à fait une chimère.

Mais elle est vraiment toute jeune, Sissi. François-Joseph fait même installer pour elle une balançoire à la villa ! L'empereur a tenté de retarder leur première séparation, mais ses vacances sont achevées. La politique intérieure et la diplomatie ne peuvent plus attendre et se contenter de battements de cœur. François-Joseph raccompagne sa fiancée jusqu'à Salzbourg. Et Sissi est bien triste lorsqu'il repart pour Schönbrunn. En pensée, elle suivra son voyage par Linz où il rejoint le Danube, en pensée seulement car son futur pays n'est, pour l'instant, qu'une avalanche de mots. Elle est heureuse de retrouver son décor, son enfance, ses chiens, ses chevaux et la paix de la Bavière rassurante. Partie pour être impératrice, Hélène, assise à côté de son père, est revenue en princesse délaissée et refusée. Partie en gamine espiègle et insouciante, Sissi revient en future impératrice. Un immense changement. Un réflexe insupportable jalonne désormais sa vie : hier, on l'ignorait, elle disparaissait des journées entières, elle poussait toute seule comme une fleur sauvage. Désormais, on la scrute, on l'observe, on la guette. Pire, on la juge. Et ce regard des autres est sa première prison. De sa fine écriture à l'encre rouge, elle jette ce cri après avoir suivi le vol inconstant d'une hirondelle :

> ... *Que je serais heureuse de briser toute entrave,*
> *De rompre tout lien.*
> *Ah ! Si je planais librement avec toi là-haut,*
> *Au firmament éternellement bleu,*
> *Combien je louerais avec joie*
> *Le dieu qu'on nomme liberté.*

Liberté ! Le Sésame de sa vie... Son poème est une explosion feutrée avant une vague de contraintes comme si cette liberté lui était plus précieuse que l'amour. Fiancée depuis quinze jours, elle se sent captive. Se plaint-elle de l'amour ?

Non puisqu'elle l'ignore encore mais elle pressent un irréversible adieu à l'enfance, une métamorphose aussi brutale qu'inattendue. Sissi n'avait rien demandé mais le ressort secret de son étrange gaieté était détendu. L'ouragan de la passion avait vivifié François-Joseph en même temps qu'il désarçonnait Elisabeth et stupéfiait les deux familles.

Rentré à Schönbrunn, le 7 septembre, l'empereur se hâte de dire au comte Lerchenfeld, envoyé du roi de Bavière, ses remerciements au souverain de Munich qui a donné si vite et si chaleureusement son consentement.

Bien entendu, l'audience ne dispensera pas François-Joseph d'une visite protocolaire à Munich pendant l'automne mais il y a plus urgent. En effet, le conflit entre la Russie et la Turquie s'envenime. Le sultan de Constantinople est maintenant soutenu par la France et l'Angleterre. Paris veut défendre officiellement les intérêts catholiques français en Orient et, officieusement, éviter une nouvelle coalition du genre de celle qui avait été fatale à Napoléon Ier. Napoléon III convient, avec le gouvernement de la reine Victoria, de barrer la route aux Russes. Une guerre européenne peut éclater car Nicolas Ier, dont le régime a été épargné par les révolutions nationalistes de 1848, cherche tous les prétextes pour conquérir un accès à la Méditerranée. Le tsar poursuit le vieux rêve de tous les tsars. François-Joseph plaide pour la paix car un changement sur l'échiquier de l'Europe pourrait menacer l'Autriche. Il fait rédiger un projet d'accord ménageant le boulimique orgueil russe et la pesante susceptibilité ottomane. En vain. Sur son bureau, les dépêches alarmantes s'amoncellent. Heureusement, quelques dossiers apaisants surnagent. Dans la joie de son amour, François-Joseph signe la levée de l'état de siège à Vienne, Graz et Prague. Dans cette dernière ville, la peine de mort qui avait été prononcée contre huit jeunes gens de la bonne société est commuée en travaux forcés, mesure qui paraît d'un libéralisme inouï. Le ministre de la Police, le baron de Kempen, a beau faire remarquer au souverain que ces décisions sont prématurées et dangereuses, François-Joseph ne veut que faire du bien. Le voici généreux, enclin au pardon, au bord de la tolérance. Le miracle de l'amour est vérifié : amoureux, François-Joseph est heureux et sa vie quotidienne est transformée. La première influence – indirecte – de Sissi sur la politique impériale est une atmosphère d'assouplissement. Seule une femme peut amadouer un autocrate. Le ciel bénit ces gestes puisque l'empereur est informé que la couronne royale de Hongrie, qui avait disparu lors des émeutes de Budapest, a été retrouvée. Lorsqu'il s'arrache aux dossiers de l'Etat, il ne pense qu'à Sissi, renonçant aux bals et aux divertissements habituels. Les « comtesses » ont perdu un danseur recherché...

Un détail résume alors l'état d'esprit de François-Joseph : le portrait de Sissi est posé sur son bureau. Il est dû à Franz Schratzberg. Sissi y porte un chignon de boucles. En pensée et en effigie, Sissi est déjà à Vienne et à Schönbrunn. Elle ne les quittera plus. Et l'empereur s'attarde devant ce tendre visage même en présence de son cabinet. Sissi trouble l'ordre impérial. Déjà... François-Joseph est aussi prisonnier que Sissi mais l'amour est sa liberté. Et il sait vite se reprendre.

Le 14 septembre, Nicolas Ier, surpris de l'hésitation de François-Joseph à soutenir Saint-Pétersbourg, arrive à Olmütz. Il veut une explication et rappeler, au passage, à ce jeune souverain combien l'appui des troupes russes avait été efficace en Hongrie... Le tsar est reçu avec des honneurs militaires impressionnants. Quatre-vingts bataillons, soixante-quatorze escadrons et vingt-quatre batteries sont à l'exercice, mais le tsar n'obtient toujours rien de François-Joseph qui a suivi les conseils de ses ministres. L'Autriche restera neutre. Nicolas Ier en conçoit une vive amertume mais l'empereur amoureux ne pouvait guère précipiter son pays convalescent dans une aventure alors qu'il ne songeait qu'à étreindre sa fiancée. La guerre n'est pas un présent de noces. Et le 4 octobre, la Turquie déclare la guerre à la Russie.

Le 11, François-Joseph est à Munich, littéralement porté par l'amour : il n'a pas mis trente heures pour son voyage ! Une visite protocolaire au roi Maximilien, une visite de courtoisie à la reine Marie et le voici à Possenhofen. Sissi à Possi : enfin, le bonheur de retrouver celle qu'il aime dans son univers.

François-Joseph s'en aperçoit immédiatement, Sissi est

encore plus belle – ils ne se sont pas vus depuis six semaines – mais elle a changé. Elle est plus à l'aise, sans doute parce qu'elle est chez elle et hors de la surveillance de sa belle-mère. Et quelle cavalière ! Indépendante, insouciante, délaissant la préparation de son trousseau, Sissi communique sa gaieté à François-Joseph. Le 15, ils regagnent tous Munich pour célébrer l'anniversaire de la reine Marie et le gala donné à l'Opéra royal se transforme en une longue ovation pour le jeune couple dont c'est la première apparition officielle. Devant la foule, devant la Cour, devant la ville, Sissi est très mal à l'aise. Elle n'a pas l'habitude des prestations publiques, elle n'y prendra jamais goût et passera sa vie à les fuir ; le regard insistant, bien que transparent, des diplomates l'énerve. Tous ses gestes, toutes ses attitudes et tous ses propos font l'objet de rapports. Elle est notée... Mais Munich est ivre de joie et François-Joseph a été merveilleusement naturel à Possenhofen, jouant avec les frères et sœurs de Sissi comme s'il était encore enfant. Il a laissé à Vienne le carcan du devoir. Le 17, il écrit à sa mère : « Tous les jours, j'aime Sissi plus profondément et je suis de plus en plus convaincu qu'aucune femme ne peut mieux me convenir qu'elle. » Et il ajoute un détail d'importance : « Elle a maintenant les dents tout à fait blanches. » C'est aimable mais faux !

Après dix jours volés à la politique, François-Joseph retrouve Vienne et commence une correspondance émue avec Elisabeth et lui apprend à écrire des lettres. Le rôle de la jeune fille se limite à un programme quotidien et se remplit d'obligations. La seule qui l'intéresse sont les leçons de hongrois et d'histoire hongroise qu'elle prend avec le comte Jean Majlath, un Magyar lettré qui était dans l'entourage du duc Max. Le professeur, choisi par son père, est un homme de soixante-dix ans, petit, vif, plein de souvenirs et très favorable à l'Etat impérial autrichien. Ludovika estime qu'il donne ces leçons « pour les beaux yeux de Sissi » et le dit, en français, à sa sœur Marie. Peut-être, mais le comte Majlath, qui vit chichement, a sûrement besoin d'argent[1]. Il fait travailler

1. D'après Mme Brigitte Hamann, le pauvre homme, criblé de dettes, se suicidera un an plus tard en se noyant dans le lac de Starnerg.

Sissi trois fois par semaine et alors que ses études avaient été négligées, elle révèle ici un exceptionnel don des langues mais qu'on retrouve chez tous les ressortissants d'Europe centrale habitués au brassage linguistique. Outre le français et l'italien, Sissi approfondit le hongrois, sachant qu'elle sera aussi souveraine de Budapest. Et elle découvre une terre bien différente du monde germanique même lorsqu'il est adouci par la légèreté viennoise. Avec son professeur, élevé en Autriche mais vivant à Munich et qui n'a rien oublié de sa patrie, elle fait connaissance avec l'âme magyare.

Le 17 novembre, jour de la Sainte-Elisabeth, un courrier arrive de Vienne à Munich avec un cadeau superbe de François-Joseph à sa fiancée, une broche ayant la forme d'un bouquet de roses en diamants. Le cadeau, somptueux, a coûté quatre-vingt mille florins à l'empereur sur sa cassette personnelle dont il a appris, dès son adolescence, à tenir les comptes scrupuleusement. Les cadeaux succèdent aux lettres. A l'approche de Noël, le fiancé ne tient plus en place car Noël célèbre aussi l'anniversaire de Sissi, le seizième. François-Joseph n'hésite pas un instant, il passera Noël avec Sissi et non avec sa mère, qui en avait l'habitude depuis vingt-trois ans. A titre de pénitence, l'archiduchesse envoie à sa belle-fille un chapelet, peut-être pour calmer son esprit qu'elle juge frivole. Certes, Sissi remercie sa belle-mère mais c'est pour son fils qu'elle a la sincérité du cœur. Tard dans la nuit du 20 au 21 décembre, François-Joseph est arrivé à Munich. Malgré l'heure avancée – minuit a déjà sonné –, il se précipite au palais du duc Max qui ne se formalise pas pour si peu. Chez François-Joseph, l'amour étouffe le protocole. Pour la première fois, il a le sentiment d'être jeune. Surtout loin de Vienne... et loin de sa mère. Sissi a eu à peine le temps d'admirer un bouquet de roses des serres de Schönbrunn – bouquet arrivé intact malgré la tempête de neige – que François-Joseph lui donne un curieux présent, un perroquet rose enlevé à la ménagerie de Schönbrunn, installée à partir de 1752 à l'ouest du parc, sur ordre de François II qui était grand amateur de sciences naturelles. L'arrivée de l'oiseau au gros bec recourbé ravit Elisabeth. Un perroquet à Munich ! Il doit bien être le seul... L'oiseau insolite est un cadeau d'enfant idéal pour celle qui préférerait vivre au milieu d'une ménagerie plutôt qu'au sein d'une société inquisitoriale.

Des cadeaux plus classiques sont échangés, l'empereur a aussi apporté son portrait, grandeur nature, en uniforme de lancier impérial, la princesse offre son portrait à cheval. Chaque image est le reflet de leurs personnalités : il aime l'armée, elle aime les chevaux.

Les fêtes de Noël sont une succession de réjouissances officielles qui énervent un peu Sissi mais elle ne peut y échapper. Evidemment, elle a quelques mouvements d'humeur, agacée par la corvée qu'est son trousseau encore inexistant et qu'une pléiade de couturières et modistes s'efforce de constituer. Faire tenir Sissi tranquille pour des essayages est impossible. Heureusement, ses mensurations idéales permettent de compenser son impatience. Au diable la mode ! Et tous ces corsets, ces lacets, quel ennui ! Même en robe de bure, elle aurait l'allure d'une princesse. François-Joseph a remarqué que, dans la garde-robe de sa fiancée, la laine était censée lui tenir chaud. Or Sissi se plaint du froid. Rentré à Vienne, l'empereur, accompagné de sa mère, choisit un manteau de velours bleu garni de superbe zibeline. Pour Sissi. L'archiduchesse soupire. Décidément, cette Sissi ne sait rien et n'a rien...

Au début de 1864, les chancelleries doivent régler le double problème qui s'est souvent posé aux grandes familles européennes et qui sont toujours résolus par de hautes interventions. Les deux fiancés sont cousins. Ils sont même deux fois parents : cousins germains puisque leurs mères sont sœurs, ils ont également une consanguinité au quatrième degré par leurs pères. Autant d'obstacles civils et religieux, autant de dispenses obtenues facilement du pape Pie IX qui avait déjà refusé d'entrer en guerre contre l'Autriche lors des événements de l'automne 1848 et cherchait à consolider l'autorité du Vatican après l'échec cuisant d'une politique libérale. Il faut remarquer que personne ne songe à l'obstacle médical de la consanguinité dont les ravages sont pourtant bien connus.

François-Joseph tente encore de contenir les visées impérialistes du tsar en l'implorant de ne pas franchir le Danube et résiste toujours à son ministre des Affaires étrangères, le comte Karl Buol, un homme de cinquante-cinq ans, choisi avec l'appui de Schwarzenberg et de Metternich. Ancien ambassadeur à Saint-Pétersbourg, Buol, mal traité par le tsar, en avait conçu une aigreur tenace. La Russie était son ennemi, il fallait arrêter ses prétentions territoriales, il fallait lui faire la guerre. La guerre contre la Russie menace donc l'Autriche à l'intérieur du cabinet impérial. Il n'y a que du côté de Munich que les nouvelles soient paisibles. Le mariage est proche et c'est l'heure de formalités notariales. Le 4 mars, un long document rassemble une foule solennelle. La signature du contrat de mariage est une véritable épreuve pour Sissi. Un ballet de juristes, d'ecclésiastiques et même, sans que l'on sache pourquoi, de médecins allant d'un membre de la famille à un autre, tourne la tête à la jeune fille. Et François-Joseph qui n'est pas là... Sissi écoute comme une étrangère. Se peut-il qu'il s'agisse d'elle, de son destin ? Se peut-il qu'un bonheur soit consigné autrement que dans des poèmes ? Elle l'apprend. On retiendra que sa dot est composée de deux apports. De son père, elle reçoit cinquante mille florins, ce qui est peu mais de grande valeur familiale puisque remis « par amour et affection paternels ». De son futur mari, elle reçoit cent mille florins. Puis, selon la vieille tradition germanique, on fixe à douze mille ducats le montant du *Morgengabe*, littéralement le *don du matin*, sorte d'indemnité que le mari verse, à celle qu'il a rendue femme, immédiatement après la nuit de noces, Sissi apprend ainsi que la virginité a un prix, très variable d'ailleurs. Il sera préparé par le ministre des Finances, dans un coffret plein de pièces d'or et d'argent aussi neuves que son état de femme. Il y a de quoi rougir... La lecture des clauses se poursuit. François-Joseph s'engage à verser une pension annuelle de cent mille florins à Sissi pour ses dépenses personnelles, traditionnellement ventilées en toilettes et en bonnes œuvres. L'archiduchesse pourra grimacer : cette somme est cinq fois supérieure à sa propre rente ! Les chiffres parlent. Enfin, les notaires devant toujours prévoir le pire, Sissi recevrait une rente de veuvage également fixée à cent mille florins.

Continuons avec l'inventaire pointilleux du trousseau de la

mariée, réparti en bijoux et joyaux – estimés à 102 234 florins – en argenterie – de faible valeur, dit-on – et en vêtements, alignés en une liste impressionnante. C'est ce chapitre qui, pour Sissi, demeure le plus surprenant. La princesse sauvage qui s'habillait de rien, tachait ses robes – et ses dents – en mangeant des mûres, ou les déchirant en courant à travers les sous-bois bleutés, se retrouve avec un choix de quarante-trois robes, dont dix-sept pour les cérémonies sans oublier une noire pour le deuil, six pour la vie familiale, dix-sept, très fleuries et brodées pour l'été, et quatre pour les bals : deux blanches, une rose et une bleue. S'y ajoutent seize chapeaux avec plumes, dentelle ou en paille, huit mantilles, cinq mantelets, cinq manteaux. La lingerie comporte cent soixante-huit chemises, cent soixante-huit paires de bas, aussi bien en soie éthérée qu'en grosse laine, soixante-douze jupons, soixante culottes, trente-six chemises de nuit, dix déshabillés en mousseline et en soie, douze bonnets de nuit, trois corsets pour les encombrantes crinolines dont Paris vient de lancer la mode, et quatre pour monter à cheval, vingt-quatre peignoirs de bain et trois chemises de bain, symbolisant l'austérité des mœurs du temps et la complication d'une hygiène soignée... N'oublions pas vingt paires de gants, cinq paires de pantoufles, et les chaussures qui atteignent le chiffre ahurissant de cent treize paires ! Stupéfaite, Sissi apprend que le protocole lui interdit de porter plus d'une fois une paire de chaussures, d'ailleurs fragiles, en velours, en soie ou en satin. Complétons avec six paires de bottes en cuir, trois paires de bottes en caoutchouc et quelques accessoires comme deux parapluies, six parasols (trois grands et trois petits), des peignes en écaille, un gros nécessaire de mercerie avec épingles et boutons. Et un chausse-pied – un seul ! – et, évidemment, des brosses à dents... Un véritable magasin ! Les lingères et couturières ont réussi un tour de force car Sissi n'a pas cessé de se dérober aux essayages. Et pourtant, elles ont rarement vu un corps aussi bien fait, aussi digne d'être somptueusement paré et habillé d'atours. Mais l'exhibitionnisme de l'inventaire frise l'indécence. Et ces notaires ! Ont-ils vraiment besoin d'annoncer à voix haute le prix des dessous en batiste d'une jeune fille ? Est-il indispensable de savoir le prix d'une combinaison en flanelle ? L'ensemble atteint les cinquante mille florins. Dans sa vie la plus intime, Sissi ne s'appartient déjà plus, pas une seconde ne doit être laissée au hasard.

Heureusement, François-Joseph arrive le 13 mars. Il apporte à Sissi le cadeau de sa belle-mère, une parure magnifique complète, avec diadème, collier et boucles d'oreilles en opales et diamants ciselés. Cet ensemble est également estimé (à soixante-deux mille quatre cent soixante florins) mais sa véritable valeur est d'être un symbole : l'archiduchesse portait ces bijoux le jour de son mariage, le 4 novembre 1824, trente ans plus tôt. Sa tante est décidément une belle-mère agressive dont les cadeaux sont toujours empoisonnés par une observation acide. Diaboliquement, la mère de l'empereur ne manque pas une occasion de rabaisser sa belle-fille en lui décochant une remarque désagréable. Un peu embarrassé, François-Joseph signale à Sissi qu'elle ne doit pas tutoyer sa tante, même si elle devient sa belle-mère, comme elle l'a fait dans sa dernière lettre. Sissi croyait bien faire, mais, comme d'habitude, avec sa belle-mère, elle ne commet que des impairs. Son visage s'assombrit. Elle plaide la spontanéité, l'affection familiale. Hélas ! Elle avait oublié le respect. L'archiduchesse, femme imposante, a très bien jaugé que le respect dû à sa personne serait le dernier rempart qui lui conserverait son influence à la Cour où, bientôt, s'installerait une nouvelle impératrice. François-Joseph vouvoie toujours sa mère, Sissi doit agir de même. Sissi est brisée dans son élan. Quelle différence entre l'atmosphère détendue de Munich et celle, empesée, de Vienne. La différence... Justement, Sophie ne l'oublie jamais même si elle fait de la peine à sa sœur. Retenant ses larmes et la leçon, Sissi s'exécute trois jours plus tard, le jeudi 16 mars, dans une lettre de remerciements d'où la chaleur a disparu. Plus question, évidemment, de demander à sa belle-mère de bien vouloir transmettre un message à son fils, l'archiduc Charles-Louis. Même s'il est un futur beau-frère de Sissi, cela ne se fait pas de confondre la mère d'un empereur avec un chambellan. Alors, étouffant des assauts de colère et de chagrin, Sissi commence sa lettre par une formule, que son fiancé lui dicte : « Bien-aimée et très honorée Archiduchesse... » Pour Sissi, il y a deux mensonges dans cet appel : elle n'a guère envie d'honorer sa belle-mère. Quant à la considérer comme une femme bien-aimée... Quatre jours plus tard, son contrat de mariage est ratifié.

Dans leur palais de la Ludwigstrasse, le duc et la duchesse en Bavière donnent une réception en l'honneur de leur fille qui va les quitter. Cet adieu est renforcé par une cérémonie lourde de solennité qui se déroule treize jours plus tard, dans la salle du trône au palais royal de la Residenz. Sous le plafond Renaissance, la fiancée de l'empereur paraît pour la dernière fois en qualité de princesse en Bavière. Très émue, Sissi prête serment devant le roi et la Cour puis signe son acte de renonciation au trône bavarois. Une cérémonie qu'elle juge inutile et même déplacée car, pour revendiquer ses droits à la couronne des Wittelsbach, il faudrait une incroyable succession de catastrophes, les descendants mâles de la branche aînée et de la branche cadette devant tous avoir péri. Or, rien que du côté de la famille ducale, Sissi a trois frères bien portants, les princes Louis-Guillaume (vingt-trois ans), Charles-Théodore (quinze ans) et Maximilien (six ans). Autant dire que les probabilités que Sissi aurait de régner à Munich sont nulles. Mais le principe dynastique doit être respecté et voilà bien la première fois que sa propre famille lui impose une telle corvée. Le lundi 27 mars 1854, juridiquement, Sissi n'est plus princesse en Bavière. Devant Dieu et devant les hommes, elle sera impératrice dans moins d'un mois. Elle n'est plus elle-même, ballottée dans un état d'apatride, contrainte de renoncer à un passé et à un hypothétique avenir, poussée vers une existence nouvelle qui lui fait peur. Les témoins sont unanimes : en revenant de la Residenz la jeune fille est très grave. On la dirait absente...

Pendant ces formalités pesantes, François-Joseph s'acharne à prévoir les événements. Près de douze heures par jour, il est enchaîné à son bureau, en consultation presque permanente avec son cabinet qui le pousse à la guerre. La guerre ! Encore ! De plus en plus... Comme si c'était le moment, à un mois de son mariage fixé définitivement au 24 avril. Lisant les rapports de la main droite, avalant des tasses de thé brûlant de la main gauche, le jeune empereur jauge les risques. Les risques ont, hélas, grandi : le 22 mars, il résume son sentiment : « La guerre avec la Russie peut arriver mais elle ne doit pas arriver. » Et il décide d'envoyer en hâte à Berlin un émissaire. De même que le tsar avait voulu sonder les intentions de François-Joseph, ce dernier aimerait pouvoir s'appuyer sur la Prusse. L'entretien de l'empereur avec son ministre des Affaires étrangères ne satisfait pas le chef de la diplomatie autrichienne. « Nous devons prendre les dispositions militaires », soupire François-Joseph qui ne parvient pas à se résigner. Sans enthousiasme, Berlin répond que Vienne peut compter sur l'assistance de la Prusse. Un accord, guère contraignant pour la Prusse, est signé sous le titre d'une « alliance défensive et offensive ». Pour Bismarck, c'est encore trop. L'amitié avec la Russie lui paraît plus précieuse qu'un accord avec l'Autriche soupçonnée de vouloir profiter du chaos d'Europe centrale pour s'approprier les Bouches du Danube. La crise dégénère : le 27 mars, alors que les flottes britannique et française sont entrées dans la mer Noire depuis deux mois, Londres et Paris déclarent à leur tour la guerre à Saint-Pétersbourg. A l'horizon, une presqu'île sort de la brume : la Crimée.

La Question d'Orient met, une fois de plus, le feu à l'Occident. Depuis le XVIIIe siècle, la « maladie » de l'Empire ottoman est gravement contagieuse : il a besoin d'appuis. François-Joseph est lucide, la Prusse ne bougera pas et fera tout pour contraindre à l'immobilisme l'Autriche, estimant que cette guerre n'est pas du tout allemande. Que de soucis alors qu'il ne voudrait avoir d'yeux que pour le frais visage de Sissi... L'archiduchesse s'active à la Hofburg, surveillant la préparation des appartements du couple impérial. Elle choisit la décoration, l'ameublement, commande qu'on astique les parquets, qu'on redore les lambris. Derrière ces murs austères, l'archiduchesse gouverne son royaume, le palais impérial.

François-Joseph destine à Sissi une couronne en diamants réalisée par Biedermann, le bijoutier de la Cour. La restauration de cette pièce splendide a coûté près de cent mille florins.

Et, pour toute la famille, le joyau est exposé à Schönbrunn. Une tante de François-Joseph, âgée de soixante-deux ans, la vieille impératrice Caroline-Augusta, quatrième et dernière épouse de l'empereur François II (dont elle est veuve [1]), arrive. Elle se penche et ne s'aperçoit pas qu'une dentelle de sa mantille accroche l'un des diamants. En se relevant, la vieille dame entraîne la couronne qui chute. Consternation : les pointes en or de la couronne sont tordues et deux pierres précieuses se sont détachées. Tout Schönbrunn est en émoi. Un chambellan, le comte Lanckorowski, est dépêché auprès de M. Biedermann pour réparer les dégâts. Apprenant l'incident, la mère de l'empereur ne peut s'empêcher d'y voir un mauvais présage.

Mais il est trop tard pour tenter de modifier la destinée du jeune couple. Le vendredi 14 avril, vendredi saint, vingt-cinq malles, dix-sept grosses et huit petites, quittent Munich à destination de Vienne. Véhiculant presque tout le fabuleux trousseau, elles emportent déjà un peu de la nouvelle Sissi. Ce dimanche de Pâques, un dernier concert de gala réunit, autour de la Cour, tout le corps diplomatique accrédité auprès du roi Maximilien. On se presse dans la salle des fêtes de la résidence que Louis Ier avait voulu en style italien, hommage à la Renaissance.

Sissi porte sa première robe de Cour d'impératrice sur laquelle sont répandues ses premières décorations autrichiennes remises par François-Joseph. Dans ses beaux cheveux, à son cou, à ses lobes d'oreilles, la parure qu'il lui a offerte. L'assistance est éblouie par la beauté éclatante de la princesse et surprise de sa gravité. L'ambassadeur de Prusse, von Bockelberg, écrira le lendemain à son souverain : « La jeune duchesse semble, en dépit de l'éclat de la situation élevée qui l'attend aux côtés de son auguste et impérial fiancé, souffrir à l'idée de quitter sa patrie et d'être séparée de son illustre famille et l'expression de ce chagrin jetait une ombre légère sur le jeune visage rayonnant de beauté et de grâce de la sérénissime princesse. »

---

1. De son second mariage avec Marie-Thérèse, fille du roi Ferdinand Ier des Deux-Siciles, l'empereur François II avait eu une première fille, l'archiduchesse Marie-Louise (1791-1847) qui avait épousé Napoléon Ier, en 1810.

Grave, Sissi l'est pour la première fois de sa vie à Possenhofen où elle retourne le cœur serré. Sissi, Possi... Le temps de l'enfance est bien fini, le temps des secrets dans la forêt, des escapades équestres et des excursions insouciantes est révolu. Terminée aussi l'époque des rêveries face au lac de Starnberg irisé par le vent qui a couru sur les cimes. Elle ouvre son cahier et, d'une plume nostalgique, dit adieu à ses années heureuses :

Adieu, pièces silencieuses,
Adieu, vieux château
Et vous, premiers rêves d'amour,
Reposez en paix au fond du lac.
Adieu, arbres chauves
Et vous, buissons et fourrés,
Quand vous commencerez à reverdir
Je serai loin de ce château.

Loin... Pour la jeune fille sensible, l'éloignement de sa Bavière aiguise la première douleur de ce mariage si rapide. Environ trois cents kilomètres séparent Munich de Vienne ; trente heures de voyage c'est relativement peu, mais c'est beaucoup. De l'autre côté de la frontière, un monde inconnu l'attend et la guerre. Ce départ est une amputation, l'interruption brutale d'un printemps radieux de la vie. Sissi a un bon instinct : elle sait qu'elle perd son indépendance. Et on ne peut pas trouver normale cette vision sombre, uniquement passéiste, chez la plus célèbre fiancée d'Europe. Nous sommes loin des quelques larmes habituelles, compensées par la joie – à peine éclose, la rose de Bavière est cueillie – et par l'épanouissement d'un bonheur. Au fond d'elle-même, Sissi ne retient de son mariage que le départ, inévitable mais qui lui est particulièrement pénible. Elle pressent ce qui l'attend à Vienne. Comme tous les Wittelsbach, elle est visionnaire et sait voir derrière le miroir fastueux de la vie de Cour.

Jeudi 20 avril. Après la messe dans la chapelle du palais des ducs en Bavière, une berline découverte, tirée par six chevaux, franchit les quatre colonnes de la porte patricienne. Le long de la Ludwigstrasse, la foule agite des mains affectueuses. Sissi a dit au revoir à sa Bavière, celle des montagnes et des animaux où l'on vit au seul rythme du temps, elle doit maintenant saluer la Bavière intime qui vit derrière des demeures imposantes, avec ses règlements, ses horaires, ses usages ; Sissi a donné un petit cadeau à chacun des domestiques qui l'ont vue naître et, maintenant, la voiture passe devant les palais de style florentin, l'église Saint-Louis, l'université néoromane. Le cortège atteint la *Siegestor*, la porte de la Victoire, une imitation de l'arc de triomphe de Constantin à Rome qui a été achevée il y a quatre ans, en 1850. Lorsque la voiture, conduite par un laquais en bicorne, passe sous l'arc, Sissi, qui est assise à la gauche de sa mère, se lève et agite la main gauche. Derrière elle, deux valets de pied, stoïques. La foule salue sa princesse. Quel contraste entre la joie populaire, bon enfant, chauvine, et l'angoisse qui gagne la jeune fille comme une onde malfaisante. Munich applaudit sa joie, Sissi pleure sa tristesse. Derrière ses larmes, elle voit ses sœurs assises en face d'elle, dont Hélène qui aurait dû être à sa place. Ludovika retient son émotion. Toute une ville est amoureuse de sa fille, impératrice dans quatre jours. Dans la seconde voiture, le duc Max, avec le reste de la famille, répond aux vivats, ému, ravi. Puis le cortège quitte Munich par le nord et se dirige vers l'est.

Le voyage, triomphal, va durer trois jours et deux nuits, ralenti par des arrêts dans les villages fleuris, les acclamations des habitants et les attentions des notabilités. C'est un honneur pour une bourgade d'être sur le trajet.

Le même soir, François-Joseph quitte Vienne pour aller à la rencontre de sa fiancée. Le lendemain, à deux heures de l'après-midi, la famille ducale atteint Passau, au confluent du Danube, de l'Inn et de la rivière Helz, port frontière entre la Bavière et l'Autriche. Il a fallu vingt-quatre heures pour parcourir cent quatre-vingts kilomètres. Le quai est hérissé d'un arc triomphal, fleuri, truffé de drapeaux des deux pays, bleu et blanc, rouge et blanc. Une délégation de hauts fonctionnaires et de personnalités impériales accueille Sissi.

Pour la première fois, la jeune fille est officiellement traitée en impératrice. Elle rencontre ses premiers sujets qui s'inclinent avec brandebourgs et grands cordons. Comme elle paraît frêle dans son costume de voyage foncé... Mais quelle grâce, quel charme... Sur son passage, la princesse séduit immédiatement, comme elle a séduit l'empereur.

Deux vapeurs à aubes et cheminées hautes quittent lentement les roches boisées et les fortifications du vieil évêché de Passau. Sur le *Ville-de-Regensburg*, Sissi voit bouillonner le fleuve-roi de l'Europe centrale, symbole des liens que le couple impérial s'efforcera de représenter. Après quatre heures de navigation paisible, tandis que les collines mourantes de Bohême défilent sur bâbord, répondant aux châteaux forts sauvagement accrochés à des pitons, les bateaux accostent à Linz dont la vie coule au rythme du Danube depuis l'époque romaine.

Il est six heures du soir, la famille fait halte pour la seconde fois, la seconde nuit. Mais quelle surprise ! François-Joseph est là ! Sa présence, imprévue par le protocole, témoigne de sa passion. La capitale de la haute Autriche est en fête. Cloches à toutes volées, oriflammes et étendards claquant au vent, les couleurs autrichiennes ondulent avec celles des Habsbourg, le noir et le jaune, dans l'air pur du printemps. Un gala théâtral avec une pièce de circonstance, *Les Roses d'Elisabeth*, est suivi par une retraite aux flambeaux avec chœurs dans les rues de la vieille cité. Epuisée, Sissi est étourdie par ce programme. Un programme, voilà l'Enfer : sa vie est désormais prévue, organisée, minutée. Fringant et impatient, François-Joseph dort à peine. A quatre heures trente du matin, il est déjà en route pour Vienne où il accueillera Sissi cet après-midi. Son impatience est grande. Il ne s'agit pas d'être en retard...

A huit heures, la famille bavaroise s'installe sur un bateau plus vaste, le *François-Joseph*, transformé en jardin flottant et dont le pont est recouvert d'arcades de roses coupées la veille à Schönbrunn. Sissi essaie de prendre un peu de repos dans sa cabine de velours pourpre mais comment pourrait-elle se soustraire à l'extraordinaire kermesse qui n'est qu'un gigantesque hommage à sa personne et un acte de foi dans son amour ? Tout un pays, son nouveau pays, veut la voir, l'apercevoir, dire qu'il l'a vue avant Vienne. Pâle, affaiblie, figée d'angoisse, elle reparaît sur le pont. Le *François-Joseph* est seul à fendre les eaux du Danube gris car la navigation a été interdite jusqu'à Vienne sur deux cent cinquante kilomètres. Les villages et les bonnes gens ont revêtu leurs habits de fête. L'Autriche ne respire plus, elle vibre des battements de son cœur.

Quatre heures du soir... Le bateau arrive à Nussdorf, un charmant faubourg viennois, foisonnant de guinguettes où l'on boit des vins bouquetés et où Beethoven sollicitait l'inspiration. Sissi vient de se changer. Lorsqu'il la voit dans sa robe de soie rose à crinoline et son manteau blanc, le visage si jeune et si ému sous un petit chapeau blanc, François-Joseph ne peut plus attendre : la manœuvre du vapeur n'est pas terminée. Qu'importe ! Entre le quai et le bateau, l'espace est encore grand. L'empereur saute à bord et se jette au cou de sa fiancée.

Une ovation fantastique salue ce geste d'un amoureux bouillant. Il l'embrasse longuement. Sissi, chancelante, se dégage pour faire sa révérence à l'archiduchesse Sophie. Puis, indécise, elle cherche son mouchoir de dentelle et l'agite timidement. Les cris d'enthousiasme redoublent. « Vive Elisabeth ! »

Issus de milieux les plus hostiles à l'empereur, intellectuels, grands marchands et premiers industriels suspendent leur méfiance. L'empereur-soldat, celui que tout le monde a surnommé « le lieutenant aux culottes rouges », a choisi la plus bouleversante des fiancées. Comment résister au charme ? Sissi est *neuve*, fraîche, naturelle. Un peu empruntée et vacillante de fatigue et d'émotion, certes, mais si gracieuse... L'opposition brocarde François-Joseph en soulignant qu'il tient les quatre armes indispensables à l'absolutisme que sont « le soldat debout, le bureaucrate assis, le prêtre agenouillé et le mouchard rampant ». Elle peut ajouter qu'il a, désormais, un atout supplémentaire en la personne d'une jeune fille de seize ans.

Au sein de la foule curieuse et affectueuse, François-Joseph s'est montré sans fard, sincère, à la fois tendre et fougueux. Il est le plus heureux des hommes. Quelques instants voués à l'étiquette et il faut se reprendre.

Il fait nuit lorsque le carrosse, tiré par huit splendides lippizans, atteint Schönbrunn. Sissi a pris place à côté de François-Joseph, face à l'archiduchesse Sophie et à son père, dont la présence la rassure. Sissi ne peut rien voir, l'obscurité s'ajoutant à la fatigue de cette longue journée. Dans le parc, une autre foule impatiente agite des milliers de lampions. L'épreuve n'est pas achevée. Sissi doit encore apparaître au balcon. Pour saluer, sourire, encore saluer, encore sourire. Surtout pour se montrer, être vue. Désormais, elle sera l'image du bonheur pour le peuple autrichien, lors de ses apparitions sur le long balcon du palais jaune à volets verts. Le destin lui impose le pire des rôles. Elle sera, jour et nuit, en représentation, recherchant désespérément un anonymat protecteur.

« Je suis une enfant du dimanche », écrivait-elle dans un poème, ce qui signifiait qu'elle s'estimait placée sous le signe du bonheur. Dans cette nuit d'avril, les lampions dansent sur les allées de Schönbrunn comme des milliers d'yeux attentifs. Au bord de l'épuisement, Sissi lutte pour ne pas s'écrouler. Elle ne peut plus être elle-même. Elle est devenue un modèle, un exemple. Elle n'a plus le droit de décevoir. Mais, à seize ans, est-ce possible ?

II

L'IMPÉRATRICE BRIMÉE

Pendant quelques secondes, Sissi croit défaillir. Un parterre d'archiducs et de princes s'incline. Tous lui ont été présentés. C'est un déluge de noms illustres. De cette soirée, il faut retenir deux moments extrêmes et complémentaires. Le premier est le geste d'un François-Joseph porté par l'amour. Dans la grande galerie, salle d'apparat et antichambre des salles d'audience, sous les allégories de la Guerre et de la Paix qui, de même que les miroirs de cristal, évoquent la galerie des Glaces de Versailles, l'empereur remet à la princesse son cadeau de mariage, la splendide couronne de diamants restaurée et les broches étincelantes. Le second est la revanche du protocole sur l'amour. L'archiduchesse Sophie met doucement en marche les engrenages de l'étiquette. Elle présente à sa belle-fille celle qui sera sa première dame d'honneur, la comtesse Esterházy-Liechtenstein. Un face-à-face angoissant pour Sissi : sa dame d'honneur a le teint jaune, les lèvres pincées et cinquante-six ans, soit quarante ans de plus que la future impératrice. La comtesse parcheminée est très austère, et c'est bien le paradoxe du début de la nouvelle vie de Sissi de voir qu'elle n'a échappé au contrôle d'une gouvernante que pour tomber sous l'emprise d'une duègne. Un cerbère de salon qui sait tout, voit tout, entend tout et donc, hélas, juge tout. L'archiduchesse a également nommé deux autres dames d'honneur, la comtesse de Lamberg, fille d'un général assassiné par les Hongrois, en 1848, et la comtesse Bellegarde. Elles sont plus jeunes et plus avenantes que la comtesse Esterházy, mais Sissi ne peut se fier à leur indulgence. Leur mission est de transformer Sissi en impératrice. Les dames d'honneur agiront en dames de surveillance. Leur religion ? Le cérémonial. Leur bréviaire ? Des documents terrifiants de minutie. Le premier est remis à Sissi sous le titre de « Cérémonial pour l'entrée solennelle de S.A.R. la Sérénissime princesse Elisabeth ». Il décrit l'arrivée de Sissi, le lendemain, à Vienne. Le second, aussi volumineux, organise le mariage, qui aura lieu le surlendemain. Le protocole de la cour de Vienne emprunte sa rigueur à celle d'Espagne, avec une influence bourguignonne. Tout y est prévu, la manière de marcher, le nombre de pas, la façon de s'asseoir, le rythme des génuflexions.

En étudiant ces dix-neuf pages, on a même le sentiment que les respirations obéissent à un ordre immuable. Ces deux documents sont les premières leçons que Sissi devra apprendre, au plus tard, le lendemain. Son regard, inquiet, rencontre celui de son futur mari, empressé, rassurant. Il cherche à l'apaiser :

— Cela fait partie de notre fonction...

Après un souper somptueux, Sissi, accompagnée de trois dames de Cour, se retire dans ses appartements où l'attendent trois femmes de chambre, deux serveuses, un valet de chambre. Trop fatiguée, essayant de protéger son bonheur dans cet océan de conventions, elle ne trouve pas le sommeil. Sa première nuit à Schönbrunn ne ralentit pas le tourbillon de ses réflexions et de ses craintes. Son premier palais est une première prison. L'étiquette est comme Sissi, elle ne dort pas.

Dimanche 23 avril. Déjà enrobées de leurs amples atours, les dames d'honneur surveillent la préparation – il n'y a pas d'autre mot – de la princesse. Sa grande toilette va durer... quatre heures ! Le résultat est une Sissi figée dans une robe de satin à traîne argentée, enguirlandée de roses, les cheveux étincelants de diamants. Accompagnée de sa mère, elle prend place au début de l'après-midi dans un carrosse attelé à huit chevaux blancs aux crinières tressées d'argent. L'itinéraire suivi obéit également au cérémonial.

Depuis toujours, toutes les fiancées des souverains autrichiens ne font leur entrée dans Vienne qu'en partant du long palais d'été érigé rue des Favorites, le Theresianum, appelé ainsi parce que l'impératrice Marie-Thérèse y avait vécu ses années de jeunesse, dans le quartier du Belvédère. Un long cortège encadre le carrosse, grouillant de laquais, de gardes à cheval et de hallebardiers. L'archevêque de Vienne, le primat de Hongrie, les princes suivent. Geste symbolique : le carrosse franchit pour la première fois un nouveau pont baptisé le pont Elisabeth. Sissi inaugure son premier ouvrage d'art. En découvrant « sa » ville, elle la marque de son prénom.

La cérémonie est touchante. Quarante jeunes filles parmi les mieux nées, toutes en blanc, jettent sur son passage des fleurs, foulées par des dizaines de sabots et de roues. Enfin, le carrosse arrive devant la Hofburg. Sissi hésite. Affronter la foule est pesant, mais elle n'a aucun moyen de se dérober, d'autant moins que la voiture est largement vitrée. Au lieu d'être un écrin douillet et un refuge, elle est une loupe indiscrète. Et personne ne peut ignorer que Sissi sanglote. Elle se lève enfin, s'avance sur le marchepied. Est-ce l'émotion ? Est-ce l'encadrement de la portière ? Toujours est-il qu'en descendant, elle accroche son diadème. D'une main gracieuse, elle le réajuste sous le regard courroucé de sa belle-mère. Manquer de dignité à ce point est inconcevable ! Mais, heureusement, l'empereur est là ; en grand uniforme de maréchal, il conduit sa fiancée pour la première fois à travers le sombre palais impérial ébauché au XIIIe siècle, complété, transformé, agrandi au cours du temps, la Hofburg. Une ville dans la ville aux styles sévères et juxtaposés mais toujours imposants. Les fiancés prennent place dans la chapelle gothique reconstruite au milieu du XVe siècle avec ses trois galeries différentes. Ils se confessent et reçoivent la sainte communion. Puis François-Joseph fait à Sissi les honneurs de leurs appartements, ordonnés autour de vingt-six pièces sur les milles quatre cent quarante que compte alors le palais [1]. A l'entrée, Sissi reçoit de ses deux beaux-frères, Ferdinand-Max

1. Il en compte aujourd'hui deux mille six cents qui abritent, outre les appartements impériaux, les musées, divers services administratifs, le manège d'hiver de l'Ecole d'équitation espagnole, les Archives d'Etat, l'ancienne Chancellerie et, depuis 1919, la présidence de la République.

et Charles-Louis, une garniture de bureau en or et lapis-lazuli. Très tendre, François-Joseph demande à sa fiancée :

— Cela te plaît-il ? Dis-moi ce que tu souhaites, tu l'auras aussitôt.

En serrant la main de l'empereur, la princesse reste muette. Tout est si beau, trop beau peut-être.

Lundi 24 avril. Un soleil glorieux éclaire le palais qui retentit d'une agitation heureuse. Vienne a revêtu ses habits de fête pour le mariage. Très tôt dans les rues, des régiments défilent au son des fanfares tandis que des canons font vibrer portes et fenêtres. Curieusement, la cérémonie religieuse n'a lieu qu'en fin d'après-midi. Une journée d'excitation et d'énervement où Sissi s'efforce de récapituler sa leçon de cérémonial et de ne pas confondre l'ordre du cortège qui se rendra à l'église avec celui du retour à la Hofburg, lesquels ne sont évidemment pas les mêmes. Dehors, le grondement s'enfle avec l'arrivée des hôtes illustres et des sujets de l'empire. On attend soixante-quinze mille personnes. Depuis les délégués de toutes les Cours d'Europe jusqu'aux simples paysans qui ont astiqué les boutons de leurs gilets et tiré leurs bas blancs, une foule incroyablement hétérogène se répand de palais en taverne et de rue en place. Des envoyés venus d'Alexandrie, de Salonique et même de Smyrne déploient tous les fastes de l'Orient au milieu de bicornes, de shakos et de plumets, dans des stries de brandebourgs et des alignements de bottes. La cité n'a pas connu pareille effervescence depuis le Congrès de Vienne. Hier, entre un mot de Talleyrand et une manœuvre de Metternich, le Congrès s'amusait. Aujourd'hui, la ville est heureuse, le bonheur d'un couple crée son bonheur.

A six heures et demie du soir, Sissi, qui a été manipulée, apprêtée, habillée, coiffée et parée pendant des heures apparaît enfin. Elle est resplendissante. Son long corps glissé dans une robe de satin brodée d'or et d'argent se nimbe d'un somptueux voile en dentelle de Bruxelles. Ses cheveux, coiffés en bandeaux, jettent les mille feux du diadème de l'archiduchesse Sophie. De la poitrine à la taille, la robe s'orne d'un bouquet ovale de roses blanches. Sissi est belle, grave, éthérée et d'une pâleur diaphane.

Le cortège s'engage dans la rue des Augustins pour gagner l'église du même nom, la paroisse de la Cour, distante de quelques dizaines de mètres seulement des appartements. Précédant le palais Lobkowicz, mélange de baroque italien et de goût viennois, l'église des Augustins, parallèle à la rue, est celle des mariages royaux. C'est dans ce chœur très allongé qu'avait eu lieu le mariage de Marie-Thérèse avec François de Lorraine, en 1736, et celui, par procuration, de Marie-Louise avec Napoléon, en 1810. Sous les voûtes gothiques, quinze mille bougies sont allumées. Décorée de velours rouge, l'église n'est plus qu'un immense écrin sacré. Selon l'étiquette, François-Joseph y pénètre le premier, seul. Derrière lui, sa mère et sa tante encadrent Sissi. Si la foule de dignitaires et d'ambassadeurs est considérable, les gens d'Eglise affichent la plus forte représentation : on ne compte pas moins de soixante-dix évêques... Sous un baldaquin blanc et or, le cardinal Rauscher, évêque de Vienne et solide pilier de la monarchie, accueille les futurs époux. Sissi, selon l'usage, a le visage découvert, son voile relevé. A sa droite, François-Joseph, la poitrine bardée du collier de la Toison d'or. Le silence est total. Puis le cardinal commence un sermon édifiant et, surtout, interminable. Mgr Rauscher recevra d'ailleurs le surnom de « Plauscher », le « cardinal bavard ». Il annonce que l'amour de l'impératrice devrait être pour l'empereur « comme une île au milieu de tous les soucis d'un souverain ». Cette île d'amour est paisible au milieu d'une tempête, « une île où poussent la rose souriante et la violette gracieuse ». Un sermon fleuri.

Et, bien entendu, l'archevêque n'omet aucun des devoirs mutuels des époux l'un envers l'autre. Soudain, du chœur parviennent des paroles étranges, empruntées à saint Augustin : « Quand la femme aime l'homme parce qu'il est riche, elle n'est pas pure car elle n'aime pas l'époux, elle aime l'argent de l'époux. Quand elle aime l'époux, elle l'aime pour lui-même, fût-il pauvre et misérable. »

Sissi est stupéfaite ! Le cardinal insiste, rappelant, à la mariée, qu'elle n'a pas la même condition que l'empereur. Et cette allusion est particulièrement injuste car l'arrivisme et le goût de la puissance ne sont pas dans la mentalité de la jeune fille. Le cardinal est peut-être fin orateur mais peu psychologue. Sissi n'avait qu'un regret en regardant François-Joseph depuis huit mois, répétant « si seulement il n'était pas empereur... ». Il n'est pas impossible que ce paragraphe, très déplacé, ait été soufflé au cardinal par l'archiduchesse Sophie, Mgr Rauscher est venu la voir la veille... Il est son confesseur.

Au moment de l'échange des consentements, François-Joseph regarde ses parents. En signe d'acquiescement à son mariage, ils hochent légèrement la tête. L'empereur prononce un « oui » énergique et fort. En revanche, après avoir interrogé ses parents des yeux, Sissi, au sommet du trouble et de l'émotion, ne laisse échapper qu'un murmure presque inaudible. Un baiser, des larmes, ils sont mariés. L'empereur n'est plus seul, l'Autriche a une nouvelle impératrice. S.A.R. Elisabeth, Amélie, Eugénie, duchesse en Bavière, quitte l'autel au bras d'un homme qui régnera sur cinquante-deux millions de sujets et dont les titres sont impressionnants. Il est aussi bien roi de Croatie que roi de Jérusalem, grand-duc de Cracovie que grand-duc de Toscane, duc de Carinthie que duc de Lorraine, grand prince de Transylvanie que duc de Raguse, Margrave de Haute et Basse-Lusace que grand voïvode de Serbie...

François-Joseph portera, au total, quarante-sept titres dont l'énoncé géographique s'apparente à un répertoire d'Europe centrale.

Sept heures sonnent au clocher de l'église des Augustins, rapidement étouffées par des carillons impatients, des canonnades pompeuses et des acclamations.

Le couple regagne la Hofburg dans le carrosse impérial de la Cour. Une pure merveille, cette voiture ! Très haute, dotée d'une caisse en forme de trapèze où quatre personnes pourraient presque se tenir debout, elle a été construite au milieu du XVIIIe siècle. Entièrement dorée, pourvue de huit vitres en verre vénitien, elle s'orne de peintures de 1763 dues à Franz Xaver Wagenschön, un nom prédestiné puisqu'il signifie « voiture belle ». Les allégories évoquent les vertus du souverain. Attelé à huit chevaux blancs, le carrosse est conduit par deux postillons, un sur le cheval de tête, l'autre sur le cheval de timon tandis que douze laquais en livrée accompagnent l'attelage. A cause de son poids – il pèse plus de quatre tonnes ! – il ne peut rouler qu'au pas et, pour l'arrêter, les laquais ont recours à un système de freinage simplifié et périlleux : ils saisissent les rayons des hautes roues arrière qui ont un diamètre d'un mètre soixante-dix-sept. L'intérieur est tapissé de velours et de soie rouge avec des franges pailletées de broderies. Au plafond, est peint un ciel. Très richement sculptée, notamment à l'arrière, cette voiture qui n'est utilisée que pour les couronnements et défilés exceptionnels, donne pourtant une surprenante impression de légèreté esthétique. On peut encore remarquer la beauté des harnais de velours rouge et or avec leurs garnitures et ferrures en bronze doré, leurs glands d'or et leurs dessus de tête en plumes d'autruche. Sissi roule dans une voiture qui est un chef-d'œuvre du rococo. Le couple gagne la grande salle de cérémonie de la Hofburg. Deux trônes ont été aménagés sous un dais qu'entourent des lustres lourds. François-Joseph conduit Sissi. Pour la première fois, elle prend place officiellement, à ses côtés ; on peut désormais parler de l'empereur et de l'impératrice. Et les saluer. Un défilé de dignitaires et de diplomates commence avec force révérences et baisemains. Sissi veut-elle embrasser deux cousines ? Des regards brisent sa tendresse. Elle est impératrice et doit se conformer aux usages. La déférence marquée par des dames qui ont l'âge de sa mère lui paraît choquante. François-Joseph, très à l'aise, lui souffle des noms, des charges et des fonctions à l'oreille. Révoltée d'imposer des distances à sa famille, Sissi s'attire cette réplique de son mari, debout à sa droite :

— Tu es la première dame d'un grand empire...

A huit heures et demie, le couple prend place dans une voiture découverte pour recevoir l'hommage du peuple. Tout Vienne est dehors. Des guirlandes lumineuses ont été jetées à travers les rues, des lanternes se balancent, des sérénades montent des places noires de monde. Les palais des grandes familles proches de la Hofburg sont éclairés. Dans les jardins du palais Liechtenstein, des ballons lumineux sont accrochés aux branches de curieux palmiers en argent. Sur le Kohlmarkt, le marché au charbon de bois, la foule immobilise la voiture. Chopin avait vécu tout près de là, vingt-cinq ans plus tôt. Pendant plus d'une heure, le cortège est acclamé. A dix heures du soir, les époux et leurs familles ont droit à un souper, à la Hofburg, puis vient le moment où les deux jeunes gens vont se retrouver. Seuls ? Pas encore...

Accompagnée de sa mère et de sa belle-mère, Sissi gagne sa chambre. A la porte de la pièce, l'archiduchesse Sophie s'arrête. Lorsque Ludovika avertit Sophie que la jeune mariée est « prête », l'archiduchesse va chercher François-Joseph. Blottie au fond d'un lit immense, les cheveux étalés sur les oreillers, Sissi cache son visage. La pudeur... Sa belle-mère notera qu'elle avait l'air « d'un oiseau effrayé dans son nid ». Sissi ne sait pas, cependant, que le protocole nuptial s'est singulièrement simplifié depuis quelque temps. Ainsi, sa tante, la reine Amélie de Saxe, avait dû subir un ballet de dames d'honneur chargées de sa toilette et un cortège de princes silencieusement conduits devant son lit.

Ce soir, les deux mères se retirent après avoir simplement souhaité « bonne nuit » à leurs enfants qui ont désormais le droit d'être mari et femme. Un peu avant minuit, le silence s'est enfin emparé du vieux palais tandis que dans les rues la population s'épuise à se réjouir. En cette minute, Sophie et Ludovika savourent leur revanche de mères esseulées et d'épouses frustrées. Sissi est impératrice...

Entre François-Joseph et la jeune fille existe une tendresse réelle. Mais, habitué aux « comtesses hygiéniques » et d'une riche nature, François-Joseph peut-il se montrer adroit, c'est-à-dire patient avec Sissi ? La délicatesse n'est pas la qualité essentielle de l'empereur. S'il n'existe, bien entendu, aucun récit officiel de la nuit de noces des jeunes gens, l'archiduchesse Sophie à qui tout le personnel du palais obéit, a ses informations, les secrets les plus intimes ne pouvant échapper aux femmes de chambre. Selon ces témoignages scabreux, la jeune fille n'est devenue une femme qu'au cours de la troisième nuit, celle du mercredi 26 au jeudi 27 avril.

Tôt ce matin-là, le protocole affirme ses droits. Le couple ne saurait prendre son petit déjeuner seul, en tête à tête. A huit heures, l'archiduchesse s'installe dans son rôle de belle-mère avec gourmandise. Le lendemain du mariage, mardi, et le surlendemain, mercredi matin, son regard interrogateur avait été insupportable. Ses questions s'adressent à son fils et elle en attend des réponses claires. On doit lui reconnaître une franchise à toute épreuve.

Soumise à cette atmosphère de commérages, Sissi voudrait fuir. Impossible, le petit déjeuner doit être pris en famille... Mais, le jeudi matin, devenue femme, Sissi refuse et décide de savourer son café dans ses appartements. François-Joseph hésite puis approuve. Lorsqu'il paraît chez sa mère, celle-ci, rassurée sur la conduite des jeunes époux, exige que Sissi soit présente à table. Y aurait-il un certain sadisme à examiner sans complaisance ce visage doux et ce corps hier virginal ? Sans doute non. L'étiquette a simplement établi un emploi du temps et prévu des moments collectifs, et, tout sentiment, toute réaction, toute émotion, fût-elle la plus secrète, doit s'effacer devant ce règlement. François-Joseph préfère céder. Il retourne chercher Sissi et lui demande de paraître, décente, à la table familiale. De cet instant où l'empereur n'a pas osé désobéir à sa mère date l'empoisonnement définitif des rapports entre l'archiduchesse et sa bru. L'apparence a priorité sur l'existence. La vie extérieure dompte la vie intérieure. Sissi l'écrira : « Le naturel, le simple disparaissaient sous cette pression. »

Meurtrie, humiliée, exhibée comme un objet de curiosité, Sissi fond en larmes et s'assoit sans appétit. Il y a pire : au bout de quelques minutes, l'empereur se lève et disparaît dans le couloir vers son bureau ; le devoir d'Etat s'ajoute au despotisme de l'archiduchesse pour séparer les époux. Sans s'en rendre compte, il abandonne son trésor, Sissi. Il est conscient de sa fragilité mais décide que l'empire ne peut attendre. C'est l'heure des affaires de l'Autriche. Depuis longtemps, il sait – et se satisfait – qu'il y a un temps pour tout. Sissi n'a qu'un principe, exactement le contraire, la spontanéité. Elle va beaucoup souffrir... « C'est par amour pour lui que je l'accompagnai », dira-t-elle plus tard, à l'une de ses dames d'honneur en évoquant ce petit déjeuner inoubliable. En silence, Sissi fait le sacrifice de son intimité mais elle ne pardonnera jamais à sa belle-mère ses allusions indécentes.

Le soir même, a lieu le premier grand bal de la Cour présidé par Leurs Majestés Impériales. En satin blanc, la jeune impératrice porte une ceinture diamantée à la taille et dans ses cheveux une couronne de roses blanches ainsi qu'un diadème. Elle est très belle. Le protocole leur interdit de danser ensemble avant le cotillon et on remarque que François-Joseph indique en souriant à Sissi qu'elle se trompe de pas ou qu'elle est à contretemps.

Le lendemain, au Prater, a lieu le « bal du peuple », sur l'esplanade qui deviendra le rendez-vous du Tout-Vienne.

Au temps de Metternich, le Prater, ancienne chasse royale ouverte au public en 1766, s'animait avec le Congrès de Vienne, dans un embarras de carrosses et, l'hiver, de traîneaux. C'est au Prater que le prince de Ligne avait eu ce mot : « Le Congrès ne marche pas, il danse. » Sissi fait connaissance avec ce parc dont Mme de Staël avait parlé avec chaleur et où l'Aiglon, frêle silhouette, montait à cheval, tandis que les cafés accueillaient les duels de la « guerre des valses » entre Johann Strauss père et Joseph Lanner. Depuis, le Prater vit surtout le dimanche. On y déguste des poulets rôtis et les promeneurs s'y rendent au cirque. Le *Circus Gymnasticus*, fondé en 1808, comporte un amphithéâtre d'environ trois mille places sous une coupole ajourée permettant des représentations bien éclairées à la belle saison. Lorsque Sissi et François-Joseph arrivent, l'établissement accueille le cirque Renz dirigé par Ernest Renz, le roi du cirque d'Europe centrale[1].

Après le déjeuner qui est plutôt un gigantesque pique-nique, le couple impérial assiste à la représentation. Le visage de Sissi s'éclaire devant les prouesses des écuyers, des banquistes et des acrobates et la passion de l'impératrice pour le cirque ira en s'affirmant. Ernest Renz, dont la cavalerie de

1. Voir *La Merveilleuse histoire du cirque* par Henry Thétard. Cet ouvrage classique a été somptueusement réédité par Julliard en 1978 et enrichi d'un excellent chapitre inédit sur *Le Cirque depuis la guerre* par Lucien-René Dauven.

soixante chevaux sera fameuse, fait travailler vingt-quatre chevaux en quadrille, douze blancs, douze noirs. L'impératrice retrouve son autorité pour demander qu'Ernest Renz lui soit présenté. Le personnage est chauve, moustachu, illettré et ignare, mais il est une haute figure du cirque et impressionne beaucoup Sissi. Son bonheur, cet après-midi, est profond. Une sorte de distraction, une récréation. Pour respirer... quand on songe qu'elle n'est mariée que depuis trois jours ! Comme pour prolonger ce moment, elle pose de nombreuses questions au directeur du cirque.

Hélas, cette journée en famille s'achève. Sissi est entourée de son père, spectateur enthousiaste et connaisseur lui aussi, de sa mère et de sa sœur Hélène. Hélas, Max et Ludovika repartent demain, et Hélène aussi. Les deux sœurs parlent anglais entre elles, langue que ni François-Joseph ni sa mère n'entendent. Un code pour protéger quelques confidences... Mais l'affreuse vérité s'impose : Sissi se retrouve seule, elle craint cette solitude et en même temps l'espère. Si seulement il n'y avait pas cet entourage rigide, si elle pouvait vivre aux côtés de son mari, à Possenhofen. « J'avais peur de ce monde d'étrangers », avouera-t-elle beaucoup plus tard.

Pour comprendre l'angoisse qui étreint cette toute jeune femme de seize ans, il convient de la suivre au cours d'une journée normale en cette fin d'avril 1864.

La journée commence par l'apparition inévitable de la comtesse Esterházy qui porte religieusement un document où sont consignées les obligations du jour. Même si ces dispositions sont appelées « respectueuses observations » ou « respectueux rappels », elles n'ont rien de respectueux. Sissi a toujours le sentiment de mal se conduire et de mal réagir. Elle est perpétuellement culpabilisée. Certains des usages de la Cour de Vienne sont surprenants, telle l'obligation de garder des gants à table ou l'obligation de ne porter qu'une seule fois une paire de chaussures et de les donner ensuite à ses femmes de chambre. Ainsi, l'impératrice d'Autriche essaie les chaussures de ses domestiques alors que de grands capitaines font assouplir leurs bottes par leur ordonnance... Que l'impératrice soit toujours prête à être vue, c'est-à-dire habillée, paraît normal, mais l'est beaucoup moins si aucune visite n'est annoncée. L'étiquette aime envisager l'imprévu, mais déteste qu'il se produise. Le plus pénible pour Sissi est de ne jamais pouvoir être seule et de savoir que deux cent vingt-neuf dames de qualité appartenant aux vingt-trois plus prestigieuses familles de l'empire, qui réunissent au moins seize quartiers de noblesse, ont leurs grandes entrées chez elle, à tout moment. De même, elle est obligée de tenir cercle, à certaines heures, et de trôner au milieu de femmes dont la coterie est imparable. Alors, Sissi va choquer, déranger cette pyramide de conventions.

Premier scandale : elle veut boire de la bière à table ! De la bière ? Mais l'impératrice croit-elle que la Hofburg soit une taverne bavaroise ? Inadmissible... Deuxième scandale : l'impératrice, élevée au contact bénéfique de la nature, désire une baignoire. Elle a l'intention de prendre un bain tous les jours, ce qui est un signe d'anarchie évident. Sissi est trop en avance ! Faire ses ablutions nue paraît inconcevable et l'empire s'écroulerait avec de telles pratiques. N'y a-t-il pas assez de femmes de chambre pour apporter cuvettes, brocs et pots divers ? Le troisième scandale éclate lorsque Sissi décide de sortir dans Vienne avec une escorte réduite à une seule dame d'honneur et de faire elle-même les achats de son choix. Elle ose ! Elle ose se rendre sur le Graben, à la fois longue place et rue très large bordée de boutiques, au centre de la ville. Elle ose entrer, parler aux vendeuses effarées et agir comme si elle était la femme d'un avocat ou d'un notaire. On sent que le conflit est permanent avec l'archiduchesse. Sissi retirera ses gants pour ses repas, remettra ses bottines plus d'une fois et se confessera quand elle l'estimera utile. Son esprit frondeur se heurte à une intransigeance absolue. Sans doute, la maturité et l'art des nuances auraient permis à l'impératrice d'établir une différence entre des détails insignifiants, ridicules et des intrusions plus graves dans sa vie personnelle. Telle une enfant boudeuse, Sissi se braque, prend le contrepied de toutes les manies de sa belle-mère, refuse tout, dit non à tout et déclare nerveusement : « Cette règle est désormais sans objet. »

Un tremblement de terre ferait moins d'effet. Sissi est en

révolte contre des habitudes jalousement entretenues par l'archiduchesse car si la mère de l'empereur a marié son fils, elle n'estime pas sa tâche accomplie pour autant. Son épouse n'est pas digne de lui. Sophie est la gardienne des traditions, fussent-elles stupides. Aux yeux de Sophie, le péché de sa belle-fille est de ne pas avoir mérité ce trône d'Autriche. Puisqu'elle n'est pas à sa place, il convient de le lui rappeler sans cesse et de l'y remettre.

Très vite, Sissi est en détresse. Souvent, elle tousse, en proie à des crises de claustrophobie dans les escaliers, surtout s'ils sont étriqués – il y en a cinquante-quatre – et les corridors – on en compte vingt-six... Son seul recours est son amour mais le devoir d'Etat est une barrière permanente. François-Joseph est très épris de sa jeune épouse, cependant il décide d'arbitrer le moins possible les conflits entre les deux femmes. Il y a un peu de lâcheté dans cette attitude. Devant sa mère, l'empereur redevient Franzi. Et il pense que le temps fera son œuvre. L'empereur n'est pas conscient que l'affrontement de ces deux personnalités ne peut s'achever que par le renoncement de la plus vulnérable. Alors, réfugiée dans sa solitude au milieu d'une foule d'automates, Sissi ouvre son cahier, qui est son seul confident puisqu'elle n'a pas eu le droit de conserver à son service la domesticité familiale de Bavière. Certes, il y a bien ses animaux dont le célèbre perroquet offert par Franzi mais il ne fait que répéter des bribes de plaintes mécaniques... Quant aux chiens, ils sont surtout encombrants.

Sissi écrit un poème dont le titre est un aveu, *Nostalgie*. Elle y évoque le retour de la belle saison mais soupire, dans la deuxième strophe :

Que m'importe à moi le charme du printemps
Dans ce pays d'exil,
Je me languis de toi, soleil de mon pays,
De vous, rives de l'Isar,
De vous, arbres sombres,
Et de toi, fleuve vert,
Qui doucement la nuit, dans mes rêves,
M'a chuchoté un au revoir.

Sissi ne triche pas, elle parle d'exil, elle est loin de l'Isar, la rivière qui baigne Munich. Elle cultive un spleen qui la ronge.

Avec des mots simples et dans une langue banale, elle s'adresse, un soir de pleine lune, à l'astre mort :

La lune est attirée par ma douleur
Comme si elle voulait me dire :
« Je ne t'ai jamais trouvée triste. »

Bien éloigné de ces états d'âme, l'empereur, heureux, décrète une amnistie générale particulièrement bien ressentie en Hongrie. Une délégation se rend à Vienne. François-Joseph revêt un uniforme hongrois et Sissi porte, pour la première fois, le costume national magyar. Leur apparition suscite une grande ferveur. Puis François-Joseph annonce aux délégués :

— Que Dieu vous bénisse ! Je vous amènerai bientôt votre reine en Hongrie et j'espère que vous l'accueillerez bien.

Des déclarations semblables sont ensuite faites à d'autres délégations. D'autres peuples, d'autres costumes, d'autres uniformes. L'empire s'identifie à la nouvelle image du jeune couple qui apparaît sur des gravures, des tableaux et des porcelaines. Avec Sissi, François-Joseph n'a pas seulement trouvé une impératrice, il a retrouvé sa popularité. Il faudrait peu de chose, un geste, pour que leur bonheur s'épanouisse. Mais veulent-ils s'échapper une soirée au vieux théâtre de la Cour et s'installer dans la loge encadrée de rideaux lourds, sans escorte, que Sophie, gardienne des usages, leur rappelle qu'ils ne peuvent se déplacer seuls. L'escorte, la garde, les honneurs... Et le charme de l'intimité est rompu.

Le 3 mai, François-Joseph abandonne Sissi pour une chasse au coq de bruyère à laquelle il n'a pu résister. Pour cette première et brève séparation Sissi est prise de panique. Elle ne peut même plus faire irruption dans le cabinet impérial où ses entrées choquent les hauts fonctionnaires gourmés.

Le couple a pris ses quartiers au château de Laxenbourg, l'une des résidences d'été de la Cour à une quinzaine de kilomètres au sud de Vienne. La région, agréable, déroule une plaine sans fin vers l'est annonçant la *puszta* hongroise, des collines toutes proches de la forêt viennoise, de coquets villages de vignerons. Sissi s'installe dans le « nouveau château », reconstruit en 1752 à l'époque de Marie-Thérèse. Les bâtiments, qu'on appelle aussi *Blauer Hof* (la cour bleue) donnent sur un immense parc de deux cent cinquante hectares, redessiné à la fin du XVIIIe siècle sur le modèle des jardins à l'anglaise et enrichi des fabriques du décor romantique qu'agrémentent les grottes, cascades et pièces d'eau alanguies sous de très beaux arbres. A l'est, sur une petite île, se dresse la silhouette familière aux Viennois du Franzensburg, imitation d'un château médiéval achevé il y a moins de vingt ans en 1836 [1] avec tours de guet et vitraux gothiques. Quand l'empereur revient de sa chasse, Sissi court sur les pelouses pour se jeter dans ses bras, ce qui ne manque pas d'indigner l'archiduchesse. On conseille à Sissi de donner, plus calmement, son bras à l'empereur pour une promenade digne sous les ombrages au cours de laquelle elle ne risque pas de perdre son bonnet ou sa capeline.

La nature enthousiaste de la jeune femme bute sans cesse sur la volonté de forger une impératrice inexistante, sans cœur, sans épiderme, sans chaleur et, pour tout dire, sans âme. La moindre envie est étouffée, le moindre désir étranglé. Quant aux idées, Sophie les condamne, d'autant qu'elle sait que sa belle-fille aime lire les poètes, se cultive facilement ; une femme qui lit a trop d'idées. Une certaine froideur attestée par la distance qui séparera souvent les époux va caractériser la vie du couple. L'origine de ce malaise réside dans ces premières semaines de la vie commune où Sissi enrage de ne pas pouvoir être naturelle. Le cœur ignore l'étiquette. Il bat, sans protocole. En se mariant, Sissi est censée ne plus avoir aucune personnalité et, surtout, ne pas se faire remarquer. Sa belle-mère lui impose une sorte de frigidité psychologique en pénalisant toute initiative.

La proximité de Vienne permet à l'empereur de s'y rendre

1. L'empereur François II montra ainsi la voie dans la reconstitution de l'architecture féodale avant Viollet-le-Duc, en France, et Louis II de Bavière.

tous les jours. Il y part à l'aurore et rentre pour se coucher tôt, chaque fois qu'il le peut. Sissi trouve qu'elle ne le voit pas assez et manifeste son intention de l'accompagner. L'archiduchesse la foudroie en lui rappelant qu'elle n'a pas épousé un négociant que sa femme suit partout de la manière la plus bourgeoise. Tous les « scandales » de Sissi durant les premières semaines se résument dans un souhait : elle veut vivre avec son mari... Elle l'aime et se désespère de ne pouvoir agir comme des millions de couples, sans intermédiaire. Quand elle veut lui parler, c'est l'heure du thé avec un rond de dames à qui elle n'a plus rien à dire et qui, cependant, guettent son moindre soupir. Quand elle aimerait flâner avec l'empereur, elle doit se rendre à la chapelle. Il y a toujours une « activité » prévue, et c'est toujours une corvée. La longue crise que traversera le couple impérial est le résultat de trois éléments : la tendresse spontanée mais pudique de Sissi ; l'amour maladroit et sincère de François-Joseph chevillé à la politique et qui, respectant sa mère, évite de l'affronter ; enfin, le défi de l'archiduchesse qui veut s'imposer et dominer et, surtout, ne rien ignorer comme un chaperon à la Cour d'Espagne. Si jamais belle-mère a empoisonné le mariage de sa belle-fille, Sophie y est parvenue. La question qui se pose est de connaître les intentions profondes de celle que Sissi a vite qualifiée de « méchante femme » en réponse au surnom d'« oie bavaroise » attribué par l'archiduchesse à sa belle-fille. Assaut d'aigreurs... Sophie est-elle aussi « méchante » que le pense Sissi ? Malgré les apparences, rien n'est moins sûr. L'archiduchesse suit un raisonnement politique : le mariage de l'empereur consolide le régime, l'impératrice doit étayer l'édifice impérial et participer à son éclat. Toute initiative irréfléchie, toute indépendance serait, d'après elle, fort mal reçue ; on jaserait, on gloserait et ce serait regrettable. D'autre part, il y a aussi un sentiment quasi maternel chez Sophie qui doit guider sa nièce, une toute jeune femme égarée dans la jungle des traditions. Le comte Corti l'observe justement : « Il ne s'agit pas d'être mais de paraître et c'est bien là ce qui est pénible. » Sophie n'explique pas, elle donne des ordres. Sissi tient un autre langage. Il est plus simple, franc, ouvert, sain. Les préoccupations de la belle-fille sont à l'opposé des calculs de la belle-mère et, ainsi, le malentendu ne peut que croître. Lorsque Sophie écrit à sa sœur Ludovika, rentrée à Possenhofen : « Notre cher jeune couple passe une lune de miel merveilleuse à Laxenburg. J'éprouve une joie sans égale à voir ce bonheur chrétien du foyer de nos enfants », elle est sincère dans la mesure où ce bonheur est vécu dans l'ordre et les convenances. Pour l'archiduchesse, Sissi et François-Joseph ne peuvent être heureux sans son aide. Elle est là pour guider leur bonheur... Mais dès qu'elle touche à cet équilibre, le charme est rompu. Un exemple le souligne : une fois, Sissi a réussi à accompagner François-Joseph à Vienne. En cachette ! Le bénéfice de cette fuite est double ; d'une part elle est avec son mari, de l'autre elle ne voit pas sa belle-mère ! A son retour, le couple, radieux, est accueilli par une femme hors d'elle qui lui interdit de recommencer. « Je n'ai pas recommencé », dira l'impératrice près de vingt années plus tard. C'était trop beau, c'était trop : ils avaient été heureux tout seuls... En voulant faire leur bonheur officiel, elle sape leur bonheur privé.

De son bureau, Sissi écrit également à Possenhofen mais pas sur le ton de sa belle-mère. Une de ses dames d'honneur rapporte que l'impératrice se plaignait : « Je me sentais si abandonnée, si seule... J'avais toujours peur du moment où l'archiduchesse venait. Car elle venait tous les jours m'espionner à chaque heure. J'étais à sa merci [...] Tout ce que je faisais était mal et elle jugeait mal ceux que j'aimais [...] Tout le monde la craignait, tout le monde tremblait. On lui répétait tout. Le moindre petit incident devenait une affaire monstrueuse. » Alors, l'impératrice redevient Sissi. Elle s'enfuit grâce aux mots, elle écrit un poème transparent, *l'Oiseau captif* :

En vain, sous le ciel bleu,
Je languis, en prison.
Les barreaux, rudes et froids,
Insultent ma nostalgie.

De soupirs, bientôt, mon cœur éclatera :
Vous ne sauriez me retenir encore longtemps

O douce et puissante joie
De déployer les ailes de l'esprit.

Le mot liberté revient, obsessionnel, sous sa plume. Le 8 mai, nouveau poème, nouveau cri de la prisonnière :

... Je me suis réveillée dans une prison,
Les mains chargées de chaînes,
Et ma nostalgie s'accroît toujours :
Et toi, liberté ! tu me fus ravie.

Aujourd'hui, le diagnostic serait clair : Sissi est en dépression. Pour elle, une feuille qui tombe est une âme qui meurt. Evidemment, l'impératrice a le temps d'être nostalgique et elle en a les moyens. Déséquilibrée par une adolescence interrompue brutalement et une maturité impossible à acquérir en quelques jours, surtout à seize ans, elle comble ce vide en rêvant et en pleurant. Le même jour, l'empereur, dont les seules lectures sont des rapports, des dépêches, des notes ministérielles et l'annuaire des officiers – pour se distraire ! – décide de contraindre le tsar à évacuer les principautés danubiennes. Il ordonne à des corps d'armée de faire mouvement vers la Galicie, en direction des Carpates. Trois cent mille hommes se déploient et l'Autriche paraît s'allier à la Prusse. Cette menace pour la Russie provoque la colère de Nicolas Ier. De rage, il donne à son valet de chambre le buste de François-Joseph qui se trouvait sur son bureau ! Il ne l'a pas cassé, la diplomatie peut toujours être inversée. L'attitude ambiguë de François-Joseph étonne. Il a de l'audace et nourrit, semble-t-il, un rêve oriental. Si l'impératrice est minée par la neurasthénie, l'empereur affiche une bonne humeur et un optimisme visibles. Son regard bleu se fait chaleureux, sa moustache naissante modifie son visage, il glisse des sourires dans son autorité. En ce mois de mai, le duc Ernest de Saxe-Cobourg-Gotha, beau-frère de la reine Victoria, écrit après une audience : « Je trouve l'empereur extraordinairement changé à son avantage, plus énergique, plus vif et résolu dans ses mouvements. En dépit d'une situation politique des moins réjouissantes, on note chez lui de l'entrain et comme une sorte de réveil. Le bonheur domestique semble influer de la manière la plus heureuse sur son tempérament... »

La métamorphose de l'amour... On peut aussi se demander si François-Joseph estime bien quelle personnalité en pleine recherche d'elle-même se cache derrière Sissi. Il fait des efforts louables, tient compte des goûts d'Elisabeth, arrache des concessions à l'étiquette, s'amuse des idées de son épouse et s'efforce de la comprendre.

A Laxenburg, comme il l'a promis à Sissi, tous deux partent à cheval sans escorte, dans des galops de liberté qui transfigurent l'amazone impériale. L'aide de camp de l'empereur, le comte Grünne, n'approuve pas ces escapades dans les bois, davantage pour des raisons de sécurité que pour des motifs de convenances. Rares et merveilleux moments où l'empereur et l'impératrice ne sont plus que deux jeunes gens qui se retrouvent. Leur jeunesse fait vibrer leur amour.

Mais, cyclothymique, Sissi revient toujours vers le passé. La pluie fine qui tombe abondamment sur le parc favorise ses plaintes. Elle parle à son seul confident absolu, son cahier, et écrit, en pensant à son chagrin d'amour qui l'avait bouleversée à quatorze ans :

Dieu m'a volé ce bonheur,
Le destin m'a durement frappée.
Dois-je regretter cet amour dans mon chagrin ?
Trop courtes étaient les plus belles heures,
Tout mon espoir a disparu.

Mais le soleil revient et avec lui une merveilleuse nouvelle, le couple va entreprendre son premier voyage officiel, en Bohême et en Moravie. Un voyage... avec François-Joseph, loin de Sophie... et de la comtesse Esterházy qui a le bon goût de se sentir trop âgée et se fait remplacer par la troisième dame d'honneur, la comtesse de Bellegarde. Il y a des motifs de se réjouir. François-Joseph a tenu bon face à sa mère qui aurait préféré que son fils accomplisse le voyage seul. L'empereur est bien avisé, autant par amour que par politique ; les terres de l'empire doivent connaître leur souveraine.

Le départ pour Prague a lieu le 3 juin. Les admirables

forêts, les châteaux féeriques et l'accueil aimable d'une population qui avait pourtant approuvé la révolte contre les Habsbourg transforment Sissi. Gaie, dévouée, traitée en impératrice et considérée comme telle, Elisabeth est méconnaissable. Hier étiolée et complexée, la voici sûre d'elle-même, apaisée par la présence de François-Joseph. Elle multiplie les expériences de sa nouvelle condition, accumulant les visites caritatives, allant de couvent en orphelinat, d'hôpital en pensionnat de jeunes filles. Toute la Bohême est séduite par la grâce de Sissi. En quelques jours, elle conquiert tous les cœurs et amorce la courbe de popularité de toute sa vie. Elle sera adorée en Europe centrale et souvent incomprise à Vienne. Le sommet du voyage est à Prague. La ville, d'une grande beauté, fait un triomphe au couple dont le carrosse est escorté par des paysans en costumes colorés. On voit même les populations tchèques et allemandes rivaliser d'hommages sur le passage du cortège devant les édifices gothiques et baroques. Et la fête en l'honneur de la Chevalerie donnée par l'aristocratie est très réussie. Malheureusement, cet entracte ne dure que quinze jours. Sissi, soudain fatiguée et mal à l'aise, doit rentrer à Vienne. François-Joseph continue seul vers Cracovie et la Galicie pour inspecter l'Est européen et la démonstration militaire qu'il a engagée pour gêner le tsar.

Rentrée affaiblie, Sissi retombe sous la coupe de la « reine mère », domination qui n'arrange pas son état. Devant sa mine très pâle, ses yeux cernés et son angoisse, l'archiduchesse demande au médecin de la Cour, le Dr Seeburger, d'examiner l'impératrice. L'examen est rassurant, Elisabeth est enceinte et ses malaises sont ceux, classiques, des débuts de la grossesse. L'archiduchesse est enchantée, le ciel bénit sans tarder le mariage de son fils. A la Cour, on est soulagé. Et on s'organise pour éviter toute initiative à la future mère, les prétextes pour intervenir dans sa vie se multiplient et les soins qui l'entourent transforment la joie de la nouvelle en cauchemar. Ainsi, dans l'attente du retour de François-Joseph, Sissi passe des heures au milieu de sa ménagerie. Scandalisée, une de ses dames d'honneur consigne l'attitude étrange d'Elisabeth : « Elle vit pour ses chiens, elle en tient toujours un sur ses genoux, auprès d'elle ou dans ses bras et tue leurs puces sur la table et même dans les assiettes. » Le protocole, qui règle la durée des repas, n'avait pas prévu l'épouillage ! S'étant investie d'une autorité supplémentaire sur sa belle-fille, l'archiduchesse, qui a constaté qu'Elisabeth préférait la compagnie de ses animaux à celle des dames choisies pour tenir ce rôle, écrit à François-Joseph, le 29 juin : « Je ne pense pas que Sissi devrait autant s'occuper de ses perroquets car si, dans les premiers mois, une femme enceinte regarde trop les animaux les enfants risquent de leur ressembler. » Les connaissances génétiques de l'archiduchesse sont limitées. Et, afin de montrer au monde que l'impératrice attend bien un heureux événement, l'archiduchesse lui impose de paraître en public pour montrer sa silhouette peu à peu arrondie. Pour Sissi, d'une pudeur extrême, l'exhibition de sa taille est insoutenable. Et elle doit, chaque jour, descendre dans les jardins dont une partie est ouverte au public pour y subir de nouveaux regards. Pour la fête de l'Ascension, Sissi essaie de se dérober en invoquant sa jeunesse et la prestation, très brillante, de l'impératrice Marie-Anne autrefois. « Ne serait-ce pas suffisant si je n'apparaissais que dans l'église ? » implore Sissi ajoutant, avec humilité : « Peut-être dans quelques années, j'aurai atteint le niveau. » Mais elle doit se résoudre et passe ce nouvel examen. Sa belle-mère note : « La conduite de l'impératrice est adorable et pieuse... »

Avec le mois de juillet, la Cour retrouve Bad Ischl, là où tout a commencé il y a à peine un an. On doit mettre au crédit de l'archiduchesse un geste généreux : elle achète pour Sissi et François-Joseph la villa où la famille impériale passe tous ses étés depuis 1844, la villa Marstallier qui « possède tout le confort », selon Sophie et qui sera agrandie par quelques travaux. Très vite, la maison devient la Kaiservilla, « villa impériale ». De style palladien, avec colonnade en marbre rose de la région et fresques en l'honneur de la chasse, la villa impériale, qui n'a qu'un étage, jaune à volets verts avec de rares balcons et une balustrade en fer forgé, est blottie au cœur d'un parc qui monte à travers les collines.

Le « confort » dont parle l'archiduchesse est essentiellement composé d'une salle de bains importée, on ne sait pourquoi, d'Angleterre. L'ensemble donne une impression de simplicité traduisant bien une vie à la campagne, presque décontractée. Si l'extérieur lui donne de l'importance, à l'intérieur on est dans une maison bourgeoise destinée à la chasse. François-Joseph aime cette demeure, il y passera soixante étés de sa vie et Sissi savourera des journées où l'influence de sa belle-mère est faible, voire nulle, peut-être parce qu'il est difficile d'y mener une vie mondaine et de Cour ; en effet, les pièces sont petites et sans recherche. Libérées du protocole et du qu'en-dira-t-on, les relations entre belle-mère et belle-fille seront presque harmonieuses et dans le ton d'un voisinage courtois à défaut d'être chaleureux.

Le cadre, admirable, est très important aux yeux de Sissi car il lui rappelle la Bavière. La nature intacte est toute proche ; en quelques pas, on franchit le pont de fer gris et on oublie les réverbères à boules bientôt surmontés d'une couronne pour s'enfoncer dans le parc enchanteur. Et ce premier séjour officiel transfigure Sissi d'autant plus que la Bavière vient lui rendre visite. Sa mère, Hélène et Charles-Théodore arrivent avec leur tendresse et leurs souvenirs. Sissi est épanouie et radieuse dans les joies de l'été. La décontraction est telle que Louis-Victor, frère de François-Joseph, tellement habitué à la tyrannie domestique de l'archiduchesse, écrit à sa mère, qui a eu l'excellente idée de quitter Bad Ischl : « Depuis que vous êtes partie, l'impératrice fait ce qu'elle veut. » Et le premier camériste de l'empereur, Joseph Legrenzi, surnommé affectueusement Lenza, relâche aussi son service. Tout le monde respire même si François-Joseph se plaint, en riant, du désordre chaque matin au petit déjeuner.

Mais le ciel est avare de joies prolongées dans la vie de Sissi. Le 9 août, alors que François-Joseph est à Vienne, le roi Frédéric Auguste de Saxe, parti depuis trois jours dans le Tyrol, se tue au cours d'une excursion. Son épouse, Marie, sœur de Sophie et de Ludovika, est désespérée. Sissi répète : « C'est trop horrible ! » Et dans la famille bouleversée et désemparée, Sissi est la moins consolable. Les larmes, qu'elle ignorait depuis son arrivée, inondent son visage. Il faut le retour de l'empereur le jour de son anniversaire pour l'apaiser. Un service à thé, destiné à la villa, lui est offert puis il chasse avec Albert de Saxe, devenu prince héritier. Hélas, les dépêches arrivées de Vienne rappellent l'empereur à sa tâche. Sissi l'accompagne à sa voiture, à nouveau en larmes. Elle aurait tellement souhaité que ces vacances se prolongent encore, au moins jusqu'à la fin août. Mais les événements européens contrarient son rêve.

Un protocole, dit des Quatre Garanties, a été signé fin juillet. Il annule le « protectorat » russe sur la Moldavie et la Valachie et réduit à néant les visées du tsar sur les provinces danubiennes. L'Autriche se rallie à cet accord voulu par la France et l'Angleterre mais non sans réticence. Buol, le ministre des Affaires étrangères, arrache à François-Joseph sa signature sur l'ultimatum. Ivre de colère, Nicolas Ier parle d'une « perfidie sans pareille » et s'indigne auprès du roi de Prusse, Frédéric Guillaume IV, qui est également son beau-frère, dans une lettre du 25 août : « Depuis le comportement indigne de l'empereur d'Autriche contre la Russie qui l'a sauvé, il a perdu tout droit à ce que je donne crédit à ses assurances. S'il devait revenir à de meilleurs sentiments, à des idées plus justes, plus nobles, il devrait le prouver par des faits irréfutables [...]. Exécuteur soumis des humeurs franco-anglaises, ami zélé de la Turquie, l'empereur apostolique est devenu le serviteur du Croissant. Une belle affaire ! »

On a beau répéter au tsar que François-Joseph a été poussé à son ralliement par l'insistance du ministre Buol, il ressent ce geste comme un affront. On est loin du prétexte de la garde des saints lieux entre Grecs orthodoxes et catholiques latins. Napoléon III veut prendre sa revanche sur la Russie dominante et qui profite de l'Europe morcelée au Congrès de Vienne tandis que l'Angleterre ne saurait laisser une mer sans ses navires assurant la suprématie de Londres.

Les troupes franco-anglaises débarquent en Crimée le 14 septembre. Une guerre moderne commence, la première guerre de position, avec le siège de Sébastopol, qui va durer onze mois dans un climat très rigoureux et des épidémies de fièvres et de choléra. Les zouaves et les sapeurs en première ligne y trouveront une célébrité et la Brigade légère son épopée. Au prix fort : cent dix-huit mille morts sur cette presqu'île que les survivants appelleront « l'abattoir ».

De retour à Vienne, Sissi ne sort presque plus. Elle a raison de s'inquiéter car sa belle-mère fait aménager une chambre d'enfant à côté de ses propres appartements au lieu de laisser l'héritier – ou l'héritière – proche de ses parents. François-Joseph, qui a tenu tête au tsar farouche, cède devant sa mère, et se replonge dans les nouvelles de la guerre de Crimée avec anxiété. Opposé à son ancien allié russe, il a mis sa foi dans l'alliance de Paris avec Londres mais la guerre s'enlise. Le colonel Todleben, brillant officier tsariste du génie, a admirablement fortifié Sébastopol... L'opération est beaucoup plus longue que prévu. Une fois de plus, le général hiver est le vrai stratège.

Sissi tente de se tenir au courant des calculs politiques autrichiens. Mais on fait silence autour d'elle. Comment pourrait-elle comprendre quelque chose à la politique, d'ailleurs difficilement claire pour des experts ? Tenue à l'écart, Sissi est traitée comme une enfant, voire comme une demeurée. Sa conversation atteint, d'après le prince Alexandre de Hesse, des sommets de banalité. Dans son *journal*, il note, en novembre, que l'impératrice pose des questions communes du genre « Resterez-vous longtemps à Vienne ? » Le prince ne peut être indulgent : il est le beau-frère du tsar. Mais, par ailleurs, on reconnaît que malgré une grossesse pénible, Sissi fait partie de ces femmes que cet état heureux embellit. Et, pour beaucoup, c'est suffisant. L'empereur doit faire face à un mécontentement indigné des vieux maréchaux, tels Radetzky et Windischgrätz qui avaient su apprécier l'appui russe en 1848. A leur stupéfaction, François-Joseph va plus loin. Le 2 décembre, il signe avec la France et l'Angleterre un accord mettant définitivement fin à la Sainte-Alliance avec la Russie. L'émotion est très grande en Prusse d'où Bismarck se hâte d'entretenir la colère des petits Etats germaniques. Tout ce qui est mauvais pour Vienne est bon pour Berlin...

1855. Le 2 mars, Nicolas Ier meurt. On murmure que l'attitude de François-Joseph l'a miné. L'empereur ordonne un deuil de quatre semaines à la Hofburg et envoie à Saint-Pétersbourg une lettre personnelle de condoléances. Il se fait représenter car, de toute manière, une nouvelle heureuse le retient à Vienne : Sissi est dans les douleurs de l'enfantement. Le 5 mars, à sept heures du matin, l'empereur informe sa mère. A onze heures, très excité, il fume un cigare et raconte des souvenirs d'enfance à son frère, Ferdinand-Max. Sissi est triste car sa mère est absente. L'archiduchesse s'installe près du lit et brode mécaniquement en regardant son fils qui tient la main de son épouse et l'embrasse.

Au bout de trois heures, Sophie tient la tête de Sissi tandis que la sage-femme et le médecin aident à la naissance. L'enfant vient : c'est une fille. La déception est immense mais Sissi, radieuse, dit, à peine délivrée : « Tout ce que j'ai souffert est maintenant sans importance. » François-Joseph, attendri, lui donne un bracelet et un pendentif qui contiendra une boucle de l'empereur et du nouveau-né.

Et l'engrenage infernal se remet en marche. Sans consulter l'impératrice, on – l'archiduchesse ! – décide que l'héritière sera prénommée Sophie elle aussi et François-Joseph ne peut que demander à sa mère d'être la marraine. Au baptême, on ne remarque qu'une seule ombre, l'absence de l'ambassadeur du nouveau tsar, Alexandre II, seul diplomate ayant reçu des instructions précises de ne pas paraître à cette fête à la fois familiale et politique. Le contraire eût été surprenant.

A peine un mois et demi après son accouchement et le lendemain de son premier anniversaire de mariage, Sissi surprend toute la Cour et scandalise l'archiduchesse en remontant à cheval. Au-delà du plaisir équestre, réel, Sissi brave sa belle-mère. Il faut dire que cette dernière a encore franchi un degré dans l'autoritarisme, un degré fatal. La princesse héritière, le nouveau-né, est « son » enfant. Avec cruauté, elle a choisi les nourrices et les gouvernantes, sélectionné les médecins et veille jalousement sur la nursery installée chez elle. Sissi, mortifiée, ne peut voir sa fille qu'en présence de sa belle-mère et encore, les moments de tendresse sont-ils prévus et organisés ! La maternité a aussi ses horaires. Sissi donne-t-elle des instructions pour l'allaitement ou les soins du bébé ? L'archiduchesse les annule ou les contredit. Le pire est le défilé quotidien des amis de l'archiduchesse qui s'extasient sur l'enfant en prenant bien soin de féliciter la grand-mère ! La mère n'existe plus. Elisabeth est gommée, effacée, reléguée au dernier rang de génitrice n'ayant même pas réussi à donner un héritier au trône. Ce véritable kidnapping à l'intérieur de la Hofburg humilie Sissi profondément. Sa belle-mère lui retire sa joie d'être mère, l'une de ces motivations qui devaient l'aider à vivre.

L'archiduchesse commet ainsi une grave erreur. Pire, une faute, car elle coupe l'un des liens qui auraient permis à Sissi de supporter la vie de Cour et d'aimer Vienne. L'enfant aurait dû favoriser l'union. Au contraire, il crée un antagonisme supplémentaire. L'égoïsme de l'archiduchesse éclate dans cette réponse à la comtesse Esterházy qui avait peut-être eu l'imprudence de juger l'isolement de l'enfant excessif : « Lui donner son enfant ? Jamais ! » L'archiduchesse veut materner tout l'empire d'Autriche, son passé, son présent. Et maintenant, elle dorlote son avenir.

Dès lors, l'impératrice sera une femme révoltée. En franchissant les lourdes portes du palais, elle se libère. Personne dans Vienne ne peut soupçonner le drame que vit Sissi, ajoutant à toutes ses fragilités les vexations d'une mère frustrée. Alors, de galops dans la forêt viennoise en promenades au Prater en voiture découverte, Sissi se venge. Elle est de plus en plus belle. Son visage est resté celui d'une jeune fille mais sa taille s'est marquée, devenant celle d'une femme. Dans le printemps viennois, ses apparitions dans les rues, devant les terrasses des cafés suscitent l'admiration. On se bouscule pour voir passer l'impératrice. Tout Vienne en parle, l'impératrice est encore plus ravissante qu'au jour de son mariage. Involontairement, en poussant sa belle-fille à se montrer beaucoup pour se redonner confiance à elle-même, l'archiduchesse fait accroître la popularité impériale. Des notes très favorables arrivent sur le bureau de François-Joseph tandis que le conflit piétine toujours en mer Noire. Le prestige soudain de Sissi ne tarde pas à être considéré comme pouvant être le prélude d'une influence politique. Des placets commencent à arriver jusqu'aux dames d'honneur de Sissi, on cherche à lui présenter des demandes d'intervention et le courrier doit être trié. Le cabinet impérial répond, invariablement : « Sa Majesté l'Impératrice n'use d'aucune influence. » Sissi aimerait d'ailleurs prouver le contraire à l'occasion des démarches pour la signature d'un concordat fixant les nouveaux rapports entre l'Eglise et l'Empire. Les concordats du XIXe siècle, notamment celui de Bavière en 1817, étaient tous issus de celui de 1801 signé entre Pie VII et Bonaparte alors Premier consul. La question débattue à Vienne vise à restaurer l'Eglise dans ses droits et privilèges. Curieusement, François-Joseph, pourtant jaloux de ses pouvoirs, abandonne certaines prérogatives très importantes au contrôle du Saint-Siège. Désormais, le Vatican surveille entièrement les écoles et la réglementation du mariage. En échange, la papauté accorde son soutien au gouvernement autrichien. Religion d'Etat, le catholicisme introduit une sorte de dépendance de Vienne à l'égard de Rome. Sissi, catholique pratiquante et même fervente, constate que ces négociations sont dirigées par l'archiduchesse et l'archevêque Rauscher. Encore plus curieusement, on remarque que François-Joseph renforce les intérêts catholiques dans l'Empire alors qu'ils ne sont nullement menacés. En revanche, ils le sont dans la question d'Orient qui a entraîné la guerre de Crimée et François-Joseph aurait pu envoyer un corps d'armée du côté de Sébastopol. Au contraire, ne craignant plus d'invasion russe, il décide une démobilisation d'une partie des troupes autrichiennes, choisissant l'apaisement après la rupture.

Un nouveau voyage doit le conduire en Galicie, vers le nord. Comme il s'agit d'une vaste inspection militaire, il propose à Sissi d'aller passer quelque temps dans sa famille, en Bavière. La Bavière ! O joie, ô soulagement ! Inutile de préciser que l'impératrice saisit cette occasion malgré la tristesse de la séparation. Le 21 juin, elle quitte Vienne pour Possenhofen, le cœur battant à l'idée de retrouver son univers.

Elle avait quitté son paradis d'enfance en princesse romantique. Elle revient en impératrice avec un cortège de dames d'honneurs, de valets, de cochers, de palefreniers et une escorte de haut rang. Physiquement, Sissi est une radieuse jeune femme bien qu'elle ait à peine dix-huit ans. Et le protocole, qui ne fait pas partie de ses bagages, est joyeusement malmené. Elle sort par tous les temps, y compris lorsque l'orage crève en cataractes sur le lac de Starnberg. Elisabeth redevient Sissi, un être recherchant la nature, même déchaînée. Elle semble appeler les tempêtes pour y puiser son équilibre et tant pis si sa suite, dégoulinante et boueuse, peste contre ces fringales de grand air. Et puis elle parle beaucoup avec sa mère, se plaignant de sa tante-belle-mère. Ludovika, ennuyée et un peu terrorisée par Sophie, conseille la patience. Les dames d'honneur sont effarées de voir des chiens partout, qui envahissent la salle à manger. Elles pâlissent lorsque le duc Max, toujours sans façon, invite les grands personnages de la suite de Sissi à jouer au billard... avec son garde-chasse ! Seule concession à l'étiquette, Sissi, pour faire plaisir à François-Joseph, écrit trois fois par semaine à l'archiduchesse. C'est beaucoup quand on a peu à dire... Son courrier est impersonnel, sans chaleur, figé, ampoulé de formules creuses comme « Ma chère belle-mère ». Parfois, elle ose signer « Elise » et lui « baise les mains » et l'assure de son « dévouement »... Mais elle ne révèle pas ses états d'âme, sachant fort bien que de telles confessions ne serviraient à rien et que ses dames d'honneur font, de toute manière, un rapport négatif à l'archiduchesse. Et, de plus, chez le duc Max, les éclats de rire fusent. Chacune son tour : les comtesses sont débordées et Sissi fait provision de liberté et d'indépendance.

Les retrouvailles du couple à Ischl sont merveilleuses et tendres. Bientôt, Sissi est de nouveau enceinte.

De retour à Vienne, le cauchemar recommence. L'archiduchesse est parvenue à un résultat affreux, Sissi est une véritable étrangère sous son toit et sa petite-fille ne paraît pas la reconnaître. L'impératrice dérange, l'impératrice est une intruse. Et sa nouvelle grossesse s'annonce comme une emprise supplémentaire sur sa personnalité. François-Joseph fait des efforts pour apaiser les deux femmes qui comptent le plus dans sa vie mais renonce à s'en mêler trop ouvertement. Politiquement autocrate, il réagit comme un bourgeois soucieux d'avoir la paix chez soi. En secret, il prend la défense de Sissi. Jamais, il faut le souligner, il ne lui donnera un ordre, au contraire. Ne faut-il pas, d'ailleurs, se réjouir lorsqu'on apprend que Sébastopol est enfin tombée, le 11 septembre, trois jours après que le général de Mac Mahon eut enlevé la tour de Malakoff ? Sur le coup de midi, sabre levé, le général avait ignoré les mines – quarante mille kilos de poudre ! – et déclaré : « J'y suis, j'y reste », faisant ainsi son entrée dans l'Histoire. Les Russes évacuent le grand port, sabordent leur flotte et font sauter leurs bastions perdus. La guerre de Crimée a fait, au total, près de deux cent quarante mille victimes dont un tiers par le choléra. Le rapatriement des troupes épuisées provoque une épidémie jusqu'à Vienne où l'on signale quelques cas. François-Joseph craint pour Sissi et leur fille car la Cour se souvient de l'épidémie de 1831 qui avait fait des ravages. Vienne, qui compte alors environ cinq cents médecins et une cinquantaine de chirurgiens pour une population de près de cinq cent mille personnes, manque de médicaments et la mortalité infantile est très élevée.

Mais les craintes d'épidémie s'estompent. En revanche, un destin sombre environne Sissi. Le 14 décembre, l'impératrice, qui sort peu, se rend à Schönbrunn, accompagnée de la comtesse Bellegarde. Sa voiture est attelée de quatre chevaux qu'elle connaît bien. Arrivé sur la Mariahilfer Strasse, longue artère qui aboutit à Schönbrunn, un cheval prend le mors aux dents, les trois autres s'empêtrent dans les rênes et, en quelques instants, ils sont tous emballés. Le cocher est éjecté. Prise de panique, la dame d'honneur de l'impératrice veut sauter de la voiture qui n'a plus aucun maître. Sissi, qui a déjà connu ces situations en Bavière, la retient. Devant le danger, un voiturier pousse sa carriole en travers d'une rue et stoppe l'attelage. La voiture tangue, le timon se brise mais les deux femmes sont indemnes. Encore plus pâle qu'à son habitude, Sissi et sa dame d'honneur, tremblantes, regagnent la Hofburg dans un fiacre. A François-Joseph effrayé, elle raconte l'accident. Appelé en hâte, le Dr Seeburger constate que l'impératrice, enceinte de trois mois, en est quitte pour la peur. Sissi a frôlé la mort. Elle le regrette dans une phrase terrible : « Que n'ai-je perdu la vie !... »

Le 16 janvier 1856, au cours d'un bal, François-Joseph annonce officiellement que le tsar accepte enfin de négocier un traité de paix. Il est heureux de cette issue qui, d'après lui, a renforcé le rôle de l'Autriche aux côtés du triomphe franco-anglais, triomphe chèrement payé auquel était joint le royaume de Sardaigne, entré tardivement dans la guerre. Son ministre des Affaires étrangères est moins satisfait, il déplore que la guerre austro-russe n'ait pas eu lieu. Le 25 février, le Congrès de paix s'ouvre à Paris, un choix qui renforce encore le prestige de Napoléon III. La conférence se déroule dans le salon de l'Horloge, au Quai d'Orsay. Autour des belligérants, l'Autriche assure une médiation par le prince Richard de Metternich, futur ambassadeur à Paris, fils du célèbre chancelier qui s'amusait à dire : « Je gouverne l'Europe parfois, l'Autriche jamais. »

La conférence tourne vite à l'hostilité contre Vienne dont la neutralité puis le faux engagement sont jugés ambigus et cette hostilité comble d'aise le Premier ministre du royaume de Piémont-Sardaigne, le comte de Cavour, qui rêve d'éliminer la présence autrichienne en Lombardie. Alors que, officiellement, la paix se négocie au préjudice de la Russie, l'Autriche est, en définitive, considérée comme responsable de bien des maux européens. La question autrichienne, c'est-à-dire celle de sa présence en Italie, est adroitement posée au début du mois de mars, en prémices à celle de l'unité italienne. François-Joseph en est très conscient et adresse à son ministre Buol une recommandation pressante, le 13 mars : « L'hostilité et la haine des plénipotentiaires russes dépassent notre attente et nous contraignent à maintenir la France dans notre alliance. Malheureusement, le comportement des Français n'est pas très correct, beaucoup trop russophile [...]. Je vous prie expressément de mettre tout en œuvre pour que toute question de ce type soit évitée ou supprimée. » Pour Vienne, le procès de l'Autriche n'est pas à l'ordre du jour.

Le traité, signé le 30 mars, contraint la Russie à céder une partie méridionale de la Bessarabie à la Moldavie, autonome comme la Valachie et la Serbie, clause jugée très dure à Saint-Pétersbourg. Il prévoit aussi la libre circulation sur le Danube et la neutralité de la mer Noire. Le rêve moyen-oriental des tsars reste une chimère. Quatre jours plus tard, François-Joseph écrit à Albert de Saxe sa satisfaction de cet « heureux résultat » et considère que la paix, par sa non-intervention armée, lui est en partie imputable. En réalité, l'empereur récolte la haine de la Russie et un isolement qui a les inconvénients d'une guerre.

Heureusement. Sissi est là, bientôt mère, et l'événement occupe toutes les pensées de l'empereur.

Le 15 juillet, à sept heures du matin, l'impératrice accouche d'une deuxième fille qui ressemble beaucoup à son père. Avec élégance, l'empereur ne manifeste pas sa déception. Avec humour, il dit à Sissi, très déçue, qu'il aurait dû suivre les conseils d'un rabbin lui ayant suggéré de coller le texte d'une prière hébraïque sur la porte de la chambre pendant l'accouchement. L'archiduchesse est plus que déçue. Contrariée, elle tiendra le bébé à son baptême, remplaçant sa sœur Ludovika qui a été choisie comme marraine. L'enfant est prénommée Gisèle en souvenir d'une princesse bavaroise qui, au Xe siècle, avait épousé le roi païen de Hongrie, Etienne Ier, devenu, plus tard, chrétien et canonisé sous le nom de saint Etienne. Vienne et l'Autriche sont également dépitées ; pour effacer cette tristesse – relative : l'événement est tout de même heureux – l'empereur décide un voyage avec Sissi. Fin août, un incident violent oppose l'impératrice à sa belle-mère. Gisèle est, elle aussi, enlevée à sa mère et installée dans une chambre d'enfant, à un autre étage que celui où réside Sissi. L'impératrice se fâche, supplie l'empereur de lui donner raison d'autant que la santé de la petite Sophie, âgée de dix-sept mois, est préoccupante. Elle a des vomissements inexplicables. Dans ce combat d'une mère qui exige d'être auprès de ses enfants, Elisabeth est tenace, animée d'une volonté sans faille. L'archiduchesse, glaciale, ne veut rien savoir. Elle trouve que Sissi monte trop à cheval, a de mauvais principes d'éducation, ne voit pas ses enfants (!), qu'elle est trop familière avec les Viennois et pas assez confite en dévotion. Un acide résumé du contentieux. Sissi réplique vertement en faisant remarquer qu'il est mauvais de faire élever des enfants par des vieilles dames maniaques. Celles-ci répondent, d'une voix sifflante, que l'archiduchesse a eu cinq fils [1] ! François-Joseph, assailli de plaintes, est obligé de trancher. La neutralité ne suffit plus, l'impératrice exige une décision. Et, pour la première fois, il donne raison à Sissi. Enfin ! Deux jours avant son départ, il écrit à sa mère,

---

1. Dont un est mort à sa naissance, le 24 octobre 1840.

à Laxenbourg. Dans cette lettre du 30 août, il use d'arguments pratiques, prétextant les trop nombreux escaliers de la Hofburg que Sissi doit monter quand elle veut voir ses filles et assure qu'elles seront beaucoup mieux installées dans ces grandes pièces autrefois occupées par le maréchal Radetzky.

Sissi a gagné. Si la lettre ne parvient à l'archiduchesse que le jour du départ du couple pour le sud de l'Autriche, vers les régions de Carinthie et de Styrie, ce n'est pas, sans doute, un hasard ! François-Joseph a affronté sa mère par écrit, mais il importe peu. La victoire de Sissi est immense, victoire de mère mais aussi victoire de femme, et, aussi, d'impératrice.

Radieuse, amoureuse, la jeune souveraine d'Autriche quitte Vienne pour quinze jours. Un voyage qui ressemble à une nouvelle lune de miel...

La région que François-Joseph fait découvrir à Elisabeth est grandiose. Reliant les collines de Salzbourg au nord à la Carinthie à l'est et au Tyrol oriental à l'ouest, le décor rassemble un panorama unique sur trente-cinq cimes de plus de trois mille mètres et dix-neuf glaciers. Les Romains y avaient tracé une voie. Les rivières roulent des pépites d'or et d'argent, exploitées en mines du XVe au XVIIe siècle. La beauté et la pureté des Alpes. Et à 3 798 mètres d'altitude, l'éperon du Grossglockner, point culminant de l'Autriche, est très caractéristique. Montagnards, l'empereur et l'impératrice décident de faire une grande excursion. Pendant qu'ils se préparent, une dépêche arrive, adressée par l'archiduchesse, déjà folle de rage, qui interdit la randonnée. Les mauvaises nouvelles suivent le couple partout ! Pour sa défense, la mère de l'empereur vient d'apprendre la mort du fils d'un haut fonctionnaire qui a glissé au fond d'une crevasse, dans la région. Heureux, vivifiés par la nature qui les attire et les réunit, François-Joseph et Sissi ne changent évidemment pas leurs plans ; on décide qu'Elisabeth ira le plus loin possible à cheval tandis que François-Joseph, qui a le pied plus sûr, « avance sur le glacier de la Pasterze, long de neuf kilomètres, large d'un bon kilomètre et demi. Les alpinistes qui l'accompagnent sont très fiers, pour eux et pour lui. De mémoire d'Autrichien, jamais un empereur n'est monté aussi haut [1].

En redescendant, François-Joseph reçoit un collier d'aulne, arbre nain très répandu dans l'humidité des lacs et la proximité des glaciers. Puis ils se rendent au pèlerinage de Heiligenblut qui tire son nom d'une ampoule contenant le Saint Sang rapportée de Constantinople au xe siècle. Le couple prie dans ce sanctuaire gothique dont l'église, tout en hauteur, effile son clocher sur les neiges éternelles.

Mais l'archiduchesse n'a pas renoncé. Une seconde lettre atteint François-Joseph à Graz, la capitale de la Styrie. Sa mère menace, tout simplement, de quitter la Hofburg. L'empereur est évidemment préoccupé. Bien sûr, il est sous le charme de Sissi, épouse rayonnante, impératrice tellement humaine et qui fait l'unanimité dès qu'elle paraît. François-Joseph décide de ne pas répondre immédiatement, ce qui est une nouvelle victoire pour Sissi. Il n'écrit à sa mère que lorsqu'il est rentré à Schönbrunn, le 18 septembre. Le ton est ferme, balayant toutes les objections de l'archiduchesse y compris celle, fallacieuse, de l'absence de soleil dans les appartements destinés aux enfants. Franzi a cédé la plume à François-Joseph, empereur d'Autriche, qui aimerait être maître de sa famille comme il l'est de son empire. Il ose prier instamment sa mère « de juger Sissi avec indulgence en considérant que, si elle est, peut-être, une mère trop jalouse, elle est aussi une épouse et une mère très dévouée ». Nouvelle victoire de la maternité légitime et de la vie conjugale, la lettre se poursuit par une appréciation négative sur la séquestration des enfants et la manière dont on les exhibe quotidiennement, qui risque de les rendre vaniteuses...

François-Joseph est net. Sissi est très inquiète de la pâleur et de l'amaigrissement de sa fille aînée. En quelques phrases, l'empereur a déclenché une révolution de palais au sens strict. L'archiduchesse ne va évidemment pas quitter la Hofburg, ni

1. En souvenir de cette visite, sur une terrasse à 2 400 mètres d'altitude, appelée la Franz Josefs Höhe, d'où l'on a une vue remarquable, a été aménagé un grand hôtel de montagne, également centre d'alpinisme, la Kaiser Franz Josef Haus. La route du Grossglockner, la plus haute d'Autriche, est une prouesse technique. Elle a été construite entre 1930 et 1936 et vaut, à elle seule, un voyage.

renoncer à la lutte, bien au contraire. Elle va, adroitement, déplacer le terrain du combat pour mettre en valeur les insuffisances de sa belle-fille... Sissi a gagné sur le plan familial, soit. Mais sur le plan politique, elle n'a aucune envergure. Dans ce domaine, l'archiduchesse ne craint personne. N'est-elle pas la femme qui a « fait » l'empereur ?

Or la politique intérieure de l'empire n'est guère paisible. Deux régions sont sans cesse agitées de troubles, la zone lombardo-vénitienne où les soubresauts de l'unité italienne voulue par Cavour contestent de plus en plus l'appartenance à l'Autriche et la Hongrie où le nationalisme est acéré. Et ces problèmes de politique intérieure dépassent vite le cadre impérial. D'une part, Napoléon III est favorable à l'unité italienne, François-Joseph le sait. D'autre part, l'agitation hongroise intéresse la Russie qui a juré de se venger de l'Autriche mais, cela, François-Joseph ne l'a pas totalement réalisé.

Le premier voyage prévu est en Italie. Bach, le ministre de l'Intérieur, insiste pour que Sissi fasse le voyage. Elle est devenue l'impératrice de charme et sa présence aplanit bien des difficultés. Involontairement, Sissi se mue en un formidable instrument de propagande. Une ambassadrice rêvée. Et elle sera la dernière à s'en plaindre : on veut, enfin, lui faire jouer un rôle digne, le sien.

Pendant les préparatifs de ce voyage qui s'annonce délicat, deux fêtes réunissent la famille à Vienne. Le 4 novembre, le second frère de François-Joseph, l'archiduc Charles-Louis, âgé de vingt-trois ans, épouse Marguerite de Saxe, fille du roi Jean Ier. Comme Sissi lors de son mariage, la princesse n'a que seize ans. Et comme pour Sissi et François-Joseph, la parenté entre les mariés exige une dispense du Vatican. Les recours aux bonnes volontés du Saint-Siège expliquent, en partie, les concessions de Vienne au profit du Vatican. Par ailleurs, on organise les fiançailles prochaines du premier frère de François-Joseph, l'archiduc Ferdinand-Maximilien, avec la princesse Charlotte de Saxe-Cobourg, fille de Léopold Ier, roi des Belges, et de Louise-Marie d'Orléans, fille aînée de Louis-Philippe[1]. En tant que chef de famille, Fran-

1. Lire, à ce sujet, le très beau livre d'André Castelot, *Maximilien et Charlotte, la tragédie de l'ambition*, Librairie Académique Perrin, 1977.

çois-Joseph peut se réjouir de voir renforcés les liens de l'Autriche avec l'Europe septentrionale.

Hélas, une nouvelle discussion éclate entre l'impératrice et l'archiduchesse, toujours à cause des enfants. Séduite par le voyage avec François-Joseph, Sissi ne veut pas assombrir cette perspective de joie en laissant ses filles au moment où ses droits de mère ont été enfin reconnus. Mais Gisèle est bien petite et on signale une épizootie de fièvre aphteuse au Tyrol. En revanche, Sophie paraît mal supporter l'hiver viennois et Sissi veut l'avoir près d'elle en permanence pour rattraper ces mois perdus.

Le 17 novembre, le couple quitte Vienne pour un voyage, exceptionnellement long, qui va durer près de quatre mois, longueur qui révèle l'importance politique de ce déplacement en terres hostiles. Elisabeth essaie de ne pas penser à Gisèle loin d'elle et se déclare heureuse de découvrir l'Italie dont son oncle, le roi Louis Ier de Bavière, et son père n'ont cessé de lui vanter les charmes.

Avec ce périple, la Cour de Vienne met en place une remarquable organisation de voyages qui peut nous laisser songeur, aujourd'hui. Elisabeth – elle surtout – et François-Joseph n'ont cessé de partir et d'arriver, empruntant tous les moyens de locomotion disponibles à l'époque, avec une prédilection pour les bateaux et les chemins de fer. Dès 1841, l'Autriche fut la pionnière des voyages modernes en Europe continentale. En effet, la compagnie de navigation du Danube exploitait déjà vingt-trois vapeurs et le réseau ferroviaire couvrait déjà cinq cent soixante-quinze kilomètres, ce qui était tout à fait remarquable et lui conférait une grande importance dans les échanges européens.

Des banquiers français, en particulier les frères Pereire, venaient d'apporter un soutien financier appréciable aux efforts ferroviaires autrichiens. Le chemin de fer était très tôt apparu comme un instrument d'union politique, capable de relier les territoires, les richesses et les peuples de l'agrégat. François-Joseph avait d'ailleurs publiquement manifesté un grand intérêt pour le développement accéléré du rail. Le mercredi 12 avril 1854, douze jours avant son mariage, il avait inauguré le tunnel de la ligne du Semmering, sur la ligne

Vienne-Trieste, première voie ferrée transalpine et œuvre imposante dont la construction, totalisant seize viaducs, quinze tunnels et... sept cent cinquante morts, avait fait sensation. A l'image de l'empire, une mosaïque de compagnies d'Etat et privées sillonne le pays. L'empereur Ferdinand avait eu son chemin de fer, François-Joseph a le sien (de Vienne vers l'Est), Sissi aura le sien, le « chemin de fer de l'impératrice Elisabeth » qui, sans être une des principales compagnies par l'importance kilométrique, couvre l'axe, capital, Vienne-Linz-Salzbourg (564 kilomètres).

La première étape du voyage est Laibach[1], capitale de la Slovénie et ancien siège du gouvernement général français des provinces d'Illyrie, de 1809 à 1813.

Sissi demande à visiter le couvent des Ursulines et entend parler de trois négrillonnes achetées à un marché d'esclaves quelque part en Orient. Comment ? Des négrillonnes ? L'impératrice redevient Sissi et se souvient du scandale causé par son père lorsqu'il avait importé des petits Noirs à Munich. Surprise, la mère supérieure fait chercher les jeunes négresses. Et voici l'impératrice qui leur donne des sucreries, joue avec elles et passe son après-midi en leur compagnie. La comtesse Esterházy s'indigne et prépare son rapport. Lorsqu'on rappelle à l'impératrice qu'elle est attendue ailleurs, elle rit aux éclats, ce qui est rare, car elle a toujours le complexe de ses dents. La dame d'honneur suffoque... Le train impérial n'ira pas plus loin car la ligne ne sera achevée jusqu'à Trieste qu'en 1857. Le voyage se continuera avec un cortège de... trente-sept voitures diverses.

Le 20 novembre, le couple et sa suite atteignent Trieste. Sissi, muette d'admiration, découvre le bleu calme de l'Adriatique, cette mer qui sera la sienne ; la ville est pavoisée et l'accueil de la population paraît aimable. Mais, devant l'hôtel de ville, un incendie suspect éclate. L'explication officielle est l'inflammation, par hasard, des feux de Bengale prévus pour la soirée, inflammation amplifiée, dit-on, par le *bora*, ce vent violent qui souffle des Alpes vers l'Adriatique. Sissi et son mari se contentent de cette version. Mais un fait

1. Aujourd'hui Ljubljana, au nord de la Yougoslavie.

plus inquiétant se produit, lorsqu'une lourde couronne de cristal, accrochée entre les deux mâts du bateau à bord duquel ils vont se promener dans la baie, s'écrase sur le pont, quelques minutes avant leur arrivée. L'émotion est grande. Est-ce une deuxième coïncidence regrettable ou une première tentative d'attentat ? Il y a de quoi être songeur.

Le 25, Venise reçoit l'empereur et l'impératrice. Le mot réception est d'ailleurs mal choisi, Venise ignore leur visite. Les incidents ont commencé dix jours plus tôt lorsqu'on a voulu tendre un tapis à l'intérieur du palais où le couple devait se rendre à son arrivée, aujourd'hui le musée Correr, récemment restauré. On s'aperçut que le tapis était de couleur verte, alors que les murs étaient recouverts des couleurs impériales, le rouge et le blanc. *A priori* ce n'est pas grave mais... vert, blanc, rouge... On s'aperçut alors que ces trois couleurs étaient celles revendiquées par les tenants de l'Unité italienne [1].

Sissi ressent le choc d'une première arrivée à Venise en montant dans une vénérable galère des doges, somptueuse relique de la Sérénissime indépendante et puissante. Une flottille de gondoles l'entoure et les gondoliers essaient de voir Elisabeth. Giacinto Gallina, un écrivain contemporain, avait écrit, en 1855, qu'ils « annonçaient les visites, apportaient les nouvelles, étaient tenus de conserver le secret ». La beauté d'Elisabeth n'est plus un secret et le Consul général d'Angleterre, M. Harris, notera, dans un rapport à Londres du 26 novembre, que sa « réputation de beauté a naturellement pénétré jusqu'ici ». Fastueuse, Venise est cependant glaciale. La foule, rassemblée sur la place Saint-Marc, est silencieuse. Les Vénitiens observent et manifestent leur hostilité par une absence totale d'acclamations. Seuls, des policiers et des fonctionnaires tentent, par quelques cris lourds, de faire illusion. La traversée de la place Saint-Marc est une épreuve. Une foule en délire impressionne, une foule muette dérange. Dans la basilique, ancienne chapelle des doges. Elisabeth, oppressée, est assaillie par la beauté des marbres, mosaïques à fond d'or et sculptures rapportées d'Orient. François-Joseph,

1. Les couleurs sont toujours celles du drapeau italien.

contrarié de cet accueil, dissimule sa peine et Sissi, qui a retrouvé la petite Sophie qui l'avait précédée, serre la main de sa fille en manteau de velours bleu bordé de zibeline. La mère et la fille sont habillées de même façon.

Apparaît ensuite une silhouette familière à l'empereur, celle du vieux maréchal Radetzky qui, malgré ses quatre-vingt-dix ans, est toujours gouverneur de Vénétie et de Lombardie. Emu, François-Joseph, le relève de ses fonctions et lui fait donner une pension annuelle de quatre-vingt mille florins. Pour lui succéder, l'empereur choisit son frère Maximilien.

Le 29 novembre, le couple reçoit au palais des Doges. C'est à peine si le quart des grandes familles se déplacent. En quittant leurs gondoles, les dames se font insulter jusqu'à la colonnade blanche et rose du palais. L'atmosphère est houleuse. Au théâtre de la Fenice, inauguré en 1792 et qui sera un temple de l'opéra, les saluts sont aussi rares que les loges pleines.

Rentrée au palais, Sissi fait part à l'empereur de ses impressions. Trop de rigueur, trop de mesures vexatoires à l'égard des Vénitiens expliquent, selon elle, l'hostilité affichée depuis leur arrivée. Et puis, Radetzky, fidèle soutien de l'empire et vieux soldat, était sans doute intransigeant. Le temps où Johann Strauss père célébrait, en une marche fameuse, l'entrée de Radetzky dans Milan est dépassé. Pour la première fois, l'impératrice tient un discours politique. Son message est celui de la tolérance et du libéralisme. Un peu surpris, l'empereur l'écoute et lui donne raison. Encore une fois...

Le 3 décembre, François-Joseph signe les décrets proclamant l'amnistie pour les événements de 1848-1849 et restituant aux émeutiers tous leurs biens. De plus, plusieurs villes, telle Brescia, sont dispensées des taxes forcées et des criminels, en prison à Padoue, Vicence et Rovigo sont graciés. L'effet est immédiat. Des saluts de déférence deviennent des manifestations de sympathie sur le passage du couple. Venise se dégèle, Venise s'anime dans la féerie de ses jeux de lumière et d'eaux à travers ses cent dix-sept îles, ses cent cinquante canaux et ses quatre cents ponts. Le lendemain soir, un nouveau gala à la Fenice donne la mesure de la métamorphose. Le couple est ovationné et l'impératrice recueille un succès personnel accru. Le frère de la tsarine, le prince Alexandre de Hesse, note dans son *journal* la manière dont Elisabeth a réussi à retourner l'opinion. Il la juge « jolie comme un cœur » mais raille son italien mécanique. Puis, quatorze jours plus tard, un diplomate anglais rapporte une anecdote significative. Un ancien officier vénitien, ayant perdu sa pension parce qu'il avait soutenu les révolutionnaires, essaie, en vain, d'adresser une supplique à l'empereur qui traverse une petite place. Au moment où François-Joseph l'écoute enfin et lui recommande de s'adresser au palais, l'officier lui fait observer :

— On ne m'y laissera pas entrer...

Devant le regard suppliant de l'homme, l'impératrice intervient auprès de son mari :

— Donne-lui donc un de tes gants et nous ordonnerons qu'on le laisse entrer.

François-Joseph sourit, se dégante et l'ancien officier, muni de ce sésame, retrouvera sa pension. La popularité de Sissi monte. Elle est la fée qui peut faire des miracles. Bien que le Consul britannique note, le 17 décembre, que « la politique reste en dehors de tout cela », c'est bien le charme, la jeunesse et le libéralisme de Sissi qui ont joué. Sissi est l'impératrice, toutes ses attitudes et interventions doivent être jugées comme politiques.

A Venise, l'atmosphère s'étant détendue, les souverains décident d'y passer Noël. Venise en hiver, la brume humide qui efface les vieux palais et étouffe les cris des gondoliers, tout est si différent des Noëls alpestres... Justement, où trouver un sapin sinon vers les Dolomites ? Emprunté à un jardin botanique, le sapin traditionnel est dressé pour le dix-neuvième anniversaire de l'impératrice privée des sommets de son enfance mais heureuse, attentive et spontanée. Elle savoure l'extraordinaire liberté de visiter églises et palais comme elle le veut. Une véritable renaissance. Ils suivent la messe de minuit à l'église de Santa Maria della Salute dont la masse octogonale marque l'entrée du Grand Canal.

Le 5 janvier 1857, sur la route de Milan, le cortège gagne

Vicence, réplique terrestre de Venise avec des palais édifiés par Palladio, le dernier des grands architectes de la Renaissance. La cité a toujours été fière. Elle le prouve par un accueil très froid : seules deux dames de qualité viennent présenter leurs devoirs au couple ! C'est vraiment très peu et on peut redouter des moments encore plus difficiles en Lombardie. Quatre jours plus tard, à Vérone, l'ambiance est relevée par une grande fête populaire régionale qui n'a pas eu lieu depuis dix ans, l'incroyable *Bacchanale des gnocchi*. Il s'agit de gaver le fonctionnaire le plus important, en l'occurrence le gouverneur de la ville, le baron Jordis. Le malheureux est contraint de s'empiffrer sous les regards amusés de Sissi et de François-Joseph, au milieu d'une hilarité totale. Mais la manifestation prend un ton douteux lorsque des habitants insistent pour que le couple ingurgite aussi force gnocchi. S'agit-il d'une simple participation à la joie municipale ou, au contraire, d'un biais pour ridiculiser l'empereur et l'impératrice ? En guise de réponse, le séjour est écourté. A Brescia, le silence de la foule est insoutenable. Il s'explique par la résistance acharnée de la ville contre Vienne, en 1849. La révolte, qui avait duré dix jours, vaut à Brescia d'être, depuis, surnommée la Leonessa (la lionne). En cette soirée du 11 janvier, Brescia est indomptable.

Enfin, le 15 janvier, François-Joseph et Elisabeth arrivent à Milan. Ils s'attendent au pire. Ils ont raison, le pire va se produire et il aura pour cadre la splendide salle du théâtre de la Scala. A grand-peine, la police essaie de remplir les deux mille huit cents places. Les familles patriciennes ont fait savoir que leurs loges seraient occupées. Hélas ! le soir venu, lorsque le couple impérial fait son entrée dans la Scala, toutes les places sont prises par des laquais en livrée noire ! A l'orchestre, aux quatre balcons et aux deux galeries, l'aristocratie milanaise se fait représenter par ses domestiques qui ont pris le deuil. L'affront est complet. Comme par hasard, ce même jour, Cavour chausse ses lorgnons et déclare au Parlement de Turin que « l'Italie peut parfaitement se gouverner elle-même ». Le comte de Cavour est petit, il éclate dans sa redingote mais il est très habile. Les titres italiens portés par François-Joseph paraissent dérisoires. Au concert donné quelques jours plus tard, à peine dix pour cent des dames invitées se déplacent, et encore, il a fallu s'abaisser à inviter des femmes de la bourgeoisie et même des épouses de gros commerçants.

Si le charme de Sissi n'opère pas à Milan, l'impératrice insiste néanmoins pour que des mesures de clémence soient prises comme à Venise. Une amnistie, la restitution des propriétés confisquées et des mesures fiscales sont décidées sur-le-champ et publiées chaque matin par la *Gazette de Milan*. Ces dispositions ne sont pas du goût du cabinet impérial que l'empereur a convoqué. Bach, Buol et Grünne, l'aide de camp général, arrivés de Vienne, jugent ces concessions dangereuses. Grünne est même fort vexé que François-Joseph estime « le peuple tout à fait docile mais la bureaucratie maladroite ». Avec les Lombards riches et intelligents, il ne fallait pas commettre des gaffes comme celle de la Scala... Des mains audacieuses glissent habilement des journaux et des pamphlets antiautrichiens jusque dans les appartements de François-Joseph et de Sissi. Une gravure montre même l'empereur, traversant l'Italie sous « un arc de triomphe spontané » flanqué d'hommes enchaînés et de débris de cadavres. Sissi maîtrise ses nerfs, forte parce qu'elle déteste l'injustice et qu'elle n'a pas à se battre contre sa redoutable belle-mère.

A la recherche d'idées, l'empereur veut célébrer le Carnaval par un bal costumé. De Vienne, arrivent des tapisseries, de l'argenterie, du linge de table. Mais la ville de Milan met une condition perfide à sa participation : les officiers autrichiens seront les bienvenus mais ils ne pourront inviter une dame à danser. Un bal sans danse ! Encore un affront... Le 28 février, l'empereur nomme officiellement son frère Ferdinand-Maximilien, dont il est très proche, gouverneur général. L'archiduc a vingt-cinq ans et la population voit en lui un visage plus ouvert que celui du vieux Radetzky. Certains pensent que sa jeunesse amollira l'absolutisme. Le lendemain, un nouveau gala à la Scala efface l'affreuse impression précédente. L'ovation est double car le rôle de Sissi a fini par être reconnu. La comtesse Esterházy est consternée, l'impératrice prend le parti des révolutionnaires... La presse résume l'évolution dans ces lignes : « L'opposition, actuellement, n'est plus représentée que par quelques gentilshommes campagnards et quelques dames non admises à la Cour. On n'est pas encore *pour l'Autriche* mais on est déjà *pour l'empereur*. Chacun devine la main bienfaisante de la noble jeune femme qui a transformé les dispositions du souverain. »

Galanterie ? Courtoisie ? Obséquiosité ? Sans doute mais la vérité s'impose : Sissi est une magicienne et le bonheur qu'elle peut faire donner rejaillit sur elle.

Le 2 mars, elle quitte Milan avec l'empereur, ayant hâte de retrouver sa petite Gisèle. Malheureusement, l'itinéraire n'est pas le plus direct. Ils se dirigent d'abord vers le sud-est et s'arrêtent à Crémone, la capitale de la lutherie, la cité de Stradivarius. Sissi rayonne de beauté dans une robe de taffetas brodée d'argent et garnie de dentelle. Sa crinoline est tellement imposante que son voisin, le prince Alexandre de Hesse, disparaît presque dessous. Lui qui, au cours de ce voyage, s'est volontiers moqué de la diction saccadée de Sissi pour satisfaire sa sœur, la tsarine et le tsar, doit reconnaître qu'il est enfin conquis : « Elle est merveilleuse [...]. Elle est unique. »

On peut tirer deux conclusions de ce voyage en Italie. La première est l'influence que Sissi peut jouer sur le plan politique. Si sa jeunesse n'impressionne guère, elle émeut et elle ravit. Avec le temps, personne ne résiste à son charme. Sans intermédiaire, sans le miroir déformant d'un entourage trop nombreux, l'impératrice a pris ses premiers bains de foule, côtoyant la population. La différence entre Elisabeth d'Autriche et Sissi tend à se réduire. Et son éloignement de Vienne lui réussit fort bien, à tous points de vue. La seconde est une certaine souplesse de François-Joseph lorsqu'il est sur le terrain. Il sait s'adapter, réagir vite, il tente de rattraper les erreurs et même les fautes.

Enfin, leur couple est apparu comme celui de l'indulgence. L'atmosphère de liberté naissante qui les a entourés pendant six semaines n'a pas été profitable qu'aux Vénitiens et aux Lombards. François-Joseph a fait l'apprentissage de la mansuétude, même un peu forcée... Et Elisabeth a découvert des visages de haine, le poids de l'indifférence et même les appétits de la vengeance. Pour l'empire et pour eux et malgré les tensions, l'expérience est positive. A Venise et à Milan, Vienne est un peu moins haïe.

Sissi a pris des forces. Il lui en faut car le retour à Vienne fait tomber sur ses épaules la chape de plomb de l'obéissance. Quel contraste ! La joie de vivre l'un près de l'autre disparaît, l'empereur, très absorbé, est plus froid. Certes, ses sentiments n'ont pas changé mais, à Vienne, la fonction impériale fige le caractère. La Cour est une volière où des centaines de paires d'yeux et d'oreilles assurent la garde sacrée des convenances. Ainsi se trouve résumée la source du malentendu entre l'empereur et l'impératrice. Il a volontiers deux attitudes, rigide à Vienne et à Schönbrun, disponible dès qu'il s'en éloigne.

A l'inverse, Sissi n'a qu'une manière de vivre. Quelle malédiction l'empêche de parler aux gens sur le Prater comme elle le faisait place Saint-Marc ? Elle ne peut se résoudre à tempérer ses réactions, encore moins à les contrôler et à les étouffer. Que ses chiens envahissent les salons des palais lui est plus précieux que l'approbation pincée d'une dame d'honneur. Sissi veut vivre. Etre en représentation n'est pas vivre si l'on est obligé de contrarier sans cesse sa nature. D'Italie, elle a rapporté un début de maturité et d'autorité en arrière-plan de son indépendance. Malheureusement, la Hofburg reste une prison. Et Sissi, de nouveau, est oppressée.

Devoirs et traditions n'en sont pas, pour autant, oubliés. Le 9 avril, jeudi saint, sous la coupole de l'église Saint-Pierre, la plus somptueuse des églises baroques de la capitale, l'empereur et l'impératrice d'Autriche, souverains catholiques, accomplissent la cérémonie du lavement des pieds. Dans la courte nef, veillée par des groupes d'angelots sculptés, François-Joseph et Elisabeth refont les gestes du Christ à l'égard des douze Apôtres. Il lave les pieds de douze vieillards, elle fait de même pour douze vieilles femmes. Une telle humilité ne saurait effacer les rancœurs de l'archiduchesse pour qui le voyage en Italie a été un désavœu de sa politique de fer. Avec la retraite de Radetzky, une page a été tournée. En dehors de Vienne, la mère de l'empereur a vu son prestige bafoué. Un événement étrange survient qui va encore accroître le malaise. Un soir, en regagnant ses appartements, Sissi trouve, posé sur un secrétaire, un livret aux feuilles jaunies, ouvert ; certains de ses passages sont soulignés. Le texte, imprimé en français, est lourd de sens : « ... La raison de vivre d'une reine, c'est de donner des héritiers à la couronne et le souverain qui répondait à son épouse : "Madame, nous vous avons choisi pour que vous nous donniez des fils et non pas des conseils" a été un utile exemple à tous les autres. C'est là, en effet, la destinée, la vocation naturelle des reines. Dès qu'elles s'en écartent, elles deviennent la source des plus grands maux : telles Catherine de Médicis, Marie de Médicis, Anne d'Autriche. Lorsqu'une reine est assez heureuse pour donner des princes à l'Etat, elle doit borner à cela toute son ambition et ne se mêler en aucune façon du gouvernement du royaume dont le souci n'est pas l'affaire des femmes [...]. La princesse qui ne met pas de fils au monde n'est qu'une étrangère dans l'Etat et, de plus, une étrangère excessivement dangereuse. »

Un coup de poignard dans le dos... En fait, il s'agit d'un pamphlet qui avait circulé à Versailles et dans Paris en 1774 et qui était dirigé contre Marie-Antoinette, « l'Autrichienne ». Sous la violence de ces accusations et devant la bassesse des propos reléguant une épouse de souverain au rang de relais géniteur, Sissi a du mal à contenir sa rage. Qui a osé déposer ces feuillets chez elle ? Qui ose dire qu'elle n'est même pas capable d'engendrer un fils ?

Soixante-dix ans après leur rédaction, ces lignes, déplacées de leur contexte, constituent une attaque blessante. L'impératrice cherche discrètement qui peut avoir ressorti cette prose xénophobe. Sa belle-mère ? Le comte Grünne, l'aide de camp de l'empereur ? Un chambellan, un ministre vexé de l'influence de Sissi ? L'affaire ne sera jamais éclaircie. Quelqu'un s'est soucié de remettre Elisabeth à sa place. Elle n'osera en parler sur-le-champ à François-Joseph : il risquerait, en remuant ciel et terre, de provoquer plus de mal que de bien.

Dans le courant d'avril, le baron Bach, ministre de l'Intérieur, suggère à François-Joseph de se rendre en Hongrie où l'état d'esprit est encore plus hostile contre les Habsbourg que chez les Italiens. Un voyage risqué mais indispensable comme une vaste tournée de conciliation, de concession mais aussi d'inspection. Le ministre ajoute que la clé de ce voyage serait la présence apaisante de l'impératrice.

A l'idée de découvrir la terre magyare, Elisabeth, qui a appris des poèmes en hongrois, est ravie. Sa belle-mère l'est beaucoup moins. D'abord parce qu'elle exècre tout ce qui est hongrois. On objectera qu'elle a choisi une dame d'honneur de sa belle-fille, qui porte un des noms les plus prestigieux de l'aristocratie hongroise, la comtesse Esterhàzy. Les Esterhàzy sont liés à l'histoire politique, militaire et artistique de la Hongrie. Mais on pourrait répondre que la comtesse est aussi née Liechtenstein et, par conséquent, apparentée à une illustre famille autrichienne remontant au XIIe siècle, très proche de la Cour et dont les fils furent des maréchaux ayant lutté, entre autres, contre les Turcs et les Français [1]. Quant à la comtesse de Lemberg, son mari avait été tué par les Hongrois. Ensuite, l'archiduchesse et l'impératrice s'affrontent, à nouveau, à propos des enfants car Sissi veut les emmener en Hongrie. Le Dr Seeburger arbitre en faveur de l'impératrice, bien que Sophie, l'aînée, soit toujours d'une santé fragile. A titre de précaution, il est décidé que le médecin fera également le voyage. Et le 3 mai, le couple impérial prend place sur le vapeur qui va descendre le Danube.

Après un arrêt à Presbourg [2], François-Joseph et Elisabeth arrivent le 4 à Ofen, faubourg de la capitale hongroise. La ville est séparée en deux par le Danube. Sur la rive droite, la vieille citadelle de Buda hérisse son éperon au-dessus des ruelles tandis que sur la rive gauche Pesth, la ville neuve, étale des quartiers plus aérés en raison de la plaine. Un cousin de François-Joseph, l'archiduc Albrecht, gouverneur de Hongrie, a fait le maximum pour que l'accueil soit décent à défaut d'être chaleureux. François-Joseph a revêtu un uniforme de général hongrois et défile à cheval. Derrière lui, l'impératrice

1. Erigé en principauté du Saint Empire en 1719, le Liechtenstein fit partie de la Confédération du Rhin de 1806 à 1813 puis de la Confédération germanique de 1815 à 1866. Etat indépendant en 1866, le Liechtenstein fut lié à l'Autriche par union douanière jusqu'en 1919. Depuis 1921, il reste rattaché à la Suisse pour les questions douanières et, depuis 1924, pour les questions monétaires et postales.

2. Aujourd'hui Bratislava, en Tchécoslovaquie. L'appellation hongroise est Pozsóny.

suit en carrosse. La population apprécie que le costume national lui soit seyant, avec son corsage de velours et ses manches de dentelle ; Sissi arrive précédée de sa réputation de beauté et de sa volonté de tenir tête à son intraitable belle-mère. Et c'est uniquement sur elle que l'intérêt se porte. La presse locale écrit, le 5 mai : « La capitale accueille pour la troisième fois Sa Majesté impériale, royale et apostolique, mais la reine, qui réunit deux majestés, à savoir une terrestre, du trône, et une céleste, de la beauté, pénètre pour la première fois sur le sol de notre chère patrie. » Lorsque Sissi paraît à cheval, son allure déchaîne l'enthousiasme mais sa suite juge « indigne d'une impératrice » cette manière de caracoler à côté de l'empereur. Bien qu'elle parle hongrois et semble proche du cœur national, comme à Venise, comme à Milan, l'aristocratie boude les réceptions tandis que la population, curieuse, est conquise. François-Joseph décrète une amnistie, approuvée en silence, mais une amnistie ne réveille pas les morts. Cent vingt-sept porteurs des plus grands noms demandent un retour à la Constitution nationale, ce que l'empereur ne peut agréer. Une telle mesure remettrait en question le principe du gouvernement siégeant à Vienne. Très délicat, le problème de la langue est soulevé : les discours seront-ils en allemand ou en hongrois ? L'empereur adopte une cote mal taillée : les affaires hongroises seront évoquées en allemand, ambiguïté préfigurant un compromis. Tandis que les deux petites filles restent à la résidence d'Ofen, le voyage se poursuit en province, à travers l'immense *Puszta* où les chevaux sont libres, beaux, fiers, à l'image du pays. Sissi est partagée entre la joie de plaire, l'orgueil de réussir là où les fonctionnaires bornés échouent et les soucis de la santé de Gisèle, affaiblie par des vomissements et de la dysenterie.

Le 13 mai, une dépêche rappelle l'impératrice à Ofen car Gisèle est dans un état alarmant. Le Dr Seeburger se veut rassurant et invoque une forte poussée des dents. Au bout de dix jours, l'état de l'enfant s'améliore. Le voyage reprend vers le sud entre un *Te Deum* et des réceptions. Des courses sont organisées pour l'impératrice qui juge en expert. Elle est charmée par la vivacité des *czardas*, les trésors d'art médiéval où les bijoux ciselés étincellent. Debreczin, Solymar, Jaszberemy font de gros efforts pour être agréables à cette souveraine de vingt ans qui ferait une très belle reine de Hongrie. Et, lorsqu'on lui offre une coiffure brodée d'or, enrubannée de soie bleue et blanche, son cœur bat très fort : les couleurs de la Bavière ! Si loin... L'hommage à son pays natal la touche profondément. Elle ne se sent pas une étrangère, elle est littéralement adoptée.

Hélas, le 28 mai, une nouvelle dépêche les rejoint. Le Dr Seeburger est très pessimiste, il faut annuler le reste du voyage et gagner Ofen au plus vite. Sophie est très mal...

En effet, la petite fille qui criait et pleurait est abattue, l'œil presque éteint, pâle à faire peur. Sissi est affolée et le médecin incapable d'expliquer et d'enrayer le mal. Pendant onze heures d'affilée, l'impératrice lutte avec sa fille contre la mort. Sans espoir. A neuf heures et demie du soir, la petite princesse rend son dernier faible soupir. Elle meurt à l'âge de deux ans et quatre-vingt-huit jours.

Dans le télégramme qu'il adresse à l'archiduchesse, l'empereur écrit : « Notre petite est un ange au ciel. Nous sommes anéantis » Il affirme que Sissi se soumet, résignée, à la volonté du ciel mais c'est faux. Le chagrin de la mère se greffe sur la colère de l'impératrice. Mais comment est-ce arrivé ? Le Dr Seeburger est traité d'incapable, Sissi s'accuse de tout. Les causes du décès restent obscures. Fièvre ? Epidémie ? Simple intoxication mal soignée ? Il semble que Gisèle ait transmis la rougeole à sa sœur aînée qui était moins résistante que la cadette. Selon une sinistre loi, le drame augmente la popularité du couple impérial. Les Hongrois témoignent de leur accablement et les opposants observent le deuil avec respect. Le malheur est un ciment.

Rentrée le lendemain à Laxenburg, Sissi, méconnaissable, s'enferme. Elle fuit tout son entourage, refuse de voir la pauvre Gisèle, tolère à peine la présence de son mari désemparé. Comment ne pas songer aux indignations de sa belle-mère lorsqu'elle avait décidé que ses enfants feraient ce voyage si difficile et si important ? Et le silence de l'archiduchesse n'est-il pas la pire des réprobations ? Sissi paie au prix fort son indépendance. Elle avait une chance d'être progressivement heureuse mais le destin l'a brisée. Ne serait-ce pas le triomphe morbide de l'expérience et de la raison sur l'inconscience et la révolte ? Mais n'est-ce pas, surtout, la première flèche décochée par la fatalité ? Sissi pleure, Sissi s'enferme dans un chagrin violent. Elle qui, en temps normal, mange peu se nourrit à peine. Elle est méconnaissable. Une ombre terrible cerne son visage. Elle a désobéi, elle a voulu s'échapper, elle est châtiée. La mort vient de la frapper. Pour la première fois. Elle n'a plus le droit d'exister, elle est redevenue prisonnière d'une geôle invisible. Comme tous les Habsbourg, la princesse défunte est inhumée dans la crypte de l'église des Capucins, une église simple de façade ocre proche de la Hofburg et qui abrite le caveau impérial depuis l'an 1633.

Désormais, pendant quarante et un ans, l'impératrice ne sera qu'une mère meurtrie et une femme accablée. Condamnée au bagne de la survie, elle appelle la mort pour elle. La mort reviendra, plusieurs fois.

Derrière, les fenêtres du palais de Laxenburg, l'impératrice n'est plus qu'une femme traquée, guettée par le drame. Elle n'a pas vingt ans. Le fardeau sera très lourd...

III

L'IMPÉRATRICE BAFOUÉE

Sous les arbres du parc de Laxenburg, la silhouette hâte le pas dès qu'un membre de sa suite veut l'approcher. Elisabeth a peur. Rongée par le remords, révoltée par l'injustice du châtiment, elle se replie sur elle-même. Un mot revient dans sa tête : coupable. Même si sa faute s'appelle l'amour maternel, elle souffre de sa culpabilité. Son entourage n'y fait aucune allusion mais le silence est insupportable ; il n'est qu'une succession de reproches.

Physiquement, le drame a effacé Sissi, jeune femme aux traits encore poupins qui posait un regard bleu, étonné, curieux et enthousiaste sur le monde. Il a révélé Elisabeth, mère meurtrie, dangereusement amaigrie et dont le visage s'est creusé.

Devant son désespoir, François-Joseph prend conseil auprès de l'archiduchesse. La mère de l'empereur n'ose pas manifester un triomphe qui serait du goût le plus abominable. Cependant, soucieuse de tirer la leçon du drame, elle suggère que l'impératrice se rende, pendant l'été, au pèlerinage de Mariazell, le plus important d'Autriche, où les bénédictins se sont installés en 1157. Le sanctuaire fête son septième centenaire. En rendant grâce à la *Magna mater Austriae*, petite statue de quarante-six centimètres en bois de tilleul qui représente la Vierge couronnée, l'impératrice retrouvera l'humilité, le devoir et obtiendra, pense-t-on, le pardon. François-Joseph promet, Elisabeth aussi mais son esprit est ailleurs. François-Joseph s'absorbe dans les fêtes célébrant le centenaire de l'ordre de Marie-Thérèse. Il avait été fondé le 18 juin 1757 après que les troupes autrichiennes, commandées par le généralissime comte Léopold Daun, eurent battu celles de Frédéric II de Prusse à Kolin, près de Prague. Créé en hommage à cette victoire qui augurait bien de la guerre de Sept Ans, l'ordre est devenu la plus haute distinction militaire autrichienne [1].

Metternich, chancelier de l'ordre, remet sa charge entre les mains de François-Joseph. L'empereur est évidemment très à l'aise dans les banquets militaires donnés pour la garnison de Vienne dans le parc de Schönbrunn. On y admire l'armée la mieux habillée du monde.

Politiquement, ce voyage tragique a une conséquence pénible pour l'impératrice ; on va chercher à l'éloigner alors que sa présence a permis un début de rapprochement entre l'Autriche et la Hongrie. L'empereur décide de poursuivre sur la voie d'un certain libéralisme. Fin juin, on annonce le retour en Hongrie du comte Gyula Andrassy, exilé à Paris depuis 1848. On ajoute que ses biens lui seront rendus. Il avait été condamné à être pendu. Comme il s'était enfui d'abord en Angleterre puis en France, on s'était contenté de le pendre en effigie. Et à Paris, il ne comptait plus ses succès féminins. Les femmes le surnommaient « le beau pendu de 1848 ». A trente-quatre ans, élégant, racé, il vient d'épouser une riche comtesse dont la lignée est, pour les Autrichiens, un des symboles de la fidélité envers les Habsbourg. Aussi, en analysant cette mesure très spectaculaire, dont tout le monde parle à Vienne et à Budapest, François-Joseph n'est pas clément, il est avisé. Il ne faut pas oublier qu'après les émeutes de 1848, les Hongrois ont subi, en 1849, l'intervention des troupes russes, massive, décisive. Andrassy peut pardonner aux Habsbourg, il ne peut pardonner au tsar. L'exilé mondain cristallise tous les sentiments russophobes qui sont alors très vifs dans l'Empire et que l'empereur lui-même a entretenus par son attitude lors de la guerre de Crimée. Désor-

1. Elle le restera jusqu'à la fin du règne des Habsbourg. Ses titulaires avaient accès à la Cour, pouvaient solliciter un titre de baron et une pension correspondante. L'ordre récompensait des actes particulièrement braves devant l'ennemi.

mais, Andrassy est un allié. Dans ce climat, François-Joseph peut reprendre son voyage en Hongrie. Seul, car Elisabeth ne parvient pas à s'arracher au désespoir. Elle porte le deuil, elle doit rester à sa place, effacée, incolore ; la politique est l'affaire de son époux. Il est très dommage que Sissi n'ait pu trouver la force ni la volonté de repartir. Elle y aurait été accueillie avec ferveur D'un autre point de vue, l'apparition de François-Joseph, seul, est une image douloureuse qui inspire une certaine pitié. Dans l'été pluvieux, François-Joseph achève son périple en constatant que des portraits d'Elisabeth sont ostensiblement disposés dans les boutiques tandis que des familles hongroises honorent aussi la personnalité attachante de l'impératrice. Mais la politique est plus âpre que les sentiments et des Hongrois influents, vexés de ne pas retrouver tous leurs droits et privilèges d'avant 1848, manifestent toujours leur réticence, malgré le retour d'Andrassy. Ce second voyage n'est qu'un demi-succès.

Sissi erre dans ses remords et ses interrogations. Elle ne quitte son état de prostration que le 8 juillet pour accueillir les souverains prussiens. Le roi Frédéric-Guillaume est d'excellente humeur bien qu'un peu trop agité en raison de son hypertension et la reine Marie, sœur de Sophie et de Ludovika, est heureuse de voir sa nièce. A la fin du mois, le mariage de Ferdinand-Max avec Charlotte de Saxe-Cobourg réjouit la famille. Le 27 juillet, l'archiduc, gouverneur du royaume lombardo-vénitien, épouse la fille du roi des Belges au palais royal de Bruxelles. Après quatre jours de voyage, le couple atteint Linz et gagne Vienne par le Danube. A Linz, l'archiduchesse accueille sa nouvelle belle-fille avec une bonté « bien maternelle ». A Vienne, Sissi et François-Joseph offrent l'image d'un couple ressoudé par le malheur et qui fait tout pour que leur nouvelle belle-sœur se sente en famille. Charlotte est jugée charmante et délicieuse.

Fin septembre, une tentative de réconciliation entre l'Autriche et la Russie se déroule en Thuringe, à Weimar. François-Joseph y part seul. Dans la ville de Goethe et de Schiller, il rencontre Alexandre II mais chacun des souverains demandant le départ du ministre des Affaires étrangères de l'autre, l'entrevue est un échec.

En octobre, le roi de Prusse subit une nouvelle attaque qui lui enlève la parole et l'oblige à confier l'administration du royaume à son frère, le prince Guillaume. François-Joseph est soucieux : jusqu'ici, une rupture définitive avec la Prusse a été évitée. Qu'en sera-t-il maintenant ?

Les soucis de l'impératrice paraissent plus quotidiens car le conflit avec sa belle-mère s'est accru, depuis la mort de la petite fille, d'une divergence avec le Dr Seeburger. Sissi a demandé son départ, Sophie a obtenu qu'il reste. L'impératrice souffre d'un rhumatisme à la main et d'une exostose, petite tumeur bénigne. Le médecin propose un traitement infaillible. « Seeburger y place deux pièces d'argent de vingt couronnes, bande la main très serrée et espère ainsi réduire l'exostose par la pression des pièces[1]. » La thérapeutique se révèle pire que le mal, Sissi souffre encore plus. Après deux jours de patience, hors d'elle, Sissi jette l'étrange pansement. Décidément, Seeburger est toujours aussi nul...

Novembre. L'empereur et l'impératrice déménagent. Leurs anciens appartements, lugubres, rappellent trop la petite Sophie, et ils vont devenir exigus. En effet, la nouvelle court dans la Hofburg et dans Vienne, l'impératrice est de nouveau enceinte. On commence à prier le ciel qu'il accorde enfin un héritier au trône. Le déménagement de Sissi est aussi une bataille gagnée sur sa belle-mère, car les nouveaux appartements communiquent directement avec les chambres d'enfants. Plus d'escaliers à monter et à descendre pour les voir, plus de barrages dressés par la jalousie. L'archiduchesse est toujours aussi envahissante mais elle a fait quelques efforts pour paraître aimable. Sissi les interprète comme de la pitié et une retenue imposée par la mort.

Les nouveaux appartements impériaux sont installés au premier étage du palais. François-Joseph occupe une douzaine de pièces en façade dans l'aile de la chancellerie, Sissi s'installe dans l'aile de l'Amalienburg qui forme un angle droit avec celle de la chancellerie. Les appartements de Sissi font suite à ceux de son mari. Elle dispose de cinq grandes pièces en façade. La succession des salons, antichambres et

1. Comte Corti, *op. cit.*

chambres est somptueuse, avec murs tendus de soie rouge, lambris dorés, splendides tapisseries des Gobelins et de Bruxelles, lustres en cristal de Bohême, meubles en palissandre, immenses poêles rococo en faïence. L'hiver, le couple vivra dans une harmonie de rouge, de blanc et d'or. Les modifications du cadre intime de la vie quotidienne de l'empereur et de l'impératrice vont de pair avec des bouleversements dans l'ambiance de Vienne. Depuis 1853, les capitales européennes ne parlent que du nouveau préfet de la Seine, Georges-Eugène Haussmann, qui a entrepris une spectaculaire transformation de Paris. Vienne suit la mode, François-Joseph prend exemple sur Napoléon III. Avec le Second Empire, Paris se mue en cité séduisante. Vienne, qui ne peut être en retard, doit prendre les aspects et les dimensions d'une capitale impériale. François-Joseph signe le décret de ses grands travaux le vendredi 25 décembre 1857. « Cher baron Bach, écrit-il à son ministre de l'Intérieur, je désire que l'agrandissement du centre de Vienne soit réalisé le plus tôt possible et que l'on prévoie une jonction appropriée du centre avec les faubourgs [...]. A cette fin, je consens à la démolition des fortifications de la ville et au comblement des fossés [...]. »

François-Joseph annonce un concours pour l'aménagement de la zone extérieure aux murs. Ce sera le *Ring*, large boulevard circulaire bordé de grands bâtiments, tels que théâtres, hôtel de ville, parlement et musées. Le concours sera remporté par l'architecte Christian Forster. La Ringstrasse condensera des siècles d'histoire par un résumé de styles. Néo-grec, néo-gothique, néo-Renaissance, le Ring sera une très grande réussite de l'urbanisme sans oublier quelques préoccupations stratégiques qui soulignent que l'ordre est difficile à maintenir dans les ruelles et que les champs de manœuvre dont la troupe a besoin en ville sont les boulevards et les avenues. François-Joseph rêve d'une place d'armes devant la Hofburg... Il faut également noter que, selon le modèle parisien, l'hygiène publique viennoise est améliorée.

La vie de 430 000 habitants va être transformée, assainie, notamment avec deux aqueducs de 95 et de 200 kilomètres déversant l'eau pure des Alpes. Tant mieux : les Viennois vont vivre pendant des années avec la poussière des travaux.

L'archiduchesse Sophie serre les dents. La Vienne de sa jeunesse s'effondre. Adieu fortifications, bastions, protections, on ne craint plus l'envahisseur turc. Il faut s'ouvrir au progrès et vivre à l'heure du chemin de fer.

L'année 1858 commence par un deuil qui éprouve toute l'Autriche. Le vieux maréchal Radetzky meurt le 7 janvier. Il n'a survécu que dix mois à sa retraite et son enterrement est l'un des plus spectaculaires que Vienne ait connus. Une autre page est tournée.

En secret, Elisabeth prie pour que l'enfant qu'elle porte soit un fils. Sa grossesse se poursuit normalement, sous la surveillance attentive de sa belle-mère. Sissi ne parvient pas à y échapper.

L'été revenu, elle s'installe à Laxenburg. A l'aube du 21 août, trois jours après le vingt-huitième anniversaire de François-Joseph, elle est prise par les douleurs, beaucoup plus violentes que pour ses accouchements précédents. Toute la journée, l'impératrice souffre. L'archiduchesse, arrivée de Vienne, a fait exposer le saint sacrement dans la chapelle du château avant de s'asseoir en silence dans la chambre de sa belle-fille. Tout Laxenburg est en prière et Vienne, où la chaleur est pénible, ne respire pas.

A dix heures et quart du soir, Sissi est délivrée. Ses cris ont affolé l'archiduchesse et la comtesse Esterhàzy, agenouillées près du lit et qui implorent la grâce divine. Sissi est épuisée, très pâle. La question est posée avec angoisse, d'une voix faible :

— Est-ce un fils ?...

François-Joseph pleure.

— Alors, c'est encore une fille, soupire Sissi, accablée.

Mais non ! Les larmes de l'empereur sont des larmes de joie et d'émotion. Il bredouille et commence par répondre :

— On ne sait pas encore !

Dans sa confusion, François-Joseph oublie qu'il s'agit d'un fils ! La couronne impériale a un héritier et le trône un successeur. Dieu soit loué ! Au comble du bonheur, l'empereur détache de sa poitrine le collier de la Toison d'or et le pose sur le petit garçon. L'avenir est là, l'espoir a désormais un prénom, Rodolphe, quatrième Habsbourg appelé ainsi depuis que la dynastie a affirmé sa puissance au XIIIe siècle. En lui, coule le sang des deux plus anciennes familles royales d'Europe.

Dans Vienne, cent un coups de canon secouent la ville endormie. L'enthousiasme déferle dans les rues. L'archiduchesse déclare que jamais un enfant n'a été accueilli avec autant de joie. Depuis cinq jours, elle était très inquiète. En effet, le 16 août, Schönbrunn avait été réveillé par un fracas épouvantable. Le grand lustre de la salle des cérémonies s'était écrasé sur le parquet. La famille de Habsbourg, très pratiquante, attache également une grande importance aux signes, présages et prémonitions. Il est vrai que des « événements » étranges et dramatiques l'entourent. Dans le climat d'expectative de la naissance, la chute du lustre, incident qui n'a, *a priori*, rien de surnaturel, avait beaucoup ému et la consigne avait été de n'en souffler mot à Elisabeth... François-Joseph, qui ne peut admettre que l'enfant soit chétif, le trouve très fort et magnifiquement bâti. Et il le nomme colonel du 19e régiment d'infanterie. Ainsi, Rodolphe est immédiatement voué à la vie militaire.

Sissi est lasse. Mais quelle joie secrète, quelle revanche ! Le pamphlet destiné à Marie-Antoinette est conjuré et sa position personnelle à la Cour est renforcée.

Pour le baptême, François-Joseph lui fait présent d'un collier de quatre rangées de perles estimées à soixante-quinze mille guldens. De leur côté, l'archiduchesse et son époux offrent à Sissi le collier et les boucles d'oreilles en turquoise que Sophie avait reçus à la naissance de François-Joseph, vingt-huit ans plus tôt. Malheureusement, la situation devient vite paradoxale. L'archiduchesse considère qu'elle doit veiller de près sur le nourrisson, futur héritier de l'Empire. Les inconséquences de l'impératrice, ses caprices, ses idées saugrenues qui ne convenaient guère pour l'éducation de princesses sont absolument à exclure pour celle d'un futur empereur. Aussi, au lieu de disposer, grâce à son fils, d'une arme pour son indépendance, Elisabeth se trouve-t-elle soumise à un état de tension accrue. Certes, elle a accompli sa mission mais se trouve presque placée en dehors du centre d'intérêt de la Cour. Le petit Rodolphe lui ravit l'attention d'un entourage insatiable. Sophie, mère en 1830, ne voit aucune raison de changer d'attitude comme grand-mère en 1858. Le premier conflit à propos de Rodolphe se fixe sur son alimentation. Sissi a l'idée « extravagante » (!), à la Cour d'Autriche, de vouloir allaiter son fils. Mais la fièvre ne la quitte pas. Une nourrice venue de Moravie, paysanne « magnifique » selon l'archiduchesse, Marianka, remplace l'impératrice, à la grande satisfaction de l'archiduchesse et du Dr Seeburger. Le déséquilibre s'aggrave pour Sissi. Tous les prétextes sont bons pour lui enlever son fils tant espéré. La frustration devient une amputation. François-Joseph est obligé de céder aux pressions de sa mère. Sissi ne peut assumer une responsabilité pédagogique. N'a-t-elle pas échoué tragiquement ? Le risque est trop grand. Complimentée, félicitée, honorée, Elisabeth est immédiatement soumise à la méfiance. L'équilibre entre une grand-mère-belle-mère abusive et une nièce belle-fille paralysée par l'échec est impossible à trouver. Chacune refuse de faire des concessions à l'autre. L'archiduchesse a raison d'être méfiante mais elle a tort de vouloir effacer totalement le rôle de la mère. De son côté, l'impératrice a tort de ne pas accepter de déléguer une partie de sa présence et elle a raison de s'agripper au rôle maternel. Impuissante, affaiblie, elle doit accepter que Rodolphe soit élevé par la baronne Caroline de Welden, dite Wowo. Elle ne pardonnera jamais l'expiation qu'on lui impose. Son seul recours est François-Joseph. Hélas, l'empereur est accaparé par la politique. Une fois de plus l'orage menace l'Europe. Et l'Autriche, consolidée sur le plan dynastique, est menacée dans son rôle européen.

En filigrane du traité de Paris, la guerre de Crimée avait poussé deux hommes sur l'échiquier européen, Cavour et François-Joseph. Le ministre des Affaires étrangères du royaume de Piémont-Sardaigne s'était ouvertement posé en artisan de l'unité italienne. Son étoile monte. En revanche, l'empereur d'Autriche, plus militaire que politique, se retrouve isolé. La Russie, humiliée, concocte une vengeance ; la Prusse est entre les mains du frère du roi dont la santé a empiré ; le prince Guillaume est devenu régent à soixante-deux ans, tandis que Bismarck, qui a fait un séjour instructif à Paris, a eu des entrevues avec l'homme qui détient la clé du nouvel imbroglio, Napoléon III. Derrière son regard voilé et ses distractions apparentes, l'empereur des Français nourrit un rêve, « son » rêve ; organiser une Italie nouvelle. Le mirage italien le fascine et il faut se souvenir que dès le lendemain du coup d'Etat du 2 Décembre, il avait promis à Cavour :

— Je ferai quelque chose pour l'Italie.

Napoléon III avait réfléchi à ce qu'il pouvait faire. L'unité des Etats italiens du Nord et du Sud était encore prématurée. En revanche, la création d'une fédération après l'expulsion de l'Autriche était envisageable. Le petit-neveu de Napoléon Ier supportait mal que Vienne règne sur Milan, Venise et entretienne des garnisons dans les duchés de Toscane, de Modène et de Parme. Ce rattachement des Etats lombardo-vénitiens aux Habsbourg était un rappel vivant du Congrès de Vienne et de l'effondrement de la France impériale. La dénomination même de « royaume lombardo-vénitien » n'était qu'une fiction, pour qualifier les territoires transalpins de l'Autriche. Saint-Pétersbourg suit tout à fait Paris dans ce problème. Les ennemis face à face à Sébastopol se retrouvent conspirateurs côte à côte. Et Werner Richter observe que « les sympathies de Saint-Pétersbourg pour la France étaient si manifestes que la Cour adopta même la coupe de barbe, si caractéristique, de Napoléon III [1] ». Des barbes de conspirateurs...

Berlin suit avec délectation la communauté de vues entre Paris et la Prusse où Bismarck justifie ses manœuvres en ces mots : « La France ne m'intéresse que par son incidence sur la situation de ma patrie [2]. » Quant à Londres, l'aventure de Crimée a refroidi ses désirs européens. Diplomatiquement, l'Angleterre redevient une île.

Pour le tsar et pour Bismarck, une guerre contre l'Autriche est souhaitable. Pour Napoléon III, elle est nécessaire. Sans faire de la Méditerranée « un lac français », l'annexion de Nice et de la Savoie serait un coup de maître. L'Empire autoritaire atteint son apogée. Et Napoléon III a inscrit en lettres

1. Werner Richter, *Bismarck*, traduction française de Marguerite Senil, Plon, 1965.
2. Yves Grosrichard, *Les Cent Visages de Bismarck*, Presses de la Cité, 1970.

d'or dans son esprit une réflexion de l'exilé de Sainte-Hélène : « Le souverain qui, le premier, embrassera la cause des peuples, parviendra à la tête de l'Europe. » C'est décidé : comme Bonaparte, Napoléon III aura sa campagne d'Italie...

François-Joseph ne peut soupçonner que la France et le Piémont se sont accordés à trouver un prétexte à la guerre. Le 21 juillet 1858, un mois exactement avant la naissance de Rodolphe, Napoléon III, qui faisait sa cure à Plombières, a reçu dans un salon modeste un petit homme qui passait pour un notaire de province. Il arrivait de Suisse, se faisait appeler Giuseppe Benso et n'était autre que le comte de Cavour... La diplomatie thermale avait abouti à un traité, signé le 10 décembre. La France s'engage à envoyer deux cent mille hommes en Italie si l'Autriche commet quelque acte agressif et elle ne signera la paix qu'après l'expulsion totale des Autrichiens. Le 1er janvier 1859, en recevant le corps diplomatique, Napoléon III déclare lentement au baron Hübner, l'ambassadeur autrichien :

— Je regrette que nos rapports ne soient pas aussi bons que je désirerais qu'ils fussent mais je vous prie d'écrire à Vienne que mes sentiments pour l'empereur sont toujours les mêmes.

Cavour, qui a poussé le raffinement à négocier avec un rebelle hongrois, le général Klapka, peut se frotter les mains. Satisfait, il constate : « Nous avons acculé l'Autriche dans une impasse dont je la défie de pouvoir sortir sans faire tonner ses canons. » L'incendie peut être allumé, il ne manque que l'étincelle.

Soucieux de son isolement, inquiet des rapports de ses ambassadeurs, François-Joseph mesure l'échec de son frère Maximilien comme gouverneur de la Lombardie et de la Vénétie. Son épouse, Charlotte, a été insultée à Venise et Max est privé, par la volonté obstinée de François-Joseph, de pouvoirs militaires. Absorbé par la tension qui monte dans le Piémont, l'empereur est dévoré par sa vie publique. Elisabeth, frustrée de joies maternelles entières, doit se résigner à des joies familiales. Nouvellement accouchée, elle n'avait pu assister au mariage de sa sœur Hélène avec Maximilien de Tour et Taxis, prince héréditaire d'une des plus puissantes familles de Bavière, qui détient le monopole des postes. Le mariage avait eu lieu à Possenhofen, le 24 août 1858. Rodolphe avait trois jours. Mais un nouveau mariage et de nouvelles réjouissances viennent égayer un climat politique de plus en plus sombre. A dix-huit ans, sa sœur Marie, qui paraît savoir ce qu'elle veut et ressemble à Elisabeth, se marie le 8 janvier, à Munich. Elle épouse, par procuration, le duc François de Calabre, héritier du royaume de Naples[1].

Huit jours plus tard, elle est à Vienne. Les deux sœurs, radieuses, ne se quittent pas. Les souvenirs d'enfance sont le meilleur rempart contre les grisailles du monde. Marie, plus petite et plus brune que Sissi, séduit la Cour mais l'impératrice la subjugue. Un bal est donné à la Hofburg en l'honneur de Marie. Elisabeth y paraît pour la première fois depuis la mort de sa fille. Dix-huit mois de tristesse ne peuvent être totalement effacés par la naissance de Rodolphe puisque ce fils ne lui est pas confié. La tragédie en a provoqué une autre : l'impératrice est bafouée dans sa fonction maternelle.

Mais quel charme, quelle maturité douloureuse sont les siens lorsqu'elle paraît au bras de François-Joseph ! Les quelques jours avec sa sœur lui redonnent des forces. La gaieté revient avec les préparatifs du mariage effectif. François-Joseph apprécie qu'une de ses belles-sœurs devienne future reine de Naples, union qui consolide les liens familiaux entre l'Autriche et une Italie méridionale qui résiste encore à Cavour, mais il s'inquiète d'un autre mariage. Le 13 janvier, le prince Napoléon, cousin de Napoléon III, surnommé Plon-Plon, est parti pour Turin. Il y épouse, le 30, la princesse Clotilde, fille du roi Victor-Emmanuel de Piémont. Un mariage de pure convention politique et qui avait fait partie des conversations de Plombières. Il scelle le pacte entre la France et l'Italie antiautrichienne.

Fin janvier, Elisabeth, qui ne peut se résoudre à quitter sa sœur, l'accompagne, jusqu'à Trieste. Au moins, avec Marie, elle se sent utile, et lui prodigue des conseils, pressentant la peur d'une jeune fille poussée dans les bras d'un prince qu'elle n'a jamais vu. Sissi s'est mariée par amour, Marie par

1. Son appellation officielle, depuis 1816, est royaume des Deux-Siciles.

raison d'Etat avec, entre autres handicaps, celui de ne pas parler italien tandis que son mari ne connaît pas l'allemand.

Rentrée à Vienne, l'impératrice est bientôt informée que Rodolphe perce sa première dent. Elle se plonge dans ce petit regard qui la scrute. Un voile d'angoisse la paralyse lorsqu'elle apprend qu'il a des spasmes intestinaux mais, heureusement, le mal cesse. Un sentiment d'inutilité inhibe Elisabeth. Elle gêne dans la conversation politique, elle est intruse chez ses enfants et elle souffre d'être privée de son époux accaparé par la politique européenne. La crise, d'ailleurs, paraît observer une trêve. Napoléon III, toujours rêveur, souffle le chaud et le froid entre des propos bellicistes et pacifistes. Il fait publier une brochure, *Napoléon III et l'Italie*, qui n'est qu'un avertissement à tous les Etats italiens, avec de l'indulgence pour le seul Piémont. La reine Victoria, jugeant qu'il va trop loin, lui signifie qu'il ne devra pas compter sur l'Angleterre. Londres propose un plan pour éviter la guerre. L'Autriche l'accepte mais Napoléon III se dérobe et Cavour fulmine contre la valse hésitation dansée aux Tuileries. La guerre est inévitable, néanmoins elle est sans cesse retardée... Peut-être parce que l'empereur des Français a contre lui ses ministres et ses généraux et, d'une certaine manière, l'impératrice Eugénie, qui s'inquiète de l'atteinte pouvant être portée aux intérêts temporels du Vatican.

Le Piémont s'arme et prépare, le 9 mars, la mobilisation contre l'Autriche. A cette mauvaise nouvelle s'ajoute, le même jour, celle de la renonciation à ses droits de la part du frère aîné de Sissi, le duc en Bavière Louis-Guillaume. Scandale : il veut épouser une actrice qui a deux ans de plus que lui, Henriette Mendel. Elle est belle mais sa beauté ne suffit pas et, à Munich comme à Vienne, on s'émeut de cette mésalliance. La crise familiale est vite dissoute dans la crise politique, l'une comme l'autre désolant Sissi. Le 21 avril, François-Joseph écrit à son frère Maximilien pour le décharger de sa mission de gouverneur et confie les pleins pouvoirs au général Giulay. L'erreur de François-Joseph est grande : il se prive d'un frère dévoué que Cavour redoutait. Deux jours plus tard, poussé par Buol et exaspéré par une propagande habile, l'empereur d'Autriche adresse un ultimatum au roi Victor Emmanuel. Le piège fonctionne, Cavour préfigure Bismarck dans l'habileté à créer des situations intenables. Pourquoi François-Joseph cède-t-il à sa colère ? Son refus d'admettre que l'ordre européen puisse changer l'incite à briser la révolution. Il est monté sur le trône pour les mêmes motifs. Mais il y a également une raison économique : l'Autriche manque d'argent. Si elle mobilise ses troupes, elle doit les utiliser. Ces deux raisons conduisent à l'erreur autrichienne. Alors que sa patience ruinait les calculs de Cavour, elle se lasse et envoie son ultimatum. Napoléon III n'attendait que cette injonction. L'ultimatum est, bien entendu, rejeté au bout de trois jours et présenté comme une véritable déclaration de guerre. Le combat politique est élevé à la hauteur d'un duel entre deux empereurs. L'un, à Vienne, n'a pas trente ans et la diplomatie est sa faiblesse. L'autre, à Paris, a cinquante ans et il est rompu aux habitudes du sérail européen. L'engrenage tourne : le 3 mai, la France déclare la guerre à l'Autriche « qui s'est mise dans son tort ».

Autre erreur, la nomination du général Giulay qui avait reconnu lui-même être dépassé par les impératifs de la campagne. Il faudrait faire vite pour occuper Turin en premier et empêcher la jonction des troupes piémontaises et françaises. Mais Giulay piétine.

Les mauvaises nouvelles contraignent François-Joseph à se rendre en Italie pour prendre le commandement de ses troupes. Avant son départ, l'empereur-soldat consulte quotidiennement Metternich ; le vieux chancelier, âgé maintenant de quatre-vingt-six ans, affaibli et alité, est assailli de questions par François-Joseph, désemparé. L'empereur, qui fait irruption chez lui à l'aurore, lui demande de l'aider à rédiger un testament politique et familial au cas où il viendrait à disparaître.

Il y a une coloration pathétique dans le comportement de l'empereur qui se rend compte de la machination. Trop tard. Metternich n'avait cessé de répéter de toutes ses forces fuyantes : « Pas d'ultimatum, surtout pas d'ultimatum ! ». Hélas, l'ultimatum était expédié depuis trois heures.

François-Joseph annonce à Sissi son départ. La malheureuse est affolée, elle le supplie de rester. Comme il refuse, elle lui demande de l'accompagner. Et il faut souligner, ici, que l'impératrice, souvent taxée d'indifférence et de futilité, se montre, au contraire, très présente et, encore une fois, très moderne. Elle ne peut concevoir d'être éloignée de son mari dans les heures graves ni de rester seule à se ronger d'angoisse sous la surveillance de sa belle-mère. D'autres événements viennent perturber son esprit. Sa sœur Marie, qu'elle avait accompagnée à Trieste, devient reine de Naples le 22 mai, à la mort de son beau-père. Dans ces convulsions italiennes, le trône sera-t-il solide ? Puis, le 29, son frère Louis épouse, comme il l'avait annoncé, la comédienne Henriette Mendel, à Augsbourg. Bien qu'elle ait été promue, en hâte, baronne de Wallersee, le mariage avec l'actrice est morganatique. Sissi n'a rien contre. Elle adore son frère et l'indépendance.

François-Joseph se hâte. Ayant réglé une foule de problèmes, il part, le 29, contre l'avis de ses ministres. Sissi s'accroche, elle reste dans le train impérial jusqu'à Mürzzuschlag, à une centaine de kilomètres de Vienne. Les adieux dans la petite gare sur la ligne du Semmering sont déchirants. L'impératrice pleure, elle fait jurer à François-Joseph de prendre soin de lui, de penser à elle et aux enfants, Gisèle, qui n'a que trois ans et Rodolphe, dans son neuvième mois. Elle multiplie les recommandations à l'aide de camp général, le comte Grünne :

— Gardez l'empereur. Il est ma seule consolation en ces temps terribles.

Un couple brisé par la séparation, telle est l'image de Sissi et François-Joseph que la guerre éloigne l'un de l'autre pour la première fois. Sissi n'arrête pas de prier. Trois jours plus tard, l'empereur lui écrit sa première lettre du front. Il est à Vérone où il constate que la plus grande inorganisation règne dans ses troupes. L'intendance ne suit pas et seuls arrivent des ordres mais ils sont contradictoires. Amoureux, il dit dans sa lettre : « Je profite de ces premiers instants de ma journée pour te dire à nouveau combien je t'aime et combien je me languis de toi et de nos chers enfants. Surtout, porte-toi bien et ménage-toi comme tu me l'as promis... Cherche à te distraire, et ne sois pas triste... » Il y a trois jours qu'ils se sont quittés.

En fait de distraction, Sissi a sa sourcilleuse belle-mère. Elle fuit, prie dans les églises et galope pendant des heures de Schönbrunn à Laxenburg, accompagnée de son écuyer. Ces longues randonnées lui valent des regards charbonneux de l'archiduchesse. Sissi récrit à François-Joseph, le supplie de la laisser venir, elle est prête à accepter n'importe quelles conditions. Il refuse toujours. « Il n'y a pas de place pour les femmes et je ne puis donner le mauvais exemple [...]. Conserve-moi ta précieuse santé afin que, à mon retour, je te trouve très bien et que nous puissions être très heureux. » Sa santé, Sissi ne la ménage guère car elle cherche, avant tout, à calmer ses impatiences. Le Dr Seeburger se plaint au baron de Kempen, ministre de la Police :

— Elle ne répond ni comme impératrice ni comme femme au rôle qui lui incombe ; en réalité, elle est oisive et à peine voit-elle ses enfants, elle se plaint de l'absence de l'empereur, le pleure et trouve moyen de faire de l'équitation au grand péril de sa santé. Il y a un abîme entre elle et l'archiduchesse. Et la comtesse Esterhàzy n'a aucune influence sur l'impératrice.

On trouve, rassemblés dans ces propos, tous les motifs alors invoqués pour critiquer Sissi, souvent avec une parfaite mauvaise foi. Le Dr Seeburger se montre, une fois encore, un piètre médecin en ne comprenant pas que Sissi souffre physiquement et psychologiquement d'être loin de son mari. Elle a vingt-deux ans, elle est saine mais prisonnière d'une vie de femme sans cesse contrariée. Le meilleur remède aux pleurs de Sissi est son mari et la politique l'en prive. Oisive ? Sans doute, dans la mesure où une impératrice ne succombe évidemment pas sous les tâches domestiques. Quant à ses rapports distants avec ses enfants, Sissi n'a pas changé : elle veut les voir seule et seuls, elle refuse de les partager systématiquement. On la contraint à mendier des minutes d'affection. Elle ne veut qu'être mère, mais on la remplace par un aréopage de belle-mère, nourrices, gouvernantes. Sans cesse, elle butte contre des obstacles à son bonheur simple. En réalité, tout est critiquable chez l'impératrice, tout est critiqué.

Si elle ne pleurait pas l'absence de François-Joseph, on la dirait sans cœur. Si elle passait son temps auprès de ses enfants, on la dirait méfiante. Si elle ne montait pas à cheval, on la trouverait timorée. Et même si elle se délectait d'une conversation oiseuse au milieu du cercle de ses dames d'honneur, soumise et reconnaissante à l'archiduchesse, elle serait encore critiquée sous n'importe quel prétexte, peut-être celui de n'avoir aucune personnalité ! Analysant pour moi le « procès » fait à l'impératrice, S.M. Zita, qui lui a succédé en 1916, m'a déclaré, le vendredi 12 novembre 1982 : « Quel qu'ait été le comportement de l'impératrice Elisabeth, elle aurait toujours eu tort. »

Elisabeth est contrainte à l'inutilité. L'impératrice Eugénie est restée à Paris mais elle assure la Régence et préside le Conseil des ministres. Et elle n'a pas de belle-mère...

Le 4 juin, à huit heures et demie du soir, après une journée d'hésitation, où Napoléon III faillit être prisonnier, une première grande victoire est aux mains des Français et des Piémontais. Le village aux maisons basses, aux murs ocre et roses où a lieu l'affrontement près de Milan s'appelle Magenta. Une victoire chèrement payée : quatre mille morts du côté français, dix mille tués chez les Autrichiens, vingt-cinq mille blessés ou malades. Et la Lombardie est perdue. Trois jours plus tard, Napoléon III entre dans Milan.

Le général Giulay, d'une « incapacité pyramidale », selon un diplomate, ne se frappe guère, continuant ses petits soupers et ses parties de cartes. Sa responsabilité est immense et les troupes comme la population l'accusent. Sissi ouvre un hôpital à Laxenburg, excellent moyen de lutter contre l'oisiveté, et écrit tous les jours à l'empereur : « M'aimes-tu encore ? » François-Joseph l'aime mais la débâcle est là et il a à peine le temps de jeter un œil sur les daguerréotypes de Sissi et des enfants qu'elle lui adresse, accompagnés d'un bouquet de fleurs séchées. Elisabeth a un geste qui rappelle Sissi, princesse des Alpes.

Plongé dans un rapport sur les causes de l'échec de Magenta, François-Joseph reçoit une autre nouvelle qu'il redoutait. Le 11 juin, à trois heures de l'après-midi, Metternich est mort. Le symbole de l'Autriche restaurée et relevée après la tourmente napoléonienne s'éteint au moment où l'Autriche est battue, chassée de ses terres lombardes. Une Autriche meurt, une Autriche est vaincue.

François-Joseph prend, trop tard, la décision qui s'imposait. Il démet Giulay de ses fonctions et décide de prendre en main, lui-même, le commandement avec l'appui direct d'un général, un vétéran de soixante et onze ans. Le courrier continue de passer admirablement entre Sissi et François-Joseph. Elle l'inonde de protestations d'amour, il lit les lettres dès leur arrivée et « les dévore au lit », à quatre heures du matin... Sissi s'occupe, s'active et, pour tout dire, tourne en rond, brûlant une énergie riche de bonne volonté, décuplée par maintes frustrations. Non, elle ne peut toujours pas venir. « Mon amour, mon bel ange », lui écrit l'empereur. L'archiduchesse trouve encore le moyen d'accabler son fils en lui racontant les escapades équestres de Sissi avec son écuyer, Holmes. Et François-Joseph, en pleine réorganisation de son état-major, parvient à se pencher sur cette *grave* question : « J'y ai réfléchi. Je ne peux pas te laisser sortir seule avec Holmes, cela n'est pas convenable. » Et cet appel, bouleversant : « Je t'en prie, au nom de ton amour pour moi, contiens-toi, assiste aux manifestations publiques, visite des œuvres, tu ne saurais croire combien tu peux m'aider par là. Cela rendra courage à la population et maintiendra le bon esprit dont j'ai tant besoin... Conserve-toi pour moi qui ai tant de peine... » Il ajoute : « ... Je te suis très reconnaissant d'être si peu bavarde car vu les commérages qui ont cours, c'est ce qu'il y a de mieux à faire. » Et le 23 juin, toujours à propos de ces randonnées à cheval qui épuiseraient un hussard : « Tu te fatigueras trop, tu deviendras trop maigre. » Le lendemain, au sud du lac de Garde, à cinq heures du matin, une formidable canonade secoue un village niché au haut d'un escarpement. Le mamelon, couronné d'une tour, s'appelle Solferino. Alors commence la bataille de deux empereurs qui sont tous les deux neveux de Napoléon Ier [1].

---

1. Rappelons que l'empereur François II, oncle paternel de François-Joseph, eut, de son second mariage avec Marie-Thérèse des Deux-Siciles, une fille aînée qui fut l'impératrice Marie-Louise, seconde épouse de Napoléon Ier.

Voyant ses troupes – cent quatre-vingt mille hommes – massées autour de cette hauteur, François-Joseph s'écrie :

— Ah ! les Français ! Je les tiens donc !

Ce que tient François-Joseph est la tour de Solferino qu'on appelle « l'espionne de l'Italie » et qui symbolise la domination autrichienne sur la Lombardie. Malgré une très brillante et très audacieuse manœuvre commandée par le maréchal-prince Alexandre de Hesse, beau-frère du tsar, après douze heures de combats sous un orage fracassant, Solferino et les villages alentour sont perdus. Le bilan est effroyable : dix-sept mille morts du côté franco-piémontais, vingt-deux mille morts du côté autrichien. Une boucherie. Au milieu des cadavres éventrés et des ruines fumantes, un jeune courtier de banque suisse se jure de créer des auxiliaires de santé efficaces. Il s'appelle Henry Dunant, il fondera la Croix-Rouge.

Deux jours plus tard, à Vérone, François-Joseph doit reconnaître que, s'il est soldat, il n'est pas stratège. Il écrit à Sissi :

« Je dus ordonner la retraite... Je partis à cheval... [...]. Voici la triste histoire d'une journée épouvantable où fut fourni un grand effort mais où la chance ne nous sourit pas. J'ai acquis de l'expérience et j'ai appris à connaître les sentiments d'un général battu [...]. Ma seule consolation, ma seule joie est maintenant d'aller te rejoindre, mon ange. Tu imagines combien je me réjouis... Ton dévoué. François. »

Napoléon III est victorieux mais, contre toute attente, c'est lui qui va demander la paix. Ses trois raisons sont les mêmes que celles que François-Joseph pourrait invoquer. D'abord, les pertes humaines sont énormes. Il avait promis « l'Empire, c'est la paix », l'Europe constate que l'Empire c'est le massacre. Ensuite, la guerre est impopulaire malgré la victoire et, en France, les catholiques sont mécontents de la menace réitérée contre le Saint-Siège. Enfin – et cela est sans doute déterminant – la Prusse, qui suivait les opérations avec humeur, décide de remettre de l'ordre dans le chaos lombard si les hostilités se poursuivent. La Diète de la Confédération germanique mobilise trois cent cinquante mille hommes. Napoléon III ne peut plus opposer que soixante mille hommes, presque tous des conscrits. La France est donc mise en garde.

Il faut céder pour que la victoire ne soit pas effacée par une vengeance des Etats allemands.

A neuf heures du matin, le 11 juillet, au premier étage d'une maison sise sur la grande rue de la bourgade de Villafranca, les deux empereurs se retrouvent pour des préliminaires de paix et, très accessoirement, un petit déjeuner. François-Joseph n'y touche pas. Trois jours plus tôt, il a écrit à Sissi : « Comme je le craignais, il me faut envisager une rencontre avec ce misérable Napoléon... »

Très agité, il refuse de céder la Lombardie à la Sardaigne. Il la cède à la France qui en fera ce que bon lui semblera. Mantoue et Peschiera échappent à la cession. Napoléon III demande aussi la Vénétie mais, ne l'occupant pas, il ne l'obtient pas. Les duchés de Parme, de Modène et de Toscane sont restitués à leurs souverains légitimes et une confédération italienne est envisagée sous la présidence du pape. Cette dernière clause permet à l'Autriche de garder un contrôle sur le reste de l'Italie. François-Joseph prend aussi l'engagement de changer le fonctionnement de la Vénétie. « Je vous donne ma parole d'honneur. La Vénétie sera non seulement heureuse mais satisfaite[1]. » Napoléon III, calme, explique : « J'ai donné mon accord car j'avais affaire à un chevalier. »

Embarrassés, gênés, les deux hommes s'affrontent pendant près d'une heure. François-Joseph quitte la pièce rouge d'émotion. Le soir, lors de la signature de l'armistice, il a ce propos amer :

— Je fais un immense sacrifice. La Lombardie était la plus belle de mes provinces.

L'ombre de Metternich est là, répétant son conseil ignoré : « Pas d'ultimatum ! Surtout pas d'ultimatum ! » Stupéfait de la trahison de Napoléon III qui poignarde l'Italie naissante et l'abandonne alors qu'il avait promis, le 3 mai, de la libérer « des Alpes à l'Adriatique », Cavour donne sa démission à Victor Emmanuel. Il ne reverra jamais Napoléon III. Partout, la campagne d'Italie laisse une immense impression d'amertume et d'insatisfaction. Les vainqueurs semblent avoir autant

1. Michael McGarvie, *Francis Joseph I*, The Monarchist Press Association, Londres, 1966.

perdu que les vaincus. Très abattu, François-Joseph remonte dans son train pour Vienne. Il n'a plus qu'une joie, Sissi. Pour lui éviter de trop s'affoler, il se fait précéder d'une lettre étrangement prémonitoire en parlant du Jugement de Dieu : « Il nous punit durement et, sans doute, ne sommes-nous qu'au commencement de souffrances encore plus grandes. Mais il faut les supporter avec résignation et faire en tout son devoir. » En Autriche comme en France, la guerre d'Italie marque un tournant. A Vienne, la défaite politique et militaire va s'accompagner d'une crise conjugale.

L'impératrice est heureuse du retour de son mari, sain et sauf, mais malheureuse des événements. Elle n'a toujours pas pris de poids et sa maigreur semble accentuer sa fragilité. Le régime qu'elle suit est draconien, composé exclusivement d'œufs, de laitage et de fruits. Elle dort très mal, se montre nerveuse et très soucieuse. Et elle a pris une mauvaise habitude : elle fume, à table, tout le temps, jusque dans sa voiture, ce qui choque ses cochers et laquais. Le bouche à oreille du Gotha transportera l'information jusqu'en Angleterre où la reine Victoria se déclare également scandalisée. Les cigarettes de l'impératrice d'Autriche sont regardées comme des accessoires révolutionnaires. Ces six semaines sans l'empereur ont été infernales. François-Joseph avait sa guerre en Lombardie, Sissi menait la sienne à Schönbrunn et à Laxenburg, face à sa belle-mère qui profitait de l'absence de son fils pour resserrer le carcan de son autorité. Elle avait, d'ailleurs, soutenu le principe de la campagne d'Italie. Comme le front lombard, les chambres d'enfants sont assaillies de « communiqués » contradictoires, selon qu'ils émanent de l'archiduchesse ou de sa belle-fille. Une guerre d'usure s'est ajoutée aux angoisses du moment. Le retour de François-Joseph, empereur vaincu, ternit l'éclat de la monarchie. Perdre une guerre impopulaire est grave. La population boude et murmure. Il y a une sorte de rupture entre les Autrichiens, déçus, réclamant des sanctions et l'entourage impérial. La capitulation en Italie est ressentie à la fois comme une défaite nationale et une défaite personnelle de l'empereur. Dans ces conditions, l'été est empoisonné. L'anniversaire de François-

Joseph est encore assombri par les mauvaises nouvelles du roi Frédéric-Guillaume IV de Prusse. Une autre attaque lui a enlevé, le 7 août, tout espoir de reprendre en main les affaires du royaume. Bismarck regrette que le prince régent, vieux soldat honnête, ne lui ait pas permis de profiter de l'affaire italienne pour fonder un « royaume d'Allemagne ». Il y pense de plus en plus et, en attendant, se console dans son nouveau poste d'ambassadeur à Saint-Pétersbourg où il est princièrement fêté en famille [1].

Un élément joue en faveur de Sissi : l'influence de sa belle-mère diminue singulièrement. Les ministres, sur lesquels l'archiduchesse a toujours fait pression, se sont révélés imprévoyants et les généraux incapables. Sa politique elle-même vient d'être condamnée par le sang ; l'autoritarisme de l'archiduchesse et ses injonctions ont été écrasés parce qu'ils sont inadaptés. Avec courage, François-Joseph constate qu'il lui faut remettre de l'ordre à Vienne. Il réfléchit et se montre peu. Sissi est auprès de lui, elle veut partager sa souffrance et lui glisse des idées libérales, condamne quelques noms. Une réaction timide mais dont l'empereur tient compte d'une spectaculaire façon. Après Buol, le ministre des Affaires étrangères congédié dès le début de la campagne, le baron de Bach, ministre de l'Intérieur, est démis de ses fonctions. Attaché à un centralisme absolutiste, il avait été l'homme le plus puissant du gouvernement. En exigeant sa démission, François-Joseph lui donnera l'ambassade auprès du Saint-Siège, souvenir de son rôle favorable au concordat.

C'est de Laxenburg où il s'est cloîtré avec Sissi que l'empereur a pris ces décisions. Dans Vienne, l'absence publique de François-Joseph est mal interprétée mais ses mesures sont approuvées. Cette retraite du souverain surprend car ce comportement n'est pas dans ses habitudes. Lorsqu'il reparaît en public, le 12 septembre, à une parade, deux mois après la signature de l'armistice, il affronte un accueil glacial, voire hostile. Et il se produit ce qui ne s'était jamais vu : des témoins oublient de se découvrir. Un mot timide circule :

1. Le tsar Alexandre II, qui est alors âgé de quarante et un ans, soit trois ans de moins que Bismarck, est un neveu du roi de Prusse malade et de son frère, le régent, futur Guillaume Ier.

« Abdication ! » Vienne est encore traumatisée. A l'Opéra, des spectateurs ignorent sa présence mais saluent celle de Sissi, symbole de la résistance à l'archiduchesse désavouée. Poursuivant une inévitable épuration, François-Joseph renvoie ses généraux. On prête à l'état-major prussien un mot terrible après l'analyse de leurs erreurs stratégiques et tactiques face au courage des troupes :

— Ce sont des lions conduits par des ânes [1].

Les Viennois sont du même avis.

Le 17 octobre, l'aide de camp général Grünne est relégué au rang de grand écuyer, sanction qui satisfait l'armée. Sissi approuve aussi et le fait savoir à sa belle-mère. En fait, François-Joseph admet mal ses erreurs de jugement. Il est sombre et son épouse, qui pressent les événements avec plus de perspicacité que le cabinet impérial, espère un assouplissement politique prolongeant ces mesures individuelles. L'empereur trouve réconfort et soutien auprès de Sissi mais est-ce assez pour supporter l'humiliation ? Lui, le soldat, l'homme qui fait face, est atteint dans sa fierté et, par moments, c'est elle, celle qu'il appelle « le bon ange », qui résiste pour deux. Elle présume de ses forces et ne parvient pas à se débarrasser d'une toux nerveuse et d'une agitation bien intentionnée mais désordonnée. Elle a pris sur elle une part des soucis de François-Joseph mais la charge est bien lourde. Et sa mission, secrète, consiste à faire admettre à l'empereur que le libéralisme n'entraîne pas obligatoirement la révolution. Constamment surveillée, traitée en jeune femme capricieuse, considérée comme un phénomène, une excentrique, une originale, l'impératrice est perpétuellement bafouée.

La tension du palais est trop forte : Sissi n'en peut plus. Au printemps de 1860, six bals sont donnés à la Cour et l'impératrice décide d'y inviter vingt-cinq couples. Sans leurs parents. Une manière d'éviter la présence de l'archiduchesse. Encore un bouleversement qui fait jaser. La comtesse Thérèse de Fürstenberg consigne l'événement dans son *journal :* « On est hautement surpris de cette façon de ne pas inviter les

1. En 1870, après Sedan, Gambetta reprendra l'expression à propos des généraux de Napoléon III.

mères. Mais, contre la volonté de la personne la plus importante à Vienne, il n'y a rien à faire. » Sissi danse beaucoup et veut parfois rester plus tard qu'il ne convient. Elle alimente les commérages en aménageant ses appartements de la Hofburg. Entre la chambre et le grand salon où le couple prend ses repas privés, Sissi fait installer une salle de gymnastique dans son cabinet de toilette. Dans la pièce tendue de pourpre, on fixe un portique en bois comportant onze agrès, des barres parallèles et deux anneaux qui pendent au bout de cordes. La présence de ces accessoires est très insolite ; l'emplacement des crochets sous le montant de la porte conduisant de cette salle de soins et de sports au salon est tel que, lorsque les portes sont ouvertes sur le couloir de la façade, on les voit de très loin. L'obsession de son régime alimentaire empêche Sissi de dépasser les cinquante kilos, ce qui est très insuffisant pour un mètre soixante-douze. Et, tous les matins avant son bain froid pris dans une baignoire qu'on apporte, Sissi s'épuise en tractions, contorsions et assouplissements, sans oublier les longues marches et exercices équestres très appliqués. Elle fera d'ailleurs accrocher au mur de la pièce les portraits de ses chevaux favoris et de ses chiens. L'impératrice Elisabeth est certainement la plus sportive des souveraines d'Europe. A l'opposé de ce modernisme qui ne fait pas ressembler l'impératrice aux dames grassouillettes de la Cour, la Hofburg présente des particularités rétrogrades qu'on explique difficilement. Ainsi, son petit salon, chauffé par deux grands poêles, est transformé en chambre le soir : on y place dans un coin un lit en fer et, chaque matin, on l'enlève. La place ne manque pourtant pas dans le palais impérial. En revanche, François-Joseph dispose, à côté de son bureau, d'une vraie chambre avec un lit en permanence, en fer, à l'image de l'austérité de l'empereur. Il n'a pas de salle de bains, il prend les siens dans un baquet de bois qu'on apporte et qu'on remporte.

Sissi veut dompter son corps. En s'imposant une vie particulièrement hygiénique, elle compense ses multiples contrariétés. Le culte de sa bonne condition et, par conséquent, de sa beauté passera pour de la futilité et du narcissisme. Sa réaction est plus profonde : son corps est l'instrument de sa revanche. Sa belle-mère critique le mal qu'elle se donne pour supporter des corsets très serrés et maintenir son tour de taille à cinquante centimètres, un record... En étant belle, Elisabeth veut se grandir dans l'esprit de son entourage. Le baron de Kempen, ministre de la Police jusqu'au désastre italien, observera, plus tard :

— La beauté de l'impératrice faisait venir beaucoup de gens à la Cour qui, normalement, ne seraient pas venus...

Les séquelles de la défaite lombarde se pansent en Autriche comme dans la péninsule. Au mois d'avril, l'une des enquêtes demandées par François-Joseph sur les lacunes tragiques de l'intendance à Magenta et à Solferino aboutit à mettre en cause le ministre des Finances, Bruck, coupable, dit-on, de n'avoir pas livré le matériel souhaité. François-Joseph veut d'abord croire à son innocence puis l'informe par un billet que, provisoirement, son portefeuille est remis à un conseiller. Le ministre, désespéré mais dont on ne peut dire s'il était coupable ou innocent, se tranche la gorge. Ce suicide affecte beaucoup l'empereur qui voulait tirer l'affaire au clair. Il se sent responsable, Sissi tente de l'apaiser.

Dans le Sud italien souffle un vent de liberté attisé par un héros de cinquante-deux ans, ancien officier de la marine royale sarde, révolutionnaire échappé en Amérique du Sud, marchand de chandelles à New York, recherché par toutes les polices transalpines et devenu, par son courage, le premier patriote de l'Italie nouvelle, Giuseppe Garibaldi. Durant la campagne de 1859, il avait formé un corps de cinq mille hommes, les chasseurs des Alpes, et vaincu les Autrichiens à Varese, le 26 mai, puis à Brescia, le 13 juin. Depuis, il a protesté haut et fort contre le rattachement de Nice, sa ville natale, à la France par le traité de Turin du 24 mars 1860, donnant également la Savoie à la France, deux exemples positifs de la politique étrangère de Napoléon III. Et, le 11 mai, parti de Gênes avec mille quatre-vingt-sept compagnons appelés les « chemises rouges », il débarque en Sicile et occupe Palerme le 6 juin. En un temps record, Garibaldi et son *expédition des mille*, prouvent la fragilité du royaume de

Naples. Les souverains, Ferdinand et Marie, la sœur de Sissi, appellent au secours. L'impératrice supplie François-Joseph d'intervenir mais il refuse. Avec des arguments implacables : un an après ses défaites italiennes, l'Autriche ne peut se jeter à nouveau dans une campagne pour défendre le trône de Naples et les finances publiques sont exsangues. L'empereur donne à Sissi sa réponse avec beaucoup de tendresse, partageant son inquiétude devant les événements d'Italie. Napoléon III se dit libérateur mais il a une politique d'annexion ; le Piémont s'agrandit et les Etats du pape rétrécissent ; François-Joseph décide que, selon le mot de Cavour, l'Italie se fera elle-même...

Les deux frères de Sissi, Louis-Guillaume et Gackerl, arrivent à Laxenburg pour essayer de trouver une solution et aider leur sœur Marie [1]. Ces heures de discussion permettent aux deux garçons de constater combien Sissi a changé. Certes, elle est toujours aussi belle et ses apparitions déclenchent des réactions qui ne sont pas parfois souhaitables comme ce fut le cas lors de la Semaine sainte où elle dut suivre un service religieux réfugiée dans la sacristie... De ce point de vue, l'impératrice a gagné. Elle n'est pas une simple apparition protocolaire, elle existe et on se bouscule pour la voir. Mais, d'un autre côté, ses frères mesurent également la dégradation de ses rapports avec sa belle-mère, leur tante, et jugent inquiétante la santé de leur sœur impératrice. Elle s'agite, elle s'énerve et se fatigue comme si elle cherchait à s'étourdir.

Et François-Joseph, patient et d'un naturel réservé, préfère ne pas affronter cet orage qu'est son épouse. Il l'écoute, il l'aide, il a besoin d'elle comme elle a besoin de lui mais une sorte d'incapacité à se rejoindre les menace de plus en plus. Lors de la guerre en Italie, séparés depuis vingt-quatre heures, ils n'avaient qu'une hâte, se retrouver. Ensemble – mais pas seuls, ceci ne doit pas être oublié – ils réagissent chacun selon son tempérament, dont les différences s'affirment. Bien que

1. Dans la famille des ducs en Bavière, Charles-Théodore, Gackerl, second frère de Sissi, qui a deux ans de moins qu'elle, a succédé à son frère, Louis-Guillaume, l'aîné, qui a renoncé à ses droits pour épouser, on l'a vu, la comédienne Henriette Mendel.

conformiste, l'empereur est tourné vers l'extérieur, il est disponible et regarde les êtres et les événements en face même si ses vues personnelles ne sont pas en accord avec celles qui lui sont exposées. En un mot, c'est un extraverti. En revanche, Sissi, exemple parfait de non-conformisme, autant par nature que par goût de provoquer et de choquer sa belle-mère (entre autres !), est tournée vers l'intérieur ; elle se complaît dans des méditations alambiquées, elle se crée un univers de poésie et de musique. La vie affective de François-Joseph est simple, mécanique, réglée comme son emploi du temps. Il n'est ni compliqué ni fantaisiste et son caractère est stable. Au contraire, la vie d'Elisabeth est en perpétuelle crise. Son âme bondit vers des sommets d'allégresse en alternance avec des chutes au fond de l'angoisse. Elle s'enthousiasme beaucoup mais se lasse encore plus vite. Craintive, cherchant toujours à se rassurer, notamment par le culte de son corps, elle est introvertie. A ce handicap, s'ajoutent les embûches domestiques qui décourageraient les meilleures volontés. Ajoutons encore qu'une certaine oisiveté favorise le gaspillage physique et intellectuel.

La fébrilité de son épouse et l'âpreté de sa mère commencent aussi à ennuyer l'empereur qui ne s'est pas remis du choc italien. Lui qui signait dans certaines lettres à Sissi « ton petit homme » peut dissimuler son âme car il a appris à redresser la tête. Il ne peut, cependant, vivre apaisé dans un chaos de récriminations, d'incidents et de plaintes. Il aime la jeunesse, la fantaisie de Sissi mais il la souhaiterait, par moments, plus adulte. François-Joseph aurait besoin de calme, Elisabeth aussi. Ils n'y parviennent ni l'un ni l'autre, passant très près d'un bonheur solide. Ils se croisent plus qu'ils ne se rencontrent. Chez François-Joseph, la fatalité procède de sa maladresse ; chez Sissi, il s'agit d'insatisfaction. Des deux maux, ce dernier est le pire.

La discussion pour secourir Marie, à Naples, n'aboutit pas. Les nouvelles circulent mal. On sait seulement que Garibaldi poursuit sa marche victorieuse vers le nord et que la reine de Naples montre davantage de panache que son mari. S'il le faut, elle résistera les armes à la main.

François-Joseph s'apprêtant à rencontrer, courant juillet, le régent de Prusse puis le roi de Saxe, Sissi décide de repartir avec ses frères à Possenhofen. Elle y emmène sa fille Gisèle et emprunte, pour la première fois, la ligne de chemin de fer Vienne-Salzbourg qui portera son nom en souvenir de sa première arrivée en Autriche par cet axe, en 1854. Le tronçon ne sera inauguré officiellement par François-Joseph qu'au mois d'août, lorsqu'il viendra rejoindre Sissi en Bavière, après une visite au roi Maximilien II. Mais l'apaisement s'est enfui et le charme, la quiétude de Possenhofen sont impuissants à calmer Sissi. Sa mère, Ludovika, ne parle que de Marie, si loin, à Naples... Le 21 août, Garibaldi franchit la frontière du royaume des Deux-Siciles et marche sur sa capitale. Ludovika fait observer à Sissi qu'elle est beaucoup trop maigre et qu'elle devrait soigner sa toux. L'impératrice défend son régime insensé. Sa minceur, sa sveltesse sont garantes de sa beauté. Veut-on lui retirer jusqu'à sa beauté, au sein de sa famille ? Larmes et crises de nerfs se succèdent, Possenhofen est contaminé par l'atmosphère de la Hofburg. Peut-être parce qu'elle a peur de se retrouver seule face à son mari, Sissi demande à sa sœur Mathilde, qui a dix-sept ans, et à Charles-Théodore, Gackerl, de l'accompagner jusqu'à Salzbourg. Elle rentre à Vienne pour le trentième anniversaire de l'empereur. Le 7 septembre, Naples tombe. Une nouvelle citadelle s'ajoute à l'édification de l'unité italienne. Le roi François II, enfin sorti de son apathie, a livré une résistance très estimable, enfermé avec la reine, dans Gaète, au nord-ouest de Naples, une cité souvent assiégée depuis le XVe siècle par les Espagnols, les Français et les Autrichiens.

Impuissante à venir en aide à sa sœur, Elisabeth piétine. Sans que l'événement soit comparable, elle assiste, avec satisfaction, à un adoucissement politique en Hongrie. Obligé de composer à cause de sa défaite italienne et de graves difficultés financières, François-Joseph doit signer, à l'automne, un texte qu'on appellera le Diplôme d'Octobre. Ce système, inspiré en partie par l'aristocratie conservatrice, maintient le principe du régime unitaire pour l'Autriche et la Hongrie mais organise un parlement à Budapest. L'empereur lâche du lest acceptant de déléguer son pouvoir législatif. Par ce dispositif fédéral, il admet, signe des temps, que l'absolutisme cède le pas à un principe constitutionnel.

L'impératrice, très lasse, ne peut accompagner François-Joseph à Varsovie où il doit rencontrer le tsar. L'entrevue sera, d'ailleurs, un échec et le voyage parsemé d'incidents que Sissi aurait sans aucun doute mal supportés. A son retour, il la trouve encore plus mal, secouée par les spasmes de la toux, poursuivant toutefois, avec une obstination incroyable, son austère régime tant physique qu'alimentaire. Fin octobre, son état alarme toute la Cour et le comte Rechberg, ministre des Affaires étrangères, constate combien François-Joseph est soucieux de la santé de Sissi. Qu'arrive-t-il donc à l'impératrice ? Après une lutte homérique, le Dr Seeburger est remplacé par un médecin plus intelligent, le Dr Skoda, spécialiste pulmonaire. A l'examen, il constate que les fortes poussées de fièvre sont dues à une inflammation des poumons. A la Cour, on chuchote le mot fatal, la phtisie, la tuberculose. Une laryngite ? Allons donc ! C'est plus grave. Le diagnostic du Dr Skoda et, surtout, le remède qu'il va proposer seront lourds de conséquences. La vie de l'impératrice en sera façonnée jusqu'à sa mort autour d'une idée magique, source de tous les espoirs et aussi de déceptions profondes : le médecin suggère que l'impératrice séjourne dans un pays de soleil, et ce, sans tarder. Voyage ! Le mot a un effet miraculeux... Non seulement elle accepte, mais encore elle annonce qu'elle va partir dès que possible. Où est-on sûr de trouver du soleil en novembre ? François-Joseph parle de l'Adriatique, mer autrichienne grâce à Venise. Mais Sissi déclare qu'elle veut aller plus loin, à l'étranger et choisit Madère où sa belle-sœur a séjourné. Madère... une île qui ne portera pas chance aux Habsbourg.

Afin de comprendre la rapidité de cette décision, il faut aussi examiner les rapports intimes d'Elisabeth avec François-Joseph à la même période.

Belle, de plus en plus belle, l'impératrice soigne son corps en cherchant, avec une volonté parfois infantile, tous les moyens de lui conserver sa grâce. Ce corps, que l'on dirait sculpté, cette silhouette exquise sont-ils faits pour l'amour ?

Sont-ils choyés pour un homme vigoureux, fidèle mais qui aime de bon appétit ? Il ne semble pas. Entre ses courses matinales au Prater, la gymnastique, son régime et ses états d'âme, Sissi ne laisse pas beaucoup de place à l'amour physique ; elle est davantage romanesque que sensuelle. Certes, le couple s'aime mais leurs exigences sont désharmonisées. Sissi a des « migraines », une certaine réticence sexuelle a pu naître dans l'intimité. Elle pourrait aussi s'expliquer par la crainte d'une nouvelle grossesse qu'elle ne se sent pas capable de supporter. Trois enfants en quatre ans, c'est beaucoup et son dernier accouchement l'a épuisée. Sa nervosité naturelle ne cache-t-elle pas une excitation factice ? Sait-elle, à vingt-trois ans, être une femme pour l'empereur qui a connu le plaisir facile avec des comtesses sans états d'âme ? De son côté, François-Joseph n'est-il pas lassé d'être le perpétuel arbitre entre sa femme et sa mère, lassé des fantaisies de l'impératrice qui ne se décide pas à grandir ? Sans doute, une telle réaction est compréhensible. Dans le courant de l'été, un bruit insidieux traverse les murs des palais. L'empereur accablé mais esseulé, trouverait un réconfort auprès d'une belle aristocrate polonaise, la comtesse Potocka, issue d'une illustre famille qui se montrera très fidèle aux Habsbourg et occupera des fonctions importantes dans l'Empire [1]. La petite histoire relate qu'elle a été la maîtresse de l'empereur avant son mariage et qu'il y a quelque temps, François-Joseph a fait acheter une photographie de la comtesse « avec une lourde tresse de cheveux enroulée autour du bras, comme un serpent ». Elle a beaucoup de charme et sait distraire François-Joseph dont la fidélité, jusqu'ici, a été exemplaire. Une crise conjugale – la première – se greffe donc sur des malentendus psychologiques. Elisabeth ne peut que se sentir blessée par cette incartade qui conteste sa beauté. Elle est plus vexée que jalouse. Et ajoutée à sa santé, c'est une excellente raison de vouloir s'éloigner de Vienne. Il y en a une autre : l'archiduchesse, toujours elle ! dont l'influence, un moment contestée après l'affaire italienne, se répand à nouveau à la Cour.

1. Plusieurs de ses membres seront gouverneurs de la Galicie et Alfred Potocki sera Premier ministre autrichien en 1870 et en 1871.

Pour une fois, elle appuie le projet de voyage de Sissi dont l'absence lui permettra de redevenir celle que les domestiques appellent tout bas « la vraie impératrice ». Dans la décision de sa belle-fille, les enfants ne comptent guère. On le regrette mais peut-on la blâmer totalement ? Ses enfants sont si peu les siens...

Madère... Sissi a choisi Madère... François-Joseph est bouleversé par l'idée de cette séparation nécessairement longue ne serait-ce qu'en raison de la distance. Il en parle à sa belle-mère, et Ludovika, qui ne passe pas pour une intellectuelle, écrit à sa fille une lettre remarquable de pertinence : « Mon enfant, il y a deux sortes de femmes : celles qui réalisent leurs vœux et les autres. Tu appartiens, je le crains, à la seconde catégorie. Tu es très intelligente, tu es une contemplative et tu ne manques pas de caractère. Mais tu ne fais pas assez de concessions. Tu ne sais pas vivre ni faire la part des exigences de la vie moderne. Tu es d'un autre âge, celui des saints et des martyrs. Ne te donne pas trop des airs de sainte ou ne te brise pas le cœur en imaginant que tu es une martyre... » Un véritable diagnostic de Sissi.

Ludovika ne dissimule pas l'orgueil de sa fille et rappelle l'impératrice à ses devoirs. En vain. Le cas de Sissi est celui d'une femme malade et d'une femme qui souffre. Médicalement, un début de tuberculose est vraisemblable avec un œdème aux genoux et aux pieds. Son organisme, affaibli, est malmené par une sous-alimentation permanente. Son anémie naturelle est également aggravée d'une anorexie. Affectivement, Sissi a perdu sa confiance en elle. Les maladies nerveuses restent encore mal connues à l'époque mais qui sait si le meilleur remède ne serait pas François-Joseph lui-même, un mari disponible, sans obstacles ni intermédiaires ? Bien-aimée de ses sujets, l'impératrice est-elle mal aimée de l'empereur ? Il est trop tôt pour l'établir. En cet automne 1860, le futur grand explorateur de l'inconscient, Sigmund Freud, né dans la province autrichienne de Moravie, n'a que quatre ans... Une certitude : Sissi a le mal de vivre et elle souffre du mal des ardents qu'on retrouve chez plusieurs Wittelsbach. Elle est difficile à satisfaire car elle se veut sans tache, parfaite. La maladie du corps est guérissable mais qui guérira son âme ?

Loin des méandres de l'introspection, la population apprend avec stupeur que l'impératrice est sérieusement souffrante et qu'elle va s'absenter de Vienne. L'idée de son départ a transformé Sissi. Gaie, enjouée, retrouvant sa maîtrise d'elle-même, elle s'affaire dans le choix d'une garde-robe et l'organisation de son périple. Le 7 novembre, en rentrant de Bad Ischl où il chassait, François-Joseph trouve une épouse heureuse... de partir.

Le départ est fixé au 17 novembre. Elisabeth et François-Joseph montent dans le train impérial qui roule vers Munich. Sissi y embrasse sa mère qui l'observe et espère « qu'un climat doux devrait lui convenir ». Puis le couple gagne le nord de la Bavière, traverse Nuremberg et fait halte à Bamberg. Le moment de l'adieu est venu. François-Joseph sait que Sissi restera partie longtemps et que son absence se comptera en mois plus qu'en semaines. Il lui a remis son cadeau d'anniversaire et de Noël et l'archiduchesse, soudain aimable et affichant une grande tristesse, a agi de même. L'empereur a pris toutes les dispositions pour que Sissi ne manque de rien. Cet homme pointilleux est aussi très généreux, essayant de compenser ses lacunes. A vingt-trois ans, l'impératrice traverse une crise qui n'aura jamais de fin. Son départ est une fuite qui laisse sur le quai un empereur bouleversé, inquiet, mais ne pressentant pas encore combien sa vie sera désormais un chemin solitaire.

L'itinéraire suivi par Sissi et sa suite, dont font partie le comte et la comtesse Hunyady, issus d'une vieille famille hongroise, est surprenant. Il eût semblé logique de gagner un port méditerranéen comme Marseille puis de traverser le détroit de Gibraltar et de mettre le cap au sud. Au contraire, le voyage est très protocolaire. En dehors des navires de guerre croisant sur l'Adriatique, aucun bateau autrichien n'étant susceptible d'accueillir l'impératrice, c'est la reine Victoria qui met l'un de ses magnifiques yachts à sa disposition et il l'attend à Anvers. Elle y est accueillie par le roi des Belges, Léopold Ier. Un geste de courtoisie et de parenté : le souverain belge est le père de sa belle-sœur Charlotte. Le voyage de

Sissi, tellement soudain et spectaculaire, a provoqué dans les cours européennes une émotion profonde. Et on se demande ce qu'il cache.

La traversée est épouvantable et les passagers vacillent. Revigorée, l'impératrice prend plaisir à la tempête, à la houle et au vent. Depuis six ans, elle étouffait. Elle retrouve le souffle ; ses yeux espèrent découvrir un paradis émergé de l'Atlantique. Une île n'est-elle pas synonyme d'isolement, donc de liberté ? La liberté de Sissi est à mille kilomètres au sud-ouest de Lisbonne et à cinq cents kilomètres de l'Afrique. La liberté est loin de Vienne.

IV

UNE ENTENTE CORDIALE

Le yacht royal britannique *Osborne* s'immobilise dans la baie de Funchal, capitale de Madère. *L'île du Bois* accueille les premiers vapeurs qui, depuis une dizaine d'années, traversent l'Atlantique. Ses hauteurs volcaniques accrochent souvent les nuages, mais le climat, très doux, a façonné l'île en un jardin subtropical. Les maisons blanches, en étages, déversent sur leurs murs des nappes de bougainvillées et d'hortensias mêlées aux senteurs d'orangers. Dès son arrivée, Sissi se sent apaisée par ce morceau de l'Atlantique, refuge d'oiseaux variés. Paradis entre ciel et mer, l'île parfumée a cependant été ravagée quatre ans plus tôt par une épidémie de choléra.

Une foule de curieux, amassée sur le môle, inquiète Sissi en même temps qu'elle la réconforte. Des visages inconnus ne peuvent qu'être amicaux. Ultime concession au protocole, une lettre lui est remise au nom du roi Pedro V qui lui souhaite la bienvenue en territoire portugais.

Grâce à un très influent personnage de l'île, le comte Carvalho, Sissi s'installe dans l'ancien palais de la Quinta Vigia d'où le regard embrasse le port et la ville en amphithéâtre. Elle est séduite par les bananiers, les toits de tuiles, les fenêtres larges ouvertes sur le ciel. Elle s'arrange pour mener une existence la moins officielle possible, éliminant toute mondanité. L'impératrice est oubliée à Vienne, Sissi veut renaître à Madère. Elle est venue pour sa santé mais aussi pour se replonger dans son univers.

Le décor, d'abord. Des fleurs luxuriantes, des lianes noueuses courent sur les murs clairs. Sissi s'intéresse à toutes les espèces qui foisonnent entre les sources jaillissant du basalte. Bientôt, des chants bercent les aubes claires. Sissi vit entourée d'oiseaux, collectionne les papillons, recueille un crapaud géant, se lance dans de cocasses duos avec les perroquets. Elle se promène en général seule, quelquefois à cheval, le plus souvent dans un attelage tiré par des poneys blancs ; elle en a loué huit. Un vrai bol d'air. La population est aimable et déférente, très active dans le vignoble qui a beaucoup souffert, huit ans plus tôt, d'une infection d'oïdium, un champignon dévastateur. Lorsque les nuages ternissent l'éclat de ce paradis, Sissi joue aux cartes, approfondit ses leçons de hongrois avec le comte Hunyady, écoute, fascinée, l'éblouissante *Traviata* de M. Verdi, malmenée sur un petit orgue de Barbarie que François-Joseph lui envoie. Et, surtout, elle peut se replonger dans la lecture. L'impératrice nourrit une passion pour les poètes, notamment ceux où l'étrange et la difficulté d'être sont décortiqués, tel Dante ou Shakespeare. Son auteur favori reste Heine avec ses récits de voyage, son goût pour le fantastique et ses dialogues avec la mort. La mélancolie la guette en permanence et pour son anniversaire et Noël, son entourage s'efforce de reconstituer une ambiance familiale et sereine. Cependant, l'absence de François-Joseph, de Gisèle et du petit Rodolphe jettent une ombre envahissante sur sa rêverie. Un courrier abondant atténue la distance. Si seulement son mari et ses enfants étaient à ses côtés... A Gisèle, elle écrit : « Je te rapporterai de jolis petits oiseaux dans une volière et une toute petite guitare. » Ce premier Noël à trois mille kilomètres de sa famille lui est pénible.

Bizarrement, alors qu'elle vit dans une atmosphère d'oisiveté forcée, elle conserve des habitudes regrettables comme celle de ne pas se nourrir convenablement. Un envoyé de l'empereur, le comte Louis Rechberg, décrit le paradoxe de la situation après l'enchantement des premiers jours : « La pauvre impératrice me fait énormément de peine car, entre nous, je la trouve très très souffrante. Sa toux ne va pas mieux qu'avant son départ (...). Moralement, l'impératrice est très accablée, presque mélancolique comme il fallait s'y attendre.

Elle s'enferme souvent des jours entiers à pleurer dans sa chambre (...). Elle mange extrêmement peu et naturellement, nous en supportons les conséquences : les repas, quatre plats et quatre desserts, le café, ne durent jamais au-delà de vingt-cinq minutes (...). »

Ainsi, en ce début de 1861, si la santé physique de l'impératrice paraît stabilisée, sa santé psychologique empire. Un mélange de remords et d'inquiétude la tourmente. Elle s'angoisse en songeant à sa sœur, Marie, la reine des Deux-Siciles, toujours assiégée à Gaète. La ville tombera le 13 février et Sissi apprendra, avec soulagement, que la reine et son époux se sont réfugiés à Rome où ils ont demandé la protection du pape.

Un nouveau compagnon lui arrive d'Angleterre, un grand chien blanc, terrier à poil dur de la race des airedales irlandais. Sissi l'appelle *Shadow* (ombre), un nom bien choisi car il la suivra partout, et posera à côté d'elle sur de nombreuses photographies. Les clichés de l'époque, qui commencent à remplacer progressivement les portraits et dessins, montrent aussi l'impératrice et ses dames de compagnie vêtues de chemises de marin et chapeaux assortis. Le document, où l'impératrice tient une mandoline, change des tenues classiques que Sissi porte dans les rues de Madère, crinoline et long châle. Il circulera dans Vienne en provoquant des commentaires pas toujours aimables. On commence à murmurer que le mal dont souffre l'impératrice serait essentiellement lié à son caractère. Et sa vie lointaine suscite des critiques. Alors que la monarchie vit des jours difficiles avec la Hongrie, l'Autriche est privée d'impératrice et l'empereur est privé d'épouse.

Le 2 janvier, la mort du roi Frédéric-Guillaume IV de Prusse, régent depuis deux ans, pose le problème de l'avenir des rapports entre Vienne et Berlin. Le nouveau souverain, Guillaume Ier, roi-soldat monté sur le trône à soixante-quatre ans, se couronne lui-même à Koenigsberg, la ville du sacre, en forçant le prestige du royaume. Les rapports avec l'Autriche risquent de se tendre. Bismarck est toujours à Saint-Pétersbourg et Berlin ne semble pas hostile à Napoléon III. A ces questions sans réponse encore précise, succède, pour

François-Joseph une nouvelle manière de diriger les affaires hongroises.

Inévitablement, en l'absence de Sissi, l'archiduchesse a retrouvé toute son influence et évoque longuement la situation à Budapest. Il faut se rendre à l'évidence : le Diplôme d'Octobre n'est guère apprécié et l'expérience fédéraliste échoue. Un nouveau texte est élaboré par un juriste libéral, Anton von Schmerling ; il est publié le 28 février et appelé la « patente de février ».

Ce texte marque un retour très net au centralisme constitutionnel. Si un Parlement impérial, le *Reichsrat*, est doté de deux Chambres pour trois cent quarante-trois membres, on remarque que les ministres ne sont pas responsables et que l'empereur conserve les pouvoirs militaires et fiscaux. « Le *Reichsrat* ne doit pas intervenir dans les Affaires étrangères, dans l'organisation de l'armée ou dans les questions d'état-major », souligne l'empereur. Sous l'influence de sa mère, François-Joseph maintient la Hongrie dans un régime de semi-dépendance à l'égard de Vienne. La « patente de février » institue l'illusion d'un système parlementaire.

Bien qu'éloignée, Sissi se sent très concernée par la politique et, notamment, par le sort de la Hongrie. Elle se plaint que François-Joseph la tienne peu au fait des événements. On peut trouver deux explications à cette discrétion : il ne veut pas l'inquiéter et l'archiduchesse juge que sa belle-fille ne sait parler qu'aux perroquets. Au comte Grünne, Elisabeth avoue : « J'avais espéré que les choses allaient mieux en Hongrie mais, d'après ce que vous m'écrivez, cela ne semble pas être le cas. Les événements éclateront peut-être en Hongrie encore plus tôt qu'en Italie. »

L'impératrice est prise au piège de l'insatisfaction. Physiquement, elle se sent mieux et sa toux est finie. Affectivement, des absences lui pèsent, surtout celle de ses enfants et celle de ses chevaux favoris. « Je ne peux guère attendre le moment où je monterai *Forester* ou *Red Rose*. Je me réjouis de retrouver *Gypsy Girl*, car j'ai un chapeau qui va particulièrement bien avec un cheval noir. »

Fin mars, elle envisage de quitter Madère. Ce qui compte n'est pas le retour à Vienne mais de repartir ; sa véritable maladie, celle dont elle ne guérira pas, manifeste ses premiers symptômes : l'impératrice ne tient pas en place, elle succombe au voyage perpétuel : « Il se trouve que je veux toujours aller plus loin et bouger. Chaque bateau qui part me donne envie d'être à son bord. Quelle que soit sa route, le Brésil, l'Afrique... N'importe où, seulement pour ne pas rester au même endroit trop longtemps. » Aucun médecin ne fera un meilleur diagnostic. Elisabeth a réalisé que l'on revient toujours d'un voyage, tôt ou tard et que la réalité est encore plus difficile à supporter. Le problème est simple dans sa complexité : elle veut repartir mais la perspective de retrouver sa vie à Vienne est insoutenable « dans la compagnie de quelqu'un qui a certainement bien profité de mon absence pour diriger l'empereur et surveiller les enfants ». Et ce cri : « Le début ne sera pas drôle et il me faudra un bon moment avant que je puisse m'y retrouver pour faire face au supplice du foyer. »

Un supplice... Les brimades, vexations, rappels à l'ordre, remarques, plaintes, faut-il vraiment supporter à nouveau ces poisons quotidiens ? La peur du retour porte un nom : l'archiduchesse. Or peut-être touchée par la grâce de l'indulgence, s'apercevant enfin que les détails du protocole peuvent n'être qu'une enveloppe vide et que la personnalité est plus importante qu'une image figée, la mère de l'empereur tente d'établir de nouvelles relations avec sa belle-fille dont l'état l'a, tout de même, beaucoup préoccupée ne serait-ce que par son effet sur son fils, triste, seul et dévoué. L'archiduchesse envoie à sa bru une statue de saint Georges. L'intention est plus importante que le cadeau lui-même mais la réaction d'Elisabeth est très claire : elle ne répond pas à sa belle-mère, elle se contente de la remercier indirectement en priant, le 1er avril, son beau-frère, l'archiduc Louis-Victor, de transmettre le message à Sophie : « Si je ne lui écris pas, c'est parce que je suppose que mes lettres doivent l'ennuyer. » Bien que, selon ses mots, elle n'ait pas grand-chose à raconter, elle préfère écrire à ceux qui l'aiment.

L'heure du bilan est venue. Sissi ne veut plus subir, elle veut se sauver. Il est trop tard pour raccommoder les liens entre la belle-mère et la belle-fille, trop tard pour que l'impératrice puisse s'épanouir à l'aise, sereine, totalement adulte, libérée de tout complexe. Elle a lutté pendant six ans, elle renonce. Elle sait qu'elle ne gagnera son salut psychologique qu'en se plaçant hors d'atteinte. Sa vie sera une fuite perpétuelle, une fuite d'abord forcée puis elle y prendra goût et s'y accrochera avec la force du désespoir.

Le 28 avril, Sissi quitte Madère où elle laisse beaucoup de regrets et quelques-unes de ses illusions. La population a apprécié sa simplicité et ses gestes en harmonie avec sa beauté tandis que l'impératrice sait maintenant que ses devoirs la rappellent, davantage pour le pire que pour le meilleur. Le pire est sa belle-mère, le meilleur sont François-Joseph, Gisèle et Rodolphe. Mais Sissi a découvert le charme des îles ensoleillées ; elle se posera d'île en île, telle une mouette égarée.

Attention délicate, la reine Victoria lui a envoyé, à Funchal, son yacht personnel qui est le plus somptueux des palais flottants, le *Victoria-and-Albert II*. Le bâtiment, construit en 1855, fonctionne déjà à la vapeur mais il est équipé de roues à aubes jugées préférables à l'hélice « pour le confort de Sa Majesté ». Il mesure quatre-vingt-douze mètres et file quinze nœuds. Sissi découvre avec étonnement ce bateau dont le mari de Victoria, le prince Albert, a supervisé la décoration, où domine la couleur verte. Les parois des coursives sont tapissées, la chambre à coucher est meublée d'un lit en acajou surmonté d'un baldaquin en indienne. Les boutons de rose sont bordés de soie verte. En raison de sa taille, Sissi n'est pas obligée d'utiliser les deux marches facilitant l'accès au lit pour Victoria. Des stores verts ouvrent sur la salle à manger royale pour huit couverts. Un salon avant offre canapés, piano droit, table, bureau, cartes murales. Un salon arrière, purement privé, est chauffé par un poêle en faïence rose. Le confort du *Victoria-and-Albert II* est étendu à tous ses passagers puisque les dames d'honneur ont leur salle à manger et que les dix-huit serviteurs se répartissent en douze cabines.

Le temps est clair, la mer calme. Le yacht, commandé par un neveu de la reine, le prince de Leiningen, a un équipage de deux cent quarante hommes. On les entend à peine : les ordres à la voix sont très réduits et ils portent des souliers à semelles caoutchoutées...

Sissi, traitée selon son rang mais avec une délicatesse particulière, n'est pas pressée. La première escale est Cadix, le 30 avril. Elle réussit à visiter la ville sans être reconnue. On lui a parlé de l'Andalousie. Le lendemain, elle est dans le train de Séville. Un train ordinaire pour une voyageuse ordinaire : elle implore qu'on protège son incognito. Hélas pour elle, le protocole, dont elle s'était affranchie depuis cinq mois, revient en force avec la bonne volonté voyante du duc de Montpensier. Le plus jeune fils du roi Louis-Philippe a épousé l'infante Marie-Louise, sœur de la reine d'Espagne Isabelle II. Il n'a pas pu résister et accueille Sissi à la gare de Séville, en grand uniforme de général, avec un carrosse tiré par six chevaux.

Les voyages de l'impératrice connaîtront souvent ce genre de manifestations sympathiques et courtoises mais que Sissi déteste. On croit lui faire plaisir, on la gêne ; pire, on l'ennuie. Partout, on voudra l'honorer et montrer sa fierté de l'accueillir. Partout, elle cherchera à se fondre dans l'anonymat, préférant la foule aux cérémonies. Sissi veut être une vraie voyageuse, elle veut vivre ses découvertes et non les subir, elle préfère la clandestinité aux séjours officiels. Aussi, elle refuse une invitation de la famille royale à Aranjuez. Elle préfère assister, le 5 mai, à une corrida. On se presse pour voir la jeune impératrice et on constate que sa santé est tout à fait satisfaisante. Dans une note du 10 mai à son ministre des Affaires étrangères, l'ambassadeur d'Autriche à Madrid, le comte Crivelli, résume très bien la manière dont Sissi enchante les Espagnols : « Sa Majesté a réellement conquis tout le monde. Ici, où la pompe la plus grandiloquente alterne avec le sans-gêne le plus fruste, la grâce de son maintien et son élégante simplicité devaient fatalement faire la plus grande impression. » Toujours à bord du *Victoria-and-Albert II*, elle gagne Gibraltar, puis Majorque et Malte. Partout, elle regrette qu'on s'occupe trop de sa personne et se livre à des acrobaties étonnantes pour éviter les hommages et les honneurs. Enfin, le 15 mai, le yacht de Victoria relâche sur la côte orientale de Corfou.

Corfou... un nom magique dans la destinée de l'impératrice. Sissi est enthousiasmée. La plus septentrionale des grandes îles grecques qui est encore sous le protectorat anglais des *Etats-Unis des îles Ioniennes* institué en 1815, est, esthétiquement, une île italienne. Sa forme est allongée et évoque, d'ailleurs, une botte au pied cambré. Sissi est émerveillée, séduite par la douceur du climat, les alignements de cyprès et les forêts d'oliviers. Elle en oublie les charmes de Madère. Corfou est une île « lointaine » mais proche. D'ailleurs, de vieilles forteresses rappellent encore qu'elle fut, quatre siècles durant, une importante colonie vénitienne. L'impératrice aimerait s'attarder mais François-Joseph l'attend à Trieste. Corfou l'a fascinée, elle y reviendra.

Le 18 mai 1861, le yacht de Victoria s'immobilise au flanc du yacht à aubes et à deux cheminées de l'empereur d'Autriche qui, par son nom, mérite d'être celui de Sissi : il s'appelle la *Fantaisie*. N'est-elle pas la fantaisie qui nargue les convenances ? Il y a exactement six mois qu'ils se sont quittés. Avec bonheur, ils se retrouvent. Elisabeth est sublime, François-Joseph impatient. Le couple se rend auprès du frère de François-Joseph, Maximilien, qui réside avec son épouse Charlotte près de Trieste dans un incroyable château dont les travaux viennent d'être achevés. Est-ce Windsor ? Est-ce l'Alhambra de Grenade ? C'est Miramar, pastiche mauresque, gothique, avec tours, tourelles et loggias sur un éperon qui surplombe l'Adriatique. Sissi apprécie la cordialité de son beau-frère mais goûte peu, en revanche, la personnalité de sa belle-sœur. Elle la juge une « ambitieuse et prétentieuse petite Cobourg qui fait toujours étalage de ses connaissances et est si mortellement possessive avec Max ». De son côté, Charlotte a fait comprendre à Sissi qu'il y avait un monde entre une fille et une petite-fille de roi tandis qu'Elisabeth n'était que duchesse en Bavière. Il y a plus grave : l'archiduchesse Sophie éprouve de la sympathie pour Charlotte, ce que Sissi ne peut que mal supporter. Retrouver Charlotte, c'est retrouver un avant-goût des cabales de la Hofburg.

Un incident navrant oppose les deux belles-sœurs à Miramar. *Shadow*, le gros chien d'Elisabeth, se jette sur le petit chien de Charlotte et le blesse mortellement. L'airedale n'a pas eu grand mérite à occire le bichon. Elles se jettent des regards et des mots consternés, le chien était un cadeau de la reine Victoria.

Sèche, volontairement indifférente, Sissi déclare, pour toute excuse :

— Je n'aime pas les petits chiens.

Shadow non plus...

Vienne. Le retour de l'impératrice est une fête. Sissi se précipite chez ses enfants. Gisèle a appris à lire et Rodolphe est superbe, le visage mangé par de grands yeux. Mais la fête est grinçante : rentrée à la Hofburg, Sissi doit redevenir impératrice selon le code de l'archiduchesse. Et le cercle des dames d'honneur se referme autour d'elle, comme un étau. Quatre jours – quatre jours seulement – après son retour, Elisabeth fond en larmes et se remet à tousser. La cure de soleil et le dépaysement sont gommés ; de nouveau, elle est malade. Elle refuse de s'alimenter et s'affaiblit davantage. François-Joseph est bouleversé. Tant d'espoirs évanouis... Après une audience accordée au comte Rechberg, le ministre des Affaires étrangères, ce dernier parle du « chagrin profond de l'empereur ». Dix jours après son retour, le couple prend ses quartiers d'été à Laxenburg, le 29 mai. Elle remonte à cheval mais cette joie, sa seule vraie joie sans arrière-goût amer, est également compromise par des douleurs abdominales. Son médecin munichois, appelé en hâte parce qu'elle n'a confiance qu'en lui, juge son état grave et il voudrait la soigner. Sissi refuse. Elle sait que l'oppression est son mal profond et n'a qu'une idée, repartir au plus vite.

Les réceptions annulées alimentent des rumeurs folles. On ne comprend pas comment l'impératrice, arrivée fraîche, saine, reposée et rayonnante peut, en quelques jours, être atteinte d'un mal étrange. Les Viennois ont le sentiment qu'on leur cache la vérité. En fait, la médecine est impuissante. Un cercle vicieux d'inhibitions exagérées mine Sissi. On dit que son périple l'a fatiguée et que pour se reposer elle doit repartir. Déjà... Sa tristesse et son état l'empêchent même d'assister, à Munich, au mariage de sa sœur Mathilde, dix-huit ans, avec le comte Louis Trani, prince des Deux-Siciles, beau-frère de sa sœur Marie, toujours réfugiée à Rome. Le Dr Fischer et le Dr Skoda sont très pessimistes. Le médecin viennois diagnostique une tuberculose et l'ambassadeur de Bavière envoie à son souverain un rapport selon lequel l'impératrice n'aurait plus que quelques semaines à vivre, six au maximum. Son mal de gorge, une laryngite, est suspect. Personne ne peut examiner l'âme de Sissi, personne n'évoque devant l'empereur une maladie psychique ; on se contente des symptômes physiologiques. Qui oserait recommander un éloignement de l'archiduchesse, maîtresse toute-puissante de la Cour ?

Sissi s'agrippe à la vision de Corfou et décide d'y retourner. Sa mère écrit : « Je suis détruite. » L'impératrice lui répond qu'elle craint d'être « une charge pour l'empereur et ses enfants, de ne plus jamais leur être utile, qu'elle sent sa fin prochaine ». Elle ajoute, pathétique, que « l'empereur devrait se remarier, qu'elle ne peut plus le rendre heureux étant un être misérable et morbide ». Le désespoir de sa famille est devenu le sien. A vingt-quatre ans, Elisabeth d'Autriche n'a plus le goût de vivre.

Le 21 juin, accompagnée de François-Joseph, Sissi monte dans le train qui doit la conduire vers le sud. Dans la gare de Vienne, la foule est silencieuse. Un témoin rapporte qu'on entend « les sanglots de quelques femmes. Au départ du train, nous eûmes l'impression de voir passer un cortège funèbre ».

Sissi a confié ses enfants à leurs gouvernantes « comme le seul bien qui resterait à l'empereur ».

Brisé, François-Joseph s'arrête à Trieste où son frère Max attend Sissi. Le 27 juin, ils sont à Corfou. Le choix de l'île n'a pas été approuvé par tous. Certes, le climat y est agréable, particulièrement en juin et en juillet mais des cas de malaria ont été signalés et ce n'est guère indiqué pour soigner des maux de gorge. D'autres commentaires ajoutent que, dans l'empire, il y aurait certainement des endroits sains. Pourquoi choisir, une seconde fois, une terre étrangère ?

Le lord haut-commissaire anglais ouvre à l'impératrice son palais construit en 1816 à la fin de l'occupation française, dans un style antique appuyé. Sissi aimerait être seule mais il lui est impossible de voyager sans suite. Trente-trois personnes l'accompagnent dont le Dr Skoda. A peine arrivée, son visage se colore, elle dort mieux et tousse moins. Une vérité éclate : Vienne est néfaste à l'impératrice d'Autriche. Sa maladie est vraiment étrange. Ne voit-on pas Sissi se baigner dans les criques sauvages, avec ses chiens, et faire des promenades en barque au clair de lune ?

Les pluies d'août la contraignent à moins sortir et son état s'en ressent. François-Joseph reçoit des nouvelles contradictoires et décide d'envoyer le comte Grünne avec la mission, délicate, de savoir comment se porte exactement son épouse depuis que le Dr Skoda, rassuré, est rentré à Vienne.

L'empereur est assailli de difficultés politiques car, d'une part, les Hongrois s'opposent toujours à la « patente de Février » et, d'autre part, en Autriche, des voix réclament la responsabilité parlementaire des ministres. « Impossible », répond François-Joseph qui veut conserver seul le droit de nommer et de renvoyer les membres de son Cabinet. Mais il est bien seul. Si seulement Grünne pouvait décider Sissi à revenir...

Envoyer Grünne est maladroit car elle le juge soumis à l'influence de l'archiduchesse. Dès son arrivée, elle le traite en espion de la Hofburg et leurs relations sont très mauvaises. Grünne se vexe, Sissi s'emporte, le regrette, trop tard : le médiateur a échoué. Ludovika et François-Joseph, dépassés, supplient Hélène de se rendre à Corfou car elle reste la sœur favorite d'Elisabeth et pourrait avoir une bonne influence sur elle. Néné arrive le 23 août et constate que sa sœur, qui ne mange presque rien, a le visage bouffi. Néné redevient la grande sœur qui force sa cadette à s'alimenter de viande. Les deux femmes parlent longuement et Hélène est vraisemblablement la première personne à pouvoir établir avec certitude les maux dont souffre l'impératrice. Elle comprend que Sissi est torturée par une aversion pour sa belle-mère et tout ce qui, de près ou de loin, rappelle son despotisme. « Le fait de penser à la première dame d'honneur lui est insupportable. » Avec tact et lucidité, Hélène exposera à François-Joseph les données exactes du problème vécu par sa sœur. Réaction contre les vexations, caprices pour affirmer son identité, désir de vivre sans contrainte, tendance poussée à l'ennui, elle n'omet rien.

L'empereur écoute. Nous sommes fin septembre. En dix mois, il n'a vécu avec sa femme que pendant six pauvres semaines. C'est peu. De surcroît, les rumeurs vexantes circulent dans Vienne et dans les couloirs des chancelleries européennes. L'empereur est obligé de constater ce que les diplomates observent, à savoir que Sissi se porte bien dès qu'elle est loin. L'Europe s'interroge : quel mal creuse un tel fossé entre les souverains ? Hélène le convainc : il va se rendre à Corfou pour en avoir le cœur net. De Laxenburg, il écrit à sa mère le 30 : « Je voudrais profiter des premiers jours d'octobre pour me précipiter chez ma chère Sissi. Après une séparation longue, j'ai grande hâte de la revoir. »

Lorsqu'il débarque dans l'île, au matin du 13 octobre, il trouve l'impératrice en bonne santé et décide de lui parler pour l'aider et prendre des décisions raisonnables. La plus importante est de regagner l'Empire car la monarchie a besoin d'une image forte et d'un exemple. Les séjours prolongés à l'étranger font toujours un effet désastreux.

Elisabeth en convient mais pose deux conditions, la première étant le prochain renvoi de la comtesse Esterházy qui rallie toutes les tyrannies domestiques ; la seconde est de ne pas rentrer directement à Vienne. Elle lui demande de pouvoir, d'abord, séjourner à Venise. Il accepte la transaction. Venise est un bon choix, y compris politique. Le couple se retrouve, uni dans la joie d'entourer les enfants. François-Joseph les fera venir à Venise sans sa mère, il le promet. Ils sont rassurés. Elisabeth se croyait incurable et redoutait que Gisèle et Rodolphe ne l'oublient. Elle leur avait écrit à chacun pendant l'été en leur demandant, dans toutes ses lettres, « pense à ta maman ».

François-Joseph s'habille en civil, fait des excursions à cheval et se passionne pour les exercices des troupes anglaises. Au soir du 21 octobre, il quitte Sissi heureux de renouer avec une prochaine vie de famille. Trois croiseurs illuminés, des bâtiments de la Marine de la reine Victoria, font escorte à l'empereur d'Autriche. Lui aussi a apprécié les charmes de Corfou. Il est optimiste. Son ministre des Affaires étrangères vient de rencontrer, à Miramar, Maximilien et Charlotte. Une incroyable combinaison dirigée par Napoléon III et l'impératrice Eugénie, avec Londres et Madrid, a proposé d'installer Maximilien sur le trône du Mexique. François-Joseph acquiesce. Son frère, trop libéral à ses yeux et plongé dans une inactivité regrettable, peut être éloigné sans inconvénients. Maximilien fera le sacrifice de sa vie. Lui, dont les observations politiques étaient pertinentes et libérales en Europe, les oubliera au Mexique. En cette fin d'automne 1861, l'empereur d'Autriche est délivré d'un poids terrible : Sissi, sa Sissi, a accepté de revenir...

En descendant de la frégate à vapeur *Lucia* qui mouille à Venise le 26 octobre, l'impératrice ne formule qu'un souhait : passer inaperçue, comme à Madère, comme à Corfou. Mais peut-on éviter un minimum de cérémonial ? Venise est une cité autrichienne tandis que Madère et Corfou sont des terres étrangères où l'incognito et, au minimum, la discrétion sont, d'une certaine manière, plus faciles à protéger. Le maire de Venise a cru bien faire en illuminant la place Saint-Marc. La population boude l'initiative et juge, comme Sissi, l'idée regrettable. D'ailleurs, elle songe surtout à ses enfants, attendus dans quelques jours. Leur présence à Venise n'inquiète François-Joseph que sur un point qui est la qualité très médiocre de l'eau potable. Par précaution, l'empereur organise des livraisons quotidiennes d'eau recueillie à... Schönbrunn. C'est dans le parc du château que coule une source découverte au XVIIe siècle qui lui a donné son nom, *Schöner Brunnen* : la belle fontaine. Précédés de leur provision d'eau pure, Gisèle et Rodolphe arrivent à Venise le 3 novembre avec la comtesse Esterházy. La dame d'honneur a des instructions sévères de l'archiduchesse qui juge, à bon escient, que les brumes hivernales de Venise ne conviennent pas à des enfants. Venise convient-elle à Elisabeth ? Non, si l'on observe que l'humidité réveille les rhumatismes de Sissi. Elle a du mal à marcher, ses jambes sont enflées et son visage est bouffi. Mais elle savoure la joie d'être auprès de ses enfants.

Evidemment, il y a la comtesse Esterházy et ses regards courroucés...

François-Joseph arrive le 30 novembre. L'atmosphère est doublement glaciale. Politiquement, les Vénitiens supportent de plus en plus mal la domination autrichienne dont leurs voisins lombards se sont affranchis. Familialement, les relations entre l'impératrice et sa première dame d'honneur sont au paroxysme de l'exaspération. Après une discussion où Sissi supplie son mari, l'empereur d'Autriche prend une immense décision : il congédie la comtesse Esterházy et la remplace par une autre dame d'honneur, la comtesse Paula Bellegarde. Quel soulagement ! Quelle victoire sur l'archiduchesse ! Et quel embarras pour François-Joseph lorsqu'il annonce la mesure à sa mère, outrée. A la comtesse remerciée, il offrira un bracelet avec son portrait, cadeau qui ne peut effacer l'amertume. L'archiduchesse ne peut admettre la mesure. Psychologiquement, Sissi retrouve immédiatement son équilibre, coiffée d'une capeline et glissant dans une gondole d'un noir luisant. Et l'harmonie conjugale est sereine. L'ancien ambassadeur d'Autriche à Paris, le baron Hübner, qui séjourne également à Venise, constate que l'empereur est toujours amoureux fou « comme dans les premiers jours de leur mariage ». Et c'est à contrecœur que François-Joseph remonte dans sa voiture-salon de couleur verte, ornée de ses armes et surmontée de dragons qui reculent devant l'empire catholique. La fenêtre centrale est ornée de deux demi-globes renfermant des lettres bleues. Celle de gauche est un E, celles de droite sont F.J. Un symbole réel : Elisabeth et François-Joseph se sont rapprochés à tous points de vue. Pour Noël, l'empereur revient et les fêtes familiales se déroulent dans une atmosphère tendre. Sissi paraît aller mieux.

Mais ce n'est qu'une apparence. Ses jambes enflent de nouveau et elle est très faible. Contrainte à l'immobilité et ne trouvant plus un intérêt suffisant dans la lecture et les jeux de cartes, elle s'invente un nouveau passe-temps dont l'Europe entière parlera ; elle commence une collection de photographies. Le 21 mars 1862, elle écrit à son beau-frère, l'archiduc Louis-Victor : « Je collectionne les photographies afin de constituer un album de beautés, mais je ne prends pas que des portraits de femmes. Si tu peux dénicher de jolis visages chez Angerer ou chez d'autres photographes, envoie-les-moi. » La photographie, art nouveau, est définitivement entrée dans les mœurs. Le monde officiel pose, pompeux, solennel et figé devant les chambres noires sur trépied de bois. C'est l'époque où, en Autriche comme ailleurs, les photographes déchaînent la concurrence avec les plus grands peintres. Sissi déteste la photographie qui la concerne mais se passionne pour son formidable pouvoir d'évasion sur le monde. Pour l'impératrice d'Autriche, les clichés sont encore un moyen de voyager, d'être ailleurs, une manière de faire venir le monde sous ses yeux. L'artiste dont elle parle dans sa lettre, Angerer, est alors le plus couru de Vienne mais Sissi va utiliser d'autres sources. Elle priera le ministre des Affaires étrangères de transmettre à toutes les ambassades sa demande de recherche de photographies. Saint-Pétersbourg, Berlin, Paris, Londres sont sollicités et une chasse aux clichés commence. On peut s'interroger sur les désirs exclusifs de l'impératrice, car en dehors de son entourage, elle ne recherche que des images féminines, les plus belles possibles. La réponse est simple : Sissi veut mesurer sa beauté – compromise par sa santé – et juger l'esthétique européenne. Ses deux mille cinq cents documents rassemblent une étonnante galerie de beautés [1]. Elisabeth n'est pas la première Wittelsbach à rassembler des beautés. Son oncle, le roi Louis Ier de Bavière, grand-père du futur Louis II, avait commandé à plusieurs peintres des portraits féminins, selon ses goûts éclectiques qui avaient scandalisé Munich. Il trouvait normal d'exposer une princesse du sang à côté de la fille d'un charcutier, balayant les objections en répétant : « Seule, la beauté compte... » Reprenant l'idée, Sissi remplace les tableaux par des photographies, et, selon le même principe, la princesse Ioussoupov voisine avec une écuyère, tandis que Miss Geary, jolie Londonienne dans son salon, côtoie une courtisane parisienne assise d'une manière inconvenante sur

1. Cette remarquable collection, propriété de M. Werner Bokelberg, a été exposée pour la première fois à Paris en novembre 1982, au Trianon de Bagatelle, dans le cadre du *Mois de la Photographie* organisé par la Ville de Paris.

un pilier. L'empereur, les enfants, ses proches constituent le premier lot de photographies. Puis les dames de la haute société se retrouvent dans ce monde des forains et des gens du voyage. Lola Montez, dont le portrait avait été l'un des fleurons de la Galerie de Louis Ier de Bavière, se glisse, photographiée, dans l'album de Sissi, en écuyère à haut-de-forme et voile de tulle. Cependant, à la différence de son oncle, l'impératrice ne connaît pas la plupart des femmes dont ces images lui arrivent de toute l'Europe. Il y a beaucoup de belles anonymes. La princesse de Metternich, ambassadrice d'Autriche à Paris devenue une des reines du Second Empire, infiltre perfidement dans ses envois des créatures peu recommandables dont la présence est incongrue. Les collections de Sissi forgent un grand brassage visuel et social unique en son genre. Que ces demi-mondaines et autres égéries ravageuses frayent avec des duchesses amuse Sissi. Elle se réjouit de mélanger des aristocrates viennoises, qu'elle a prises en horreur, à des théâtreuses et autres gambadeuses. Les résidences somptueuses contrastent avec les décors misérables. Sissi ne s'en plaint pas, au contraire, elle est curieuse. La mission la plus délicate est celle confiée à l'ambassadeur Prokesch, en poste à Constantinople. Sissi lui demande l'impossible : des photographies de pensionnaires des harems de l'Empire ottoman ! Au prix de difficultés dangereuses, le diplomate se procurera quelques images de beautés alanguies attendant d'être choisies pour distraire le Sultan.

Ses arrivages – il n'y a pas d'autre mot – de beautés lui font prendre conscience de son état. Elle veut être la plus belle. Or ses pieds la font souffrir et la douleur creuse son visage. Il faut parfois deux personnes pour l'aider à marcher. Sa santé est, de nouveau, alarmante.

Dans la première quinzaine d'avril, sa mère, très inquiète, arrive à Venise. Elle s'informe. On avait parlé des poumons, on n'en parle plus. On évoque un œdème, une hydropisie, et, toujours, une grande anémie. La duchesse Ludovika prend la situation en main et décide que l'avis du Dr Fischer, son médecin, est indispensable. Une dépêche apprend à François-Joseph que son épouse n'est pas bien. Il s'en étonne. La dépêche précise que Ludovika et Elisabeth vont gagner directement la Bavière, sans passer par Vienne. L'empereur est terriblement déçu. Il comptait d'autant plus sur Sissi que Vienne a connu, en février, des inondations catastrophiques. Sorti de son lit, le Danube s'est répandu dans de nombreux quartiers. Deux fois par jour, l'empereur visite les zones menacées, malgré des digues et des barrages de fortune. En compagnie du bourgmestre M. Joseph Wiener, le souverain, long manteau, shako et favoris désormais légendaires, est au milieu de son peuple éprouvé, en barque ou sur le pont Tabor démantelé par la crue. L'absence de l'impératrice est très remarquée et François-Joseph en souffre. Puisque Sissi ne revient pas à Vienne, il se rend à Venise, en mai. On ne lui a pas menti, l'impératrice souffre. Quel climat, quels cieux lui seront-ils favorables ? Il regagne tristement sa capitale, condamné à de nouvelles semaines solitaires, éprouvé par l'éloignement. Il adore Sissi, elle lui échappe. Il montre une patience qui deviendra de la persévérance.

Fin mai, l'impératrice et sa mère arrivent à Reichenau où le Dr Fischer les attend. Le médecin, constatant que les poumons sont sains, estime que la chaleur des îles ensoleillées n'est pas recommandée. En revanche, il pense qu'une cure thermale pourrait régulariser le système nerveux de Sissi et il suggère fermement un séjour à Bad Kissingen, une station de la Franconie nichée dans les derniers contreforts d'un massif volcanique, le Rhön, à l'extrême nord de la Bavière.

Elisabeth, rassurée, part le 2 juin et la cure lui fait le plus grand bien. Rétablie, ayant recouvré le sommeil, elle regagne ensuite son refuge familial favori, Possenhofen, sa sœur Hélène et sa sœur Marie de Naples. Cette dernière vient de vivre une aventure pour le moins gênante. En perdant son trône alors qu'elle était réfugiée à Rome, au Palais Farnèse, sous la protection du pape, elle a éprouvé une passion brutale pour un officier belge des zouaves pontificaux... qui lui avait accordé une protection particulière. Le résultat n'a pas tardé, elle est enceinte de cinq mois... L'histoire scandalise les dames d'honneur de Sissi déjà obligées de fréquenter le duc Max, toujours fringant avec les femmes et une sorte de Cour campagnarde où règnent des commerçantes et des femmes de cuisine ! Décidément, Possenhofen ressemble de moins en moins à Vienne. Le plus important est que l'impératrice aille mieux, même si ses pieds sont encore un peu enflés. *La Presse* du 1er juillet parle d'une maladie qui s'ajoute à un état dépressif quasi constant. Lorsqu'il arrive chez son beau-père le 13 juillet, François-Joseph trouve l'impératrice aussi bien que possible. Il lui demande de rentrer à Vienne et elle commence par refuser. Devant l'immense déception de son mari, elle cède. Enfin ! Et, un mois plus tard, le 14 août, Elisabeth, impératrice d'Autriche, fait sa rentrée dans la capitale.

Un retour ? Un triomphe, après quatorze mois d'absence. Quel extraordinaire décalage entre la joie populaire et l'angoisse pernicieuse de Sissi. Six cents chanteurs entonnent une véritable sérénade en prélude à une retraite aux flambeaux qui rassemble près de vingt mille personnes. « Jamais je n'ai vu chose pareille », note une de ses dames d'honneur. Elisabeth se force, prend sur elle-même, émue par les attentions quotidiennes d'un mari qui ne sait plus quoi faire pour la rendre heureuse. Pour célébrer son épouse retrouvée, il lui offre des pur-sang. Lorsqu'elle se sent défaillir, elle se raccroche à un frère, ou à une sœur, les suppliant de rester près d'elle. Lorsqu'elle retrouve Schönbrunn, tout le palais est en fête. Elisabeth affronte l'étiquette qui régente le sort de chaque membre de la famille impériale et paraît s'accommoder de sa vie dans le double appartement composé de deux fois cinq pièces où chacun a deux antichambres, deux salons et une chambre à coucher. Dans la vie intime du couple, Schönbrunn présente une exception notoire : Sissi et François-Joseph font chambre commune. La pièce est tendue de soie bleue tissée à Lyon en 1854 avec des rideaux assortis. Le mobilier est en palissandre, composé de deux lits et de deux armoires identiques. Le salon de l'impératrice, lambrissé d'or et de blanc, offre des fauteuils en brocart de soie, des tables de marbre, un vase chinois polychrome, adapté en lampe. Au mur, un portrait de Marie-Antoinette en costume de chasse rappelle que la reine de France vécut ici lorsqu'elle était archiduchesse d'Autriche.

Sa belle-mère étant restée à Bad Ischl, Sissi éprouve un sentiment d'indépendance qu'elle connaîtra rarement à la

Cour de Vienne. Une dame d'honneur note que l'impératrice « sort beaucoup, à pied, à cheval, avec Sa Majesté ». Les époux ne se quittent guère et si François-Joseph doit s'absenter, Sissi l'attend dans le jardin à l'ouest du château ou dans celui, symétrique, à l'est, créé pour les princes héritiers. Rodolphe, qui vient d'avoir quatre ans, y joue sous l'œil attendri de sa mère ; l'entourage est soulagé de ne pas entendre Sissi parler d'un départ ou d'un voyage. Les petits incidents de la vie à deux semblent dérisoires. Dans une lettre du 15 septembre, la dame d'honneur constate : « Elle a une mine superbe, c'est une tout autre femme, elle a des couleurs, elle est forte et hâlée. Elle mange bien, dort bien, ne se serre pas encore, elle marche des heures entières mais, dès qu'elle reste debout, une veine du pied gauche se met à enfler. » Il est curieux qu'aucun médecin ne songe aux inconvénients de la mode des corsets sur la circulation sanguine. En résumé, « l'impératrice va bien, après deux ans de martyre ». Le martyre a été le sien et celui de ses dames d'honneur. D'ailleurs, le temps des caprices semble éloigné, Sissi a retrouvé son rire et cache ses moments de désespoir dans ses promenades à cheval, raisonnables, dès sept heures du matin.

En ce mois de septembre à Schönbrunn, le voile gris de la mélancolie implacable s'est déchiré sur une vie enfin normale, même si l'impératrice n'est pas encore tout à fait sociable et lutte contre ses obligations. Elle est enfin aux côtés de l'homme qui l'aime. Enfin, elle est à sa place.

La pause dans les soucis et les préoccupations ne dure pas. Plus que jamais, François-Joseph, qui observe les événements de Prusse, a besoin d'être soutenu, aidé et compris. La fatalité s'acharne à rétablir son équilibre conjugal personnel au moment où l'équilibre européen est compromis par des appétits guerriers de plus en plus aiguisés. Depuis quelque temps, Bismarck s'est retranché derrière une inquiétante discrétion. Après son ambassade, à Saint-Pétersbourg, il a accepté, en mai, celle de Paris... où il a été reçu comme un vieil ami et a parlé d'une alliance inconditionnelle franco-prussienne à Napoléon III et à l'impératrice Eugénie qu'il a trouvée « plus belle que jamais ». En juillet, il a fait une visite à Londres.

Le ministre anglais des Affaires étrangères, le comte de Beaconsfield, plus connu sous son nom de Benjamin Disraeli, recommande au gouvernement : « Prenez garde à cet homme car il pense ce qu'il dit. » L'empereur des Français, affublé d'une très mauvaise vue dès qu'il s'agit de jauger Bismarck, affirme, au contraire, « ce n'est pas un homme sérieux ». Ce que pense Bismarck tient en trois points : réorganiser l'armée prussienne, déclarer la guerre à l'Autriche et réaliser l'unité allemande sous l'égide de la Prusse.

Or, à Berlin, la fin de l'été est politiquement orageuse. Le roi Guillaume Ier – soixante-cinq ans, soldat, économe et n'aimant pas les querelles parlementaires – est lassé du trône car la nouvelle loi militaire a été repoussée par 273 voix contre 28. Il songe à abdiquer mais un nom émerge, un seul nom capable de reprendre les affaires d'une poigne serrée, Bismarck. Le 22 septembre, une entrevue décisive pour l'Europe a lieu entre le souverain et le diplomate. Bismarck se met entièrement à la disposition de Guillaume Ier et accepte le pouvoir, à la seule condition d'avoir carte blanche. Ranimé, le vieux roi-soldat s'empresse de signer le décret de nomination.

Le 23 septembre, la dépêche arrive sur le bureau de François-Joseph : Bismarck est nommé ministre d'Etat et président du Conseil. A Vienne, la nouvelle est accueillie avec une calme inquiétude et l'ambassadeur Hübner déclare que « l'ennemi inconciliable de l'Autriche est au pouvoir ». François-Joseph est atterré : il ne souhaite que la réconciliation. Le 30, devant le Parlement, en jouant avec son étui à cigares, d'une voix forte, Bismarck place des mots qui feront trembler l'Europe : « ... Les grandes questions de notre époque ne sauraient être résolues par les discours et des votes de majorité. Elles seront décidées par le fer et par le sang. » C'est clair : le problème allemand, véritable nœud gordien, ne peut être dénoué « pacifiquement, par le système dualiste, c'est-à-dire austroprussien ». En d'autres termes, l'Autriche est de trop dans l'idée allemande, il faudra la dompter. Malgré les députés effarés par le discours, malgré sa réputation d'intransigeant et d'aventurier, le 9 octobre Bismarck est promu président du Conseil et ministre des Affaires étrangères. La

Prusse est aux mains d'un incendiaire rusé, l'Autriche est menacée. Deux ans plus tôt, un diplomate prussien en poste auprès du tsar et sous les ordres de Bismarck, se demandait : « C'est un fameux gaillard. Mais où diable veut-il en venir ? » Désormais, la question a sa réponse.

Comme si le ciel n'était pas assez sombre au nord-est de l'Autriche, François-Joseph se retrouve plongé dans des histoires de famille. La sœur de Sissi, Marie de Naples, de plus en plus enceinte du zouave pontifical, refuse de rejoindre son mari à Rome et s'enfuit à Augsbourg. Derrière les murs du couvent des Ursulines, elle accouche en secret d'une fille et déclare vouloir demeurer cloîtrée. Sissi est revenue, Marie s'enfuit à son tour. A côté de sa sœur, Sissi paraît être un modèle d'équilibre et de raison ; l'impératrice, encore fragile, est consternée de l'attitude de Marie dont elle a admiré le courage dans sa résistance à Gaète et qui a peut-être trop présumé de ses forces. Le 21 octobre, l'archiduc Charles-Louis, le second frère de François-Joseph, veuf de Marguerite, fille du roi Jean Ier de Saxe, se remarie avec Marie Annunziata, fille de l'ex-roi Ferdinand des Deux-Siciles. La famille épouse la famille et Sissi se réjouit. Mais au milieu de la cérémonie, la jeune fille annonce qu'elle ne se sent pas bien, se plie en deux sous l'effet de crampes et tombe par terre. Est-ce encore un mauvais présage ? Personne n'ose le dire, tout le monde le pense.

En revanche, des éclats de voix font trembler les cristaux de Vienne. L'archiduchesse Sophie est revenue... Et avec elle, les discussions à propos des enfants. Dans un effort surhumain, Sissi, qui n'a toujours pas reconstitué ses réserves nerveuses en totalité, contourne la tornade. Elle a compris que les luttes domestiques sont une guerre d'usure et que l'essentiel est le but et non les modalités. L'essentiel est d'être chez elle, auprès d'un empereur dont l'amour est touchant et auprès d'enfants qui doivent être suivis, en particulier le petit Rodolphe, très sensible et très émotif. Comme sa mère.

Elle parvient à faire appliquer une partie de ses instructions maternelles et, geste d'autorité, traverse les couloirs rouge, blanc et or, plus volontiers suivie de ses chiens encombrants que de ses dames d'honneur. Des chiens dans une chambre, est-ce vraiment la révolution ? Pour la Cour, oui. Pour Sissi, c'est la continuité d'une vie simple et saine, en communion avec la nature.

Le 4 décembre, Bismarck reçoit l'ambassadeur de Vienne, le comte Karolyi. Le Prussien, qui s'applique à être courtois, explique à l'Autrichien que la Prusse « doit avoir ses coudées franches en Allemagne du Nord, sa zone naturelle d'influence ». Et il avance qu'il est prêt à braver l'opinion publique. On peut le croire ! Il est aussi prêt, dit-il, à assister l'Autriche contre des troubles extérieurs ou intérieurs si elle laisse le Hanovre et la Hesse à la Prusse. Un marché. Prolongeant cette proposition, deux hôtes arrivent à Vienne, le prince héritier Frédéric de Prusse et son épouse, la princesse Victoria, fille de la reine Victoria, qui trouve Sissi belle, timide. En racontant à sa mère le grand dîner de Vienne, la princesse écrit : « Je suis très enthousiasmée par l'impératrice. Sa beauté, bien qu'irrégulière, est tout de même incomparable. Je n'ai jamais vu quelqu'un de si brillant ni de si piquant. Ses traits ne sont pas aussi beaux que sur les portraits mais l'impression globale est beaucoup plus réussie et plus jolie que ce qu'un portrait pourrait représenter. Elle paraît très corsetée, ce qui n'est vraiment pas nécessaire avec un visage si superbe. » Et cette conclusion, que François-Joseph ne renierait point : « Personne ne pourra être plus aimable ni plus gentille qu'elle. Il est impossible de ne pas l'aimer. »

François-Joseph sait que Frédéric est un libéral qui n'entretient pas de bonnes relations avec Bismarck. L'empereur d'Autriche n'apprécie pas le libéralisme chez lui mais il peut s'en accommoder chez les autres si cela peut servir la cause de l'Empire. Les deux hommes éprouvent une sympathie qui progresse au fur et à mesure de leurs entretiens.

Noël. La trêve. Sissi fête ses vingt-cinq ans. Radieuse dans une robe blanche émaillée de saphirs et de diamants, ses cheveux sombres éclaircis de camélias également blancs, elle assiste aux réceptions et aux bals de la Cour. Même sa belle-mère ne peut s'empêcher d'être admirative : « Elle est vraiment superbe. » Sa santé déficiente n'est plus qu'un mauvais souvenir ; seule, reste sa nature, parfois bizarre. Ainsi, le 31 janvier, elle demande à François-Joseph de l'accompagner dans sa visite d'un asile d'aliénés. Le rôle charitable de Sissi ne doit pas faire illusion, la folie l'intéresse. Elle est à la fois fascinée et terrorisée par les maladies mentales. La manière dont elle s'enquiert, auprès des médecins, des symptômes et de la thérapeutique des aliénés est très révélatrice. François-Joseph n'en demande pas autant... Sissi quitte l'établissement bouleversée, comme si elle avait percé un secret au-delà du miroir de sa personnalité. Elle dira, un jour : « Avez-vous remarqué que, dans Shakespeare, seuls les fous sont des gens raisonnables ? »

L'un des paradoxes de Sissi – il y en a beaucoup – est de s'enthousiasmer souvent, ce qui aboutit à des caprices, mais aussi de s'accrocher aux décisions qu'elle a prises comme à des paris impossibles et qu'il faut tenir pour se surpasser. Sissi, qui est jugée futile et superficielle, est, en profondeur, une femme d'efforts, dépensant – et gaspillant – une énergie souvent désordonnée mais toujours appréciable. Sachant qu'elle ne les trahira pas, des Hongrois lui font comprendre, secrètement, qu'elle est leur plus grand espoir. Et, dès février, elle approfondit ses connaissances linguistiques. L'âme hongroise l'attire de plus en plus, avec sa fierté, ses sautes d'humeur où une gaieté tonitruante alterne avec une mélancolie silencieuse. L'environnement autrichien l'exaspère, l'environnement hongrois lui plaît. Elle s'applique. Et sa manière de persister à boire de la bière aux dîners de la Hofburg est un signe sympathique de fidélité à son pays et un moyen, parmi d'autres, d'affirmer sa personnalité. Evidemment, le protocole des repas s'en trouve malmené. Dans la salle à manger, la table, dressée entre deux splendides tapisseries des Gobelins, est prévue pour vingt-quatre personnes, membres de la famille et officiers du plus haut rang. Deux lustres animent les grands surtouts d'or, remplis de fleurs et de fruits et les petits, également en or, réservés aux desserts. Selon l'étiquette espagnole, face aux chaises rouge et blanc, le couvert est dressé exclusivement à la droite de l'assiette, en disposant, dans l'ordre, le couteau à viande, la fourchette, le couteau à poisson, une cuiller et une petite fourchette. Les menus, qui comportent habituellement dix plats, quelquefois douze, sont rapidement servis, en une heure car ni François-

Joseph ni Sissi n'aiment s'attarder à table. Façonnés par la maison J. et L. Lobmeyr, fournisseur exclusif de la Cour, six verres de cristal de Bohême, biseauté et gravé, recueillent les vins, français, autrichiens, hongrois et le champagne. Tous les crus sont appréciés : on compte une carafe à vin par hôte contre une carafe d'eau pour deux. Mais aucun verre à bière n'est prévu. François-Joseph, qui en boit volontiers comme son épouse, finira par s'en faire servir lui aussi, de préférence légère, et on verra Sissi déguster, en revanche, les châteaux du Bordelais.

Après un hiver paisible, le printemps de 1863 représente des mois de bonheur, accalmie précieuse dans une vie de tourmente. On observe que l'harmonie privée s'accorde à l'harmonie publique. Alors que, le 15 janvier, le problème de l'abolition du servage en Pologne a provoqué une révolution matée par les Russes, François-Joseph a sagement considéré qu'une intervention autrichienne serait suicidaire. Il a seulement constaté, en février, qu'un accord russo-prussien a permis à Bismarck d'aider le tsar à écraser les propriétaires, les libéraux et les paysans rebelles. Seule la France avait songé à intervenir mais la tentative était demeurée une intention ; la France est d'ailleurs occupée par l'affaire mexicaine et débarque, en mai, à Puebla. Extérieurement, l'Autriche souhaite la paix et ses plaies italiennes sont maintenant cicatrisées. A l'intérieur, François-Joseph n'est pas hostile à certaines réformes constitutionnelles mais à condition que la Prusse le soutienne.

L'été revenu, Sissi est à nouveau examinée par ses médecins. L'amélioration s'est poursuivie mais, par précaution et selon les bons résultats antérieurs, on lui recommande une cure à Bad Kissingen et d'éviter les abus de crudités. Les eaux, surgies de la vallée de la Saale franconienne, sont réputées pour combattre, notamment, les affections du foie et de l'estomac. Sissi est confiante. Lorsqu'elle y arrive, au mois de juin, sa bonne mine détonne sur celle des autres curistes. Et, immédiatement sollicitée, entourée, elle agit comme une muse de la Santé. Comparée aux autres pensionnaires, elle recèle des trésors de vie. Très souvent, elle s'occupe personnellement de la promenade d'un aveugle, le duc de Mecklembourg. Un Anglais, qui n'est pas aveugle mais hémiplégique, est immédiatement séduit par l'ange qui se penche sur son calvaire. M. John Collett ignore l'identité de la jeune femme. En quelques jours, il en tombe amoureux. Lorsqu'il apprend qui elle est, il lui fait porter des fleurs et des livres. Le 20 juin, il lui fait remettre une lettre : « Vous pourriez me rendre réellement heureux avec une toute petite chose : une boucle de vos cheveux. Si cette prière est indiscrète, veuillez me la pardonner. Le prix que j'y attacherais ne viendrait pas de ce que vous êtes impératrice mais de ce que vous exercez vraiment sur moi une puissance miraculeuse et que j'estime infiniment votre amitié en elle-même. » Elisabeth ne donnera jamais une mèche de ses célèbres cheveux à qui que ce soit, sans doute pour ne pas faire de jaloux. M. John Collett tournera aussi quelques vers en anglais souhaitant.

Que Dieu préserve la Dame juste et sincère,
Dont le cœur compatissant peut sentir la douleur des autres. [1]

Mais Sissi se porte bien et il n'y a aucune raison de prolonger son séjour. Lorsqu'elle part, le 25 juillet, elle ne laisse que des regrets éblouis parmi ceux qu'elle a secourus. Une correspondance fidèle suivra entre l'impératrice et John Collett. « Vous êtes si souffrant et si fatigué et pourtant vous n'oubliez pas de prier pour moi, comme c'est gentil à vous. Oh ! Je vous en prie, continuez et demandez à Dieu de m'accorder la seule chose pour laquelle je le supplie matin et soir et tous les jours à la messe. » On peut supposer, avec le comte Corti, que Sissi implore une guérison totale. Mais ne s'agit-il pas, aussi, de la force de vivre, de la capacité de résister à une tristesse larvée et de ne pas s'écrouler en respirant, selon le mot de Goethe, un air trop vif pour une poitrine trop étroite ?

Le 31 juillet, en jouant, le petit Rodolphe, qui va sur ses cinq ans, tombe d'un arbre et sa tête heurte une dalle. Hurlements, cris, affolement, imprécations, on porte l'enfant jusqu'à son lit où on le dépose tremblant puis sans connaissance.

1. Traduction de l'auteur.

L'archiduchesse prend une décision sensée : il est inutile de prévenir l'impératrice et de compromettre son équilibre, toujours relatif. En revanche, François-Joseph accourt, affolé. Deux médecins, le Dr Fritsch et le Dr Widerhofer, plus jeune, procèdent aux examens d'usage en traumatologie. Rodolphe revient à lui et la Cour reprend son souffle. Que l'impératrice n'ait rien su, avec l'accord formel de son mari, révèle à quel point un rempart peut être dressé pour la tenir à l'écart de ses enfants. Mais la mort a frôlé Rodolphe. Pour la première fois.

Au mois d'août, la Diète de Francfort est agitée par une intense activité que l'archiduchesse suit de près. Le thème : l'Allemagne unie. Le président de la conférence est François-Joseph. Tous les souverains et princes y participent sauf Guillaume Ier. Les agapes du 17 août : vingt-neuf plats ! Vingt-neuf, très européens avec des gelinottes à l'irlandaise, des fonds d'artichauts à la lyonnaise, du chevreuil à l'infante, des faisans de Bohême. Le bilan est un échec car même si les propositions de l'empereur d'Autriche, très acclamé, sont favorablement accueillies, personne ne s'engage tant que la Prusse ne s'est pas exprimée. Bismarck ne peut, évidemment, tolérer l'hégémonie diplomatique de l'Autriche. François-Joseph l'écrit à sa mère : « C'est la dernière tentative pour unifier l'Allemagne et la rendre à la hauteur du devoir qu'elle devrait remplir en Europe. C'est le dernier moyen de sauver les souverains d'Allemagne de la chute devant la révolution croissante. » En rentrant à Schönbrunn, François-Joseph trouve Sissi mélancolique et qui refuse de dîner le soir. Elle se contente d'un verre de bière. Pourquoi ? Elisabeth reste évasive et dit qu'elle n'a besoin de rien d'autre.

L'archiduchesse s'inquiète de la proposition faite par Napoléon III d'offrir la couronne du Mexique à Maximilien. Si l'archiduc accepte, il devra renoncer à ses droits sur le trône d'Autriche. S'il n'accepte pas, les conflits avec son frère peuvent s'envenimer, Maximilien ayant colporté, dit-on, quelques ragots sur Sissi. Et puis la proposition française est-elle une véritable compensation à la perte de la Lombardie ? L'offre de Napoléon III n'est-elle pas suspecte ? Le projet n'est-il pas insensé ? Autant de questions délicates.

Malheureusement, François-Joseph et Sissi, qui ont tant de

peine à maintenir leur paix intérieure, connaissent à nouveau l'inquiétude à propos de Rodolphe. Le prince héritier a des malaises, quelquefois brefs, quelquefois longs. Il fait des caprices et se montre désagréable. A-t-on assez mesuré les conséquences de sa chute ? S'agit-il de tout autre chose ? Quoi qu'il en soit, un accès brutal de fièvre, le 5 décembre, fait craindre le typhus dont on a signalé de nouveaux cas en Europe centrale. Un pédiatre réputé de Prague, le Dr Loschner, est immédiatement appelé en consultation. Pendant quinze jours, l'enfant souffre. De convulsions en tremblements, il finit par se rétablir avant Noël. Une bonne nouvelle est toujours accompagnée : le 18 décembre, à Graz, en Styrie, naît un petit garçon très bien portant, le fils de l'archiduc Charles-Louis dont la mère avait eu un malaise pendant son mariage. Le mauvais présage est écarté, François-Joseph a un neveu, il s'appelle François-Ferdinand. Le drame, conjuré, ne fondra sur lui que beaucoup plus tard mais avec la force du premier cataclysme mondial, le 28 juin 1914, à Sarajevo...

1864. Une année de secousses, d'interrogations et de rêves romantiques. Pour l'Empire, ses souverains et l'Europe, les secousses viennent de loin. Depuis un mois et demi, un extraordinaire imbroglio met en émoi chancelleries et états-majors. En effet, le 15 novembre 1863, le roi Frédéric VII de Danemark est mort soudainement. Outre sa souveraineté, il exerçait aussi, à titre personnel, une tutelle sur des territoires marécageux et des landes arides étendues entre la mer du Nord et la mer Baltique, les duchés de Schleswig et de Holstein. Depuis des années, les villes au nord de l'Elbe et le grand port de Kiel, avec sa rade d'un intérêt stratégique notoire, se sont alliés au Danemark par libre choix. En pratique, les duchés sont autonomes ; le Schleswig, le plus proche du Danemark, est de population mi-danoise, tandis que le Holstein, plus méridional, est de majorité allemande et membre de la Confédération germanique. Non soumis aux lois danoises, les duchés respectent une solidarité. En théorie, une mesure appliquée à l'un est applicable à l'autre. En fait, l'anarchie couve ; le roi de Danemark cherche à annexer le Schleswig, quitte à renoncer au Holstein et Bismarck contemple les deux territoires avec appétit. Des affrontements, en 1848, avaient abouti à un protocole, signé à Londres en 1852, qui devait mettre fin à la guérilla perturbant le trafic au nord de l'Europe. L'Autriche et la Prusse avaient signé ce texte disposant que le Danemark restait le maître des duchés mais s'engageait à respecter les particularismes allemands des populations et leurs privilèges. En pratique, si l'incendie était éteint depuis douze ans, il couvait toujours. Le souverain danois qui a fait préparer un projet de « Constitution d'Etat unitaire » englobant le Schleswig dans son royaume se heurte à Bismarck qui invoque la violation du traité de Londres et meurt, deux jours plus tard.

Son décès laisse la question à un tournant diplomatique grave et l'affaire – un problème de nationalités – se greffe d'un problème de succession qui donne la migraine. En effet, mort sans enfants, le souverain a pour successeur une de ses cousines mariée au duc Christian de Glucksbourg, qui succède à Ferdinand VII de Danemark. Mais ce droit héréditaire transmis par les femmes ne s'applique qu'au Schleswig. Dans le cas du Holstein, c'est un cousin plus éloigné, Frédéric d'Augustenbourg, qui a seul le droit de régner. Deux rois pour les deux duchés, c'est trop. D'un côté, Christian IX, de l'autre Frédéric VIII, chacun proclamé souverain légitime le 16 novembre... Devant cette situation inextricable, lord Palmerston, Premier ministre britannique, déclare que seules trois personnes pourraient y voir clair : le prince Albert, mari de la reine Victoria, mais il est décédé ; un professeur danois, mais il est devenu fou, et lui-même, Palmerston, mais il a bien d'autres soucis !

Palmerston oublie Bismarck très à l'aise dans le casse-tête puisqu'il joue l'offensé. Le prince Charles-Antoine de Hohenzollern observe : « Voilà un fameux coup de chance pour la Prusse ! » Chance et machiavélisme vont aider le ministre prussien à mitonner un conflit exemplaire. Le premier chef-d'œuvre de Bismarck s'appelle la guerre des duchés. En effet, il exige que les Etats signataires du protocole de Londres, c'est-à-dire l'Autriche et la Prusse, contraignent le Danemark à renoncer à ses vues. Dans la nuit de la Saint-Sylvestre, en sirotant un punch, Bismarck avoue à un ami intime que « ceux qui ne seraient jamais séparés allaient bientôt devenir prussiens ». François-Joseph, lié par le traité de Londres, veut profiter de la question pour resserrer les liens entre l'Autriche et la Prusse, en encourageant notamment la « camaraderie militaire ». Le Danemark rejette l'ultimatum et Bismarck, prêt depuis plusieurs semaines, jette le masque : le défenseur des duchés s'apprête à les envahir !... Et à entraîner François-Joseph en lui faisant jouer un rôle dont il n'a pas eu l'initiative... Le 1er février 1864, trois corps d'armée austro-prussiens – soixante mille hommes – franchissent l'Eider. En face, vingt-cinq mille Danois. Ils se battront comme des fauves pendant cinq semaines. La défaite du Danemark est totale et il perd un tiers de son territoire et les deux cinquièmes de sa population.

La guerre attribuera une souveraineté indivise austro-prussienne sur les duchés mais cette union allemande ne fait pas illusion. La nouvelle armée de Berlin, forgée par Roon et Moltke, a fait sa première démonstration d'efficacité. Pour Bismarck, le Danemark n'était qu'un prétexte, l'élimination de l'Autriche des affaires allemandes reste son objectif final. Sa seule idée est la prédominance de la Prusse. Sans s'en rendre compte, François-Joseph s'est allié avec son pire ennemi parce que l'empereur d'Autriche est un homme de devoir et de parole.

Une nouvelle vient de la Bavière, pendant la fin de la guerre des duchés. Le 10 mars 1864, le roi Maximilien, miné par une affection des reins et l'inquiétude entretenue par le conflit, meurt en laissant le trône à un prince de dix-neuf ans qui considère que « les affaires d'Etat ne sont que des fadaises d'Etat ». Il est grand, il est beau, il est étrange. Il devient le roi Louis II de Bavière.

Sissi aime beaucoup ce cousin, son cadet de huit ans, qui venait quelquefois à Possenhofen lorsqu'il était enfant et elle avait été séduite par le regard toujours haut du prince comme s'il cherchait à s'élever au-dessus des cimes. A Vienne, l'inexpérience du nouveau roi inquiète en cette période délicate. La Prusse protestante a besoin de la Bavière catholique : que va faire Bismarck ? Louis II ne rassure pas davantage François-Joseph en nommant comme Premier ministre de son royaume le baron de Pfordten qui ne passe pas pour bienveillant à l'égard de l'Autriche. Elisabeth reçoit des nouvelles de Munich, mais s'occupe surtout des blessés rapatriés du Nord. Cinq ans après la campagne d'Italie, elle ouvre à nouveau un hôpital à Laxenburg et va au-delà du dévouement et du réconfort. Le drame lui sied. Elle a la vocation de la douleur.

Lorsqu'elle regagne Vienne, l'aventure mexicaine est sur le point d'être lancée par Charlotte et Maximilien. Comme tous ses parents, Elisabeth reste perplexe. Le Mexique, si loin... Un empire ? N'est-ce pas une charge insoutenable ? Ses conversations avec sa belle-sœur sont franches mais empreintes d'une cordialité sincère. En revanche, Elisabeth est le témoin d'une scène très violente entre François-Joseph et son frère, blanc de rage, à propos de la renonciation à ses droits sur la couronne d'Autriche que l'empereur impose à l'archiduc. La discussion est tellement grave que l'archiduchesse Sophie quitte la Hofburg et se retire à Laxenburg. Mais l'ambition est la plus forte. Le 14 avril, Maximilien et Charlotte partent pour le Mexique. C'est le premier acte d'une tragédie qui demeure incroyable, fomentée par l'orgueil, l'ambition, l'inconscience et l'aveuglement.

Sissi reprend le chemin de Bad Kissingen pour sa cure annuelle. Au-delà de sa santé qui la préoccupe toujours, elle est très curieuse de rencontrer son cousin Louis II de Bavière, un souverain qui, en trois mois, a déjà fait beaucoup parler de lui. S'est-il intéressé à la guerre des duchés qui désespérait son père ? A-t-il quelque vue intéressante sur le rôle de la Bavière entre la Prusse et l'Autriche ? Nullement. Le roi qui est monté sur le trône de Munich n'a eu comme programme politique que de faire rechercher un musicien de génie mais qui s'est rendu insupportable un peu partout, M. Richard Wagner. Wagner, en fuite, criblé de dettes, poursuivi par des créanciers, des maris jaloux et des policiers, avait lancé ce cri à une amie, Mme Wille : « Seul un miracle peut me sauver ! » Ce miracle s'appelle Louis II.

A Kissingen, l'Europe se soigne. Un véritable congrès thermal où le tsar côtoie les princes allemands. Lorsque Sissi retrouve son royal cousin, elle est séduite par son allure. Un mètre quatre-vingt-dix, des cheveux bouclés et très bruns, des yeux très bleus et interrogateurs, le roi de Bavière est le benjamin des Cours européennes. D'étranges rumeurs circulent déjà sur son compte. Certains le jugent supérieurement intelligent. Il l'est. D'autres le trouvent original. Il l'est également. Entre Elisabeth, vingt-sept ans, et Louis, dix-neuf ans, un rapprochement immédiat se concrétise. La différence d'âge ne joue plus, seule compte la communauté de rêves et d'attitudes. Ils détestent l'un et l'autre le protocole, ils lisent les poètes, ils aiment l'imprévu, les courses à cheval et, par-dessus tout, leur pays, la lumineuse Bavière. Le sang des Wittelsbach est leur héritage, même si leur parenté est relativement éloignée ; en effet, le grand-père d'Elisabeth, le roi Maximilien Ier de Bavière, est l'arrière-grand-père de Louis II. Le jeune roi dont le goût pour les femmes est inexistant, sauf lorsqu'il s'agit d'actrices ayant l'âge de sa mère, avait annoncé qu'il ne resterait à Bad Kissingen que quelques jours. Il devient sociable, enjoué, il organise des promenades et, sous le charme de Sissi, il reste un mois dans la ville d'eaux. Cette impression très forte que l'impératrice d'Autriche exerce sur le souverain débutant dont c'est la première visite à ses pairs, restera indélébile. Le caractère étrange de Louis II fascine Elisabeth, la beauté rayonnante de l'impératrice subjugue le roi vierge. L'un et l'autre sont des êtres doués, mais leur extrême sensibilité les rend fragiles.

Le 20 juin, le tsar Alexandre II offre un dîner, excellente occasion de renouer des liens détendus entre l'Autriche et la Russie. François-Joseph compte beaucoup sur la soirée. Mais l'atmosphère reste froide, conventionnelle et Sissi, soudain souffrante, ne paraît pas à la table impériale. Elle prétexte une grande fatigue après le bain agité de vagues artificielles qu'elle a pris le matin. François-Joseph, profondément contrarié, doit se contenter de la présence de son ministre des Affaires étrangères, le comte Rechberg. Les efforts du diplomate sont anéantis. Parallèlement aux négociations avec le Danemark et soucieux de mettre fin à l'intervention des troupes d'élite autrichiennes financièrement lourde, François-Joseph et son ministre essuient une défaite diplomatique à la table du tsar.

Trois jours plus tard, l'empereur d'Autriche est à Karlsbad, importante station thermale de Bohême occidentale[1] où le roi Guillaume Ier de Prusse et Bismarck séjournent. De cure en cure, François-Joseph vise à soigner son autorité et à manifester une certaine indépendance dans l'affaire des duchés. Bismark se déclare prêt à continuer seul la guerre.

François-Joseph tente de faciliter leurs rapports en remettant au ministre prussien les insignes de grand-croix de l'ordre de Saint-Etienne. Un geste curieux qui ne déclenche aucune sympathie de Bismarck à l'égard de François-Joseph. Le Prussien se contente de sourire, avec ironie. L'empereur d'Autriche vient de décorer celui qui veut affaiblir les Habsbourg...

Au début de juillet, Sissi, rentrée de sa cure et d'un bref séjour en Bavière, demande à François-Joseph de quitter Laxenburg pour Schönbrunn qu'elle préfère. Soucieux de lui faire plaisir, il accepte. Bientôt, les préliminaires de paix mettant fin à la guerre des duchés rejaillissent sur l'atmosphère familiale. Le roi de Danemark renonce aux duchés au profit du roi de Prusse et de l'empereur d'Autriche. Il était temps : Vienne commençait à mal supporter cette campagne lointaine. L'empereur se félicite de sa conclusion ; c'est une victoire qui rehausse son prestige même s'il pressent un engrenage implacable : « L'alliance avec la Prusse était la seule politique juste mais ils nous rendent la vie difficile avec leur manie de principes et leur désinvolture » (lettre à sa mère, le 2 août).

Pour fêter la suprématie austro-prussienne, le roi Guillaume Ier est convié à Schönbrunn. Sissi le reçoit le 19 août et l'éblouit. Mais deux jours plus tard, au grand dîner officiel, elle est prise de douleurs abdominales violentes. Son médecin munichois, le Dr Fischer, déplore que l'impératrice ait repris sa regrettable manie de bains glacés qui provoquent des crampes. Il lui demande aussi de moins serrer son corset. Il est curieux de voir que l'impératrice qui s'impose des régimes stupides n'est cependant pas femme à succomber à la mode. La manière dont elle s'habille ne cherche pas à éblouir. Les canons de la beauté qu'elle suit n'ont rien d'artificiel, au

1. Aujourd'hui Karlovy Vary, en Tchécoslovaquie.

contraire. Elle aime le naturel, un corps sain, mince, gracieux. Elle refuse le maquillage outré et les parfums lourds, n'ayant recours qu'à un peu de poudre. A la sophistication, elle préfère l'hygiène, même si ses idées nuisent à sa santé. Et malgré des soins réguliers, ses dents continuent à lui donner un complexe qui limite sa conversation. Il en résulte des quiproquos savoureux. A l'un de ses hôtes à table, très sourd, elle demande un soir, à voix basse :

— Etes-vous marié ?

Le pauvre homme, qui n'a rien compris, répond :

— Parfois, Votre Majesté.

Sissi, poursuit, toujours aussi timide :

— Avez-vous des enfants ?

La réponse est du même ton que la précédente :

— De temps en temps !

La beauté de l'impératrice se hisse vers le zénith. Le 10 octobre, un très grand artiste achève l'esquisse d'une œuvre qui deviendra une toile fameuse. Il s'appelle Franz Winterhalter. Allemand, jadis peintre de la Cour du grand-duc de Bade, puis, à partir de 1834, de Louis-Philippe, il est devenu le grand illustrateur des Cours européennes, particulièrement sollicité à Londres et à Paris. Le Second Empire resplendit dans ses toiles comme celle de *l'Impératrice Eugénie et ses dames d'honneur*. Invité à Vienne, il va peindre Sissi, en lui consacrant plusieurs œuvres. La première représente l'impératrice en pied, dans une robe blanche brodée d'étoiles, les cheveux également piqués d'étoiles. Le tableau, célèbre, offre l'image même de la séduction, de l'élégance et de la grâce. Elisabeth resplendit en majesté, rêveuse, sublime, romantique. C'est un portrait officiel. Très apprécié de toute l'aristocratie, Winterhalter, en pleine maîtrise de son talent, se permet ensuite de suggérer un portrait plus intime où Elisabeth, vaporeuse, est de profil, ses cheveux lui tombant jusqu'aux reins. Ils mesurent un mètre de long et Sissi passe des heures à les coiffer. François-Joseph choisit ce tableau et le fait placer dans son bureau de la Hofburg. Dans le même style dépouillé, une autre œuvre représentera l'impératrice dans une sorte d'ample chemise, ses bras croisés, ses cheveux noués sur la poitrine et tombant en une double cascade d'ondes brunes. Son regard, profond, laisse une impression de mystère. François-Joseph admire le travail du peintre et reconnaît : « Ce sont les premiers portraits qui lui ressemblent vraiment. »

La réputation d'Elisabeth est telle que, lorsqu'elle se déplace, la curiosité le dispute à l'admiration. En février 1865, Sissi s'arrache à ses joies familiales pour assister, à Dresde, au mariage de son frère favori, Charles-Théodore. Gackerl épouse la princesse Sophie de Saxe. L'arrivée de l'impératrice stupéfie la Cour. L'archiduc Louis-Victor rapporte, le 11 février : « Je n'ai jamais vu quelqu'un qui produise un tel effet. Les gens restent bouche bée devant notre souveraine. Ils ont raison. » Lorsqu'elle paraît dans une robe violette brodée de feuilles de trèfles d'argent recouverte d'un manteau en dentelle argentée, les cheveux tressés de diamants des sept étoiles diamantées avec chacune un centre en rubis que François-Joseph lui a offertes pour Noël, l'impératrice d'Autriche, vingt-huit ans, éclipse sa nouvelle belle-sœur, âgée de vingt ans. La reine de Saxe confie à une amie, quatre jours plus tard : « Tu ne saurais imaginer l'enthousiasme que la beauté et l'amabilité de l'impératrice ont suscité ici. Jamais je ne vis nos calmes Saxons en tel émoi : jeunes et vieux, grands et petits, graves et frivoles, tous en étaient fous et le sont encore. » Le 15 février, alors que son train spécial quitte Dresde pour Vienne, Sissi demande à l'un des membres de sa suite :

— Pouvez-vous me dire l'heure ?

Sans hésiter, l'homme, ébloui comme tous les hommes, affirme :

— Une minute après le coucher du soleil, Majesté.

Sissi est comparée au soleil qui disparaît de la Saxe avec son départ... Cependant, si une telle notoriété peut combler Sissi et apaiser ses angoisses, elle regrette d'avoir dû quitter ses enfants, en particulier Rodolphe qui est très éveillé et avec qui elle parle déjà plusieurs langues, surtout le hongrois. Pendant ce court voyage, à peine arrivée à Dresde, elle lui a écrit : « Je serai bien contente quand je me trouverai de nouveau parmi vous. Je ne me plais guère ici et je suis toute triste à l'idée d'être obligée d'y rester encore quatre longs jours, moi qui aimerais tant rentrer. » Une fois n'est pas coutume : l'insatisfaction de Sissi est tout à fait normale, elle n'a pas envie de voyager et ne demande qu'à vivre auprès des siens. C'est un immense progrès sur la voie de la stabilité.

A peine rentrée, elle repart pour Munich. Elle y arrive au moment où l'idylle platonique de son cousin le roi avec Wagner déchaîne la colère de toute la Bavière. Il faut reconnaître que le musicien a le don d'exaspérer les ministres, les diplomates, la Cour mais aussi la bourgeoisie. Ses dettes inextinguibles, sa liaison avec Cosima, la fille de Liszt et épouse de son chef d'orchestre, ainsi que ses idées progressistes déplaisent. Un journal, très réputé et très sérieux, la *Augsburger Allgemeine Zeitung*, vient de publier des lignes acides sous le titre « Richard Wagner et l'opinion publique » : « Ce qu'il entend par vie quotidienne et confort provient d'une nature si délicieusement sybarite que même un pacha oriental serait gêné de loger chez lui ou de s'asseoir à sa table. » Comme d'habitude, Wagner ne sait pas être discret. Et il a déçu son mécène. Sissi est curieuse de revoir le roi dont le comportement est énigmatique, partagé entre des engouements puérils et des obsessions romantiques. Un diplomate a envoyé une note à Vienne racontant que le roi s'extasie devant une lampe de chevet en forme de lune qu'on peut régler à volonté en quart, en demi ou en pleine lune et qui éclaire un petit jet d'eau. On souligne que son intérêt pour Wagner est presque incompréhensible puisqu'il n'a aucun sens musical et ne distingue pas une valse d'une polka.

Le 29, Sissi reçoit son cousin. Son arrivée est singulière : il pleut et le roi, en uniforme autrichien, est sous un parapluie mais en tenant son chapeau à la main pour ne pas déranger l'ordre de ses cheveux qu'il a fait friser. Il descend de son carrosse tiré par quatre chevaux, escorté de piqueurs et d'écuyers, se précipite au-devant de Sissi et lui baise les mains tant de fois que la mère de l'impératrice se demande s'il ne les a pas usées. A sa fille Gisèle, elle confie : « Le roi m'a fait une longue visite et si votre grand-mère n'était pas finalement arrivée, il serait probablement encore ici ! » La visite de Louis II laisse un souvenir tenace : il s'était inondé de parfum au chypre ! Elisabeth est partagée entre le fou rire et l'inquiétude. Le roi est passionnant, d'un raffinement appuyé mais ses bizarreries et son imagination nuisent au prestige de la couronne. Malgré les commentaires qui courent sur ses manières, elle le juge avec indulgence et tendresse. N'a-t-il pas réussi à s'affranchir du carcan des conventions ? Elle l'admire presque. Louis II est parvenu au même résultat que Sissi ; sans voyager loin, il s'évade vers ses rêves d'un monde où l'art serait la seule raison de vivre et de régner.

Le 1er mai, le couple impérial inaugure le *Ringstrasse*, longue artère circulaire viennoise dont les travaux ont commencé il y a sept ans. Une nouvelle capitale sort de terre. Mais la gaieté des cérémonies est atténuée par la santé de Rodolphe, un petit garçon qui a besoin de beaucoup d'attentions. Il a beaucoup grandi, il est très pâle et sa mère craint qu'il n'ait une diphtérie.

Juillet. Les vacances à Bad Ischl. Au programme : chasse et excursions. Peu à peu, les trophées sont accrochés aux murs, dès l'entrée de la Kaiservilla. L'empereur rassemblera ici les bois de deux mille chamois et de mille six cents cerfs auxquels on peut ajouter, sur le palier intermédiaire de l'escalier, un aigle immense, tué en Hongrie, une tête d'ours tué chez le tsar, disposées au-dessus de la porte de son escalier privé, une tête de sanglier et même celle d'une dérisoire belette tirée à Schönbrunn, le 29 décembre 1860. Le souvenir cynégétique le plus étonnant est représenté par deux squelettes de têtes de cerfs avec leurs bois – quatorze andouillers chacun – entremêlés lors d'un combat. Les deux animaux n'ont pu se dégager et sont restés prisonniers l'un de l'autre ; ils sont morts de faim et de soif.

Le petit déjeuner est servi à six heures du matin, sur la terrasse de l'étage unique exposée au nord-ouest, face au parc qui monte à travers les collines. Sissi et son mari refont une excursion à Halstatt et au moulin de Gosau, une randonnée vers le sud comme au temps de leurs fiançailles. Et la cure à Bad Kissingen ? Elisabeth se sent bien, elle marche des heures sans la moindre fatigue. Est-il bien utile d'aller prendre les eaux ? Le Dr Fischer est formel : la régularité annuelle du traitement est la meilleure garantie de son efficacité. Elisabeth se résigne à contrecœur car elle avait envie de chasser avec son mari, mais elle fera un séjour le plus bref possible, à peine une semaine. Son cousin Louis II ne vient pas. Il a perdu ses illusions sur Wagner bien qu'il continue de faire jouer ses opéras et d'ouvrir sa cassette pour renflouer ses finances. Sissi reçoit une lettre de son cousin et se promène. « Je vais beaucoup dans la forêt car, sur la grand-place, j'ai toujours des badauds à mes trousses. »

Lorsqu'elle regagne la Kaiservilla, Sissi trouve Bad Ischl ravagé par un incendie. On colporte que deux cochers ivres ont fumé dans la paille. Une catastrophe régionale. Vingt-deux maisons détruites dont le *Grand Hôtel Elisabeth*. Les flammes ont léché les murs de la villa impériale, où dormaient les enfants. François-Joseph est bouleversé, son cher Bad Ischl est dévasté.

Mais il n'a pas le temps de s'apitoyer longuement car il doit rejoindre le roi de Prusse pour mettre fin diplomatiquement à l'affaire des duchés et régler leur sort. L'entrevue a lieu à Bad Gastein, autre ville d'eaux de la région de Salzbourg, sise au fond d'un ravin où s'abat une gigantesque cascade, sur le versant nord du massif des Tauern. La convention est signée le 14 août. Elle a toutes les apparences d'un accord parfait entre l'Autriche et la Prusse puisque la Prusse administre le Schleswig et l'extrémité nord du Holstein, appelée le Lauenburg, tandis que l'Autriche reçoit le Holstein. En fait, l'accord favorise la Prusse : elle est voisine du Schleswig, il lui sera facile de passer de l'administration à l'annexion. Et elle reçoit le port militaire de Kiel. Il est clair que la convention contient les germes d'une future discorde. Bismarck se frotte les mains et avoue : « Je n'aurais jamais cru pouvoir trouver un diplomate autrichien capable de signer cela avec moi. » Guillaume Ier, satisfait, octroie à son ministre le titre de comte pour lui-même et ses descendants.

Lorsque, quatre jours plus tard, à Bad Ischl où l'on a commencé à reconstruire les maisons détruites, l'empereur d'Autriche fête son trente-cinquième anniversaire, des milliers de personnes entourent le couple impérial, qui traverse l'esplanade à cheval. Même si l'accord de Gastein déplaît aux Etats allemands par la double domination austro-prussienne, l'Autriche et son souverain sont victorieux et, officiellement, François-Joseph est l'égal du monarque prussien qui a dû compter avec Vienne. L'humiliation de 1859 se dilue dans ce qui pourrait ressembler à une revanche. L'enthousiasme populaire est à son comble lorsque Rodolphe paraît dans un petit attelage tiré par des ânes. Deux ans auparavant, le prince héritier avait posé devant le photographe en tenant les rênes d'une carriole tirée par des chèvres blanches. Son apparition au milieu de la foule à Bad Ischl souligne la foi des Autrichiens dans la famille de Habsbourg.

Rodolphe incarne l'avenir direct de la monarchie. Or son éducation pose à sa mère un très grave problème. La nervosité de l'enfant provient, certes, de son hérédité, mais la manière dont il est élevé aggrave encore une nature trop sensible. L'impératrice mène une enquête tardive et difficile sur le domaine réservé de sa belle-mère. Elle découvre que le gouverneur de Rodolphe, le colonel Léopold de Gondrecourt, choisi par l'archiduchesse, est un militaire bigot qui vient de s'illustrer dans la guerre des duchés et se rend à la messe quotidienne d'une manière ostensible, pour être vu de la famille, en particulier de l'empereur et de sa mère. Le gouverneur réunit deux qualités, l'une glorifiée par François-Joseph, l'autre chantée par l'archiduchesse : c'est un parfait militaire, c'est un excellent chrétien. Que veut l'empereur ? Il veut que son fils apprenne tôt le métier des armes, donc qu'il soit familier du courage et du danger. Gondrecourt ne trouve pas de meilleure idée que d'enfermer le petit garçon dans une réserve de chasse proche de Schönbrunn et, l'ayant laissé seul à l'intérieur, de crier :

— Prince ! Prenez garde, un sanglier vous charge !

La stupidité de cette expérience est consternante. Gondrecourt trouve également indispensable d'imposer à l'enfant des douches froides, et instructif de tirer des coups de revolver pendant son sommeil. Rodolphe est, tout simplement, terrorisé. Que veut l'archiduchesse ? Elle veut préparer un prince d'une haute valeur morale, élevé dans la foi de Dieu. Mais les mauvaises langues rapportent à Elisabeth – elle aussi a maintenant ses alliés – que Gondrecourt n'est qu'un tartufe qui fait exprès de passer sous les fenêtres de François-Joseph à six heures le matin en tenant un rosaire et un livre de prières gravé d'une croix. On l'a surnommé « l'avaleur de crucifix ». Et on dit que le volume contient, en réalité, un coffret à cigares et que le gouverneur, en guise de dévotions, va prendre un petit déjeuner chez sa maîtresse, une blonde choriste de théâtre ! Atterrée, Sissi s'exclame :

— C'est de la folie !

En effet, l'éducation très spéciale donnée à Rodolphe ne peut que le déséquilibrer et accentuer sa fragilité au lieu de l'aguerrir. L'enfant est souvent malade, il a peur de l'obscurité et du bruit. On veut modérer ses penchants intellectuels, très ouverts, et le fonctionnement de son intelligence pour en faire un garçon abruti d'efforts et de contraintes.

François-Joseph et sa mère ne partagent pas toutes les initiatives désastreuses de Gondrecourt mais pensent que Rodolphe a besoin d'un peu de vigueur. Sissi est hors d'elle. Une discussion s'engage avec son époux. François-Joseph hésite, comme d'habitude, dès qu'il s'agir de l'archiduchesse. Il sait que, d'autre part, sa mère est une femme remarquable et animée des meilleures intentions. Mais comme toujours, l'absence de concessions grippe les rapports. Certes, Sissi fait des remarques justifiées par l'état de l'enfant mais il faudrait désavouer l'archiduchesse dont le jugement est tout de même précieux. Non, il ne parvient pas à se décider. Elisabeth joue le tout pour le tout :

— Je ne puis plus tolérer cela. Ou Gondrecourt ou moi !

En ce 24 août 1865, l'impératrice d'Autriche adresse à l'empereur un véritable ultimatum familial, mettant toute sa vie en jeu dans une décision qu'elle veut provoquer. Et, enfermée dans son bureau tendu de brocart beige mais meublé simplement en bois clair, elle confirme par écrit ses intentions à son mari. Cette lettre d'Ischl est très importante car elle dépasse l'angoisse à propos de Rodolphe qui n'est qu'une étincelle dans une poudrière. Elle écrit : « Je désire avoir pleins pouvoirs pour tout ce qui concerne les enfants, le choix de leur entourage, le lieu de leur résidence, la direction complète de leur éducation, en un mot c'est à moi de décider de tout jusqu'à leur majorité. Je désire, en outre, que, pour ce qui est de mes affaires personnelles, telles que le choix de mon entourage, mon lieu de résidence, tous les changements dans la maison, etc., je sois seule à décider. Elisabeth. »

On ne saurait être plus clair ni plus ferme. François-Joseph connaît les caprices, les sautes d'humeur de son épouse. S'il refuse, elle est parfaitement capable de repartir sur-le-champ et de voyager n'importe où, alors qu'elle n'en manifestait plus le désir. Ce n'est plus une colère de Sissi, c'est un avertissement de l'impératrice qui a vingt-huit ans. Pour la première fois depuis leur mariage, il y a douze ans. Elisabeth refuse de céder un pouce de son autorité. Elle veut diriger seule toute sa vie personnelle, familiale et même, dans une certaine mesure, officielle. En quelques lignes elle est devenue parfaitement adulte. L'éducation des enfants est le détonateur d'une réaction profonde. Sissi est révoltée. Le coup de tonnerre domestique est suivi d'une révolution à la Cour : François-Joseph cède, il donne raison à sa femme et l'assure de son indépendance de mère et de maîtresse de maison. Gondrecourt est remplacé par le comte Joseph Latour de Thurnberg qui se révélera excellent éducateur. Et la santé du prince Rodolphe est confiée à un nouveau médecin, le Dr Widerhofer. Sissi lui demandera des rapports fréquents et les lira attentivement, alors qu'auparavant elle était laissée dans l'ignorance par son prédécesseur.

C'est une immense victoire. Une victoire de Sissi sur elle-même, sur l'archiduchesse – qui accepte tout en silence – et sur des factions qui veulent compromettre l'influence grandissante de l'impératrice.

Un automne radieux et serein succède à ces bouleversements. Sissi, très belle, apaisée, est soutenue par son mari. Sa victoire est aussi celle de leur couple uni, fortifié. Et la gaieté rejaillit sur leur vie personnelle. Le 4 octobre, jour de la Saint-François, Sissi organise un déjeuner pour fêter le saint patron de l'empereur. A Rodolphe, elle raconte : « A table, nous avons beaucoup ri, j'ai obligé toutes les dames à vider une coupe de champagne à la santé de Papa. » Et elle ajoute qu'une dame d'honneur a failli « devenir trop gaie » et qu'une autre « avait de la peine à se tenir debout ».

Sissi n'a arraché son indépendance à l'empereur que pour se rapprocher de son mari. Sissi est heureuse. Sa victoire est celle de l'amour.

V

LA REINE DE HONGRIE

Depuis plus d'un an, l'impératrice d'Autriche s'intéresse de très près à la Hongrie et c'est là un motif supplémentaire de frictions avec sa belle-mère. Les sympathies d'Elisabeth ne sont pas secrètes, au contraire, elle les affiche, essentiellement par conviction et, accessoirement, par provocation. Sa connaissance de la langue hongroise a fait de très grands progrès qui étonnent même François-Joseph. Lorsqu'il en parle, admiratif, à l'archiduchesse, cette dernière manifeste sa méfiance au nom des intérêts autrichiens. Un soir, Elisabeth et François-Joseph prennent place dans leur loge au théâtre. L'archiduchesse s'assoit dans la sienne. Elle constate, comme les spectateurs qui s'étaient levés et retournés par déférence, que l'impératrice porte une coiffe brodée d'or analogue à celle en usage chez les épouses des Hongrois influents. L'archiduchesse ajuste ses jumelles et détaille sa belle-fille. Un geste ostensible qui n'échappe pas au public. Après un long examen, la mère de l'empereur repose ses jumelles sur le rebord de sa loge et tout le monde peut voir son visage à la fois stupéfait et courroucé. Des murmures s'élèvent du parterre et Sissi, furieuse, quitte la représentation avant le baisser de rideau, suivie de François-Joseph très gêné.

Cet incident est révélateur. Sissi, qui aime bousculer les convenances, ne voit aucune raison de ne pas honorer la Hongrie et l'empereur, qui se débat dans des difficultés persistantes à Buda et à Pesth, ne peut se passer d'une alliée aussi sublime que son épouse. Plusieurs magnats ont adopté les compliments de tous les hommes qui ont l'honneur d'être présentés à Sissi ; ils sont autant séduits par sa beauté que par sa simplicité. John Motley, chargé d'affaires américain, qui est, un soir, son voisin de table, écrit à sa mère : « Elle est ravissante. Sa beauté cette année est encore plus parfaite. Au milieu du dîner, tout en bavardant de manière aimable, elle m'a dit, tout d'un coup : "Je suis terriblement maladroite" en rougissant d'une manière adorable. Elle venait de renverser un verre de punch et l'empereur, très galant, est venu immédiatement à son secours en remplissant lui-même un autre verre. L'impératrice, les joues très rouges, riait tandis que les convives observaient un silence absolu. Elle est merveilleusement faite. Son teint est de ce blanc mat qui semble si éclatant aux lumières. Ses yeux sont noirs et toute son expression particulièrement douce, avec même une nuance de timidité. Elle m'a parlé en anglais, qu'elle connaît très bien, d'une voix très basse. Quel dommage que je ne fasse pas partie des poètes romantiques ! Que de jolies comparaisons j'aurais pu faire, que de jolis sonnets j'aurais pu composer sur ses cils majestueux. » Même le comte von Moltke, général prussien dont l'Autriche va bientôt souffrir, écrit à sa femme : « Les rumeurs n'étaient donc pas fausses. L'impératrice est plus qu'adorable, plus belle que jamais, très particulière et très difficile à décrire. Elle semble un peu timide, parle à voix basse et on a du mal à l'entendre. Après le dîner, les messieurs faisaient cercle et on avait l'impression que l'impératrice était bien à son aise, en accomplissant ce devoir. Quand il faut partir, elle fait une gracieuse révérence et on sait qu'on doit se retirer. »

Cette unanimité sur le charme et la séduction de Sissi est vivifiée en Hongrie par le voyage d'Elisabeth, la mort de sa fille Sophie et sa curiosité pour cette « terre de la couronne », curiosité qui choque à la Cour de Vienne. Lorsqu'ils ont vu avec quel naturel et quel éclat Elisabeth portait leur costume national, les Hongrois ont compris qu'elle serait leur meilleure ambassadrice.

Pour approfondir ses connaissances linguistiques, Sissi décide, à l'automne 1864, d'avoir une dame de compagnie hongroise, choisie par elle-même et qui puisse aussi bien lui éviter de feuilleter les pages du dictionnaire à la recherche du mot juste que l'entretenir de l'état d'esprit du peuple magyar. Et, condition impérative, Sissi veut qu'elle soit jeune. Dans le plus absolu secret, la comtesse Almassy dresse une liste des plus grands noms de l'aristocratie hongroise. Sissi s'arrête sur celui d'une jeune fille qui demeure à Kecskemét, un bourg agricole, dans le sud du pays. Une photographie et des renseignements précis sur la petite Ida Ferenczy vont vite convaincre l'impératrice qu'elle a trouvé la personne recherchée. Elle est, en effet, simple, naturelle, elle n'a que vingt-trois ans et, surtout, elle ne connaît ni de près ni de loin l'archiduchesse Sophie...

Un matin de novembre, elle est présentée à Sissi qui apparaît en costume d'amazone après une course à cheval. La jeune fille, très intimidée, est jaugée par Sissi qui déclare, après quelques secondes, en hongrois :

— Vous me plaisez. Nous serons beaucoup ensemble.

Ida Ferenczy plonge dans sa révérence, reconnaissante à sa souveraine d'avoir su la mettre à l'aise.

Comme on pouvait s'y attendre, l'archiduchesse, furieuse, va tenter de soumettre la jeune fille à son influence.

— Ne vous adressez qu'à moi en toutes choses et confiez-moi tous les propos de Sa Majesté.

Mais Sissi avait prévu la manœuvre et mis la jeune Hongroise au courant. A son tour, elle la questionne sur les interrogations de sa belle-mère. Ida Ferenczy est soumise à un feu croisé d'exigences mais, avec intelligence, elle ne trahit pas Sissi. La position de la jeune fille, qui n'est ni jolie ni fortunée et descend d'une modeste lignée, n'est guère facile. Afin de lui donner un rang, l'impératrice doit d'abord, curieusement, lui donner le titre de chanoinesse... ce qui lui permet d'être appelée... madame ! Puis Elisabeth la fait nommer « lectrice de Sa Majesté ». Encore un scandale... Et quand le cercle des dames d'honneur rapporte à l'archiduchesse que l'impératrice ose tutoyer sa lectrice et lui demander des services qui rempliraient la tâche ordinaire des femmes de chambre, le scandale apparaît encore plus inadmissible et les dames d'honneur, d'abord souriantes et maternelles, adoptent une attitude de totale réserve. Ida Ferenczy leur échappe.

C'est exactement ce que souhaitait Sissi qui cherchait à briser le rempart de surveillantes dévouées à sa belle-mère. Il est certain qu'une sorte d'admiration mutuelle existe entre l'impératrice et sa lectrice hongroise. Elisabeth est charmée par le patriotisme et l'intelligence de la jeune fille aux yeux et aux cheveux très noirs. Grâce à elle, la Hongrie vibre un peu plus à la Hofburg ou à Schönbrunn. Ida, compagne permanente, est un atout capital dans l'indépendance progressive que Sissi étaie, chaque jour, vis-à-vis de sa belle-mère. L'impératrice lit maintenant des poètes tels que Eötvös et Jokai dans le texte. De son côté, la jeune Hongroise admire la beauté de Sissi et apprécie son caractère fantasque et tolérant. Mieux, elle le comprend. Et, très fréquemment, tandis que l'impératrice lisse ses interminables cheveux le soir, Ida reste auprès d'elle et converse d'une manière qui échappe totalement à l'entourage officiel. Ida est la meilleure alliée d'Elisabeth qui a enfin confiance totale dans une dame de sa suite. A l'été 1865, l'impératrice en est séparée pendant sa troisième cure à Bad Kissingen. Elle en souffre et lui écrit le 17 juillet : « Je pense beaucoup à toi, pendant les longues séances de coiffure, pendant mes promenades et mille fois dans le courant de la journée (...) Dieu te garde, ma chère Ida, ne te marie pas en mon absence, ni avec ton Kalman ni avec un autre, mais reste fidèle à ton amie. E. » La seule ombre à cette parfaite entente est la santé d'Ida atteinte, semble-t-il, d'un souffle au cœur et à qui le rythme énergique de l'impératrice est interdit ; les courses à cheval sont exclues. Les retrouvailles n'en sont que plus riches et les deux femmes, qui n'ont que cinq ans de différence, communient dans le même amour de la Hongrie.

La nation qui fascine Elisabeth donne de nombreux soucis à François-Joseph. La population est partagée entre deux tendances, les irréductibles, inspirés par Kossuth, exilé en Italie, et les modérés, représentés, notamment, par le séduisant Andrassy, prêts à de nombreuses conciliations avec les Habsbourg. François-Joseph, qui a nommé ministre sans portefeuille le comte Esterházy, s'est rendu, au début de juin 1865, à Buda et à Pesth. Seul. Il y a été fort bien reçu car plusieurs hommes politiques, qui avaient refusé le système centraliste de la Patente de Février, souhaitent que l'empereur de Vienne finisse par y renoncer. Mais comment ne pas porter préjudice à la cohésion de l'Empire ? Le 29 juillet, au Conseil des ministres qui se tient à Vienne, l'empereur a ces mots : « Le premier des principes est l'unité de la monarchie et, à ce sujet, je charge tout particulièrement les fonctionnaires hongrois du ministère de s'en tenir de toutes leurs forces à ce principe, notamment envers leur propre patrie, d'où leur viendra plus d'une contestation et où ils rencontreront plus d'une opposition. »

En décembre, revenu dans la capitale hongroise pour l'ouverture du Parlement, l'empereur constate qu'il n'est question que de l'impératrice. Sa popularité a atteint de nouveaux degrés et il doit promettre de revenir au plus tôt avec elle. Et si Elisabeth pouvait réussir là où les politiciens échouent ? Pourquoi ne serait-elle pas le lien entre les clans opposés ?

A son retour, il se promet d'organiser ce voyage qu'on lui réclame.

Mais Sissi n'est pas là... Sans crier gare, le 13 décembre, elle est partie pour Munich, prétextant la nécessité de voir le Dr Fischer à cause de ses dents. La Cour s'étonne de ce départ si proche de Noël. Il y a longtemps que l'impératrice a eu ce genre de comportement. Le télégramme envoyé au palais royal d'Ofen n'a pas laissé à François-Joseph le temps de répondre pour donner son accord.

Quel démon de l'incohérence et quelle crise soudaine poussent Elisabeth à céder à son instabilité qui paraissait contenue dans quelques extravagances ? La réponse est dans la correspondance entre Elisabeth et Louis II de Bavière, une réponse à la fois politique et familiale.

Souverain pacifique pour qui l'Europe ne devrait être unie que par l'art, le jeune Louis II a néanmoins suivi de très près les manœuvres de Bismarck dans l'affaire des Duchés. Mais, soucieux d'éviter un affrontement diplomatique dès le début de son règne, il vient de reconnaître le royaume d'Italie et son monarque, Victor-Emmanuel. Pour Sissi, cette décision est un coup de poignard dans le dos de l'Autriche doublé d'un affront personnel puisque le nouveau royaume entérine l'abdication de sa sœur Marie, chassée du trône napolitain.

Par l'intermédiaire de l'ambassadeur d'Autriche à Munich, le comte Blome, l'impératrice a voulu en avoir le cœur net. Bien qu'accablé par le départ forcé de Wagner, trop impopulaire, Louis II a répondu à sa cousine qu'elle ne devait absolument pas lui tenir rigueur et qu'il avait été contraint d'agir ainsi. Dans une lettre du 11 décembre, Sissi le remercie de ses éclaircissements : « Cher cousin, sois assuré que, quelles que soient mes opinions, je ne t'en voudrai pas et n'aurai jamais envers toi le moindre ressentiment. Je ne puis te cacher que, justement, de la part de la Bavière, la reconnaissance de l'Italie m'a beaucoup étonnée, car chacune des familles princières dépossédées compte des membres de la Maison de Bavière ; mais je pense que les raisons qui t'ont poussé à cet acte inexplicable doivent être si graves que, en présence des grands intérêts et des devoirs sacrés que tu représentes, mon modeste avis ne peut être pris en considération. Le reconnaissant, je suis doublement touchée du geste d'amitié spontané qui t'a dicté la lettre que tu m'as adressée et je te prie, quoi qu'il advienne, de croire à l'amour sincère qui m'attache à ma petite patrie et à la franche et cordiale amitié que j'ai pour toi en particulier[1]. »

Elisabeth sait combien Louis II souffre d'avoir dû se séparer de Wagner et ne veut pas l'accabler. C'est son cœur bavarois qui a parlé. Et elle n'y tient plus : il lui faut revoir sa « petite patrie » d'urgence.

Louis II l'accueille discrètement à Munich, un peu surpris de l'arrivée de l'impératrice qui semble perturbée. Ce qui est, alors, analysé comme un caprice est, surtout, un irrésistible besoin de retrouver les siens et de s'assurer que la Bavière ne veut pas trahir l'Autriche. Ce serait atroce, un épouvantable déchirement de famille. Sa santé n'est qu'un prétexte, Sissi a le mal du pays. Et sans doute est-il plus implacable qu'elle ne le prévoit car malgré une lettre où elle affirme à François-Joseph, toujours en Hongrie, qu'elle sera rentrée pour Noël, elle passe son anniversaire et la Nativité dans sa famille, clouée par l'angoisse.

A la Hofburg, François-Joseph est seul avec enfants. Noël

1. Corti, *op. cit.*

est triste pour Gisèle et Rodolphe. L'archiduchesse ne dit rien mais n'en pense pas moins. Sans doute partage-t-elle l'avis de l'ambassadeur de Prusse, M. de Werther, qui observe, pour Bismarck, que « le caprice n'est pas exceptionnel chez les princesses de la branche ducale de Bavière ».

Sissi est happée par l'engrenage de la dépression lorsqu'elle avouera à sa lectrice :

— Je ne puis dire que je suis heureuse à l'idée de rentrer car je suis effrayée des ennuis qui m'attendent à mon retour dans le cercle de famille.

Mais le 30 décembre, elle regagne la Hofburg, accompagnée de sa mère, et fête la nouvelle année, rassurée, apaisée. La fugue n'était qu'une alerte.

Le 8 janvier 1866, l'impératrice fait sa première réapparition publique à la Cour. Est-ce pour se concilier les bonnes grâces des Viennois ? Au contraire, Sissi reçoit une délégation hongroise... venue, officiellement, lui souhaiter son anniversaire avec quinze jours de retard. Mais l'événement est beaucoup plus important qu'une simple manifestation de sympathie. L'impératrice est exceptionnellement belle. Elle attend dans la salle du trône, revêtue du costume national hongrois qui lui va si bien : jupe brodée, tablier de dentelle, corselet de velours à manches de mousseline, bonnet surmonté d'une couronne de diamants. Elle est resplendissante. Elle est non seulement la plus jolie des Hongroises mais encore la souveraine d'une Cour viennoise où la Hongrie est désormais représentée d'une manière spectaculaire. En effet, Sissi est entourée de huit dames du palais, toutes de nationalité hongroise. Elles viennent d'être nommées et les commentaires pleuvent au sein des familles autrichiennes offusquées.

L'instant est solennel. Sissi a le rose aux joues, partagée entre la fierté de son triomphe et une grande émotion. Le cardinal primat de Hongrie conduit la délégation de ces personnages importants et qui ont grande allure dans leurs uniformes à brandebourgs, le mantelet rejeté sur l'épaule et les bottes polies comme des miroirs. Un homme les domine – au sens propre comme au figuré – de sa haute taille, le comte Andrassy. C'est peu de dire qu'Elisabeth a entendu parler de lui. Sa légende politique et mondaine est très piquante.

A quarante-deux ans, le plus « beau pendu de 1848 », qui porte une moustache à la Napoléon III, une barbe couvrante sur le cou et des cheveux sombres en bataille, est fort séduisant. Et, depuis l'amnistie personnelle que lui a accordée François-Joseph, il est un soutien efficace des Habsbourg.

Le cardinal s'adresse à l'impératrice en parlant de « l'indéfectible loyauté de la nation hongroise à Sa Reine » et précise que « comme tous les Hongrois, il souhaite avoir bientôt l'honneur de la recevoir dans leur capitale ». Sissi répond en hongrois :

— Je n'ai pas de souhait plus cher que de revoir cette ville splendide.

La foudre tombant sur la Hofburg aurait eu moins d'effet. Une ovation monte des poitrines chamarrées :

— *Eljen Erzsébet !* Vive Elisabeth !

En ces magiques secondes, Sissi peut savourer un immense triomphe personnel. Son mariage l'avait muée en impératrice, la Hongrie la transforme en future souveraine populaire. Elisabeth devient Erzsébet. Ce que des laborieuses discussions constitutionnelles, le faux parlementarisme et des susceptibilités tenaces n'ont pu obtenir, un ange gracieux vient de le réussir, avec le sourire et la générosité du cœur. Sissi remplace tous les ministres, tous les fonctionnaires. Elle a signé un pacte d'amour avec la Hongrie.

Et, le 29 janvier, accompagnée de François-Joseph ébloui, elle commence un voyage décisif dans ce que les Viennois boudeurs appellent « sa nouvelle patrie ». Cependant, le plus dur reste à faire car de nombreuses familles n'ont pu oublier la répression de 1848 et 1849. L'uniforme autrichien reste toujours très mal vu et les représentants de lignées prestigieuses, tels les Batthyány continuent d'ignorer le couple, impérial pour les Autrichiens mais pas encore royal pour les Hongrois. En effet, François-Joseph et Sissi n'ont toujours pas été couronnés à Buda-Pesth. Par son intransigeance, François-Joseph compromet d'ailleurs les chances de ce voyage qui devrait être décisif. Il est même très sombre mais pour une tout autre raison : il fond en larmes lorsqu'il revoit la chambre du palais royal, construit par Marie-Thérèse et dont une partie avait été incendiée en 1849, où sa fille aînée est morte, il y a déjà huit ans... Sissi maîtrise mieux son chagrin, peut-être consciente que sa présence tant attendue doit être ce lien qui établira de nouveaux rapports. Lorsque, le 1er février, François-Joseph s'adresse aux parlementaires en délégation, il leur laisse entendre qu'il ne peut pas exaucer tous leurs souhaits. L'accueil est plutôt froid. Mais lorsque Sissi leur dit, en hongrois, qu'ils doivent se contenter de « désirs réalisables », ce qui revient au même, l'accueil est empressé. C'est la magie de Sissi de pouvoir dire chaleureusement des paroles un peu restrictives ; la sympathie qu'elle inspire emporte l'affection. Et très vite, Sissi aime autant cette ville qu'elle déteste Vienne où elle a tant souffert. Un tourbillon de festivités commence, épuisant. Le 3 février, un bal rassemble six cents invités. Elle y est magnifique. Le lendemain, à un autre bal où des dizaines de couples guettent son apparition, elle est absente, terrassée par une migraine. La déception est immense et l'impératrice doit redoubler d'éclat et de charme au bal du lendemain. En hâte, elle écrit à ses enfants, regrettant leur absence : « Me voici obligée de fermer ma lettre car il est temps de commencer ma toilette pour ce bal bourgeois et la corvée sera pénible. » L'emploi du temps est très contraignant, l'obligeant à s'habiller en permanence, à recevoir des dames. A Gisèle, elle confie : « C'est si fatiguant de rester debout et de parler longtemps. » Mais ce qu'elle ne supporte pas à Vienne, elle le supporte à Buda-Pesth. Ici, elle n'est pas critiquée, elle est fêtée ; cela aide à sécher les larmes de fatigue.

Deux jours plus tard, une requête est adressée à l'empereur, nette, audacieuse : les Hongrois souhaitent un gouvernement indépendant pour la Hongrie. Evidemment, il refuse et la déception est profonde. L'archiduchesse, qui suit de loin ce périple, ne cache pas son aversion pour tout libéralisme hâtif. Son fils la rassure dans des termes qui résument parfaitement la situation : « J'apprends qu'on se livre à Vienne aux craintes habituelles et qu'on a encore peur que je fasse des concessions, que j'accorde un ministère, etc... Je n'y songe pas, bien entendu... Mais à Vienne... on réclame ! Comme toujours ! Que Dieu nous préserve des bien-pensants de Vienne ! Les choses vont lentement mais nous arriverons : il faut de la fermeté, de la confiance, de l'affabilité et du savoir-faire à l'égard du caractère hongrois. » L'empereur devient lucide aussi bien sur les exigences autrichiennes que sur les espoirs hongrois, sachant que le point d'équilibre n'est pas encore trouvé. Et sa conclusion est un hommage à sa femme : « Sissi m'est d'un grand secours par sa politesse, son tact plein de mesure et sa connaissance du hongrois, et il est des remontrances que le peuple accepte plus volontiers dans sa langue et venant d'une jolie bouche. »

Le souverain autocrate avoue qu'il a besoin de Sissi. Elle est plus qu'utile, elle est indispensable. Et leur harmonie est le garant d'une politique ouverte, digne et lucide. On pourra vérifier souvent cette influence de leurs rapports privés sur les composantes de la destinée de l'Etat ; lorsque leur vie est heureuse, la politique est positive. Le comte Andrassy, bien que collectionneur un peu blasé de cœurs féminins, est lui-même sous le charme quotidien de la jeune souveraine. Il est vraisemblable que sa compatriote Ida Ferenczy, pour qui Sissi n'a plus de secrets, l'a renseigné sur la vie du couple. Sissi et François-Joseph ont, en fait, une vie intime des plus réduites. Sissi refuse toujours de concevoir un nouvel enfant. Avant de quitter le palais royal d'Ofen qui couronne, avec la citadelle, la colline de Buda et d'où la vue sur Pesth embrasse un incessant trafic de radeaux, de barques, de petits bateaux à vapeur et de moulins flottants, l'impératrice tient ce propos, soudain, à Andrassy :

— J'ai confiance en vous. Aussi vous dirai-je ce que je ne dirais pas à tout le monde. Si les affaires de l'empereur vont mal en Italie cela me peine. Mais si c'est le cas en Hongrie, cela me tue.

Le 5 mars, le couple monte dans le train impérial qui va les ramener à Vienne.

— J'espère pouvoir revenir bientôt dans ma Hongrie bien-aimée, soupire Elisabeth. Ce voyage est un pas décisif vers une compréhension indispensable, même si François-Joseph est encore sourd à certaines suppliques.

Tous les Hongrois, à commencer par Andrassy, remarquent que l'impératrice a les larmes aux yeux. Sissi quitte un pays où elle est devenue, en six semaines, la bien-aimée. A son arrivée à Vienne, François-Joseph est accueilli avec enthousiasme, il a su se faire respecter. Sissi a su se faire aimer. Nuance...

On peut expliquer l'hésitation de François-Joseph par des inquiétudes plus graves que les revendications hongroises. En effet, la crise européenne que la Prusse aiguise depuis plusieurs mois est sur le point d'éclater. Consciencieusement, diaboliquement, Bismarck envenime ses rapports avec l'Autriche dans l'application, délicate, de la convention de Gastein. Quand Guillaume Ier réclame, François-Joseph proteste et la situation, intenable, évolue exactement selon les calculs de Bismarck. D'autre part, ce dernier prend soin de neutraliser l'Italie au moins pour trois mois en signant avec elle un traité commercial qui cache une alliance militaire et aura, rapidement, l'occasion de révéler sa vraie nature. Vingt-quatre heures plus tard, Bismarck, faux sauveur des duchés, dépose à la Diète de Francfort une motion visant à réformer la Constitution fédérale dans un sens plus libéral, c'est-à-dire, avec un Parlement élu et sans l'Autriche. Vienne ne peut évidemment accepter ce plaidoyer soudain et inattendu en faveur du suffrage universel. Vienne refuse. Alors, Bismarck clame bien haut qu'il y a là une violation flagrante des accords de Gastein. S'étant posée en victime, la Prusse envahit le Holstein sous administration autrichienne. Il faut reconnaître que François-Joseph fait tout pour éviter une guerre et que la famille royale de Prusse n'y est pas non plus favorable. Mais l'influence de Bismarck est telle que Guillaume Ier accepte de mobiliser. Au grand-duc Alexandre, à Weimar, qui propose sa médiation, le roi de Prusse répond, le 15 mai : « Oui, il y a encore un moyen d'éviter la guerre imminente c'est d'influencer l'empereur d'Autriche avec insistance et de tout cœur pour qu'il accepte le projet de réforme tel que je l'ai proposé à Francfort... » En termes clairs, si François-Joseph veut maintenir sa prédominance face à la Prusse, il doit la confirmer par les armes ou s'abstenir. « De tout cœur ! » Autour de l'Autriche, le Hanovre, la Saxe, le Wurtemberg et la Bavière de Louis II s'apprêtent à entrer en guerre contre la Prusse. « Petits » et « grands » Etats vont se battre pour une certaine idée de l'Allemagne. Le roi de Bavière, contraint de participer au conflit et arraché à ses rêveries, note, avec pertinence : « C'est une guerre civile. » Le tsar et Napoléon III ont, en effet, assuré Bismarck de leur neutralité, laissant les Allemands du Nord se déchirer avec ceux du Sud. Affolée, Elisabeth accomplit le pèlerinage de Mariazell le 11 mai puis regagne Bad Ischl avec Gisèle et Rodolphe, réfléchissant à l'attitude des Hongrois dans cette crise. Kossuth, exilé, négocie avec Bismarck la création d'une légion hongroise qui combattrait aux côtés de la Prusse contre l'Autriche. La Hongrie contre l'Autriche ? Il est impensable que tous ses efforts et tous ses contacts, qui ont déjà provoqué quelques rapports critiques de la police contre l'impératrice, soient anéantis.

François-Joseph attend. La leçon de 1859 a été entendue, il ne lancera pas d'ultimatum. Il est vrai que l'armée de François-Joseph, avec ses officiers trop raffinés et son armement démodé, n'est pas apte à affronter l'armée prussienne forgée par Moltke et Roon. Le 14 juin, l'Autriche obtient que les Etats fédérés répondent à la Prusse, par neuf voix contre six. Il n'y a plus de Confédération née du Congrès de Vienne, il n'y a que le Nord contre le Sud. L'Allemagne s'engage dans sa guerre de sécession. La même nuit, Bismarck arrache à Guillaume Ier la déclaration de guerre prussienne et le conflit armé commence.

D'Ischl où elle séjourne, Elisabeth décide que son rôle est d'être auprès de François-Joseph. « Je ne veux pas laisser l'empereur seul quand la guerre est à la porte », avait-elle écrit à sa mère, le 1er mai. Maintenant, la guerre est là et les troupes autrichiennes font mouvement. Sissi apprend que son cousin Louis II a redisparu sur l'île des Roses, au milieu du lac de Starnberg. Il se cache de son gouvernement et tire des feux d'artifice... alors que les vrais canons tonnent. Sissi laisse Gisèle et Rodolphe à la Kaiservilla. Le petit garçon, très grave à l'annonce de ces événements, fait une prière : « ... Bénissez les armées de vos défenseurs qui dans cette lutte pour la justice et l'honneur ne doivent pas être vaincus mais doivent vaincre. Par votre grâce, Cher Père qui êtes aux Cieux, dans cette heure d'épreuves, faites que mon cher papa soit soutenu par votre amour et votre toute-puissance. Préservez-le des dangers et écartez de lui tout chagrin. Dispensez la joie et la consolation à son cœur par une heureuse conclusion de la guerre. »

Elisabeth n'oublie pas qu'elle fut princesse en Bavière. Ses frères se battent dans l'armée de Louis II, et très inquiète en dévorant les premières gazettes qui publient les communiqués, elle regagne Vienne le 29 juin. Quatre jours plus tôt, à Custozza, près de Vérone, les troupes autrichiennes commandées par l'archiduc Albert ont été vainqueurs des Italiens, à l'endroit même où, en 1848, Radetzky avait écrasé les troupes sardes. Custozza devient un symbole de victoire. Pas pour longtemps, hélas. Le jour même où Sissi arrive auprès de son époux, les troupes du Hanovre sont éliminées par la Prusse à Langensalza, en Saxe, près d'Eisenach. Malgré l'excellente artillerie autrichienne, la supériorité stratégique et tactique prussienne se révèle très efficace par la mobilité rapide des troupes. Un armement moderne équipe les Prussiens qui ont reçu le fameux fusil à aiguille, lequel se charge par la culasse au lieu de la bouche. Il fait ses premières preuves face à ces fantassins qui ont un aspect désuet avec leurs culottes collantes et leurs bottines montantes. La multiplicité des ethnies de l'Empire est également un inconvénient grave. Aussi, craignant une désertion de la part des contingents italiens, l'état-major autrichien les a replacés sur le front au nord en les mêlant aux troupes de Hesse et de Bavière. Mais, malgré un encadrement autrichien, de nombreux détachements passent à l'ennemi. A Aschaffenburg, en Bavière, un régiment vénitien se constitue prisonnier aux cris de « Vive la Prusse ! Vive l'Italie ! »

Elisabeth tient son rôle avec grandeur. Elle est auprès de son mari « d'un calme admirable » et, dès qu'il est en réunion avec ses généraux, elle court d'un hôpital à l'autre, visite les blessés. Un Bohémien qu'il faut amputer du bras droit refuse l'intervention, pourtant urgente.

— Si Votre Majesté assiste à l'opération, je consens...

Elisabeth, très pâle, se force pour dire :

— Oui.

Et, assise auprès de son lit, elle lui tient sa main valide. Au réveil du blessé, Elisabeth est là, Madone attentive. Les critiques incessantes contre l'impératrice oublient souvent de remarquer la dignité de Sissi dans le drame et sa volonté de seconder François-Joseph lorsqu'il est accablé. Dans les pires situations, son épouse accourt, revient, s'empresse auprès de lui. Ils affrontent le malheur à deux. Sissi ne se dérobe jamais devant les drames.

Les mauvaises nouvelles s'accumulent. Sur le bureau de François-Joseph, une dépêche est posée le 3 juillet, à 7 heures du soir : « ... Armée battue, en fuite vers forteresse, en danger d'y être enfermée. » Cette bataille décisive se déroule en Bohême, à moins de cent kilomètres au nord-est de Prague, au village de Königgrätz, que les Français connaissent sous le nom du village voisin, Sadowa. Quarante mille Autrichiens sont tués, blessés ou prisonniers. Le désastre est total, il annule les victoires du front sud.

François-Joseph, affligé mais digne, reste assis. Elisabeth est à côté de lui. Un silence, interminable, n'est troublé par aucune autre nouvelle. A trois heures moins le quart du matin, le roi de Saxe arrive et François-Joseph, aussi blanc que sa tunique, lui apprend la vérité de Sadowa. C'est fini : en sept semaines, la Prusse a éliminé l'Autriche de l'Allemagne du Nord et on peut craindre la perte de la Vénétie. On peut aussi craindre pour l'Empire. La route de Vienne est ouverte... Comme elle l'a promis à Rodolphe, sa mère lui écrit tous les jours. Sa lettre, rédigée le lendemain à l'aube, est difficile : « Et maintenant, dit-elle au gouverneur de l'enfant, qu'adviendra-t-il ? Personne ne sait. Que Dieu nous préserve d'une paix immédiate, nous n'avons plus rien à perdre, mieux vaut donc périr honorablement tout à fait (...) Notre pauvre empereur est vraiment bien éprouvé. »

Le même jour, les Bavarois capitulent à Kissingen. Sissi et sa belle-mère, rapprochées dans l'adversité, laissent éclater leur colère contre le fantasque Louis II qui n'a pas su galvaniser son armée. Elles jugent que sa mollesse et ses absences sont une véritable trahison ; leur patrie les a abandonnées.

L'angoisse monte : les Prussiens marchent sur Vienne. Lettre de Sissi à sa mère le 5 juillet : « Nous vivons encore comme dans un rêve, les coups se succèdent... et il faut avoir confiance en Dieu ! Je n'ai aucune idée de ce qui peut encore arriver... Le mieux, maintenant, est de n'avoir pas le temps de penser, d'être toujours en mouvement. Je passe mes matinées dans les hôpitaux et j'aime surtout à m'arrêter auprès des soldats hongrois, les pauvres diables n'ont personne ici qui puisse leur parler... L'empereur est tellement surchargé de besogne que c'est vraiment sa seule détente quand, le soir, nous sommes assis un moment à la fenêtre ouverte... »

Une chaleur torride accable Vienne où la population se demande si la Prusse va occuper la ville. Faut-il fuir ? Au milieu de ces interrogations et du début de panique, un miracle se produit : l'archiduchesse rend hommage à sa belle-fille ! La tante, brisée par la défaite de son fils, voit, soudain, les qualités de sa nièce. Dans la catastrophe qui balaie tous ses espoirs politiques qui l'ont rendue injuste, l'archiduchesse se raccroche à la vaillance d'Elisabeth, pâle, épuisée, mais qui est là, debout, active, avec un pauvre sourire forcé, au milieu des larmes et de la consternation. A ce titre, la lettre que Sophie écrit de Schönbrunn, le 5 juillet, à son petit-fils Rodolphe, est un document : « Je t'adresse quelques mots en hâte, mon cher enfant, pour te dire, en guise de consolation que, Dieu merci, ton pauvre papa est en bonne santé et que ta chère maman le soutient comme son bon ange, qu'elle est toujours près de lui et ne le quitte que pour aller d'un hôpital à l'autre et apporter partout aide et consolation. »

Le bon ange... Il a fallu une guerre, des milliers de victimes et l'effondrement de la prédominance autrichienne pour que Sophie reconnaisse des qualités de cœur à Sissi. N'est-ce pas une fatalité pour Sissi d'être comprise et appréciée dans le malheur alors qu'elle est toujours critiquée et méprisée dans le bonheur ? Au milieu des drames, les dames d'honneur poursuivent leur comptabilité de bons et de mauvais points attribués à l'impératrice. Bons points : « Elle est une véritable providence, s'occupe de tout et, affectueusement et maternellement, essaie de tout comprendre. Dieu soit loué. Enfin !... Il était temps qu'elle se réconciliât les cœurs du public ; elle est en bonne voie. » (Lettre de la comtesse Fürstenberg à sa sœur, le 7 juillet.) Fatalité : Sissi est « en bonne voie » quand l'Autriche est sur la mauvaise voie... Mauvais points : Sissi s'adresse aux blessés hongrois dans leur langue. Que peut-elle bien leur dire ? C'est pourtant la Hongrie qui va jouer un rôle d'appui inespéré dans la déconfiture de l'empire d'Autriche. En effet, devant la progression prussienne, François-Joseph juge prudent d'envoyer sa femme à Buda-Pesth, le 9 juillet, accompagnée d'Ida Ferenczy qui n'avait pas revu sa patrie depuis sa nomination comme lectrice. Le prétexte officiel de la visite de Sissi est l'hôpital installé dans le palais royal d'Ofen. Mais la raison profonde de ce voyage n'a pas échappé à Andrassy ni à Deák, ancien chef des libéraux modérés qui recherche, lui aussi, une entente avec les Habsbourg. Face aux tendances dures, animées par Kossuth et qui veulent profiter de l'affaiblissement de Vienne pour faire triompher le nationalisme magyar, leur langage est celui d'hommes de cœur émus par une femme de cœur : « Ce serait une lâcheté de se détourner de la reine maintenant qu'elle est dans le malheur, tandis que récemment encore, quand tout allait bien pour la dynastie, nous sollicitions son intérêt. »

Sissi juge sur place qu'Andrassy est l'homme fort qui peut encore conserver la Hongrie sous domination autrichienne mais il ne le pourra pas longtemps. Son idée est claire : François-Joseph doit nommer Andrassy ministre des Affaires étrangères. Ainsi pourrait être amorcé un véritable dialogue car l'Autriche ne peut pas se permettre d'être isolée ; or l'isolement est total. L'émissaire envoyé par François-Joseph auprès de Napoléon III pour lui demander de sauver l'Autriche du joug prussien a échoué. L'empereur des Français avait promis d'être neutre et l'ampleur du désastre de Sadowa le fait réfléchir. De plus, son rêve italien se réalise : il est évident que la Vénétie ne peut plus être autrichienne...

Trois jours plus tard, Sissi est à Vienne. Elle supplie François-Joseph de l'écouter. Andrassy, seul Andrassy peut assurer les arrières de l'Empire et sa cohésion. L'empereur hésite, la décision est délicate, tout n'est pas encore net. Maladroitement, en ne décidant pas, il pense gagner du temps alors qu'il va en perdre. Sissi insiste, lui rappelle les milliers de Hongrois qui viennent de l'acclamer à la gare. François-Joseph reste sourd et aveugle, se rendant compte toujours trop tard des réalités. Il ne manque pas de courage, au contraire ; ce qui lui fait défaut est le pressentiment politique. François-

Joseph veut analyser la situation dans son ensemble, Sissi focalise ses idées sur des détails.

Le lendemain, le 13 juillet, Elisabeth, rejointe par Gisèle et Rodolphe arrivés de Bad Ischl, repart pour Ofen car la panique gagne les habitants de Vienne qui guettent des hauteurs de la magnifique forêt entourant la ville la progression prussienne. Avant de monter dans son train, Sissi prend soudainement la main de l'empereur et l'embrasse avec une tendresse fougueuse. Le convoi est, à tous points de vue, précieux : on y a entassé et caché le trésor de la Hofburg, les joyaux de la Couronne, les chefs-d'œuvre d'orfèvrerie, l'or, l'argent. Une agrafe de chapeau garnie de brillants est illuminée par la présence d'un célèbre diamant, le « Florentin », qui pèse cent trente-trois carats un tiers et a appartenu à Charles le Téméraire. Parures, colliers et reliques du Saint Empire prennent le chemin de l'exil. A peine arrivée dans la villa qu'elle a louée sur les collines de Buda puisque le palais n'est plus qu'un hôpital, Sissi griffonne une lettre et la fait porter par un messager sûr au comte Georges Majlath. Chancelier des affaires hongroises à Vienne et vieil ami de son père le duc Max, il lui inspire confiance. Sissi est pathétique : « ... Je vous en prie, remplacez-moi auprès de l'empereur, chargez-vous, à ma place, de lui ouvrir les yeux sur le danger dans lequel il se précipite, tête baissée, en persistant à refuser toute concession à la Hongrie. Soyez notre sauveur, je vous en conjure, au nom de notre pauvre patrie et de mon fils (...). Andrassy est si populaire que sa nomination apaiserait le pays, lui rendant confiance et maintiendrait le royaume dans le calme jusqu'au moment où les événements permettraient de régler la situation intérieure (...). Je me suis adressée à vous sans arrière-pensée. Quand je donne ma confiance, ce n'est jamais à demi. Réussissez là où j'ai échoué et des millions d'âmes vous béniront, tandis que mon fils priera pour vous tous les jours comme son plus grand bienfaiteur. »

Le lendemain, Sissi reçoit Andrassy. Elle est certaine qu'il peut sauver la monarchie. Il lui dit qu'il accepte. Elle envoie une lettre à François-Joseph qui est un ultime appel, où elle précise qu'Andrassy est un homme d'honneur auquel il faut parler sans retard, que la situation évolue vite. « Je t'en prie, télégraphie-moi immédiatement si Andrassy doit aller à Vienne par le train du soir. »

Et dans un dernier appel, Sissi trouve l'accent du désespoir, l'accent d'une femme qui s'est jetée dans la mêlée et d'une mère pensant à l'avenir. Si François-Joseph ne l'écoute pas, elle s'abstiendra « pour toujours » d'avoir des idées, des suggestions, des demandes et des critiques. Elle écrit : « Alors, il ne me restera plus qu'à me consoler avec la conscience que, quoi qu'il arrive, je pourrai un jour dire honnêtement à Rodolphe : "J'ai fait tout ce qui était en mon pouvoir, je n'ai rien à me reprocher.". »

Le soir même, elle reçoit un télégramme chiffré de son mari : « J'ai fait venir Deák en secret. Ne t'engage donc pas trop avec Andrassy. »

Pourtant, deux jours plus tard, à 5 heures du matin, l'empereur annonce à Sissi qu'il attend Andrassy. « Je l'écouterai tranquillement et le laisserai parler (...). Je me languis de vous (...). Ton François qui t'aime. »

L'entrevue a lieu le 17 juillet, à midi. Elle dure une heure et demie. François-Joseph a jugé le Hongrois « trop peu précis et nullement préoccupé du reste de la monarchie » et craint qu'il ne soit « ni assez fort ni assez secondé dans le pays pour mener à bonne fin la tâche qu'il s'impose ». François-Joseph fait sans doute allusion aux manœuvres de Kossuth, furieux de l'influence de Sissi et qui veut provoquer le « réveil national ».

Avant de se décider, l'empereur préfère revoir Deák, qui tient davantage compte des autres ethnies de l'empire. François-Joseph s'étonne aussi que la chambre de Sissi dans sa villa ait une porte vitrée et il n'est pas ravi de ce manque d'intimité : « ... Elle permet certainement aux regards indiscrets de te voir quand tu fais tes ablutions et cela m'inquiète. Fais donc poser un grand rideau devant cette porte. » François-Joseph reste un mari amoureux et soucieux des convenances. Politiquement, pourquoi hésite-t-il autant ? Tout d'abord parce qu'il se méfie un peu de l'exaltation de Sissi, de ses excès nerveux, du talent de séducteur d'Andrassy qui excelle à se présenter en sauveur. Ensuite, parce qu'il trouve Sissi très fatiguée et craint que sa santé ne fausse son jugement. Enfin – et surtout – il ne veut pas donner l'impression, par exemple aux Tchèques, de céder vis-à-vis des Hongrois, mais, qu'au contraire, un accord volontaire et non imposé par les circonstances peut être conclu. Il admet que la situation hongroise impose des aménagements mais refuse de les réaliser en hâte sans examen détaillé de toutes les propositions.

Le calme de François-Joseph et sa volonté de ne pas être totalement dépassé surprennent car Guillaume Ier n'est plus qu'à cinquante-cinq kilomètres de Vienne, à Nikolsbourg. Le 20 juillet, la flotte autrichienne bat la flotte italienne à Lissa, sauvant l'honneur de Vienne mais trop tard... Les préliminaires de paix sont engagés. Bismarck et Guillaume Ier jouent en finesse en évitant d'humilier trop l'Autriche et en acceptant que Napoléon III intervienne comme médiateur. Mais le territoire administré par les Habsbourg est d'abord amputé du Schleswig annexé, comme le Holstein, à la Prusse puis, ce qui est plus grave, de la Vénétie. En perdant sa dernière province italienne et en perdant toute influence en Allemagne du Nord, l'Empire d'Autriche anéantit le bénéfice d'un demi-siècle d'efforts. La Prusse réorganisera les Etats d'Allemagne septentrionale et l'Italie renforcera son influence croissante. La défaite autrichienne, qui s'explique aussi par l'obligation de se battre sur deux fronts, permet aux deux nationalismes les plus affirmés d'Europe d'avancer sur la voie de l'unité. Bloquée au nord, au sud, à l'ouest – la Suisse n'est pas un danger – l'Autriche ne peut plus tourner ses regards que vers l'est, en direction de la Hongrie. Elle est rejetée vers le bassin du Danube.

Sissi est véritablement épuisée par la défaite de l'Empire et son propre échec à faire aboutir ses supplications. D'elle-même, l'impératrice demande au Dr Fischer de venir l'examiner à Ofen. Il conseille du calme et un séjour à la montagne. A cette époque, d'ailleurs, la correspondance entre les deux époux prend un ton très affectueux et, surtout, un rythme soutenu. Elle lui écrit tous les jours, il lui répond tous les jours, chacun se préoccupant de la santé de l'autre. François-Joseph commence toutes ses harassantes journées par une lettre à Elisabeth. Souvent, il est 5 heures du matin, au plus tard 6 heures. Ses appellations favorites, à cette époque, sont « Ma

Sissi adorée » (18 juillet), « Mon cher petit ange » (19 juillet), et il signe « ton petit homme » (19 juillet), « ton petit » (20 juillet), « ton pauvre petit » (21 juillet). François-Joseph est très seul et sa résistance physique, qui l'étonne lui-même, ne doit pas faire oublier sa douleur. L'Autriche du Congrès de Vienne est balayée par sa sortie de la Confédération germanique et doit, de plus, payer une amende de vingt millions de florins.

Dans son bureau de Schönbrunn, il appelle timidement Sissi au secours, partagé entre l'envie d'être auprès d'elle et sa crainte de nuire à ses nerfs éprouvés. Elle est si inconstante, si fragile... « Si tu pouvais venir me voir, cela me ferait tellement plaisir (...). Je me languis tellement de toi et sans doute serais-tu heureuse, toi aussi, de me revoir après des jours si troublés. Tu pourrais laisser les enfants là-bas, provisoirement... Ce serait pour moi une grande consolation... » (lettre du 28 juillet).

Entre Sissi et son mari, l'ultime question qui pourrait sceller leurs rapports est celle de la Hongrie. François-Joseph ne sait plus comment aborder le problème et Elisabeth est un peu vexée de n'avoir pas été écoutée. Cependant, l'idée a fait son chemin et Andrassy est à nouveau reçu par François-Joseph le 29 juillet. Le ton a changé : l'empereur est plus aimable mais il pèse encore le pour et le contre de la nomination du Hongrois. Sissi, pensant que le moment d'agir est venu, regagne Schönbrunn et fait savoir au séduisant comte qu'elle va, à nouveau, le recevoir. Ce dernier note que « s'il y a un résultat, la Hongrie en sera plus redevable qu'elle ne le croit à sa *belle providence* ». Sissi et l'ancien exilé se séduisent mutuellement. Seul François-Joseph ne s'étourdit pas. Une discussion éclate, à ce propos, entre les deux époux, pourtant heureux de se retrouver. Nouvelle audience, nouvel échec, qui peut s'expliquer par les progrès des pourparlers de paix qui, en écartant tout danger d'invasion, relèguent les affaires hongroises à un niveau relativement secondaire dans l'ordre des préoccupations.

— Je ne nourris plus guère d'espoir de voir mes efforts couronnés de succès, soupire-t-elle.

Et, très déçue, très attirée par la Hongrie, Sissi reprend le chemin de Buda-Pesth le 2 août, pour voir ses enfants. François-Joseph, malheureux, lui écrit immédiatement combien il souffre de son absence. Elle lui répond d'une manière glaciale. Et lui, pour la première fois, rappelle à Elisabeth : « Il serait contraire à mon devoir de me placer uniquement du point de vue hongrois, qui est le tien, et de négliger les pays qui, dans un fidèle loyalisme, ont enduré d'indicibles souffrances. » Et comme elle refuse de revenir sous prétexte que l'air de Schönbrunn est malsain (!) à cette époque de l'année, il laisse couler son amertume sous sa plume : « Je me résignerai donc et je continuerai à supporter avec patience ma longue solitude. J'ai déjà été mis bien à l'épreuve sous ce rapport mais on finit par s'habituer (...). J'attendrai tranquillement ce que tu décideras par la suite. »

Ils se cherchent et ne se trouvent pas, ils se déchirent, incapables d'avancer l'un vers l'autre. Brûlant d'énergie mal employée – elle en souffre beaucoup –, Sissi galope dans la campagne autour d'Ofen. Elle se rend au château de Gödöllö, à trente kilomètres de Buda-Pesth, transformé en hôpital. Un peu par bravade, un peu par inconscience, elle écrit à l'empereur qu'elle aimerait acquérir le domaine. La réponse est non. « Nous n'avons pas d'argent pour l'instant (...). J'ai réduit le budget de la Cour pour l'année prochaine à cinq millions. Il faudra réaliser une économie de deux millions, vendre près de la moitié de l'écurie et vivre très parcimonieusement. » Et il signe « ton triste petit mari ».

Alors, Sissi se rend compte qu'elle a été injuste et, sous l'influence d'Ida Ferenczy, elle se hâte d'écrire à François-Joseph qu'elle va revenir au plus vite. Il fond : « (...) Je t'aurai tout à moi, nous passerons ensemble le plus de temps possible... » Andrassy prêche la prudence. Des informateurs lui rapportent qu'à Vienne, l'absence de Sissi est fort mal vue et qu'on juge sévèrement son soutien farouche aux « aspirations égoïstes de la Hongrie ». Le 6 août, l'empereur lui avoue : « (...) Je suis très mélancolique, déprimé, et, au fond, vide et je dois me contrôler énormément pour ne pas m'écrouler en ce moment (...). J'ai très envie de toi et de ta compagnie (...). Ton petit homme solitaire. »

Sissi revient.

Le traditionnel anniversaire de François-Joseph – il a trente-six ans – est célébré dans une atmosphère tendue mais l'empereur a appris à se contenter de peu. Incapable de rester en place, psychologiquement bloquée par ses efforts inutiles, Sissi repart dès le lendemain de la petite fête et de tels voyages ne peuvent apaiser ses nerfs tendus... On put observer que ces deux êtres, si différents et qui s'acharnent à se séparer, passent un temps incroyable à s'envoyer lettres, télégrammes, billets. Il lui crie sa détresse : « Essaie d'être bonne avec moi... Je suis très triste, très seul et j'ai besoin de joie. » Et, le 22 août : « Tu me manques terriblement car tu es la seule avec laquelle je puis parler et tu m'apportes un peu de joie... même si tu es assez méchante. » Il l'appelle son « Trésor ». Et ce trésor lui échappe. Pour mesurer le désespoir de cet homme, il faut lire la lettre qu'il adresse le même jour, à sa mère : « J'aimerais respirer un peu d'air de montagne pour rafraîchir un peu mes esprits car ils sont vraiment en mauvais état (...). Ce n'est que maintenant que l'on réalise vraiment toute l'infamie et la trahison raffinée dont nous avons été victimes. Tout ceci était préparé depuis longtemps entre Paris, Berlin et Florence[1]. Nous fûmes très honnêtes mais très stupides. C'est un combat de vie et de mort qui est loin d'être terminé et qui suppose notre entière destruction. Quand on a le monde entier contre soi et aucun ami, il y a peu d'espoir de réussite mais il faut se défendre aussi longtemps que l'on peut, faire son devoir jusqu'à la fin et, enfin, périr avec honneur. »

Le lendemain, la paix est signée à Prague. Malgré la tristesse, c'est un soulagement. François-Joseph écrit à son épouse fugitive : « Je t'aime d'un amour si grand qu'il est indescriptible. »

Se rend-elle compte de cette passion émouvante ? Sissi ne sait plus voir son pauvre mari... Une épidémie de choléra la décide à quitter Ofen avec ses enfants et, enfin, le 2 septembre, elle regagne Vienne. La fatalité s'acharne sur les Habsbourg. On apprend que Charlotte, l'épouse de Maximilien, a débarqué en France et appelé Napoléon III au secours

1. Rappelons que Kossuth était réfugié à Florence.

de son époux, empêtré dans le guêpier mexicain. Depuis, Charlotte a regagné Miramar. La petite-fille de Louis-Philippe est aussi pâle qu'un cadavre et souffre, entre autres, d'une inquiétante maladie de la persécution.

La situation est paradoxale puisque des Autrichiens ont crié sur le passage de François-Joseph : « Abdication ! Vive Maximilien ! » Des placards hostiles sont posés, la nuit, sur les murs de la Hofburg. Commentant la situation, le père de François-Joseph, qui avait abdiqué en faveur de son fils, répète : « Même moi j'aurais pu mieux faire ! »

Or Maximilien songe lui-même à abdiquer à Mexico. L'impératrice espère toujours faire triompher ses idées hongroises. Mais à son retour de Bad Ischl, François-Joseph choisit comme nouveau ministre des Affaires étrangères le comte de Beust. Le choix peut surprendre, Beust étant l'ancien Premier ministre du roi de Saxe. Un Saxon ! On s'étonne mais, à la réflexion, cet homme, très habile diplomate, ayant su en imposer à Bismarck, peut permettre aux idées d'évoluer en faveur des Hongrois sans heurter directement la susceptibilité autrichienne déjà fortement éprouvée. Et Beust déclare lui-même, avec une ironie cinglante :

— Je suis une espèce de blanchisseuse qu'on a fait venir pour nettoyer à fond le linge sale de l'Etat autrichien.

Evidemment, l'amertume de Sissi est immense mais elle se rend compte que les sentiments de François-Joseph ont, malgré tout, progressé. Par nécessité. Et pour tromper son attente, elle se replonge, acharnée, dans l'étude du hongrois. Elle prend une décision qui fait jaser. Un journaliste en prison, dont lui a parlé Ida Ferenczy, est libéré pour approfondir les leçons de hongrois de l'impératrice. Juif, ami intime d'Andrassy, Max Falk répond à Sissi :

— Je ne suis plus au temps où j'étais contraint de donner des leçons, mais, bien entendu, le souhait de Votre Majesté est pour moi un ordre et un grand honneur.

Falk aura une très forte influence sur Elisabeth. Il sera, plus tard, directeur du *Budapest Lloyd*. Et François-Joseph, bien que mari jaloux, le trouve intelligent et cultivé, même quand il dit à Sissi que lorsqu'elle écrit en hongrois, elle a encore un style lourd... très allemand !

A la fin de 1866, par son idée fixe, Sissi a réussi à transformer la Hofburg en véritable ambassade de la Hongrie. Une lectrice, un professeur, des dames d'honneur, tout le monde ne parle que hongrois. Sissi en est persuadée : ses efforts doivent bientôt aboutir.

1867. Les rapports venus du Mexique sont inquiétants et Charlotte semble avoir perdu la raison. On assure que lors d'une audience mouvementée au Vatican, elle a cru que le pape voulait l'empoisonner en lui offrant une « mauvaise » tasse de chocolat ! L'impératrice du Mexique se trompe : Pie IX n'a rien d'un Borgia... Elle s'enfonce dans la folie. Mais voici que de la rassurante Bavière où règne un souverain original arrive, le 22 janvier, une heureuse nouvelle. Enfin... le roi Louis II vient de se fiancer à la plus jeune sœur de Sissi, la duchesse Sophie, âgée de vingt ans. Dans Munich, la nouvelle surprend certains et rassure d'autres. Le roi n'a pas la réputation d'apprécier particulièrement les charmes féminins. S'est-il fait une raison en obéissant aux souhaits répétés du gouvernement qui désire consolider le trône en lui donnant une souveraine ? Ou bien Louis II, dans un élan romantique, est-il sincèrement tombé amoureux de la jeune fille qui a déjà ravagé quelques cœurs ? La vérité est ailleurs. Lorsque le jeune roi dut chasser Wagner, une seule voix, frêle, s'était élevée pour prendre la défense du musicien, celle de Sophie. Alors, la cousine lointaine était devenue une alliée, une amie. Ensemble, les jeunes gens ont parlé de Wagner, écouté ses opéras, comploté son retour prochain. Et la ressemblance de Sophie avec Sissi a fait le reste. Louis II a résumé son attrait :

— A supposer que je puisse m'entendre avec une femme, je ne saurais mieux faire que de choisir une sœur de l'admirable impératrice.

Louis II fait un transfert, ce qui est déjà préoccupant. Malheureusement, le transfert est double car le roi considère que la jeune fille est une héroïne wagnérienne. Il confond la vie avec un opéra, l'héroïne wagnérienne ressemble à Sissi. Il lui a fait une cour bizarre qui avait fini par inquiéter Ludovika mais l'annonce de ses fiançailles rassure la mère. Le roi a fait sa demande en mariage au duc Max à 7 heures du matin – ce n'est pas courant – mais le duc n'est pas homme à se formaliser. Ce que la famille de Sophie et de Sissi ignore est, d'une part, la volonté du roi de se marier « pour faire une fin » car il a appris que son meilleur ami et son écuyer allaient se marier et, d'autre part, le message, véritablement codé, que Louis II adresse, ce même 22 janvier, à Wagner : « Walther est heureux d'envoyer au cher Sachs qu'il a rencontré Evchen et que Siegfried a trouvé sa Brünnhild. » En termes clairs, Louis II se prend pour Walther, le héros des *Maîtres chanteurs de Nuremberg*, et Wagner devient Hans Sachs, le vieux cordonnier des *Maîtres chanteurs.* Quant à la malheureuse fiancée, elle est d'emblée présentée comme une Walkyrie, fille favorite du dieu Wotan... La confusion entretenue par Louis II est totale. La pauvre Sophie ne joue qu'un rôle et elle l'ignore.

Enchantée de la nouvelle des fiançailles de sa jeune sœur, Sissi arrive à Munich. Depuis plusieurs mois, elle répétait à sa mère :

— Si seulement elle trouvait un mari qu'elle aime et qui la rende très heureuse, mais qui ?

Personne ne pouvait soupçonner que le roi de Bavière tomberait amoureux de sa cousine. Ce dernier, victime d'un refroidissement, grelotte de fièvre lorsque Sissi arrive à la gare. Il se lève et, contre tous les avis médicaux, va accueillir l'impératrice. N'est-elle pas le « modèle » de Sophie ? Les deux sœurs, au comble de la joie, s'embrassent longuement et on parle du mariage, fixé au 25 août, jour de la Saint-Louis.

Elisabeth ne s'attarde pas. Une autre de ses sœurs, Mathilde, devenue comtesse Trani, vient d'accoucher d'une fille, à Zurich. Pour Sissi, le séjour en Suisse est plaisant, l'accueil par le Conseil national chaleureux et l'impératrice ne peut guère faire un pas sans être accompagnée par des bandes d'écoliers bruyants. Elle séjourne dans une annexe de ce qui est alors une pension fermée l'hiver et ouverte spécialement pour elle, l'actuel hôtel Baur au Lac, palace prestigieux. Comme d'habitude, elle écrit à François-Joseph. Et dans sa lettre, on constate que les négociations sur la Hongrie sont toujours au centre de ses préoccupations profondes.

Le 31 janvier, elle souhaite : « J'espère que tu ne tarderas pas à m'apprendre que la question hongroise est résolue et que nous irons bientôt là-bas. Si tu m'écris que nous y allons, j'aurai le cœur en paix puisque alors le but sera atteint. »

Les discussions progressent. François-Joseph, qui ressent maintenant le choc et les conséquences de Sadowa, fatigué et pâle, reçoit à la Hofburg une délégation hongroise conduite par Andrassy. L'empereur d'Autriche a revêtu son uniforme de maréchal hongrois et lit, sans grande passion, un discours où il est question d'un « arrangement ». Le 8 février, Sissi regagne Vienne, et le 18, devant le Parlement hongrois, la lecture du texte adressé par François-Joseph consacre tous les efforts de Sissi : Andrassy est nommé Premier ministre de Hongrie. Elle a gagné...

Cette mesure est la première illustration de l'accord conclu entre le Saxon Beust, devenu Premier ministre d'Autriche, et les Hongrois. Cet accord est connu sous le nom de *Compromis de 1867* et il représente une formule politique originale.

Désormais, la Hongrie est un royaume indépendant de l'Empire d'Autriche mais les deux monarchies sont liées par une union héréditaire dans la postérité des Habsbourg. Les deux pays reçoivent un nouveau nom, tiré de la rivière Leitha qui marque leur frontière. L'Autriche devient la Cisleithanie tandis que la Hongrie est la Transleithanie. Chacun des deux pays gère ses propres affaires intérieures avec des ministères particuliers. Le Cabinet hongrois est responsable devant la Diète et la Constitution est remise en vigueur. Seules sont gérées en commun les questions de politique étrangère (il n'y a qu'un seul Etat au niveau du droit international), les questions militaires et les questions financières. Sur ce point, l'Autriche supporte les deux tiers des charges, la Hongrie un tiers. Dans ces trois domaines communs, aux deux ministères nationaux s'ajoute un ministère d'Empire. Enfin, le chef d'Etat, empereur en Autriche, roi de Hongrie, accepte d'être couronné souverain apostolique à Buda-Pesth. Malgré les protestations des Tchèques, qui réclament une union tripartite avec un royaume de Bohême, malgré l'oubli des Croates, des

Slovènes, des Polonais et des Roumains, un Etat réellement multinational vient de naître. L'Empire d'Autriche a vécu ; voici venu le temps de la monarchie austro-hongroise pour laquelle Sissi a tant œuvré.

Le triomphe d'Andrassy est son triomphe. Sa popularité à Buda-Pesth est considérable. A Vienne, elle diminue d'autant. L'entourage de l'archiduchesse est effondré de voir François-Joseph soumis au libéralisme de son épouse. C'est oublier que le pauvre homme, qui s'est trompé en 1859 et en 1866 tente, par le compromis, de régénérer l'autorité des Habsbourg. Et cela compte. En effet, l'incroyable phénomène se produit : la dynastie autrichienne devient populaire en Hongrie. Il aura fallu près de vingt ans pour parvenir à la réconciliation. Il aura fallu, surtout, le sourire entêté d'un ange. Maintenant, il s'agit de préparer le couronnement des souverains. Un voyage préliminaire est prévu le 12 mars et il enchante Sissi. Malheureusement, sa belle-sœur Sophie, épouse de son frère favori Charles-Théodore, Gackerl, meurt trois jours avant le départ et Elisabeth, contrainte de prendre le deuil, doit renoncer au voyage qui s'annonçait grandiose. Fatalité...

François-Joseph part donc sans elle. Il est accueilli d'une manière inimaginable. Une foule, ivre de joie, l'entoure. Au comte Andrassy, le souverain lance un mot :

— Je ne savais pas que Buda et Pesth étaient aussi peuplées...

Le Hongrois n'a pas oublié quelle avocate dévouée Sissi fut pour la cause magyare et il regrette son absence. Il annonce que la nation hongroise veut offrir un cadeau au couple, le château de Gödöllö que Sissi avait visité et souhaité acquérir pour y faire des travaux. C'est une manière d'inviter les souverains à séjourner le plus souvent possible en Transleithanie. En apprenant cette nouvelle, Elisabeth redouble de passion, approfondit sa connaissance linguistique avec sa lectrice et le journaliste Falk dont l'influence libérale déplaît de plus en plus à la Hofburg. Mais peu importe, la Hongrie est une véritable revanche pour l'impératrice brimée et bafouée. En cherchant à étouffer sa personnalité, la Cour l'a rejetée vers un climat plus favorable et Elisabeth, séduite, s'est prise au jeu.

Le couple part pour Ofen le 8 mai. L'accueil fait à Sissi est un immense cri d'amour des Hongrois pour leur plus prestigieuse partisane. Le baron Jozsef Eötvös, auteur d'un essai sur l'*Influence des idées dominantes du XIX*[e] *siècle sur l'Etat* et ancien chef de l'opposition libérale modérée, auquel Andrassy a confié le portefeuille des Cultes et de l'Instruction primaire, écrit : « ... Il ne nous restait plus qu'une chance, c'est qu'un membre de la Maison d'Autriche aimât notre nation du plus profond de son cœur. Maintenant que nous avons trouvé cela, je ne crains plus l'avenir. »

L'avenir s'appelle Erzsébet, Elisabeth en hongrois, un ange qui a su écouter et parler. Sa seule inquiétude est que Kossuth, qui parle de trahison, ne tente de saboter la mise en œuvre du Compromis, voire une action violente contre elle-même ou François-Joseph lors du couronnement. Elle évite d'y penser en revisitant Gödöllö, où les travaux sont exécutés rapidement. Elle s'extasie devant le bâtiment du siècle passé entouré d'environ dix mille hectares de bois qui en font un splendide territoire de chasse. Quel bonheur de vivre dans ce domaine, cadeau personnel d'un peuple reconnaissant. Quelle différence avec l'atmosphère empesée de Vienne ou de Schönbrunn, où elle se sent toujours un peu étrangère, en visite dans ses mille quatre cents pièces. Et, en suivant les débats parlementaires dont elle se fait remettre tous les comptes rendus, l'impératrice fait observer à son mari, avec humour et fierté :

— Je reconnais de plus en plus que je suis extrêmement avisée, bien que tu n'apprécies pas à sa juste valeur mon jugement hors de pair.

Les préparatifs du couronnement se poursuivent dans l'allégresse. Hélas, la mort rôde... Une affreuse nouvelle arrive à Ofen. La fille de l'archiduc Albert, Mathilde, dix-huit ans, est grièvement blessée à la suite d'un geste stupide. Alors qu'elle se préparait pour une soirée au théâtre et s'habillait, elle voulut fumer une dernière cigarette, ce que désapprouvait son père. L'entendant venir dans sa chambre, la jeune fille a dissimulé la cigarette dans son dos et mis le feu à sa robe de gaze. Affolée, elle s'est mise à courir, activant les flammes jusqu'à ce que les domestiques la roulent à terre dans une couverture [1]. Fatalité...

François-Joseph, très affecté, ne peut cependant repousser la date du couronnement qui doit avoir lieu quinze jours plus tard. Le 29 mai, un télégramme apprend à François-Joseph et à sa mère que l'ancien avocat d'origine indienne, le républicain Benito Juarez, a fait prisonnier Maximilien à Querétaro, une ville au nord de Mexico. L'inquiétude a fait place à l'angoisse. Que va-t-il se passer ? Que se passe-t-il ? Le télégramme a mis quatorze jours pour arriver du Mexique...

Le couronnement se rapproche. Une vieille tradition veut que la souveraine fasse elle-même les travaux d'aiguille nécessaires à la remise en état du manteau que le souverain doit porter lors de la cérémonie. De même, elle doit adapter la couronne royale aux dimensions de sa tête en la garnissant d'une doublure de velours. Bientôt, on apprend que Sissi sera couronnée en même temps que François-Joseph alors que l'usage prévoit, pour la souveraine, une cérémonie décalée. C'est un geste supplémentaire pour honorer l'ange si dévoué... Pendant ce temps, au palais royal d'Ofen arrive, par train spécial, du linge de table, de la porcelaine, du mobilier. Les préparatifs imposent plusieurs répétitions des différentes phases des cérémonies. Sissi écrit à sa mère, l'avant-veille du couronnement : « Ce que j'appréhende le plus, ce sont les bals et les représentations théâtrales car, même la nuit, il fait encore très chaud. »

Samedi 8 juin 1867. A 7 heures du matin, la masse du palais d'Ofen blanchit déjà sous le soleil. Une admirable journée commence. Un long cortège se forme avec, à sa tête, François-Joseph, à cheval en uniforme de maréchal hongrois. Il est suivi du carrosse, tiré par huit chevaux, que Sissi et François-Joseph avaient emprunté pour leur mariage. L'imposante voiture a été transportée, démontée, par bateau sur le

1. La malheureuse mourra après d'atroces souffrances le 6 juillet. Une foule immense suivra son cercueil.

Danube ; ses roues dorées étaient calées dans des caisses doublées de velours. Derrière les vitres, l'impératrice n'a jamais été aussi sublime, dans une robe de brocart et d'argent confectionnée à Paris, par la maison de Charles-Frédéric Worth qui, depuis le Second Empire, lance ce qu'on peut déjà appeler la haute couture. C'est d'ailleurs l'ambassadrice d'Autriche, la princesse de Metternich, qui introduira à la Cour de Napoléon III les créations de Worth qui deviendront célèbres dans toute l'Europe et en Amérique. Et l'année précédente (1866), M. Worth avait fait un rêve dans lequel la princesse de Metternich lui conseillait de donner le nom, détesté, de Bismarck à un coloris qu'il jugeait sans attrait. Ainsi serait né ce *brun Bismarck* qui avait fait fureur à Paris...

Sissi porte un corselet de velours noir et une couronne de diamants. Entouré de gardes en costumes brodés, galonnés de fourrure et coiffés de toques où oscillent des plumets colorés, le cortège monte dans les rues du vieux quartier de Buda. C'est un spectacle d'un autre âge qui déploie des fastes émouvants et, selon un diplomate suisse, un peu rapiécés et sales. L'histoire de l'Europe centrale défile lentement, avec ses brandebourgs, ses bottes souples, ses tiares, ses drapeaux et ses décorations. Rarement, au cours du XIXe siècle, on aura autant une impression d'efforts dans la magnificence des *Mille et Une Nuits*.

Le carrosse s'immobilise sur la grande place de la Trinité entre l'hôtel de ville et l'église Saint-Etienne, édifice primitivement de style roman, transformé aux XIVe et XVe siècles lorsque fut élevée sa haute tour.

Assisté par le primat de Hongrie, Andrassy fait office de seigneur palatin, équivalent d'un vice-roi. C'est à lui que revient l'honneur de poser la couronne sur la tête de François-Joseph. La scène est étonnante. Dix-neuf ans après avoir été condamné à mort par François-Joseph, Andrassy a toute sa confiance. Le charme d'Elisabeth a permis cet événement inouï qu'est la réconciliation. Le joyau que tient Andrassy se rattache au souvenir d'Attila. « Au moment où le terrible roi des Huns se préparait à dévaster Rome, dit Arnaud Chaffanjon, un ange, envoyé pour l'arrêter dans sa marche, avait promis qu'un jour ses descendants recevraient du successeur des

Apôtres une couronne d'une durée infinie [1]. » La couronne a la forme d'une calotte en or fin incrustée de perles et de pierres. Elle est surmontée d'une croix latine et ornée de très beaux émaux. Elle a été soudée, au XIe siècle, à une couronne ouverte de style byzantin. L'ensemble, « d'un aspect assez bizarre », pèse un kilo et demi. Le manteau de Saint-Etienne en satin bleu-vert est très lourd. Avec la chaleur et son uniforme, François-Joseph est en nage. Son épouse est assise sur un banc de velours sous un baldaquin cramoisi. Puis, selon l'usage, la couronne est placée sur l'épaule droite de Sissi, geste qui différencie l'épouse d'un roi d'une reine régnante couronnée sur le front, comme le souverain en titre. Les grandes orgues entonnent une vibrante *Messe du couronnement* composée par Franz Liszt. Le compositeur et chef d'orchestre vit à Rome, dans une sorte de semi-retraite. Il a reçu les ordres mineurs et loge au Vatican. Mais son âme hongroise, si évocatrice dans ses dix-neuf *Rhapsodies*, l'avait déjà poussé à composer un oratorio, la *Légende de sainte Elisabeth*, créé à Buda-Pesth deux ans auparavant. Et il est venu pour le couronnement. En cet instant solennel, Sissi, portée par la grâce, oublie sa fatigue et sa hantise du cérémonial. Elle est émue comme une fiancée et on peut dire qu'elle épouse, avec solennité, la nation hongroise. A la sortie de la cathédrale, la foule enthousiaste crie, à plusieurs reprises, « Eljen Erszébeth ! Vive Elisabeth ! » Dans sa trentième année, la princesse de Bavière devenue impératrice d'Autriche est reine de Hongrie. Sa silhouette, son allure permettent de croire qu'elle descend d'un tableau. Elle ne marche pas, elle glisse. Tremblante d'émotion, elle peut savourer l'œuvre de sa patience. Liszt écrira à sa fille Cosima, future seconde épouse de Wagner : « Je ne l'avais jamais vue si belle. Elle apparaissait comme une vision céleste dans le déroulement d'un faste barbare. » François-Joseph regarde Sissi, radieuse. Il la jugera si belle qu'il demandera au peintre Georg Raab un portrait d'Elisabeth en reine de Hongrie et il fera placer l'œuvre, raffinée, dans un somptueux cadre ovale

1. *La Merveilleuse Histoire des couronnes du monde*, un fort bel album publié chez Fernand Nathan, en 1980.

juste contre son bureau en palissandre de la Hofburg, en face de sa chaise. En se mettant au travail dès 4 heures du matin, François-Joseph traitera les affaires de la double monarchie sous le regard permanent de la souveraine adorée des Magyars.

Sur son cheval blanc, très nerveux, François-Joseph tire son sabre et le brandit dans l'air en dessinant une croix. La lame est pointée alternativement vers les quatre points cardinaux ; ce « salut royal à la croix par le glaive » symbolise la défense de la patrie magyare contre ses ennemis et le respect de sa Constitution.

François-Joseph est devenu Ferenc József. Des milliers de pièces d'or et d'argent sont distribuées à la foule par le ministre des Finances. Dans la bousculade, deux chevaux s'emballent et jettent à terre deux évêques. Deux coffres, contenant chacun cent mille ducats en or, offerts en cadeau au couple, sont remis par le souverain aux orphelins, aux veuves et aux miséreux. Le comte Crenneville, hostile depuis toujours aux mesures favorisant la Hongrie, dira à sa femme : « Je suis fou de rage... offrir le cadeau du couronnement aux révolutionnaires... J'aimerais mieux être déjà mort que de vivre une telle honte. Où va-t-on ? Ce n'est plus régner que de suivre de tels conseils. Andrassy mérite encore plus le gibet qu'en 1849 ! »

Pendant ce temps, Elisabeth regagne le palais et se change, heureuse de quitter sa robe alourdie par la traîne. En crinoline de tulle, elle traverse le Danube sur un petit vapeur et assiste à la suite des cérémonies depuis un balcon fleuri. En son honneur, les fleurs sont bleues et blanches pour rappeler les couleurs de la Bavière. Il est midi. Un banquet est servi. Pendant près de cinq jours de réjouissances, mille personnes sont nourries de goulash. Les fêtes de nuit succèdent à celles du premier jour et un extraordinaire défilé d'animaux vivants donne un ton champêtre à la joie nationale. Celle-ci est encore accentuée par l'amnistie générale et la restitution des biens confisqués. Les révolutionnaires exilés rentreront en jurant obéissance au roi couronné et aux lois du pays. Seul, Kossuth refusera et continuera de mépriser le Compromis.

Le 12 juin, épuisés, Elisabeth et François-Joseph quittent

la capitale hongroise pour Bad Ischl où ils vont se reposer. Ils regagnent l'Autriche – ou plutôt la Cisleithanie – avec Rodolphe qui a assisté au couronnement de ses parents. La monarchie hongroise est, en droit, devenue l'égale de la monarchie autrichienne et leur association constitue l'édifice le plus compliqué d'Europe. Lors des négociations de l'*Ausgleich* (Compromis), le ministre Beust avait déclaré à Deák : « Gardez vos hordes, nous garderons les nôtres. » Les uns comme les autres s'étaient trouvés désarmés par le rayonnement de Sissi. L'impératrice-reine est l'ambassadrice de la paix.

Le mercredi 19 juin, dans le calme de la Kaiservilla, l'archiduchesse ouvre son *journal* intime et note : « Les nouvelles de Mexico nous font espérer de plus en plus un retour de Max. Dieu soit loué pour cela. » Elle ne peut savoir qu'au même moment son fils Maximilien est fusillé à Querétaro. Le peloton d'exécution a tiré six balles qui ont toutes traversé son corps et les impacts forment une croix. Cette fin, tragique, est l'issue lamentable d'une double aventure, celle de l'ambition et celle de la lâcheté. L'ambition était celle d'un frère cadet mécontent de ne pas être l'aîné. Elle était, également, celle de son épouse, la malheureuse Charlotte qui, avant de devenir folle, cherchait à porter une couronne. L'ambition était aussi celle de Napoléon III. Ce dernier avait voulu profiter des difficultés des jeunes Etats-Unis d'Amérique déchirés dans une guerre de Sécession pour constituer un empire latin au Mexique protégé par la France qui était prête à envoyer un corps expéditionnaire pour précéder l'archiduc. Des questions commerciales et financières avaient aussi poussé Napoléon III à organiser une expédition. Ensuite, la lâcheté avait été celle de l'empereur des Français qui n'avait plus accordé son appui à l'empereur du Mexique lorsque les Etats-Unis, véritablement unis, s'étaient dressés contre l'intervention décidée, maladroitement, par Paris. Soudain, le Mexique était loin et son destin embarrassant. Abandonné, Maximilien s'était retrouvé face à une population unanime contre lui, seulement entouré de quelques volontaires autrichiens, dont le prince Félix de Salm-Salm, et belges. Cet homme mou sut quitter la vie avec dignité, dans l'esprit des Habsbourg qui n'ont pas peur de la mort. La nouvelle de son exécution, une dépêche de l'ambassadeur d'Autriche à Washington, atteint François-Joseph et Sissi à Ratisbonne où ils assistent aux funérailles du mari d'Hélène, le prince de Tour et Taxis. Les douleurs ne s'excluent pas, elles s'additionnent. En une semaine, la mort frappe deux fois. Sissi est en larmes, plus atteinte personnellement par le décès prématuré de son beau-frère qui formait, avec Hélène, un couple très uni. Mais elle ne peut oublier une lettre qu'elle avait écrite à Charlotte pour lui faire part de son hostilité à cette aventure mexicaine qui paraissait insensée : « Pourquoi chercher des honneurs stériles et l'esclavage d'un trône alors que vous avez le privilège de vivre votre vie ? Pourquoi compromettre votre bonheur par tant de corvées et de cérémonies fastidieuses ? Pourquoi renoncer aux orchidées de Miramar ? » Un véritable autoportrait. A l'époque, Sissi aurait volontiers échangé sa couronne avec le destin secondaire de sa belle-sœur.

La pauvre Charlotte ayant déjà perdu l'esprit, le plus pénible reste à faire. François-Joseph doit avertir l'archiduchesse, rentrée à Vienne. Le choc brise la vieille dame toujours énergique et vaillante. Et lorsqu'un télégramme de Napoléon III arrive à la Hofburg, elle se détourne, refusant de voir cette dépêche de condoléances. Ivre de colère, elle ne veut plus entendre parler de « cet assassin de son fils ». Elle apprend que le procès de Maximilien s'est déroulé dans un théâtre, symbole de la manière artificielle dont cette aventure lamentable avait été organisée.

Sissi séjourne à Possenhofen, à Munich et gagne Bad Ischl le 2 juillet. Elle est soucieuse. Au drame de sa sœur Hélène brutalement veuve, s'ajoute celui de son autre sœur, Sophie, fiancée délaissée de Louis II. Le roi de Bavière a accompagné Sissi dans son train pendant une partie du trajet bavarois et, pendant deux heures, il lui a parlé. A peine l'a-t-il quittée qu'il lui écrit une lettre enflammée : « Tu n'imagines pas, chère cousine, combien tu m'as rendu heureux. Je compte parmi les plus belles les heures que nous avons passées en wagon. Jamais je n'en perdrai le souvenir. Tu m'as permis d'aller te voir à Ischl : si vraiment l'instant approche où j'aurai le bonheur de t'y voir, je suis le plus fortuné des mortels.

Le sentiment de sincère affection, de respect et de si fidèle attachement que, encore tout jeune homme, je te vouais déjà au fond de mon cœur, me fait croire au ciel sur la terre et ne s'éteindra qu'avec la mort. Je te prie de me pardonner de tout cœur le contenu de ces lignes, mais je ne pouvais faire autrement... »

Le roi de Bavière confond les deux sœurs. Celle dont il se sent profondément proche est Sissi. Elle est le modèle de son amour rêvé. Sophie n'est qu'une réplique, qu'il juge fade. Sissi a raison d'être inquiète : Louis II s'est, en fait, rapproché de l'impératrice en se fiançant à Sophie. La malheureuse se morfond, sans nouvelles de son bizarre fiancé qui ne cesse de faire rouler dans Munich le carrosse, vide, qu'elle doit emprunter le jour de son mariage, mais qui ne parle plus du tout de son mariage. Et pour cause : Louis II s'intéresse beaucoup à son nouvel écuyer, Richard Hornig, et fait une fugue avec lui à Paris où l'Exposition universelle, la plus importante qui ait jamais été organisée, attire toute l'Europe. Il revient à Munich fin juillet. A la reprise de *Tannhäuser*, le 1er août, Louis II apparaît seul dans la loge royale. Sophie, comme avant leurs fiançailles, est dans une loge latérale. Le roi ne lui rend visite qu'à l'entracte, pendant cinq minutes, pour lui remettre un bouquet. Liszt résume l'impression des spectateurs en écrivant, en français, à son amie la princesse de Wittgenstein, restée à Rome : « Les ardeurs matrimoniales de Sa Majesté semblent fort tempérées. » C'est le moins qu'on puisse en dire lorsqu'on apprend que la date du mariage est repoussée du 25 août au 12 octobre, jour anniversaire du mariage de Maximilien Ier et de Louis Ier. Ludovika laisse éclater son courroux. Un tel report ne fait pas honneur à sa fille. Sophie lui crie sa tristesse :

— Mais enfin, vous ne voyez donc pas qu'il ne m'aime pas ? Il se joue de moi !

En effet, Louis II joue son mariage au lieu de le vivre. Et le carrosse vide roule toujours dans Munich. Et Louis II appelle Sophie de tous les prénoms du catalogue d'héroïnes wagnérienne, *Elsa*, *Isolde*, *Brunhilde*... Parfois, il l'appelle même *Elisabeth*...

Sissi, qui reçoit un courrier éploré de sa cadette, ne sait

exactement que penser de ces extravagances. Le comportement de son cousin commence à être embarrassant. Elle en parle à son mari qui lui promet d'essayer d'y voir clair mais il y a plus urgent. Napoléon III et l'impératrice Eugénie se rendent à Salzbourg pour, en quelque sorte, une visite de réparation et de condoléances à François-Joseph. Ce dernier avait projeté d'aller aussi à Paris mais la mort de Maximilien avait annulé le voyage. Sissi, restée à Bad Ischl tandis que François-Joseph a regagné Vienne, lui écrit pour essayer de ne pas assister à l'entrevue de Salzbourg. Elle invoque des malaises et une grande fatigue. « Peut-être suis-je enceinte ? Dans ce cas, la rencontre de Salzbourg serait très pénible. Je pourrais pleurer toute la journée tellement je suis triste. Console-moi, ma chère âme, car j'en ai grand besoin. Je n'ai plus envie de rien, ni de monter à cheval ni de me promener, tout m'est égal. » Après la tension des journées hongroises, Elisabeth est très atteinte par les deuils et d'autres inquiétudes. La suite de cette lettre du 1er août est tendre et complice : « Pourquoi ne viens-tu pas demain, jour de fête ? Qu'as-tu à faire à Vienne pour l'instant ? Ou bien t'amuses-tu si bien à Laxenburg – je ne vois pas avec qui – que tu ne peux pas t'y arracher ? » Sissi, piquée par la jalousie, réclame son mari pour elle seule. En réponse, il lui rappelle son devoir et insiste sur sa présence à Salzbourg quatre jours plus tard.

Le 18 août, le couple impérial français est accueilli par un silence glacial dans la ville de Mozart. Réticente, la municipalité finit par souhaiter une bienvenue forcée – sur ordre de François-Joseph – à l'homme qui a poussé Maximilien vers le Mexique et l'y a abandonné. Au-delà des condoléances et des conversations politiques où le ministre Beust veut favoriser un rapprochement entre Vienne et Paris, le grand intérêt de la rencontre est, pour la population, la confrontation attendue entre les deux impératrices. Une question circule sur toutes les lèvres : laquelle des deux est la plus belle ? Eugénie a entendu le peintre Winterhalter vanter la grâce de Sissi et elle a beaucoup questionné l'artiste. De son côté, Sissi n'a pas une admiration excessive pour Eugénie qui a joué un rôle certain dans le déroulement de la guerre, l'an dernier. Il fait

chaud – vingt-cinq degrés – lorsque le train français s'immobilise en gare de Salzbourg. La poignée de main entre les deux hommes n'est guère enthousiaste. Napoléon III est aimable mais malade ; François-Joseph, sur la défensive, est profondément troublé. Il faut reconnaître que ces habitudes qu'ont les souverains européens de se faire la guerre, de se trahir et, ensuite, de se rendre des visites de politesse sont, parfois, exaspérantes !

Les avis sont d'abord partagés. Bien que plus âgée de neuf ans que Sissi, Eugénie paraît fort belle, avec une grande allure. Mais, très vite, la comparaison tourne à l'avantage de l'impératrice d'Autriche qui est plus grande et plus élancée que l'impératrice des Français et, surtout, plus gracieuse. Soixante-cinq ans après cette rencontre publique, un témoin indiscret, le comte Wilczek, racontera à ses petits-enfants un souvenir secret, peu ordinaire : « J'ouvris la porte sans faire de bruit car je devais passer par deux chambres vides jusqu'au cabinet de toilette dont la porte était entrouverte. En face, il y avait un grand miroir et les deux impératrices, le dos contre la porte, mesuraient avec des rubans la longueur de leurs jambes qui étaient les plus belles d'Europe. Cette scène était incroyable et je ne l'oublierai jamais [1]. » A la Hofburg, l'archiduchesse se plaignait souvent du retard de Sissi à table en assurant : « L'impératrice est sûrement encore en train d'admirer ses jambes dans la glace ! » Après la soirée du 19 août où l'on n'a pas dansé en raison du deuil, l'archiduc Charles-Louis, frère de François-Joseph, écrit à sa mère, isolée dans son chagrin : « Bien qu'Eugénie soit encore belle femme, elle est la très humble servante de la nôtre. Lorsque Sissi s'avança pour l'embrasser et que l'impératrice des Français souleva sa voilette, tout ce que l'on vit fut un pastel encore plaisant ainsi que des mains parfaites et des pieds qu'elle prit grand soin de montrer en retroussant sa jupe d'une façon que les plus sévères de nos dames n'estimèrent pas entièrement convenable pour une impératrice. » Parler d'intimité entre les deux femmes serait excessif mais on remarque qu'Eugénie considère Sissi avec importance et courtoisie

1. Brigitte Hamann, *op. cit.*

sans, d'ailleurs, nuire à son propre rang. La première rencontre entre les deux femmes s'achève, cinq jours plus tard, par l'impression qu'ont les Autrichiens d'avoir la plus jolie souveraine d'Europe. Et le prestige de Sissi, entamé par son favoritisme vis-à-vis de la Hongrie, est un peu redoré. De plus, Napoléon III a invité François-Joseph à se rendre à Paris au cours de l'automne.

Le 23 août, Sissi part voir ses sœurs Marie et Mathilde à Zurich. Son séjour est abrégé par une épidémie de choléra et elle doit se réfugier, en famille, à Schaffhouse, sur la rive droite du Rhin, où le fleuve bascule en chutes. Elle se sent mal, de plus en plus convaincue d'être enceinte, mais ses malaises ne l'empêchent pas de se promener incognito et d'engager la conversation avec des passants qui ont des chiens. Après les chevaux, les chiens sont une autre passion, encombrante car elle les choisit les plus grands possible. Un valet est d'ailleurs chargé exclusivement de leurs soins.

François-Joseph vient, à sa demande, la chercher au bord du Rhin et elle le supplie de s'arrêter à Munich. Son père commence à ne plus supporter Louis II qui débarque à minuit pour faire une cour purement littéraire à Sophie et disparaît ensuite pendant des jours, laissant la jeune fille en larmes. La vérité se fait jour : Louis, fiancé impossible, est un mari improbable. D'ailleurs, à son secrétaire de la Cour, Lorenz von Düfflip, il avoue :

— Je préférerais me jeter dans un lac plutôt que de me marier maintenant.

Pendant que François-Joseph reçoit une délégation de Tchèques qui veulent aussi un couronnement à Prague et étendre le Compromis à une triple monarchie, Sissi se repose. Son médecin lui a confirmé l'heureuse nouvelle : elle est enceinte de deux mois mais ne tient pas encore à ce que son état soit rendu public. L'intimité retrouvée des deux époux se teinte chez Elisabeth d'un nouveau rêve. Elle écrit dans son *journal* poétique : « J'aimerais donner un fils, un roi à la Hongrie, un esprit clair, un homme fort. »

Au début du mois d'octobre, Louis II, fuyant ostensiblement les réalités du mariage, est mis en demeure par le duc

Max de se décider. Il y va de l'honneur de la branche ducale. Excédé, le père de Sophie fixe la date de la cérémonie au 28 novembre, au plus tard. Furieux, Louis II prend très mal cet ultimatum. A son secrétaire Düfflip, il demande :

— Est-ce ainsi qu'un sujet s'adresse à son souverain ?

Le fonctionnaire répond :

— Sire, le duc Max ne vous a pas écrit comme un sujet mais comme un père.

Le roi saisit le prétexte. Après trois jours de tourment, il écrit à Sophie une lettre de rupture. Il lui parle de son « amour fraternel, véritable et fidèle », il l'assure qu'il l'aime « comme une tendre sœur » et, sur un ton incroyable de détachement, lui précise : « Il est préférable de nous séparer maintenant sans nous engager pour l'avenir. » Et, avec un mélange d'inconscience et de franchise, il conclut : « Si, dans un délai d'un an, vous n'aviez pas trouvé quelqu'un qui pût faire votre bonheur et s'il en était de même pour moi (éventualité nullement impossible), nous pourrions alors nous unir à jamais, si bien entendu vous en aviez encore le désir. » Incorrigible, il continue de l'appeler *Elsa* et de signer *Henri*. En fait, l'homosexualité a enrayé les projets de mariage de Louis II, très lucide et, en définitive, soucieux, dans l'immédiat, de ne pas faire le malheur de la pauvre Sophie. Trois jours plus tard, il confesse la vérité dans son *journal* intime : « Sophie est écartée. La sombre image s'efface. J'avais besoin de liberté, j'avais soif de liberté, il fallait que je puisse me réveiller de cet horrible cauchemar. » La pauvre Sophie, qui n'a rien de cauchemardeux, fond en larmes et ses parents passent de la colère au soulagement. Lorsqu'elle apprend que sa sœur ne sera pas reine de Bavière, Sissi se jette sur son papier à lettres et écrit à sa mère, de Schönbrunn, le 19 octobre : « Mon indignation est à son comble comme celle de l'empereur. Il n'est pas d'expression pour qualifier pareille conduite. Je ne comprends même pas que Louis ose encore, après tout ce qui s'est passé, se montrer dans Munich ! » Sissi ne sait pas que, ce même jour, Louis II qui a déjà oublié les ravages qu'il a causés, écrit à Wagner : « Cette année aura été heureuse et nous aura donné du bonheur » ! Elisabeth, calmée, avoue à sa mère : « Mais je suis contente que Sophie prenne aussi bien les choses. Dieu sait qu'elle n'aurait jamais été heureuse avec un pareil homme. Et je souhaite maintenant qu'elle en trouve un très gentil. Mais qui ? »

François-Joseph est sur le point de répondre à l'invitation de Napoléon III. Sissi prétexte sa grossesse pour ne pas l'accompagner à Paris mais, en vérité, elle n'a pas du tout envie de se rendre en France.

A Paris, François-Joseph est ébloui des fastes de la ville impériale rénovée, nettoyée et agrandie par l'énergique baron Haussmann. L'Exposition universelle où l'Autriche expose ses réalisations, est grandiose. L'Empire joue sa dernière carte qui est celle de la réussite économique. Il fait aussi d'autres découvertes, moins officielles, qu'il rapporte à Sissi, dès sa première lettre, écrite à l'*Elisée* (sic) *Napoléon*, résidence des souverains étrangers, le 24 octobre, à six heures trente du matin :

« ... J'ai vu le bois de Boulogne avec de nombreux équipages, de cavaliers, de cavalières et, au total, beaucoup de petites putains [1]. »

Cette observation crue, faite en se rendant au palais de Saint-Cloud, prouve que, en ces lieux, la galanterie tarifée n'est pas l'apanage du dernier quart du XXe siècle... Un ton libre, moderne, transparaît dans ces lettres à une époque où l'Europe est censée vivre à l'unisson de la pudeur victorienne. Paris est sans doute plus frivole que Vienne...

François-Joseph savoure cette visite d'Etat dans laquelle la vie parisienne, chère à M. Offenbach, tient sa place. Le 30, l'empereur d'Autriche, décidément d'humeur gaillarde, ajoute : « Des petites putains, j'en ai vu beaucoup et de bien belles mais je ne pense qu'à toi, tu peux être tranquille. » Ils s'écrivent tous les jours. « Je vais très bien et je m'amuse beaucoup », dit-il. Comme Sissi lorsqu'elle voyage, il demande à être incognito pour assister à un vaudeville au théâtre du Palais-Royal, où l'on sait se divertir : « J'ai beaucoup ri », écrit-il le 2 novembre. Et encore ceci, qui est assez

1. *Briefe Kaiser Franz Josephs an Kaiserin Elisabeth* (1859-1898), présenté par von Georg Nostitz Rieneck, Herold, Vienne, 1966. Ces deux riches volumes de correspondances n'ont jamais été édités en français.

cocasse, à propos du prince impérial, âgé de onze ans : « Le petit Napoléon est très intelligent mais très petit. Nous avons mieux. » De banquet en inauguration, François-Joseph, qui ne s'est jamais aussi bien délassé, ne cesse de songer à Elisabeth. « Je regrette que tu souffres autant et que tu sois de mauvaise humeur. Bientôt je serai là » (28 octobre). Racontant comment l'impératrice Eugénie veut monter dans le ballon captif près de la porte de Suffren sans en avoir averti Napoléon III, il dit : « Ce n'est pas toi qui ferais des choses pareilles dans mon dos » (30 octobre). « J'essaierai de te consoler et de te distraire. (...) Si tu étais ici, tu t'amuserais beaucoup » (2 novembre) En effet, François-Joseph et Sissi auraient pu passer des jours très heureux à Paris, tandis que l'Empire français brillait de son ultime éclat. Les Parisiens regrettent l'absence de Sissi et Eugénie demande constamment de ses nouvelles. Comme l'empereur d'Autriche n'est pas un esprit compliqué et que son épouse et ses enfants constituent sa seule joie, il écrit : « J'ai envie de vous tous, mon seul univers, mon seul vrai bonheur. » Et, le 2 novembre, en français : « Où est-on mieux qu'au sein de sa famille ? Je t'embrasse, ma magnifique femme »... Eloigné depuis quinze jours, François-Joseph aime rappeler à Sissi ces bases de leur vie et combien la fuite, l'évasion et, par conséquent, l'absence peuvent être difficiles à supporter. C'est là une immense différence entre eux deux. Même s'il y est contraint, par exemple pour des raisons militaires, François-Joseph n'est jamais heureux de voyager seul. En revanche, Sissi y prendra goût. Dangereusement. Pour la défense de Sissi qui avait préféré renoncer à ce voyage, observons que François-Joseph rentre très fatigué de Paris. Il a pourtant été « sage ». Pour la première fois, il avoue qu'il dormait plus à l'Elysée qu'à la Hofburg ; il ne se réveillait qu'à 6 heures du matin... Sissi, qui lui a aussi écrit quotidiennement pendant ce voyage, lui a dit, à propos de son emploi du temps très rempli : « Je suis contente de ne pas y être. Pour les hommes, tout est quand même plus simple et plus facile. »

Elisabeth est heureuse de retrouver son « petit homme » qui a été si fastueusement reçu à Paris et qui a su dire à Napoléon III, alors qu'il l'étreignait sur le quai de la gare :

« Nous sommes alliés sans être liés. » L'empereur rapporte de nombreux cadeaux : un bijou en forme d'oiseau dont les plumes et la queue sont en rubis, des diamants, des perles, un éventail peint par Watteau, des dentelles, des étoffes, des châles. François-Joseph a ramené un peu de Paris dans ses malles.

Courant novembre, tiraillé entre les mouvements libéraux et le respect des nationalistes, il décide de se reposer à Gödöllö, dont il a surveillé de près les travaux d'aménagement. Le séjour en Hongrie est une nouvelle victoire de Sissi qui est au comble du bonheur. Très vite, l'empereur partage le point de vue de sa chère Elisabeth, Gödöllö est un havre de paix, un asile dans lequel – il le dit à sa mère – il « peut se retirer quand les Viennois l'agacent trop ». Or, à Vienne, un nouvel agacement empoisonne la vie de la Cour. Une rumeur circule : l'impératrice songerait à accoucher en Hongrie et, si l'enfant est un garçon, elle voudrait lui donner le prénom d'Etienne, en l'honneur du saint patron des Hongrois...

La rumeur est fondée. Après le rapatriement du corps de Maximilien qui a donné lieu à de sordides formalités, Sissi et son époux partent pour Buda-Pesth. Il la précède fin janvier, elle le rejoint le 5 février 1868. La Cour de Vienne jase ; on dit que l'impératrice part pour plusieurs mois, on confirme qu'elle veut accoucher sur le sol hongrois. Et la comtesse Fürstenberg écrit à sa sœur qu'une grande dame de la haute société, exaspérée de ce nouvel affront aux intérêts autrichiens, a été jusqu'à dire, à haute voix, que si l'impératrice avait un accident, il serait mérité... L'antagonisme entre la Cour et Sissi est un chef-d'œuvre de malentendu. Les Viennois sont vexés, l'impératrice leur donne une leçon que certains ressentent comme une gifle. La mise en application, délicate, du Compromis, exige encore que Vienne fasse des efforts en faveur de Buda-Pesth. Sissi n'estime pas avoir achevé sa mission ; celle-ci ne sera remplie qu'avec la naissance de l'enfant, au printemps. Et François-Joseph, très lucide sur l'esprit sarcastique viennois, commence à approuver sa femme. Il comprend – un peu tard – que l'atmosphère étouffante a, effectivement, rejeté Elisabeth vers des milieux plus accueillants et plus humains. Vienne juge que la spiritualité de l'impératrice n'est qu'un romantisme dévoyé, que sa sensibilité n'est que de l'hystérie et que son raffinement n'est qu'une succession de bizarreries. Vienne voit toujours Sissi avec des yeux critiques, ignorant que son couronnement en qualité de reine de Hongrie a été sa revanche. « Il a fallu la banqueroute de cette Cour pour élever Elisabeth à son vrai rôle. Dès lors, on ne la condamne plus à une existence de frivolité ; elle a pris place dans la réalité[1]. »

Sissi est reconnaissante envers les Hongrois de l'avoir recueillie alors que, psychologiquement, son esprit dérivait vers une dépression certaine. Et c'est pour les remercier qu'elle veut leur donner cet enfant qui est autant celui d'une tendresse retrouvée que celui de sa passion pour une cause libérale et juste.

Son libéralisme semble être contagieux car un débat parlementaire à la Chambre Haute de Vienne conteste le Concordat et veut le modifier. Par soixante-neuf voix contre trente-neuf, le régime religieux autrichien est transformé. La séance du 21 mars rétablit la compétence des tribunaux civils pour le mariage et le contrôle de l'Etat sur l'enseignement. L'Eglise et le clergé s'élèvent contre la perte de leur influence exclusive ; le pape Pie IX se déclare irrité et l'archiduchesse Sophie résume son mécontentement : « Je ne crains pas pour la religion, je crains pour la dynastie. »

Elisabeth porte le nouvel avenir de la dynastie. D'Ofen, elle dit à François-Joseph combien elle aimerait qu'il soit là pour la conforter. Il espère un deuxième fils, elle est certaine qu'elle aura une fille. Elle a raison : le 22 avril, elle donne le jour à la petite Marie-Valérie. Le sexe de l'enfant provoque une polémique feutrée mais certaine. Les Hongrois auraient préféré un garçon car un futur souverain aurait permis, à long terme, un royaume indépendant de Vienne. Les Autrichiens, qui ont tant critiqué la naissance en Hongrie, se réjouissent, au contraire, d'une fille qui menacera moins l'unité de l'Empire. Vienne tient une comptabilité sourcilleuse. Tout ce qui affaiblit la Hongrie fortifie l'Autriche et inversement.

1. Karl Tschuppik, *op. cit.*

En secret, on murmure que le bel Andrassy est le père de l'enfant. Ce n'est qu'une calomnie qui s'effondrera totalement lorsque la ressemblance entre François-Joseph et la petite fille s'imposera.

L'empereur est très heureux. Il décrit, à son fils, resté à Vienne, sa joie de père et lui fait le premier portrait de sa petite sœur, huit jours après sa naissance : « Elle est bien jolie, elle a de grands yeux bleu foncé, un nez encore un peu trop gros, une toute petite bouche, des joues énormes et des cheveux foncés si épais qu'on pourrait les coiffer. Elle est très forte et gigote vigoureusement. »

Immédiatement, Marie-Valérie va tenir une place à part dans le cœur de sa mère. Elle sera son enfant favori.

Avec Gisèle et Rodolphe, Sissi est passée d'une frustration pénible à une autorité démesurée. Sa fille et son fils, alors sous la coupe de leur grand-mère, lui manquaient et lorsqu'elle s'était absentée, elle avait manqué à ses enfants. Quand leur mère avait recouvré ses droits naturels sur eux, leur éducation s'était trouvée aussi modifiée que leur entourage. A l'influence religieuse de l'archiduchesse, en particulier, devait succéder une atmosphère plus libérale pour Rodolphe. Sissi, passant d'un extrême inquiétant à un autre, tout aussi regrettable, avait multiplié les professeurs. Ils furent près de cinquante ! Ses leçons, qui lui étaient données à la limite de la saturation, avaient développé la précocité du petit garçon et son ambition. Lorsqu'il n'obtenait qu'une note médiocre sur un devoir, il en était exagérément affecté. Son gouverneur, le comte de Latour, lui ayant dit que son mauvais résultat le priverait d'aller à la chasse avec son père, Rodolphe avait répondu :

— Ce n'est pas pour la récompense que je me donne du mal. Je le fais parce que c'est mon devoir.

Il avait neuf ans...

Son ouïe, très fine, l'incline à aimer la musique. Quand Elisabeth lui jouait une mélodie de Schubert sur son piano décoré d'angelots, il retrouvait son calme et disait :

— Il me semble que je deviens meilleur.

De telles réflexions témoignent de la gravité de son esprit. Les incessantes questions qu'il posait sur les événements de

1848 et sur les guerres perdues par l'empereur le rendaient déjà familier d'un monde sombre. Des troubles de caractère, une humeur instable semblaient ressortir de la fameuse hérédité des Wittelsbach. L'étude des langues était très poussée car le prince héritier devait pouvoir s'exprimer et lire couramment l'allemand, le hongrois – Sissi lui écrivit très tôt dans cette langue –, le tchèque, le croate, l'anglais et le français. Malgré son tempérament physique fragile, sa maigreur et sa faiblesse parfois anormale, Rodolphe suit un programme très dense. Son professeur de hongrois, le bénédictin Hyacinthe de Ronay, ancien aumônier des révolutionnaires, développe « la bienveillance naturelle de Rodolphe vers le même amour et le même respect à l'égard de toutes les nationalités ».

Ses autres professeurs, tels l'archiviste Gindely, l'historien Kirieck, le géographe Gruen ou le Dr Ambros, spécialistes de l'art, étaient frappés par l'avidité et la facilité avec laquelle le prince héritier suivait ses études. Ne leur disait-il pas, à chacun : « Dites-moi tout, je veux tout apprendre » ? Le programme excessivement – et stupidement – militaire avait été gommé mais trop tard. L'enfant gardait une conscience du danger très vive et on l'avait surpris à rédiger son testament... Politiquement, il recevait des préceptes sains « donnés dans un esprit critique ». Un juriste, le professeur Exner, avait établi que « le prince doit tirer un enseignement des prérogatives et des grands privilèges des souverains mais aussi de leurs erreurs ». Très tôt, le devoir lui avait été présenté comme une règle de vie, relayé par un travail appliqué. François-Joseph, bon père et qui se rendait disponible chaque jour pour ses enfants, ne pouvait renoncer à ses manies bureaucratiques ; il annotait les travaux de son fils qui suivaient l'itinéraire d'une circulaire à diffusion restreinte. A dix ans, l'enfant, très éveillé et très ouvert, avait la sensibilité de sa mère mais avec une retenue qu'elle avait toujours ignorée. Ainsi, elle le jugeait « trop timide à cheval ».

Pendant ce temps, Rodolphe, bouleversé par une prière de son missel, sanglotait en répétant « Oh ! mon Dieu, j'ai mérité votre vengeance. Je ne suis plus digne d'être appelé votre fils. » Le chapelain de la cour, le père Mayer, aurait dû rédiger une prière moins éprouvante.

Pour Sissi, le traumatisme des premières années a été trop fort. Les enfants n'ont été que partiellement les siens. Marie-Valérie sera entièrement à elle, elle échappera à l'influence, même indirecte, de l'archiduchesse.

En voulant, en quelque sorte, rattraper le temps perdu de sa maternité sereine, Elisabeth développera une idée fixe sur son dernier enfant. Marie-Valérie parachève sa revanche. « Je sais maintenant le bonheur d'avoir un enfant », dit l'impératrice à une dame d'honneur.

Sissi est très fatiguée. Le 9 juin, elle part directement pour Bad Ischl, sans passer par Vienne. L'impératrice sait que la Cour lui reproche son influence sur François-Joseph assailli de demandes quasi quotidiennes de concessions, en particulier par les Tchèques qui insistent pour poser à Prague la couronne de saint Wenzel sur la tête de l'empereur et de l'impératrice comme ce fut le cas avec la couronne de saint Etienne, à Buda-Pesth. Un mois plus tard, Sissi retrouve sa chère Bavière avec émotion car toute sa famille lui demande d'intervenir auprès de Louis II pour rétablir des relations familiales interrompues depuis le scandale de ses fiançailles brisées. L'étrange roi est fort agité. Le retour de Wagner a été suivi par la première, à l'Opéra de Munich, des *Maîtres chanteurs de Nuremberg*. Louis II a savouré le triomphe de celui qu'il nomme *l'Ami* après une représentation qui a duré cinq heures, dans une chaleur tropicale. Et, dans l'enthousiasme, il a annoncé son intention de reconstruire le vieux château en ruine près de sa résidence de Hohenschwangau, sur un éperon adossé aux cimes qui jalonnent la frontière autrichienne. En plein délire médiéval, le roi a donné ses directives :

— Je ne veux pas une construction symétrique mais un ensemble d'une variété pittoresque.

Pittoresque, le résultat sera également grandiose sous le nom de Neuschwanstein. Louis II inaugure sa série de châteaux fantastiques dans un rêve de pierre qui, aujourd'hui encore, nous étonne et nous fascine.

Elisabeth s'installe, avec sa fille, à Garatshausen, au milieu de la rive occidentale du lac de Starnberg, dans la résidence de son frère aîné Louis-Guillaume. Les sentiments maternels de Sissi, animés d'une volonté de bien faire, tournent à la maniaquerie. Des troubles digestifs de la petite Valérie paniquent la mère qui est persuadée que le lait de la nourrice est gâté et avertit sa lectrice, Ida Ferenczy, restée à Vienne :

— Je ne suis pas tranquille un instant car c'est un sentiment horrible de savoir que le plus grand trésor qu'on possède au monde est entouré de gens peu consciencieux.

L'impératrice ajoute, en parlant de la nourrice :

— Le bon Dieu lui-même n'arriverait pas à s'entendre avec elle.

La nourrice est congédiée. Une telle frayeur chez la mère ne peut s'expliquer que par le souvenir de la petite Sophie qui est morte, peut-être, faute de soins appropriés.

François-Joseph la rejoint le jour même où Louis II vient faire une visite, à peine embarrassé, à sa cousine favorite qui l'émeut de plus en plus. Ils ne se sont pas vus depuis une dizaine de mois. Sissi est perplexe, sa mère ne veut plus entendre la moindre allusion à Wagner qui a été, si l'on ose dire, le « rival » de sa fille et l'empereur fait faire une enquête discrète sur le monarque de Bavière déjà entouré d'une singulière légende. La réconciliation intervient mais chacun, dans la famille du duc Max, s'interroge sur les caprices spectaculaires du souverain. On rapporte, entre autres, qu'il se fait conduire l'hiver au manège royal de Munich à 8 heures du soir et galope, suivi de son écuyer, jusqu'à 3 heures du matin. Il s'arrête alors, examine des cartes de routes alpestres et estime qu'il vient d'accomplir la distance de Munich aux environs d'Innsbruck. Il met pied à terre, il soupe et repart. A son « arrivée », il est persuadé qu'il s'est rendu en Autriche, chez Sissi... Entre les fous rires et l'anxiété, Elisabeth et François-Joseph demeurent perplexes. Une certitude : Sophie a échappé à une existence bizarre... La sœur de Sissi vient de se fiancer avec un petit-fils de Louis-Philippe, le prince Ferdinand de Bourbon-Orléans, duc d'Alençon. Moins d'un an après sa mésaventure avec le roi mécène de Wagner, elle va se marier.

La cérémonie a lieu à Possenhofen et Sissi y paraît, radieuse. Louis II croit indispensable de venir. Il repart après quelques instants, en déclarant :

— Je me suis mortellement ennuyé.

En septembre, l'impératrice veut repartir pour la Hongrie. Elle s'arrête à Vienne mais n'y passe... que quelques heures ! La colère éclate à la Cour. Trop tard : l'insaisissable impératrice est déjà repartie pour Gödöllö, qu'elle veut considérer comme sa véritable résidence en dehors des demeures bavaroises. La vérité s'impose : Sissi n'est heureuse que dans l'univers de son enfance ou dans celui de son épanouissement psychologique et politique. Gödöllö est un château qui lui a été donné et a été aménagé à son goût. Elle ne s'y sent point prisonnière et y vit selon un protocole, certes, mais un protocole assoupli par la vie à la campagne, au milieu des chevaux et du gibier. Son époux apprécie, lui aussi, Gödöllö et la vie de famille loin des jalousies viennoises. De plus, il y soigne ses rhumatismes. L'empereur vient d'imposer la nouvelle loi militaire à la Hongrie, selon laquelle les *Honved*, les éléments jadis révolutionnaires, constituent désormais une garde civique [1]. Il a, en revanche, refusé que les commandements soient donnés en hongrois comme le souhaitait Andrassy. Et, le 14 octobre 1868, François-Joseph note : « L'Empire n'est plus l'Empire d'Autriche mais la monarchie austro-hongroise. » Le Compromis fonctionne.

Sissi s'affole encore à cause de Marie-Valérie, malade pendant une semaine. Faut-il être inquiet ? Non. Il ne s'agit que de la première dent. Soulagée, sa mère distribue deux cents florins à la nourrice et aux jeunes femmes de chambre qui prennent soin de l'archiduchesse.

A Gödöllö, l'atmosphère est particulièrement détendue. A son époux, rentré à Vienne, Sissi raconte avec délices comment la nouvelle nourrice de Valérie, qui chante des *czardas* d'une voix grave, a une peur incontrôlable des souris et lui écrit, le 2 novembre, après qu'un rongeur se fut réfugié dans sa chambre : « Hier, il y avait grande chasse, chez moi, dans la vieille chambre. Les enfants, les femmes de chambre et les laquais chassaient une souris avec des balais, des cannes

1. Incorporées dans les troupes impériales, ces unités représentent 60 escadrons formés en 10 régiments. L'uniforme est celui des hussards à tresses rouges et pelisse garnie de fourrure blanche.

et des torchons, c'était un vrai steeple-chase, pendant lequel la malheureuse tomba une fois dans l'écuelle de *Horse-guard*[1] ; mais elle réussit à s'en échapper, enfin, Wallner l'attrapa sous les jupes de Bally, où elle s'était réfugiée et lui tordit le cou... » A la Hofburg ou à Schönbrunn, les fous rires sont rares. A Gödöllö, la bonne humeur, les joies simples et une étiquette réduite au minimum sont, pour Elisabeth, une véritable cure d'optimisme. Sa mélancolie, si soudaine, est combattue par un bonheur que l'empereur vient partager le plus souvent possible. Sissi redevient gamine, espiègle, malicieuse mais elle sait maintenant être grave, profonde avec ceux qui sont francs à son égard. C'est davantage la satisfaction que la maturité, très relative, qui lui a enfin enseigné une certaine patience. Son intérêt permanent pour les idées magyares lui a permis de compter ses vrais alliés, de séparer le courage de la lâcheté. Et, dotée de la même remarquable mémoire que François-Joseph, elle n'oublie ni l'affection des uns ni les bassesses des autres. Il reste qu'elle surprend toujours en écrivant à Ida Ferenczy : « Embrasse les chevaux pour moi un millier de fois. Quel dommage que je ne puisse pas toujours les avoir auprès de moi. » On peut dire qu'à la fin de 1868 son caractère s'est, en quelque sorte, stabilisé dans le déséquilibre... Le mal de vivre, qui ravage déjà l'esprit de son cousin Louis II, est, chez elle, combattu par une énergie qui, pour une fois, a donné des résultats. Le long séjour prend fin en deux étapes. La première se situe au début de décembre, à Ofen où, en application du Compromis, les délégations autrichiennes et hongroises se rencontrent une fois par an, tantôt en Cisleithanie, tantôt en Transleithanie, pour la gestion des affaires communes aux deux monarchies. De réception en cérémonie, Sissi tient son rôle. Elle peut assumer ces mondanités parce qu'elle est portée par une mission de bienveillance et d'observation. Poursuivant ses contacts avec les milieux opposés, fermement – mais courtoisement – aux Habsbourg, elle parvient, par sa grâce et son charme, à inspirer une trêve dès qu'elle apparaît quelque part en Hongrie. Devant la souveraine, les plus irréductibles se

1. L'un des nombreux chiens de Sissi.

sentent désarmés et jugent, comme on le leur a dit, qu'une telle femme ne peut qu'être leur alliée. Le romancier Mor Jokai, écrivain fécond, député nationaliste et rédacteur en chef d'un journal d'opposition, a une lectrice assidue en la personne d'Elisabeth. Comme toujours, Sissi trouve un terrain de conversation avec ceux qui sont censés être les adversaires de François-Joseph. En parlant de littérature, de poésie avec eux, Sissi les transforme souvent en partisans. Avec un sourire et trois mots, elle fait leur conquête.

Elle déclare à Jokai :

— Je n'entends rien à la politique.

C'est exact. Elle connaît, en revanche, le cœur, l'enthousiasme et la spontanéité. Son instinct précède ses connaissances. Jokai répond, ébloui :

— La meilleure politique est de gagner le cœur d'un pays et Votre Majesté s'y entend parfaitement.

A ses amis qui l'attendent après cette audience, il résume le sentiment qui a envahi la Hongrie :

— Ce n'est pas la reine que nous voyons en elle ni la femme mais le génie de notre pays.

Elisabeth de Bavière, impératrice d'Autriche, est totalement adoptée par sa nouvelle patrie. Elle est fière d'être considérée comme une fille de la Hongrie. Cela n'échappe pas aux diplomates, tel le chargé d'Affaires de Suisse qui note que Sissi « est la personnalité la plus populaire de la Hongrie ».

C'est un véritable arrachement pour elle que de rentrer à Vienne. Elle y arrive le 24 décembre, le jour de son anniversaire. Le cadeau des Autrichiens pour ses trente-deux ans est amer : la presse publie un calcul précis des séjours de l'impératrice en Autriche et en Hongrie au cours de l'année. Et le bilan se passe de commentaires. Sissi a passé deux cent vingt jours en Hongrie, soit près des deux tiers de 1868 loin de Vienne. A cette vexation, s'ajoutent, pour la Cour, le fait que la langue hongroise est de plus en plus parlée dans l'entourage impérial et que Sissi a remplacé la comtesse Bellegarde et son mari par un chambellan venu de Transylvanie, le baron Nopcsa. Cette décision est âprement commentée. En effet, le ménage Bellegarde était l'un des ultimes « agents » de l'archiduchesse Sophie. Sissi confirme sa spectaculaire indépendance. Mais que peut la Cour contre une impératrice aussi remuante, certes, mais aussi rayonnante ? La beauté d'Elisabeth s'est encore épanouie après sa quatrième maternité. Et elle a transmis à François-Joseph l'essentiel de sa passion magyare, moins par l'élan du cœur que par le souci de sa tranquillité. Le bonheur de Sissi est le sien, rien n'a plus de valeur à ses yeux.

Enfant, sa mère, la duchesse Ludovika, répétait à Sissi comme à toutes ses filles une phrase en français : « Il faut que les princesses apprennent à s'ennuyer avec grâce. » C'était un principe sacro-saint. Sissi l'a réduit en miettes, balayant l'ennui mais conservant la grâce. La reine de Hongrie est aussi la reine des Hongrois [1].

1. Sa statue a été réinstallée sur la rive de Buda, au nord du Danube, et le château de Gödöllö, abandonné puis converti en asile gériatrique et en caserne par les troupes soviétiques d'occupation fut, à partir de 1989, l'objet d'une longue et coûteuse restauration. Il est aujourd'hui magnifiquement remis en état.

VI

LA SOUVERAINE

Tous les regards sont sur lui. En spencer, cravate blanche et pantalon long, Rodolphe écoute et observe, fasciné par le monde irréel du théâtre. Nous sommes le 7 février 1869. Le prince, qui va sur ses onze ans, est récompensé pour des notes excellentes. Il assiste, pour la première fois, à un spectacle, en compagnie de ses parents. La beauté de sa mère ne réussit pas à distraire le public à l'entracte : c'est Rodolphe qu'on admire, assis dans la loge impériale du Burgtheater ou théâtre de la Cour, l'équivalent viennois de la Comédie-Française. La pièce choisie convient parfaitement à l'archiduc : elle s'appelle *le Prince enchanté*. François-Joseph est très satisfait des études de son fils dont les progrès sont évidents. Il nourrit une passion pour l'histoire et on doit lui arracher des mains une *Vie d'Alexandre le Grand* qu'il lit à chaque instant ; il montre aussi un grand intérêt pour la marine, comme son feu oncle Maximilien au même âge. Mais sa sensibilité se développe parallèlement à son intelligence. Un triste hasard l'ayant rendu témoin du suicide d'un jeune homme dans le parc de Schönbrunn, il n'a cessé de poser des questions sur le drame et en fut particulièrement impressionné.

Sa mère lutte contre l'ennui. Elle ne peut plus affronter Vienne. Comment supporter la critique, la jalousie et la mesquinerie permanentes lorsque, en cinq heures de chemin de fer, elle peut être à Ofen, puis à Gödöllö, fêtée, acclamée, aimée ? « J'enrage d'être obligée de rester ici et je me languis d'Ofen où, sous tous les rapports, le séjour est plus beau et plus agréable. » L'impatience de Sissi a, désormais, une justification. Dans son esprit fantasque, elle a trouvé la conjonction du devoir d'Etat avec sa félicité grâce à la Hongrie. Rentrée à la Cour, elle n'éprouve plus que le malaise, l'oppression d'une personnalité contrariée. Et les conséquences sont graves ; l'impératrice n'a qu'une hâte : repartir. La population de Croatie lui en fournit le prétexte. Les Croates réclament, en effet, une visite impériale car ils ont le sentiment d'appartenir aux peuples un peu oubliés de l'Empire. Sissi accompagne François-Joseph à Agram [1]. Des fêtes somptueuses marquent le séjour dans la capitale croate construite dans un beau site et où une Académie des Sciences a été fondée il y a deux ans.

En revenant vers Vienne, Elisabeth ne résiste pas : elle s'arrête à Ofen et limite ses obligations au maximum. L'empereur est donc seul, le 25 mars, pour la traditionnelle cérémonie du Lavement des pieds. L'absence de l'impératrice est très remarquée. Le comte Crenneville, dont Sissi avait obtenu la mutation de sa charge, importante, d'aide de camp général à celle de chambellan de la Maison de l'empereur, parle, sarcastique, de « la reine avec son enfant hongrois ».

Au début d'avril, elle se réinstalle à Gödöllö et parvient à inviter Ferencz Deák, l'homme qui avait tant milité pour une autonomie de la Hongrie au sein de l'empire des Habsbourg. De tels rapprochements, de tels contacts sont toujours l'œuvre d'Andrassy avec l'aide d'Ida Ferenczy. Elisabeth, constamment soucieuse de son apparence physique, écoute avec une certaine délectation sa lectrice l'appeler « fleur fraîche de rosée »... Sans doute, n'est-elle pas aussi dupe qu'on le pense : ce qualificatif la fait sourire... Il faut observer qu'à cette époque, l'impératrice est véritablement malheureuse d'être séparée de François-Joseph, mais elle s'épanouit loin de Vienne. La situation est inextricable. Elle aime être avec lui mais pas assez pour se sentir totalement apaisée n'importe où, c'est-à-dire à la Cour. Dès qu'il repart – les allées et venues de l'empereur sont très fréquentes – elle est encore plus triste, partagée entre l'envie de faire apprécier à Fran-

1. Aujourd'hui Zagreb, en Yougoslavie septentrionale.

çois-Joseph le pays qu'elle considère comme « son » pays et la constatation qu'elle ne parvient pas à être tout à fait à sa place. Chez Elisabeth, un sentiment de culpabilité commence à poindre. Elle lui écrit : « ... J'avais si bien fait ton éducation ces derniers jours et me voilà obligée de recommencer quand tu reviendras. (...) Tu me connais, tu connais mes habitudes... Eh bien, si je ne te conviens pas telle que je suis, j'irai en pension. »

Des propos gamins qui sont transparents. La pension est une prison, la prison c'est Vienne. Elle est donc absente de Vienne à l'inauguration du nouvel opéra, le 25 mai, premier édifice achevé du Ringstrasse. Il a été construit en s'inspirant à la fois des plans de l'Opéra de Paris et de ceux du théâtre du Châtelet. Il a coûté six millions de florins. Les Habsbourg ont toujours dépensé des sommes colossales pour la musique et plusieurs souverains avaient fait jouer de nombreuses œuvres (quatre cents sous le règne de Léopold Ier au XVIIe siècle), et même composé. En 1653, Ferdinand III avait écrit le premier opéra de langue allemande. C'est donc une longue tradition que François-Joseph poursuit avec cette représentation du *Don Juan* de Mozart donnée à sept heures du soir devant deux mille sept cents spectateurs et par un orchestre de cent onze exécutants. L'œuvre est chantée en allemand car sa langue originale, l'italien, n'est toujours pas très appréciée en raison de la perte de la Vénétie. Sissi a tort de ne pas être aux côtés de l'empereur. Vienne se transforme, s'agrandit ; le nouveau théâtre est prêt à accueillir la souveraine ; elle y a son salon, somptueux, juste derrière la loge impériale centrale[1]. Pour l'Ascension, l'impératrice consent à paraître dans l'église Saint-Etienne, après trois heures de toilette et de coiffure. « Si elle n'était pas venue, je crois qu'il y aurait eu une révolution », affirme l'ambassadrice de Belgique.

En juin, l'impératrice s'enfuit vers sa Bavière natale et loue, pour six mois, la résidence de son frère, Garatshausen.

---

1. Celle-ci ne servait que pour les représentations de grand prestige. Deux autres loges étaient, en temps normal, réservées à l'empereur (côté jardin) et plus tard, à l'archiduc Rodolphe (côté cour). Les deux loges permettaient à leurs hôtes d'être vus du public plus facilement que dans la loge centrale.

C'est la première location de longue durée qu'elle décide depuis son séjour à Madère. Sissi mène une vie extérieure très saine, se baignant dans le lac de Starnberg, lisant beaucoup, cultivant la joie d'être au milieu de ses frères et sœurs. Une ombre, cependant, plane sur ce séjour : elle n'a emmené que Marie-Valérie. Gisèle et Rodolphe sont à Bad Ischl avec leur grand-mère. Le contentieux ne s'est pas adouci, au contraire, et le résultat est une triste séparation entre les deux aînés et leur petite sœur. Ils ne se retrouvent que le 21 juillet, lorsque l'archiduchesse vient voir Ludovika à Possenhofen. La famille évoque les dernières fantaisies de Louis II. Il a passé de nombreuses heures dans le jardin d'hiver qu'il a fait installer sur le toit du palais royal de la Residenz, à Munich. L'Afrique, l'Orient et même l'Himalaya sont reconstitués en décor. La nuit, par l'éclairage d'une lune artificielle, les visiteurs que le roi aime recevoir dans cette atmosphère de voyage lointain, croient être dans les jardins de l'Alhambra ou dans quelque Nouvelle-Guinée fabuleuse. Sissi rit beaucoup en apprenant que son cousin a dressé un perroquet à dire « Bonjour ! » caché dans la forêt de carton... Heureusement, le roi est invisible, plongé dans les travaux de Neuschwanstein et toujours parti sur les sentiers de Haute-Bavière. « Il a la bougeotte », dit Sissi à François-Joseph. C'est une maladie de famille.

François-Joseph n'est contrarié par Sissi que sur un point : son régime alimentaire. Elle recommence à se nourrir bizarrement et, il faut le dire, stupidement, ne mangeant que des côtelettes à peine saisies et buvant du... sang de bœuf, qu'elle juge très énergétique. Après sa période « légumes et laitages », l'impératrice se persuade qu'elle n'a besoin que de viandes. Sur le plan diététique comme sur d'autres, le juste milieu est décidément impossible. Une telle attitude, très exagérée, résulte à la fois d'une obsession de la sveltesse (Sissi a trente-deux ans et sa beauté est intacte) et une certaine volonté d'être physiquement dure avec ce corps qui, en fait, la martyrise. Esclave de son corps dans un sens purement esthétique, Elisabeth continue à s'imposer des efforts qui inquiètent et épuisent son entourage.

Fin juillet, le comte Andrassy fait un séjour à Munich. Il

rend visite à sa reine qui regrette tant de ne plus parler quotidiennement hongrois comme il y a deux mois. Sissi est rayonnante à l'idée de cette entrevue. Elle rassure sa lectrice, toujours inquiète des manifestations trop spectaculaires d'Elisabeth. « Ne t'inquiète pas, je ne lui sauterai pas au cou ! » Après le départ du Hongrois, Elisabeth est nostalgique. Une petite fille de neuf ans a raconté, bien plus tard, qu'elle a vu l'impératrice pleurer. La petite fille est sa nièce, Marie de Wallersee, fille de son frère Louis-Guillaume qui a épousé la comédienne Henriette Mendel. Cependant, les mémoires de la nièce de l'impératrice, qui deviendra la comtesse Larisch, sont très suspects car elle a surtout voulu se justifier et dégager sa responsabilité dans le drame de Mayerling[1].

L'arrivée de Louis-Guillaume, propriétaire de Garatshausen, et de son épouse, morganatique, provoque d'ailleurs un petit incident familial. Un dîner intime réunit l'impératrice, son frère et sa belle-sœur. Le reste de la famille et l'entourage n'ayant toujours pas admis cette mésalliance, Sissi a pris soin de n'inviter personne d'autre. En réalité, elle est ravie d'être séparée de son cercle l'espace d'un dîner. Ironique, elle ose expliquer à Ida Ferenczy :

— J'imagine leur indignation mais je ne pouvais pourtant pas faire à d'aussi hautes personnalités l'affront de les inviter à la même table que ma belle-sœur.

Entre deux indignations, Sissi choisit celle qui l'arrange. Elle dîne dans le boudoir tandis que les dames d'honneur investissent la salle à manger. Elles sont déjà suffisamment scandalisées par les musiciens ambulants, les chanteurs de foire, et les montreurs d'ours apprivoisés qui sont attirés au château. Si elle le pouvait, l'impératrice adopterait tout ce monde gai, libre, qui vit au seul gré de l'inspiration.

François-Joseph lui demande de revenir à Bad Ischl. Elle y consent en lui faisant remarquer :

— Je te fais des concessions et des sacrifices, j'espère que tu feras de même envers moi.

La seule idée de retrouver le sol autrichien est un « sacrifi-

1. Voir, notamment, *My Past* publié à Londres en 1913 par Eveleign Nash et *Kaiserin Elisabeth und Ich* en 1934, publié en français chez Payot en 1935, réédité en 1949.

ce ». Elisabeth ne veut même plus être concernée par ce qui se passe à Vienne. Elle a tort. Mais il est trop tard, elle refuse de revenir sur ses sentiments et les vexations persistent, d'un côté comme de l'autre. Elisabeth punit les Viennois alors que seule la Cour est « coupable ».

A l'automne, la famille impériale est réunie à Gödöllö, avec tous les enfants. Pas pour longtemps : François-Joseph doit se rendre en Egypte pour l'inauguration du canal de Suez, l'une des ultimes fiertés de l'immense œuvre économique du Second Empire. Déjà, depuis le 15 août, les eaux de la Méditerranée se sont mêlées à celles de la mer Rouge. François-Joseph ne veut pas manquer l'ouverture de la nouvelle merveille de la science et de la technique conçue par M. Ferdinand de Lesseps, qui a réussi, en dix ans, à vaincre le désert et toutes sortes de difficultés financières et politiques. En même temps, le mari de Sissi en profitera pour se rendre à Constantinople et en Terre sainte où aucun empereur d'Autriche ne s'est rendu depuis l'an 1430 et encore s'agissait-il du duc Frédéric, alors mineur.

Sissi va-t-elle l'accompagner ? En définitive, non. Le voyage s'annonce long et chargé de manifestations officielles. François-Joseph, bien que triste de partir seul, trouve plus raisonnable que Sissi reste auprès de ses enfants. Elle-même est navrée de ne pas partir, et, inquiète, elle le supplie de se faire accompagner d'un médecin. Le 26 octobre, l'empereur quitte Gödöllö et déplore, le jour-même, d'être « séparé de tout ce qu'il aime au monde ». Il est accompagné d'Andrassy. Une nouvelle correspondance, très riche, commence entre les époux. Avec une précision toute militaire, François-Joseph décrit à Sissi les écuries, les étalons arabes et les huit cents chevaux de cour du Sultan Abdul Aziz. Le maître de Constantinople reçoit fastueusement l'empereur chrétien, poussant la politesse jusqu'à déménager son harem pour que François-Joseph, exceptionnellement habillé en civil, puisse loger dans son palais. Les fêtes sur le Bosphore illuminé sont dignes des Mille et Une Nuits. Sissi fait des efforts pour rendre ses lettres attrayantes mais ses récits ne sont pas ceux de l'Orient mystérieux avec les caravanes de cinq cents dromadaires qui portent un lit d'argent de deux cent cinquante kilos démonté tous les matins entre Jaffa et Jérusalem ; elles ne révèlent pas non plus l'émotion d'une prière humble dans le Saint-Sépulcre. Elisabeth jure à son mari qu'elle « pense toujours à lui bien qu'elle ne sache pas l'exprimer d'une manière amusante ». Tandis que François-Joseph fait remplir des bouteilles d'eau du Jourdain – pour les baptêmes des enfants de la famille de Habsbourg –, Andrassy disparaît, un soir, pour goûter, pense-t-on, aux charmes des femmes de Jéricho. François-Joseph plaisante son ministre sur ce sujet et en parle à Sissi dans une lettre. Ravie, elle répond par un poème, envoyé au séducteur, qui se termine ainsi :

On le surprit sous les fenêtres d'une belle, quel scandale !

Piqué au vif, Andrassy charge Ida Ferenczy de préciser à la reine de Hongrie que :

Il ne vit pas de fenêtre, seulement des jalousies
Faites pour échauffer l'imagination,
Il ignore, hélas ! comment est faite
Une Turque vue de près.

Et il le regrette car s'étant baigné dans le Jourdain, il avait reçu à Jérusalem l'absolution pour l'éternité. On voit qu'un ton complice et badin caractérise, avec malice, ces échanges épistolaires. Après une forte tempête, le yacht impérial *Greif*, imposant – il est à vapeur et à roues à aubes comme celui de Napoléon III, *l'Aigle* –, rejoint, le 16 novembre, la plus extraordinaire réunion pacifique de bâtiments de toutes les nations d'Europe. On compte quatre-vingts navires au mouillage. L'impératrice Eugénie représente l'empereur des Français. Tout naturellement, elle forme, avec l'empereur d'Autriche, un couple officiel prestigieux. Il est assis à sa droite au banquet offert par le Khédive Ismaïl Pacha. Eugénie a revêtu une robe rouge brodée de diamants, mais François-Joseph la trouve empâtée. Sissi fait néanmoins une petite scène de jalousie affectueuse à François-Joseph : « ... Te voilà encore réuni avec ta chère impératrice Eugénie. Je suis très jalouse parce que tu es en train de faire le joli cœur avec elle tandis que je suis seule ici et ne peux même pas me venger. » Sissi peut être rassurée : François-Joseph est surtout ennuyé que le banquet, qui comporte plus de trente plats, tarde autant à commencer. Il faut nourrir sept mille personnes en plein désert...

« Je suis d'ailleurs plus paresseuse que jamais et la seule pensée de faire un effort m'épouvante », dit-elle encore. Dans un moment de grande franchise, Elisabeth se juge parfaitement, capricieuse, fantasque, agitée mais brouillon, amoureuse quand l'empereur lui manque. Elle aime l'idée du voyage mais sans toutes ces cérémonies interminables. Il faut dire que l'événement de Suez est historique.

Pendant que l'empereur est sur la route du retour, Sissi apprend que sa sœur Marie, ex-reine des Deux-Siciles qui a fini par se réconcilier avec son mari, est sur le point d'accoucher à Rome. Le prétexte pour partir est tout trouvé. De plus, un concile va se tenir dans la Ville éternelle et on y attend de nombreuses altesses. Cependant, la présence de l'impératrice dans la loge réservée aux souverains par le Saint-Siège pose un problème politique : la dénonciation du Concordat a déplu au pape. Sissi se rend compte, sous certaines pressions, que son voyage ne peut qu'être privé. Il lui faut, néanmoins, obtenir l'autorisation de l'empereur.

Aussi, vient-elle à sa rencontre à Trieste. Leurs retrouvailles sont brèves mais François-Joseph n'a pas le courage de retenir son épouse...

Le 8 décembre, arrivée à Rome qu'elle ne connaît pas, elle est accueillie par sa sœur et son beau-frère, qui résident toujours au palais Farnèse. Le premier concile du Vatican s'ouvre sous la présidence de Pie IX. Son but est d'affirmer son autorité spirituelle par le dogme de l'infaillibilité pontificale au moment où la souveraineté temporelle du pape est condamnée en Italie. Les tenants de l'unité italienne réclament que Rome soit la capitale de la monarchie. Napoléon III a refusé et quelques régiments français soutiennent encore le pape dont les Etats sont réduits à la Ville éternelle.

Sissi observe avec intérêt, d'abord, puis avec lassitude le long déroulement du concile qui rassemble sept cents évêques dans la Basilique Saint-Pierre. « Une houle de mitres », dit-elle. Mais quand le cérémonial dure sept heures, elle n'en peut plus. Elle comptait s'évader ; l'étiquette la retient. Pie IX lui rend sa visite au palais Farnèse. « Nous attendîmes Sa Sainteté à genoux au pied de l'escalier. » Et, avec humour, elle note, lors du départ du Saint-Père « ... Il s'enfonça par-dessus les oreilles un bonnet écarlate, revêtit un manteau de même couleur doublé d'hermine et il me rappela ainsi l'impératrice Caroline-Auguste... »

Après cette concession inévitable à son rôle officiel, Sissi disparaît littéralement dans Rome, qu'elle visite incognito, soigneusement. Le corps diplomatique et l'aristocratie ne peuvent la décider à venir à une réception. Sa sœur accouche le 24 décembre, le jour même du trente-deuxième anniversaire de l'impératrice et Sissi, attentive, dévouée au point de circuler en simple déshabillé la nuit dans le palais Farnèse pour assister la maman, attrape un rhume. Avec sa manie de se soigner d'étrange façon, elle boit du lait d'ânesse ! Miracle : elle se guérit. Le vrai remède est, pourtant, tout différent : c'est une invitation à une chasse à courre dans la campagne aux environs de Rome qu'elle accepte, immédiatement.

Noël. Noël sans l'impératrice. Noël sans l'épouse de François-Joseph, sans la mère de Gisèle, de Rodolphe et de Marie-Valérie. A la Hofburg, la famille a déjà l'habitude des absences d'Elisabeth mais, en secret, personne ne s'y résigne.

Lorsqu'elle revient, l'humiliation de la Cour est à son comble : elle évite Vienne, se rend à Garatshausen, puis à Gödöllö où elle passe de longues heures à cheval et s'installe à Ofen, le 2 février.

Le rôle joué par Andrassy commence à être très critiqué. C'est à cause de lui, estiment les Viennois, que l'impératrice est sans cesse détournée de leur ville. Et Ida Ferenczy est sa complice. Face à ces critiques – justifiées, il faut le dire – Sissi réagit par une provocation supplémentaire : elle augmente le traitement de sa lectrice d'une manière substantielle. Les Viennois ne jugent que l'absence de leur souveraine. Ils ont raison. Mais cette stabilité dans la fuite est révélatrice d'un climat de détente et d'harmonie dont François-Joseph a le plus grand besoin. Elle et lui se comprennent mais avec un décalage tenace. Et ils ne parviennent pas à vivre constamment ensemble ni l'un sans l'autre, comme en témoignent leurs lettres expédiées chaque jour et qui suffiraient au fonctionnement d'un service postal. A tous points de vue, ils se manquent.

L'empereur est très absorbé par la situation politique française, inquiétante en ce printemps de 1870. Les troubles conduisent Napoléon III, malade, hésitant, à soumettre ses réformes libérales à un plébiscite fixé au 8 mai. François-Joseph a déjà chargé son ambassadeur à Paris, Metternich, d'assurer l'empereur des Français de son soutien dans une guerre contre la Prusse que le ministre Beust souhaiterait pour venger Sadowa. Mais François-Joseph précise aussi qu'il convient d'être prudent. Le plébiscite est un triomphe : 7 358 786 oui, contre 1 571 939 non ramènent l'optimisme. Entre l'instabilité et l'Empire, les Français ont tranché nettement. François-Joseph adresse, le 10 mai, une lettre personnelle de félicitations à Napoléon III : « L'Europe respire depuis hier et les fidèles amis de l'Empire sont très heureux. On regarde l'avenir avec confiance et on attend les grandes actions que le destin prépare à l'empereur. » La réponse, venue des Tuileries, expose : « Nos intérêts sont étroitement liés, à tel point que lorsque quelque chose d'heureux arrive à l'un, cela a aussi un retentissement sur l'autre. »

Mieux vaut ne pas faire allusion aux événements malheureux...

Arrivée en juin à Bad Ischl, Elisabeth, prévenue que François-Joseph ne pourra la rejoindre comme ils le souhaitaient tous les deux, déclare, effondrée :

— Pourvu que ce ne soit pas encore la guerre, ce serait affreux.

Les rapports franco-prussiens s'envenimant, Napoléon III se tourne vers l'Autriche et envoie un émissaire à Vienne, le général Barthélemy Lebrun. François-Joseph pèse le pour et le contre de son engagement militaire aux côtés de la France. En prenant le motif – réel – que l'armée austro-hongroise a besoin de quarante-deux jours pour être complètement opérationnelle, François-Joseph explique à la France qu'elle devrait commencer les combats seule : l'empereur tient à donner l'impression à la Prusse qu'il ne l'a pas agressée. L'idée de la revanche est toujours séduisante mais le piège a déjà fonctionné et coûté très cher à l'empire d'Autriche. « Je veux la paix, conclut François-Joseph. Mais si je dois faire la guerre, c'est que j'y aurai été contraint. J'espère que l'empereur Napoléon prendra en compte ma situation politique personnelle aussi bien à l'intérieur qu'à l'extérieur[1]. »

Après un séjour à Bad Ischl, Sissi fuit sa belle-mère et se rapproche de l'empereur en s'installant près de la voie ferrée Vienne-Trieste, au nord de Mürzzuschlag. S'il le faut, elle peut rejoindre la capitale en moins de cinq heures. Tandis qu'à Paris, l'idée de la guerre enthousiasme la population et que, selon l'ambassadeur Metternich, « l'impératrice Eugénie a rajeuni de dix ans », François-Joseph réécrit à Napoléon III qu'il restera neutre. Il faut préciser que le tsar a fait savoir, par son ambassadeur à Paris : « Si l'Autriche sort de sa neutralité, nous le ferons aussi. »

Sissi se rend compte que « les choses doivent aller très mal et que cela lui paraîtrait incroyable que Napoléon ne saisisse pas l'occasion ». Deux jours plus tard, l'empereur des Français saisit l'occasion. Elle s'appelle la dépêche d'Ems... L'archiduchesse Sophie déplore « le triste enthousiasme des Allemands qui croient lutter pour une Allemagne alors qu'ils ne le font que pour la Prusse qui finira par les écraser tous entièrement ». Une analyse parfaitement lucide. Du côté bavarois, Louis II, au fond de son immense lit de soie bleue, mobilise, à son regret contre la France. Il en est certain : la Prusse sera victorieuse et il vaut mieux respecter les traités d'alliance. Le roi se console en se persuadant que la France qu'il va combattre est celle de Napoléon III et non celle de Louis XIV, son modèle... Cette décision, avisée, entraîne un nouveau déchirement dans la famille de Bavière : les frères et beaux-frères de Sissi vont se battre tandis que l'Autriche patientera.

Pourquoi Elisabeth ne rejoint-elle pas l'empereur à Vienne ? Sans doute parce que les télégrammes qu'il lui envoie

1. Général Lebrun, *Souvenirs militaires* (1866-1870), Paris, 1895.

sont, d'abord, rassurants. Après la bataille de Sarrebruck, victoire française, elle dit :

— C'est un bon début pour la France.

Et, quatre jours plus tard, le 8 août :

— Si cela continue, les Prussiens ne vont pas tarder à retourner à Berlin.

Mais, peu à peu, les Prussiens progressent, au contraire, vers l'intérieur de la France, battue à Wissembourg, Frœschwiller, Forbach et Gravelotte. Et, le 10 août, devant le désastre qui s'amplifie, elle pose la question à l'empereur :

— Il se peut que nous végétions quelques années encore, avant que notre tour ne vienne, qu'en penses-tu ?

François-Joseph est atterré par cette victoire rapide et « insolente » de la Prusse. Après Sedan et la proclamation de la République, Sissi, poursuivant sa prémonition, avoue :

— Je m'étonne seulement que cela ne se soit pas produit plus tôt. J'espère qu'à ton retour, tu me donneras des détails sur la fuite de l'impératrice, cela m'intéresse beaucoup...

L'archiduchesse Sophie est, peut-être, la personne de la Cour la plus affectée par le naufrage de l'Empire français. De la Kaiservilla, à Bad Ischl, elle pense à l'avenir de la monarchie qu'elle a eu tant de mal à sauver vingt-quatre ans auparavant. L'avenir se prénomme Rodolphe. Le prince vient d'avoir douze ans. Sa grand-mère lui écrit le 6 septembre : « Je suis heureuse que les Bavarois se soient distingués, je suis de leur race et, en toute bonne foi, je ne puis que regretter qu'ils ne l'aient pas fait en 1866, au lieu de se laisser berner au point qu'ils luttent pour la perte complète de leur indépendance. » La grande dame de l'Autriche est fondée à regretter le jeu implacable des alliances. Elle sait que Bismarck créera une grande Prusse et non une grande Allemagne. Mais Bismarck, qui a eu besoin de la Bavière catholique pour seconder la Prusse protestante, montrera une certaine générosité lorsque la paix sera revenue. Grâce à Louis II, la Bavière conservera, en effet, une relative autonomie dans l'empire casqué de Guillaume Ier, avec ses douanes, ses postes et ses chemins de fer. Sissi et François-Joseph font la même remarque : la Bavière a sa part de gloire contre la France mais dans une guerre qui a encore amoindri le rôle de l'Autriche face à la Prusse. La fierté se mêle d'inquiétude. Que faire maintenant ? Rien... La vie va reprendre son cours, Elisabeth le sait.

En octobre, elle amène tous ses enfants dans le Tyrol, à Meran, l'ancienne capitale de la province. La guerre, lointaine, est déjà oubliée dans le cœur des populations particulièrement attachées aux Habsbourg. En passant par Salzbourg, Kufstein et Innsbruck, Sissi a reçu un véritable triomphe. Elle retrouve ses deux sœurs, Marie de Naples et Sophie d'Alençon et, toute à la joie de ce séjour, fait de véritables marches forcées sur les sentiers qui dominent l'Adige. Cinq heures d'affilée ne sont pas insurmontables pour l'impératrice, très entraînée. Pour les dames d'honneur, c'est un supplice. Les couloirs de la Hofburg ou de Schönbrunn sont moins épuisants...

—

Le 16 mars 1871, sur le quai de la gare de Pesth, la reine de Hongrie s'apprête à monter dans son train qui va la ramener à Vienne après un bref séjour de cinq jours au palais d'Ofen. On lui présente une femme de trente-trois ans, réputée pour son intelligence, son tact et sa fidélité envers sa patrie hongroise. Elle se nomme la comtesse Festetics. Sur la suggestion insistante d'Andrassy et de Deâk, Sissi accepte que la comtesse l'accompagne à Vienne. Les deux artisans de l'autonomie hongroise nourrissent le projet de voir la comtesse Festetics entrer dans l'entourage immédiat de l'impératrice, déjà charmée par son environnement magyar. Une longue conversation s'engage entre les deux femmes pendant les cinq heures de trajet. A son arrivée, la comtesse veut transcrire ses impressions sans attendre : « Elle est si belle que je n'ai jamais vu sa pareille. Pleine de majesté et si gracieuse à la fois, et sa voix est si douce. Ses yeux sont merveilleux ! »

Trois jours plus tard, à un dîner que donne l'archiduchesse, Sissi accepte de paraître. Elle porte une robe mauve assez décolletée et ses cheveux tombent jusqu'au-dessous de sa taille. Sissi est superbe. Elle a prié la comtesse Festetics d'assister à ce dîner car elle apprécie, déjà, les dons d'observation de cette femme fine mais venue de la campagne et pour qui la Cour est un univers étranger, curieux. Avec un humour balzacien, elle observe que dans ces réunions on rencontre « beaucoup de gens spirituels », qu'il y a « des hommes charmants, d'autres seulement agréables, des élégants, des parvenus, aussi des oisifs et des bavards, de belles femmes et des femmes aimables, des amis, des parents, des cousins, des cousines ; ajoutez à cela une poignée d'imbéciles et d'arrivistes, voilà le grand monde ».

Andrassy et Deák ont bien choisi leur émissaire. Son esprit critique ne peut que réjouir l'impératrice. Aussi, lorsque l'une de ses dames d'honneur se marie et abandonne sa charge en juillet, Sissi songe tout naturellement à confier cette tâche à sa nouvelle amie hongroise. Comme elle hésite, Andrassy se sert de mots impressionnants :

— Il faut accepter, sans réfléchir. Vous devez ce sacrifice à votre pays. Quand on a reçu de Dieu beaucoup d'intelligence, il faut se montrer reconnaissant ; la reine a besoin de quelqu'un de fidèle.

Le terme de sacrifice employé par Andrassy laisse supposer qu'outre les devoirs de la fonction de dame d'honneur, Sissi a des réactions un peu fatigantes, imprévisibles et que lorsqu'elle aime une idée, une personne, un animal ou un endroit, cette passion devient envahissante. Mais il est aussi conscient de sa fragilité. Sissi, comme tous les caractères exclusifs, ne supporte aucune trahison.

La comtesse Festetics, qui a entendu des ragots sur l'impératrice, répond par une question surprenante :

— Oui, mais le mérite-t-elle ?

Andrassy est stupéfait :

— La reine est bonne, pure, intelligente. On lui en veut d'aimer notre pays, la Cour ne lui pardonnera jamais. C'est pourquoi on vous persécutera, vous aussi, mais qu'importe. Vous servirez aussi la reine et la patrie. C'est votre devoir d'accepter.

Pendant l'été, François-Joseph et Guillaume Ier se rencontrent. L'empereur d'Autriche n'est pas enthousiasmé par cette entrevue – Louis II le sera encore moins – mais Bismarck veut absolument faire savoir que si l'Autriche et la Prusse s'alliaient, elles ne craindraient plus aucun ennemi, qu'il s'agisse de la Russie ou de la France, laquelle n'est pas, pour le moment, en état de formuler une quelconque revendication. L'entretien, pesant et dont la nécessité ne s'imposait pas, s'achève d'une manière burlesque. Des chaises, fraîchement repeintes, laissent d'affreux croisillons sur les uniformes des convives ! En fait, les pensées de François-Joseph sont plus absorbées par la politique intérieure que par les affaires étrangères issues de la guerre. Les exigences tchèques se précisent et Andrassy se montre au moins aussi acharné à les contrecarrer que François-Joseph. Le nationaliste hongrois admet difficilement les autres ethnies. L'empereur essaie de reconnaître des droits particuliers au royaume de Bohême mais les Hongrois cherchent à en obtenir de nouveaux. L'empereur refuse de céder et préfère annuler sa décision en faveur de Prague. Le ministre Beust ayant échoué dans sa tentative fédérative, François-Joseph lui demande sa démission. Et, le 9 novembre, le comte Andrassy est nommé ministre des Affaires étrangères de l'Empire austro-hongrois. L'opinion publique, dont François-Joseph tient toujours compte, est très partagée après cette décision qui fait grand bruit. Certes, Andrassy est habile, entêté, séduisant. Il a, par exemple, réussi l'émancipation politique des juifs hongrois. Parce qu'il a voulu – et obtenu – que les Tchèques ne soient pas favorisés, il a l'estime de Bismarck. Le chancelier de Fer se méfie d'un agrandissement de la zone d'influence des Habsbourg et s'oppose, en secret, à toute transformation de la double monarchie en triple royaume. Pour cette raison, Bismarck félicite François-Joseph d'avoir choisi « un conseiller si ouvert, honnête et décidé ». En revanche, à Saint-Pétersbourg, la nomination d'Andrassy déplaît. Comment oublier qu'en 1848, ce révolutionnaire a crié de toutes ses forces contre l'intervention tsariste ? Enfin, à Vienne, les milieux officiels constatent, amèrement, que la politique extérieure des Autrichiens est confiée à un Hongrois. Une émotion à peine voilée se répand dans les palais autour de la Hofburg. Et, immédiatement, la responsabilité de cette décision est imputée à l'impératrice, encore au Tyrol. Jusqu'où s'arrêtera cette influence hongroise ? La population s'interroge, les grandes familles répondent : l'empereur écoute de plus en plus l'impératrice. Apprenant la nouvelle dans la villa qu'elle a relouée à Meran,

Sissi peut considérer qu'il s'agit d'une victoire personnelle après quatre ans d'efforts.

François-Joseph lui demande ce qu'elle voudrait pour son anniversaire. La réponse est stupéfiante :

— Tu me demandes ce qui me ferait plaisir ? Eh bien ! J'aimerais ou bien un jeune tigre royal (il y en a trois au jardin zoologique de Berlin), ou bien un médaillon. Mais ce que je préférerais à toute autre chose, c'est un asile d'aliénés tout installé. A présent, tu as le choix...

Est-ce encore un caprice ? Une plaisanterie de mauvais goût ? A-t-elle perdu la raison ? Lorsqu'il s'informera auprès d'elle, Sissi lui rappellera ses nombreuses visites aux malades mentaux, notamment avec sa tante Marie de Prusse, mère de Louis II, qui est bouleversée de voir son fils cadet, Othon, vingt-quatre ans, montrer des signes de démence hélas incontestables.

L'empereur choisira le médaillon... c'est tout de même le cadeau le plus simple !

François-Joseph est sous le charme de Sissi qui rentre enfin à Vienne après s'être affolée inutilement d'une épidémie de scarlatine : elle aurait pu atteindre Marie-Valérie. Très encouragée par la nomination d'Andrassy, l'impératrice ose prendre une autre décision provocante : elle nomme la comtesse Festetics sa nouvelle dame d'honneur. L'étau hongrois se resserre à la Cour qui ne compte plus qu'une seule femme autrichienne, la comtesse Marie Goëss, comme dame du Palais. Elle occupera les fonctions, importantes, de *Obersthofmeisterin*, grande maîtresse de la Cour, mais sait ne pas contrarier Sa Majesté. Lorsque le 21 décembre, la comtesse Festetics entre officiellement au service de l'impératrice, Sissi la reçoit dans une robe bleue, un grand chien allongé à ses pieds. Les propos d'Elisabeth sont sans ambiguïté :

— Si on me dénigre – c'est l'habitude de la maison – n'y prenez pas garde. Pour le moment, ne vous fiez à personne. Vous pouvez avoir pleine confiance en Ida. Ce n'est pas une dame d'honneur et je ne veux pas qu'elle soit intime avec celles-ci qui ne le souhaitent que par curiosité. Vous, c'est autre chose.

La stratégie de la patience – une qualité que Sissi n'est

pourtant pas réputée avoir – permet à l'impératrice d'annuler toute l'influence de sa belle-mère. La lutte a été un terrible combat entre les deux femmes. L'archiduchesse avait, pour elle, son autorité, son expérience et son sens politique. Sissi avait contre elle sa jeunesse, son instabilité et sa spontanéité. En dix-huit ans, elle a progressé d'une manière pas toujours orthodoxe mais certaine sur la voie du prestige et de l'indépendance. Et l'archiduchesse a vu s'effondrer la prédominance européenne de l'empire d'Autriche par la perte des provinces italiennes et sa coexistence avec la Hongrie, imposée de près comme de loin par une Sissi qui avait fait de cette reconnaissance sa mission. Son acharnement à éliminer progressivement tout l'entourage qui ne lui convient pas se manifeste encore par la nomination du baron Franz Nopcsa, un Hongrois, en qualité de grand maître de la Maison de l'impératrice et de Fanny Angerer comme coiffeuse. Quand on sait l'importance du rite capillaire chez l'impératrice, on mesure le rôle de confidente que peut jouer celle qui a la charge de lisser et de coiffer Sissi. Pour elle, cette masse auburn est une véritable couronne, très lourde.

Il lui arrive de dire, en parlant de ses cheveux :

— Ils sont un corps étranger sur ma tête.

Leurs soins demandent des heures de patience et peuvent provoquer, inévitablement, des mouvements d'humeur. Elisabeth se lave les cheveux environ toutes les trois semaines et l'opération nécessite presque une journée ! Le shampooing qu'elle utilise est un mélange d'essences, de cognac et d'œufs. Fanny, d'origine modeste, sera poussée à se marier bourgeoisement par l'impératrice. Son entrée à la Cour provoque des remous. N'est-elle pas qu'une simple coiffeuse du Théâtre-Impérial ? Lorsque l'on coiffe les comédiennes, a-t-on les mains exercées à coiffer une souveraine ? En ce temps-là, poser une telle question à Vienne est déjà incongru. Et il est certain que Fanny deviendra un personnage très important dans la vie d'Elisabeth. Avec sa robe noire et son tablier blanc, Fanny, derrière le fauteuil de Sissi, passe longuement un grand peigne dans les vagues brunes. Une partie de son travail consiste à dissimuler les cheveux morts. Si l'impératrice s'aperçoit de la manœuvre et constate que dans une coupe sont tombés quelques fils de sa parure, elle en fait le reproche à Fanny. Et si Fanny doit s'absenter ou tombe malade, Sissi déclare :

— Je ne puis paraître non coiffée.

Et elle avoue :

— Je suis l'esclave de mes cheveux.

L'archiduchesse considère avec hauteur cet entourage qui lui échappe. Lors d'un dîner le vendredi 21 janvier 1872 – la mère de l'empereur reçoit une fois par semaine –, elle, d'habitude si courtoise ignore pratiquement la comtesse Festetics. Elisabeth, qui a, bien entendu, observé l'affront fait à sa nouvelle dame d'honneur et, par conséquent, à elle-même, demande à la Hongroise après le dîner :

— Vous êtes-vous sentie offensée ?

— Non, Majesté, mais plutôt impatientée.

— Il faut s'y habituer. Dès que quelqu'un prend mon parti, il est persécuté, cela va de soi.

Rentrée à Vienne depuis trois jours, Sissi reçoit un télégramme lui annonçant que Marie-Valérie, restée au Tyrol, est malade. Elle part le lendemain pour Meran avec François-Joseph. Mais le mal est bénin et l'empereur repart après quelques jours. C'est au cours de ce séjour que l'impératrice déclare à Marie Festetics, pendant une promenade :

— N'êtes-vous pas étonnée de me voir vivre comme un ermite ?

— Certes, Majesté, vous êtes encore trop jeune.

— C'est vrai, mais je n'ai pas d'autre ressource. Le grand monde m'a tellement persécutée et si mal jugée, j'ai été tellement blessée et calomniée et pourtant, Dieu voit mon âme, je n'ai jamais fait de mal. C'est pourquoi j'ai décidé de choisir une société qui me laisse tranquille, qui ne me dérange pas et qui m'apporte de l'agrément. Je me suis repliée sur moi-même et je me suis tournée vers la nature, la forêt ne vous froisse pas. Certes, il est difficile dans la vie d'être seul, mais on finit par s'y habituer et à présent cela m'est agréable. La nature est moins ingrate que les hommes.

Aucun chien, aucun cheval, aucun lac, aucune île ne décevra jamais l'impératrice. La société ne lui inspire qu'une confiance sélective tandis que les horizons intacts la rassurent. Le journal de la comtesse Festetics, dépouillé par le comte Corti, est tenu avec minutie. Il nous renseigne admirablement sur la lutte intime que Sissi livre contre elle-même ; sans cesse, la peur d'être critiquée provoque une fuite. Sans cesse, la volonté de s'imposer dans des domaines précis – et de plaire – l'incite à des gestes ou à des réflexions qui peuvent être d'un infantilisme désarmant. A trente-cinq ans, elle s'exprime comme un être lassé de la vie et interroge beaucoup :

— La paix est si précieuse et ce n'est guère que loin du monde et des hommes qu'on peut la trouver. Evidemment, on en arrive à trop réfléchir.

La comtesse Festetics fait cette remarque sans indulgence qui complète l'aveu de l'impératrice :

— Dommage qu'elle n'ait rien à faire et qu'elle gâche tout son temps à rêvasser. Elle a une certaine tendance à la paresse intellectuelle et avec cela un goût de l'indépendance toujours prêt à s'insurger. Dans les dîners intimes, entre amis, elle est charmante. Mais se trouve-t-il un visage qui lui déplaise, son attitude guindée crée une atmosphère de gêne.

Les maux dont souffre Sissi sont un mélange de misanthropie, de peur de l'inconnu et, en même temps, de curiosités diverses avec un narcissisme prononcé. Elle est sa pire ennemie. A son arrivée à Ofen, en avril, elle apprend une nouvelle tout à fait inattendue : sa fille Gisèle se fiance. Elle a seize ans.

— C'est beaucoup trop tôt, dit sa mère, se souvenant de son propre mariage aussi imprévu que prématuré.

Le fiancé est le prince Léopold de Bavière, cousin de Sissi et de Louis II. François-Joseph justifie ce mariage :

— Le fait que nous ayons pensé si tôt à marier Gisèle vient de ce qu'il y a actuellement si peu de princes catholiques que nous avons cherché à nous assurer le seul parmi ceux que nous pouvions donner à Gisèle en toute tranquillité.

En racontant à sa mère la cérémonie, l'empereur remarque :

— Les fiançailles furent simples, cordiales, patriarcales bien que ni Sissi ni moi ne soyons encore des patriarches !

Au début de mai, alors que Sissi a retrouvé le Tyrol, François-Joseph lui envoie mille vœux pour leur anniversaire de mariage, le dix-huitième... qu'Elisabeth a oublié ! Une autre dépêche la rappelle à Vienne d'urgence et sans aucun moyen de prétexter un retour impossible : depuis le 10 mai, l'archiduchesse est alitée à Schönbrunn. A la suite d'une représentation au théâtre de la Cour, la mère de l'empereur a pris froid. Depuis, ses forces déclinent. C'est une femme très résistante et elle n'a que soixante-sept ans mais sa volonté de survivre s'est évanouie. La mort de son fils Maximilien l'a minée intérieurement, bien qu'elle ait, comme toujours, supporté le malheur avec une dignité exemplaire.

En hâte, sa belle-fille regagne Vienne. Le médecin de l'archiduchesse, le docteur de Bielka, a diagnostiqué des « symptômes nerveux », terme un peu vague qui masque mal le refroidissement que la vieille dame a contracté à sa sortie du théâtre où il faisait très chaud en s'endormant sur son balcon ; elle y avait passé toute la nuit. Il a fallu cinq jours pour mesurer la gravité de son état : c'est une pneumonie. Très inquiet, François-Joseph fait répandre de la paille sur la place qui donne sous les fenêtres de sa mère afin d'amortir le bruit des chevaux et des voitures. Celle que le personnel du palais appelle toujours « notre impératrice » demande que toute la famille soit réunie. A chacune, à chacun, elle donne quelques conseils et veut dire adieu. Lucide, elle sait que la mort l'attend et que son agonie est imminente.

A onze heures et demie du soir, le 26 mai, Sissi qui a passé la journée au chevet de la mourante, à Schönbrunn, regagne la Hofburg pour se reposer un peu. A peine arrivée, un laquais essoufflé lui dit que l'on craint le pire et que François-Joseph la réclame d'urgence. Le cocher fouette les chevaux et Sissi se précipite, terrorisée à l'idée que sa belle-mère puisse mourir alors qu'elle n'est pas à son chevet. A Marie Festetics, aussi angoissée qu'elle dans la voiture tirée au grand galop, Sissi avoue : « Si Son Altesse meurt avant notre arrivée, on dira que c'est à cause de moi et que je l'ai fait exprès. »

Essoufflée, elle demande à son arrivée :

— Son Altesse Impériale vit-elle encore ?

— Oui, Majesté.

— Dieu soit loué !

Cependant, la nuit n'apporte aucun fait nouveau. L'archiduchesse est inconsciente, un souffle la retient encore en vie. La mort s'avance, implacable mais sans hâte.

A sept heures du matin, on sert un petit déjeuner pour la famille et les membres de la maison impériale et royale. Sissi ne veut pas s'absenter un instant. Elle est à jeun depuis une dizaine d'heures, mais ne s'en soucie guère. Elle sera tout de même au bord de l'inanition. Dans ces instants ultimes, elle éprouve le besoin irrésistible d'être auprès de celle par qui elle a tant souffert. C'est un tête-à-tête pathétique, désespéré, où Sissi ne peut que se poser des questions qui resteront sans réponse. Ses larmes sont plus de contrition que d'affection. Pourquoi tant d'affrontements ? Pourquoi avoir entretenu une haine si dérisoire aujourd'hui ? Pourquoi cette femme, estimée par toute l'Autriche et par tout un peuple, s'est-elle constamment placée entre les deux époux, forçant son fils à choisir entre sa mère et sa femme ? L'archiduchesse préférait tenir entre ses mains la destinée de l'Empire puisque son fils était si jeune, si amoureux et sa nièce également si jeune et si indépendante. Et elle, Elisabeth, qui n'a cessé de provoquer le protocole et de bousculer les convenances, pourquoi cette révolte permanente ? Peut-être pour se donner l'impression d'être adulte et d'exister... On peut même se demander comment une rupture définitive n'a pas tout brisé. L'amour de François-Joseph a évité le pire face à deux jalousies qui se mesuraient constamment.

Après treize heures d'agonie, à trois heures et quart le lendemain matin, l'archiduchesse Sophie rend son âme digne et courageuse à Dieu. Un vieux crucifix de famille est posé sur sa poitrine. Le 28 avril 1872, l'Empire perd celle qui l'a sauvé. Sissi, grave, a le visage doux et bon. Son cœur est plein de remords. François-Joseph, effondré, est en larmes. « Le lien le plus solide entre le passé et le présent est rompu », écrit Marie Festetics.

Le duel entre ces deux femmes a duré dix-huit ans. Il a empoisonné la vie de la Cour et si l'archiduchesse était disparue plus tôt, il est permis de penser que la vie du couple impérial aurait été foncièrement différente et le comportement de Sissi sans doute plus souple, moins sur la défensive.

Mgr Mayer lui a donné l'extrême-onction. Gisèle et Rodolphe sont aux côtés de leurs parents.

Désormais, Elisabeth est totalement souveraine. Une chance s'offre à elle. Sissi, reine des Magyars, peut redevenir l'impératrice des Autrichiens. Ils l'attendent. Sa belle-mère n'avait pas prévu que le coup de foudre né en 1853 entre François-Joseph et Sissi prendrait, chez son fils, la dimension d'un amour profond et durable. Sophie a en partie, échoué dans ses efforts pour briser l'influence de Sissi sur son mari car l'empereur aime sa femme.

François-Joseph souffre beaucoup de ce deuil. Lui qui d'habitude est couché très tôt, souvent dès neuf heures du soir, reste sur son balcon et marche de long en large jusqu'à onze heures passées [1]. Sissi est repartie... Déjà... A Bad Ischl, elle pénètre dans la Kaiservilla pour la première fois en sachant qu'aucun contrordre, qu'aucune tracasserie domestique ne lui sera annoncée par une dame au service de l'archiduchesse.

Comme d'habitude, ses accès de tristesse se mêlent à des moments joyeux. En l'observant quotidiennement, la comtesse Festetics, qui est maintenant sous le charme de l'impératrice, estime que les ragots colportés sur son compte ne sont que des manifestations de jalousie. Les Viennois ne peuvent pardonner ses sautes d'humeur à une impératrice belle comme un lys, gracieuse comme un cygne, racée de la tête aux pieds. Sa nature profonde est gaie mais, depuis ses premières années à Vienne, une sorte de paralysie l'empêche de savourer complètement la joie de vivre. Sissi n'a aucune joie de vivre, elle a des soubresauts de gaieté, des éclats de rire et retombe dans une gravité anormale pour son âge. Elle sait observer le ridicule qui se glisse dans la solennité.

Il faut souligner, car cela ne l'a pas toujours été fait, la complicité intellectuelle qui réunit le couple impérial. On raconte que dans un grand dîner, l'aide de camp de l'empe-

---

1. Le père de François-Joseph, l'archiduc François-Charles, mourra à Vienne, le 8 mars 1878.

reur, le prince de Lobkowicz, jouait distraitement avec un cure-dents. Et voilà le cure-dents catapulté dans l'assiette remplie de potage de l'impératrice, assise en face de l'aide de camp. Sissi essaie d'abord de ne pas réagir mais un fou rire la gagne et bientôt elle pleure de rire. François-Joseph, qui n'a pas assisté à la chute du cure-dents, se penche vers elle et lui demande :

— Mais qu'y a-t-il ? Je voudrais bien rire moi aussi !

Pour ne pas gêner le prince qui ne sait plus où se mettre, elle dit à l'empereur, sur un ton malicieux :

— C'est une idée qui m'est passée par la tête.

De même, François-Joseph, gentilhomme et appréciant l'humour beaucoup plus qu'on ne le pense, s'entretient un jour avec un universitaire suisse venu pour un congrès à Vienne présidé par l'empereur. Le professeur avait été tellement charmé par la courtoisie de François-Joseph qu'il se déclara presque converti au régime monarchique. L'empereur, amusé, répliqua :

— Lors de mon récent séjour en Suisse, j'ai trouvé que tout était si parfaitement organisé que je suis presque devenu républicain.

Il lève le temps du deuil pour se rendre à Berlin. Une entrevue entre l'empereur Guillaume Ier – qui a été proclamé dans la galerie des Glaces de Versailles empereur allemand et non empereur d'Allemagne – et avec le tsar pourrait reconstituer la défunte Sainte-Alliance de 1815. En endossant, par déférence, l'uniforme prussien, François-Joseph déclare :

— J'ai l'impression de partir en guerre contre moi-même !

Vingt minutes plus tard, il est sanglé dans un uniforme russe pour saluer le tsar qui le reçoit... en général hongrois ! Bismarck convient du côté cocasse de la scène :

— Les trois empereurs composant un groupe charmant plutôt dans la manière des *Trois Grâces* de Canova seront, pour l'Europe, un symbole vivant de paix et de bonne volonté.

La Prusse étant rassasiée, tout danger extérieur est, en effet, écarté. Sissi retrouve Possenhofen où les joies de la vie de famille sont ternies par les mauvaises nouvelles du frère du roi, le prince Othon. Le malheureux est au bord de la folie furieuse. Quant à Louis II, qui avait annoncé, prophétique, que Bismarck avalerait la Bavière en disant « Encore une guerre et c'en est fait de mon royaume », il s'enfonce dans des tourments atroces. Il tient son journal intime dans lequel il se donne des ordres qu'il ne parvient jamais à exécuter. Le roi de Bavière commande, Louis II succombe. Un étonnant cas de dédoublement de personnalité surnage d'un fouillis verbal, en allemand, en latin et en français. Les nuits de grande crise, il signe même en espagnol *Yo el Rey* (Moi le Roi) qui n'était autre que la signature de... Charles Quint. De plus en plus, Louis II refuse son homosexualité. Mais il y échappe de moins en moins. Apprenant que sa cousine est à Possenhofen, il quitte ses rêves de pierre et annonce sa venue pour le 21 septembre, en insistant pour être seul avec Elisabeth. L'impératrice n'est pas très favorable à cette demande. La folie des anonymes la fascine, celle de ses cousins l'inquiète comme une menace directe contre elle. Par prudence, elle préfère que le baron Nopcsa et la comtesse Festetics ne s'éloignent pas trop. L'arrivée du roi de Bavière est, selon la dame d'honneur, celle d'un « roi de théâtre, un vrai Lohengrin de cortège nuptial ». Un jugement qu'il aurait certainement accepté comme compliment. Pour honorer l'Autriche et sa jolie souveraine, Louis II s'est coiffé du shako de l'armée impériale et s'est empêtré dans le grand cordon de l'ordre de Saint-Etienne en le portant en bandoulière alors que l'usage autrichien veut qu'on le porte en ceinture. Qu'importe, c'est une attention délicate. Le roi est toujours beau, ses yeux sont inquiétants de froideur et d'interrogation. Il entre comme une apparition, à la fois superbe et un peu irréel. Il est mal à l'aise et se conforte auprès de Sissi, la seule âme qui puisse le soutenir. Leur souffrance, bien qu'à des degrés divers, est la même. Ils se comprennent bien que l'impératrice soit à la fois attirée et effrayée par ce cousin bizarre. Leur remède est identique : c'est la fuite.

1873. Une année différente des précédentes car l'impératrice va s'efforcer de jouer son rôle de représentation, d'épouse et de mère. Le 20 avril, à Munich, Gisèle épouse Léopold de Bavière. Sissi avait imposé ce délai d'un an de fiançailles à sa fille. L'idée du mariage, qui a tellement déçu Sissi, lui déplaît encore plus lorsqu'il concerne un de ses proches. Elle adopte un ton très immodéré pour faire remarquer à sa fille qu'elle peut attendre d'avoir dix-sept ans.

— C'est une manie bizarre d'abandonner sa liberté quand on est si jeune. Mais on réalise trop tard ce qu'on a, quand on l'a perdu.

Le conseil vaut également pour elle-même... L'expérience est, une nouvelle fois, vérifiée : chaque fois qu'Elisabeth assiste à un mariage, on oublie la mariée pour ne regarder qu'elle. Et, dans sa robe brodée d'argent, portant sa double couronne de cheveux et de diamants, elle est étincelante. A trente-six ans, elle a tout juste l'apparence d'une sœur aînée de Gisèle. Et sa dame d'honneur ajoute : « Mais le plus beau, ce n'est pas son aspect physique ; c'est quelque chose comme une atmosphère, un soupçon de grâce, de souveraineté, quelque chose de magnifique, comme une jeune fille... » Une vieille tradition veut que le théâtre de la Cour donne, en soirée, *Le Songe d'une nuit d'été*. Le choix de cette œuvre de Shakespeare surprend Sissi :

— Comment peut-on choisir, pour un mariage, une pièce où la princesse tombe amoureuse d'un âne ?

Le marié s'esclaffe :

— Serait-ce une allusion pour moi ?

François-Joseph, père attentif, note :

— Le jeune couple est vraiment très heureux. Gisèle va, naturellement, nous manquer beaucoup mais au moins nous ne sommes pas inquiets.

Sa fille va-t-elle manquer à Sissi qui a pleuré pendant la cérémonie ? Rien n'est moins sûr. Gisèle n'est pas tout à fait « sa » fille, elle a grandi sous la coupe de l'archiduchesse et voici que le temps a passé trop vite.

Le couple regagne Vienne pour achever de préparer le grand événement politique et économique du moment, l'Exposition internationale. Les grandes expositions ponctuent la seconde moitié du XIXe siècle comme des chants glorieux dédiés aux nouveaux dieux que sont la Technique, la Science et le Progrès. Chronologiquement, celle de Vienne est la cinquième et par son importance, elle est cinq fois plus grande que celle de Paris en 1867 où le Second Empire avait brillé de mille feux, signes de confiance dans l'avenir. Par le triomphe des affaires et des idées, l'Exposition de Vienne doit compenser la perte de suprématie militaire engendrée par Sadowa. Et c'est la première manifestation de dimension européenne entreprise par la double monarchie. D'imposantes constructions ont nécessité des mois de travail. Le « palais » lui-même s'étend sur soixante-dix mille mètres carrés avec une grande salle de neuf cents mètres de long, vingt-huit galeries transversales et une rotonde dont le diamètre est de cent sept mètres. On l'appelle la « pâtisserie », ou, plus fièrement, « la huitième merveille du monde ». Un gigantesque abat-jour, qui a coûté dix-huit millions de florins, éclaire les grandes réussites du temps. Deux estimations sont remises à l'empereur : on accueillera cinquante mille exposants et on attend sept millions de visiteurs, en particulier des personnages parmi les plus importants.

Le 1er mai, jour de l'inauguration, François-Joseph reçoit les princes héritiers d'Allemagne – qu'Andrassy tient à honorer tout particulièrement –, ceux d'Angleterre, de Belgique et du Danemark. Une erreur de protocole rend François-Joseph furieux : le cortège de son fils Rodolphe démarre avant le sien. L'empereur, qui peut plaisanter sur tout sauf sur l'ordre des préséances, se déchaîne contre le comte Grünne, responsable de cette interversion. Alors, Elisabeth paraît et, après un regard implorant le pardon pour le coupable, elle pose sa main sur le bras de François-Joseph. Instantanément, il se calme et se radoucit. La scène a plusieurs témoins, figés et gênés. Elisabeth prend François-Joseph par le bras et lui dit, doucement :

— Je t'en prie. Ne perdons plus une minute. Rentrons.

L'intervention de l'impératrice est d'autant plus remarquée que la Cour sait qu'elle déteste le comte Grünne, jadis envoyé à Corfou pour, disait-elle, l'espionner. Elle pensait ne pas pouvoir lui pardonner, même à l'agonie. Or, elle vient de le sauver. Comment cette femme peut-elle être un ange de douceur et de bonté apaisantes puis, d'un regard, se replier sur elle-même et s'effrayer d'un rien ? C'est tout le mystère de Sissi.

La visite inaugurale dure trois heures. Les drapeaux claquent dans l'air léger, les cuivres des fanfares sonnent la présentation des délégués, avec un enthousiasme exceptionnel au pavillon de la Hongrie. La foule est admirative et reconnaissante. Sa souveraine est là, ajoutant son prestige aux miracles techniques. La fête incessante est malheureusement endeuillée par une catastrophe financière qui survient le vendredi 9 mai. Un vendredi noir : les cours de la Bourse s'effondrent et le krach entraîne des suicides, des fermetures d'usines, de la misère. Le nombre des victimes restera difficile à préciser mais, au total, dans ses conséquences directes ou indirectes, certains estiment qu'il atteint le millier de personnes. Il faut faire face. L'Europe continue de défiler à Vienne. Le 1er juin, le tsar est accueilli à sa descente du train. Il est en uniforme hongrois, par courtoisie mais c'est une courtoisie glacée. Il ne se déride que quand Elisabeth paraît, accompagnée de Rodolphe, peu à l'aise dans un uniforme de lieutenant russe. Les politesses forcées au nom de la solidarité politique et des liens de familles sont très éprouvantes pour les nerfs. Elisabeth et François-Joseph résistent et respirent mieux quand le tsar repart. La peur d'un attentat ne les a pas quittés pendant le dîner final de cent cinquante couverts. Marie Festetics a été courtisée par un prince russe. Elisabeth l'a prise à part pour lui dire :

— Je vous permets de vous amuser mais pas de tomber amoureuse et encore bien moins de vous marier. Je ne veux pas que vous me quittiez à cause d'un étranger.

Cette remarque peut être considérée comme odieuse. L'impératrice s'octroie-t-elle le droit de régenter la vie privée de la comtesse ? L'intéressée pense le contraire, curieusement, flattée de cet intérêt, même s'il est égoïste. En fait, Sissi ne veut pas perdre sa confidente la plus précieuse qui est une alliée sûre et, aussi, une amie.

François-Joseph avoue, entre deux visites :

— Je suis bien fatigué et je me ferais volontiers porter malade.

Mais il faut tenir. Le 24 juin, Caroline-Augusta de Prusse, épouse de Guillaume Ier, arrive à Schönbrunn. Sissi pense que cette visite « sera bien plus fatigante que celle des Russes ».

Effectivement, l'impératrice allemande est « fatigante ». Malgré ses soixante-trois ans, son énergie est intacte. Très maquillée, elle parle d'une voix si puissante que les Viennois la surnomment « la corne de brume » ! Et elle veut tout voir, visiter tous les musées. Sissi finit par déclarer forfait et François-Joseph la remplace, résigné mais n'en laissant rien paraître.

Un début de panique gagne la Cour car des cas de choléra sont signalés, même à Schönbrunn. Sissi et François-Joseph doivent donner l'exemple et poursuivre leurs devoirs d'hôtes. La maladie aura, cependant, une grande conséquence en effrayant les visiteurs. Il faut même prévoir que les énormes investissements de l'Exposition ne pourront être amortis : le déficit atteindra quinze millions de florins.

En revanche, le prestige personnel de Sissi est en hausse certaine avec l'arrivée, le 30 juillet, du Shah de Perse. Nasir es Din, montré sur le trône de Darius en 1848, l'année où François-Joseph prenait possession du sien, effectue son premier voyage en Occident et c'est un fait sans précédent dans l'histoire persane. Soucieux de se familiariser avec l'esprit européen, il veut envoyer les fils des plus grandes familles faire leurs études en France, moderniser son réseau routier, installer un service postal et le télégraphe. La rumeur de la beauté d'Elisabeth l'attire particulièrement à Vienne. Il arrive coiffé d'une toque en duvet d'agneau ornée d'une énorme émeraude entourée de diamants. Sa suite est digne de l'Orient, avec ses chevaux favoris, ses mages et ses astrologues, en tout cinquante-sept personnes. Craignant le choléra, il a envoyé trois princes en émissaires. Ils n'ont pas succombé, la visite est donc maintenue... Lorsque, le 7 août, il voit l'impératrice pour la première fois, il en reste stupéfait. Au moment où Sissi s'apprête à aller à sa rencontre, il ajuste ses lunettes à monture d'or, tourne autour d'elle en silence et caresse sa barbe noire. Sissi, pâle, n'ose plus bouger pendant cette inspection déplacée. Il la dévisage soigneusement, de la tête aux pieds, et finit par dire, en français parce que c'est la langue qu'il faut parler aux jolies femmes :

— Elle est vraiment belle !

Puis, après un nouveau temps d'observation :

— Mon Dieu, qu'elle est belle !

Elle l'est. Sa robe blanche, prolongée par une traîne argentée, fait ressortir sa ceinture de velours mauve.

Devant les manières peu européennes du souverain persan, Sissi a du mal à ne pas éclater de rire. A table, méfiant, il goûte la sauce du poisson avec la cuiller de la saucière puis, en grimaçant, la remet dans la saucière, vide une coupe d'argent remplie de fraises, veut trinquer avec Elisabeth qu'il ne quitte pas des yeux. Le Shah a tendance à oublier qu'il est un hôte et non dans son empire. François-Joseph, le jugeant très amusant mais un peu encombrant, préfère lui donner la résidence de Laxenburg plutôt que les appartements de Schönbrunn, ce que le Shah n'apprécie pas. Elisabeth prend la défense du souverain persan. Après tout, n'est-il pas, lui aussi, quelqu'un qui bouscule l'ordre établi ? Si l'archiduchesse le voyait dire à la seconde vieille dame qu'on lui présente « Merci ! Assez ! »... L'impératrice va donc lui rendre visite à Laxenburg avec le prétexte, réel, de voir les chevaux du Shah. Il s'en souviendra avec bonheur.

Le matin de son départ, il fait réveiller la première dame du Palais, la comtesse Goëss, pour lui dire qu'il n'oubliera jamais l'impératrice. Et, il s'en va, répétant « Quelle dignité ! Quelle sourire ! Quelle bonté ! Si jamais je reviens ce ne sera que pour lui apporter mes hommages ! » Il prend congé du comte Crenneville, qui avait eu l'épuisante mission d'être, avec quinze officiers, aux ordres du Shah et lui avoue :

— C'était ma dernière fête en Europe mais la plus belle de ma vie.

L'impératrice est épuisée. Pour une fois, elle n'exagère pas. Depuis trois mois, les bals succèdent aux banquets, les parades aux feux d'artifices. Elle s'enfuit à Bad Ischl avec Rodolphe, Marie-Valérie et François-Joseph car tous ont un grand besoin de repos. Lorsque l'empereur doit regagner Vienne pour accueillir les souverains de Saxe, c'est elle qui est furieuse de ce contretemps, bouleversant des vacances indispensables. Elle lui fait un reproche tendre :

— Tu gâtes tellement les gens qu'ils ne te savent même plus gré de ta politesse exagérée, au contraire. Dans le fond, tu es de mon avis mais tu ne veux pas l'avouer. C'est toujours ainsi quand on a fait une bêtise.

Se rend-elle compte qu'elle est la première bénéficiaire de la générosité affective et matérielle de son mari ? En septembre, une visite s'annonce beaucoup plus délicate que les autres ; c'est celle de Victor-Emmanuel II, souverain du jeune royaume d'Italie. Celui que ses compatriotes piémontais appelaient le « roi gentilhomme » a soutenu, en secret, l'expédition de Garibaldi. Et son action a contribué à chasser du trône de Naples Marie, la sœur de Sissi et à l'expulser du palais Farnèse lorsqu'il a investi Rome pour en faire la capitale d'Italie. Rentrée à Schönbrunn, Elisabeth déclare qu'elle ne se sent pas capable de recevoir Victor-Emmanuel II.

Une maladie diplomatique ? Nullement. Sissi a la fièvre, des maux d'estomac et ressent, encore, nerveusement le contrecoup des trois mois de vie tourbillonnante. Andrassy insiste pour qu'elle reçoive le roi d'Italie ; ces bonnes relations font partie de sa politique étrangère. Sissi refuse et, inévitablement, les commères, privées de ragots depuis le début de l'Exposition, font circuler le bruit que l'impératrice ne veut pas rencontrer un ennemi de sa sœur. Pourtant, Sissi est couchée depuis dix jours et n'a pu assister à une grande fête équestre, « la seule manifestation qui lui fasse réellement plaisir », dit la comtesse Festetics. Le roi d'Italie est très déçu, d'autant plus qu'il s'intéresse beaucoup aux jolies femmes. La discussion entre Elisabeth et Andrassy prend, pour la première fois, un ton désagréable. Lui qui avait dit : « Je ne connais qu'une seule femme qui me donne des ordres. J'y obéis volontairement » en parlant de la reine est vexé qu'elle ait paralysé un des succès diplomatiques sur lequel il comptait.

Remise, elle part pour Gödöllö en octobre et François-Joseph la rejoint. Elle regrette de ne pouvoir suivre les chasses à courre comme l'année précédente et se contente d'organiser une course à ânes – cadeau du khédive d'Egypte à François-Joseph – montés par sa lectrice et sa coiffeuse.

Mais ils doivent regagner Vienne. L'année 1873 est décidément riche en festivités : l'Autriche célèbre, le 2 décembre, le jubilé d'argent de l'Empereur monté sur le trône il y déjà vingt-cinq ans. Tout Vienne est en fête, pavoisée de milliers de drapeaux, illuminée de feux de joie sur les toits des immeubles qui allongent un collier brillant jusque sur les hauteurs de la forêt alentour. Le cortège impérial, où Sissi et François-Joseph ont salué la foule en voiture découverte, a avancé au pas tandis que des milliers de mains s'agitaient, lançant une pluie de chapeaux. En traversant la Ringstrasse pour marcher en compagnie de Marie Festetics, l'impératrice, reconnue, est acclamée, entourée et, finalement, presque étouffée. Voulant toujours sortir sans escorte, pour mieux se fondre dans la foule, Elisabeth est prisonnière de la joie populaire. Sa dame d'honneur hurle :

— Au secours ! Place !

En sueur, la comtesse crie de plus en plus fort :

— Au secours ! Vous étouffez l'impératrice !

Il faudra presque une heure à Sissi pour atteindre sa voiture grâce à des messieurs qui ont réussi à lui frayer un passage. Sissi se jette sur la banquette. Elle a le souffle court et tremble d'émotion. Les deux femmes ont eu très peur.

— Vous m'avez réellement sauvée, dit-elle à sa confidente, en retrouvant le sourire. L'incident est sans conséquence physique mais lourd de conséquences psychologiques. Depuis des années, Sissi a peur de la foule, même chaleureuse, même entièrement à sa dévotion. Une angoisse l'étreint dès que dix personnes font un cercle autour d'elle. Ce fut d'abord le cas avec ses dames d'honneur qui la suivaient en permanence. Pour pouvoir être seule, l'impératrice se révoltait et s'enfuyait en changeant ses itinéraires, jouant avec les escaliers dérobés, les passages secrets et les couloirs réservés aux domestiques. Désormais, l'accroissement de sa popularité, ses portraits qui ornent les vitrines et même les chopes de bière et les services à café, sans parler des gravures et des photographies, la trahissent dès son arrivée [1]. Et le malaise de l'impératrice se transforme en panique. On veut la voir, lui parler, la toucher. Elle ne veut que fuir, être ailleurs, ne pas

1. Un historien autrichien, M. Erich Feigl, auteur de la plus complète biographie de l'impératrice Zita, collectionne, entre autres, les tasses aux effigies impériales. J'ai bu un café dans l'une d'elles ornée d'une majestueuse Elisabeth...

être admirée brutalement. Les palais froids sont des prisons, la foule en liesse aussi. Il est donc révélateur que, dès le lendemain, elle quitte Vienne pour Gödöllö. Pendant des semaines lors de l'Exposition, elle a fait des efforts immenses pour être à sa place. Elle a été, pour la première fois, incontestablement et sans crainte des chausse-trapes de sa belle-mère, l'impératrice d'Autriche, et sa préférence pour la Hongrie a semblé aux Viennois un peu freinée.

L'Occident et l'Orient sont venus la saluer, l'admirer, vérifier sa légendaire beauté gracieuse. Elle a soutenu, aidé et conforté François-Joseph en l'entourant d'une aura de charme dont la politique ne peut se passer.

Jadis invisible, elle a été présente, résidant plusieurs mois de suite dans la capitale autrichienne, rétablissant un équilibre urgent. Malgré le gouffre financier, l'Exposition a été une immense réussite mondaine, politique et diplomatique, en dépit de quelques incongruités.

Le jubilé, qui consacre vingt-cinq ans de fidélité à François-Joseph à travers les guerres et les drames, est aussi la fête du couple impérial. Et jamais Elisabeth n'a paru aussi proche de sa tâche et respectueuse de la tradition. Se serait-elle assagie ?

En quittant Vienne le 3 décembre 1873, l'impératrice prouve le contraire et les Viennois, furieux, se répandent en commentaires aigres que l'on retrouve dans les journaux. Que l'impératrice soit une « femme extraordinaire », les Viennois en conviennent. Qu'elle recommence à les fuir et à leur préférer la Hongrie est injuste et inacceptable. Le malentendu, dissipé pendant toute cette année exceptionnelle, réapparaît. Elisabeth ne cherche pas à peiner les gens, elle ne songe qu'à se protéger. Alors, elle fuit.

L'un des moyens de sa fuite vient d'arriver de Bohême. C'est la nouvelle voiture qui lui est réservée dans son train spécial. Elle a été construite par les ateliers Ringhoffer, à Smichow, près de Prague. Immatriculée aux chemins de fer impériaux et royaux de l'Etat, cette voiture spéciale est extérieurement d'une couleur vert sombre et intérieurement d'un ton vert olive, pour les tissus. La voiture, à trois essieux, comporte un compartiment chambre à coucher avec un lit – à une seule place – parallèle au sens de la marche, un fauteuil, une table sur laquelle l'impératrice pose un registre à ses armes, un porte-plume surmonté d'une aigle, un semainier doré avec des cases en ivoire rappelant la date du jour, une pendule, et deux thermomètres. Sissi, qui aime voyager avec ses livres, les range dans une commode et dispose un porte-revues au-dessus du lit. Le compartiment voisin offre un canapé, une chaise, un sous-pied, une table et une coiffeuse-table de toilette à revêtement argenté. Quatre alvéoles permettent d'y poser peignes et brosses sans risque pendant la marche du train. La voiture, équipée d'un éclairage électrique et d'un dispositif d'alarme efficace, y compris dans les toilettes, est douillette, confortable mais discrète avec ses boiseries claires et non sculptées ainsi qu'une moquette rouge à fleurs blanches et noires. Elle n'a rien à voir avec l'extravagante voiture-salon de Louis II de Bavière bleu clair, surmontée d'une couronne dorée et dont l'intérieur frise le cauchemar avec son mobilier néorococo et ses allégories multicolores. Elisabeth aime disparaître du monde sans se faire remarquer. Dans sa nouvelle voiture spéciale, elle roulera des milliers de kilomètres, protégée, calfeutrée avec pour toute mélodie le rythme des six roues martelant l'intersection des rails.

Refusant d'être soumise en permanence à l'immobilisme de la Cour, cherchant désespérément à atteindre les horizons de ses rêves, elle se met en route pour un voyage perpétuel, organise sa vie entre un départ et une arrivée. L'archiduchesse lui avait laissé une place totalement libre. Sissi l'a occupée pendant un an. C'est assez, c'est trop. Vienne, désormais, ne sera plus qu'une halte, une gare, un arrêt plus ou moins long, un séjour réduit au minimum.

Sissi commence une course désordonnée, une migration chaotique d'oiseau qui ne sait pas où se poser et s'abat, épuisé, sur un gîte provisoire. L'Europe, fascinée, va découvrir l'impératrice voyageuse qui traverse des pays pour une chasse à courre ou un galop frénétique sur un nouveau cheval. Elisabeth devient la reine des amazones.

VII

L'AMAZONE

L'année 1874 débute par une joie familiale. Le 8 janvier, Gisèle accouche d'une fille. Sissi est grand-mère à trente-six ans, François-Joseph grand-père à quarante-quatre ans et Marie-Valérie, leur dernière fille, n'a que six ans. Immédiatement, l'éblouissante aïeule part pour Munich. Mais sa lettre à Rodolphe n'est vraiment pas digne d'une grand-mère ! En décrivant le bébé, elle dit : « L'enfant est extraordinairement laid mais très vivant, en fait exactement comme Gisèle. »

Vingt-quatre heures après le baptême, Sissi veut absolument visiter un hôpital où sont soignés des cholériques. La comtesse Festetics a beau lui rappeler qu'elle a des devoirs envers son mari, son peuple, son empire et qu'il est inutile de s'exposer volontairement aux risques de cette maladie si contagieuse, Elisabeth ne l'écoute pas. Il est toujours délicat de séparer le courage de l'inconscience mais on peut observer que, chez Sissi, la notion du danger n'est pas liée aux maladies, aux souffrances ni à tout ce qui présente, de près ou de loin, un caractère médical. D'ailleurs, cette préoccupation est-elle uniquement une manifestation de bonté ou de charité ? Ne s'agit-il pas, plutôt, d'une fascination un peu morbide pour la déchéance, d'une attirance incontrôlable pour ce qui n'est pas complètement sain ? Lorsqu'elle paraît au chevet des malades, veillant à ce que sa visite n'ait pas été annoncée, les malheureux sont reconnaissants à ce visage doux et à ce regard noisette qui se posent sur leur calvaire.

Elle dialogue avec un jeune homme qui, malgré une déshydratation générale, est encore en sueur. Il lui tend la main et dit faiblement :

— Je vais mourir...

— Oh ! non, Dieu vous aidera.

— Je remercie infiniment Votre Majesté... Peut-être Dieu me laissera-t-il la vie ? Que Dieu bénisse Votre Majesté.

Quelques heures plus tard, il meurt. Elisabeth fait alors cette remarque à sa dame d'honneur :

— Il meurt et il me saluera un jour, là-haut, avec de la joie.

La comtesse Festetics insiste pour que Sissi se change intégralement en raison des risques immenses qu'elle court. Et il faut faire très attention à la petite fille de Gisèle, encore plus vulnérable que les adultes. Lorsque, quarante-huit heures plus tard, l'impératrice a un vertige en se levant, son entourage s'affole. Pour rien, heureusement.

Le 17 janvier, elle rend visite à la reine Marie de Bavière, la mère de Louis II. Pendant la conversation, le prince Othon fait son entrée. Son état mental s'aggrave au point que l'on songe à l'isoler au château de Nymphenbourg, aux portes de Munich. L'impératrice n'est pas rassurée lorsque, pour la raccompagner, le prince, qui est très beau mais habité d'un regard inquiétant, veut lui donner le bras. Elle glisse à Marie Festetics :

— Je vous en prie, surveillez-le, j'ai l'impression qu'il va me jeter au bas de l'escalier !

Dans la soirée, Louis II tient absolument à rendre visite à sa cousine qui, pour l'éviter, a refusé d'être son hôte au palais royal de la Residenz. Comme d'habitude, le roi ne sait pas prendre congé car la nuit est son nouveau royaume. Louis II est devenu le roi des ombres. Malgré plusieurs tentatives pour le faire partir car elle voudrait se coucher, Sissi est toujours obligée de lui faire la conversation à onze heures passées. Tous les thèmes de son angoisse sont abordés : Sophie, la guerre qui a étouffé l'art, l'importance de la solitude. Et la présence de Sissi agit sur le monde réel comme une médecine miraculeuse ; avec elle, il oublie le temps.

Enfin, il part. Elisabeth, qui a été délivrée par sa dame d'honneur sous un faux prétexte, lui dit :

— Le pauvre roi me fait de la peine. Je l'aime bien mais j'aime encore mieux mon lit. Je crois qu'il existe une certaine ressemblance entre nous, nous avons tous deux une tendance à la mélancolie et le goût de la solitude.

Elisabeth est très frappée par la dégradation physique du souverain. Ses traits sont bouffis, il s'est empâté, perdant la beauté magique de ses premières années de règne. Hamlet-roi est devenu lourd et son visage s'orne d'une moustache et d'une barbiche en désordre. Le regard lui-même est inquisiteur. Les yeux bleus du roi – bleus comme les lacs de Bavière – sont presque constamment dirigés vers le haut, en quête de l'insaisissable.

La comtesse Festetics observe fort justement le drame du monarque :

— Il n'est pas assez fou pour qu'on l'interne mais en même temps trop anormal pour être en relation avec des gens sensés.

Où commence la folie ? Où s'arrête-t-elle ? En 1874, le drame de Louis II est aussi celui d'une science encore approximative ; les degrés intermédiaires, telles l'originalité ou l'excentricité, sont trop mal connus pour diagnostiquer une névrose sélective ou intermittente.

Le lendemain, la mère du roi, dont on ne sait exactement si la santé mentale de ses fils l'intéresse ou l'inquiète, demande, précisément, à l'impératrice de l'accompagner dans une visite au chevet d'aliénés, comme s'il s'agissait d'une sorte de divertissement. La visite est effroyable parce que la mère du roi semble considérer les aliénés comme à peu près normaux, essayant de tenir une conversation raisonnable avec certains tandis qu'une jeune fille s'acharne à jouer une seule note de piano, toujours la même, ou qu'un peintre exhibe le dessin d'un cerf dont les bois sont remplacés par une église.

Elisabeth sort épouvantée de l'asile où, cependant, elle a assisté à la visite sans fuir. Et son système nerveux est d'autant plus éprouvé que son régime est presque exclusivement composé de jus d'orange et de lait. Pour le justifier, elle dit :

— Regardez le roi. Il est vraiment trop gros.

Elle n'ose pas parler des dents de Louis II. Elles sont dans un état effrayant, résultat de l'hérédité et d'un goût immodéré pour toutes les sucreries.

Quatre jours plus tard elle quitte Munich et ce séjour achevé en cauchemar pour Ofen, où François-Joseph la rejoint le lendemain de son arrivée. Ils se retrouvent avec joie, bien que François-Joseph doive partir, le 11 février, pour Varsovie, Moscou et Saint-Pétersbourg. C'est une visite de courtoisie au tsar mais Andrassy la désapprouve. L'empereur demande à Sissi de demeurer à Vienne pendant son absence qui ne devrait pas excéder une dizaine de jours. Elle promet. Elle tient parole. L'empereur peut aller chasser l'ours – une balle dans la tête de l'animal à quatre-vingts pas – et contribuer à entretenir des rapports cordiaux avec le tsar en toute tranquillité.

C'est le moment de l'année où les bals du Carnaval déchaînent les Viennoises et les Viennois. La soirée la plus courue est celle du Mardi-Gras qui se déroule dans la grande salle de la Société des Amis de la Musique, fondée en 1812, que Schubert avait dirigée. Avec Johann Strauss, la valse est devenue définitivement viennoise. Depuis 1867, *le Beau Danube bleu*, sa trois cent quatorzième œuvre, est le leitmotiv de l'empire libéral. Vienne est la salle de bal de l'Europe.

Pour Mardi-Gras, la redoute est, bien entendu, masquée, mais seules les femmes dissimulent leur visage. Sissi qui vient de présider un bal officiel et ennuyeux, décide d'aller au bal dont toute la ville parle. Un tel bal où elle peut protéger son incognito est un parfait exemple de ce que recherche toujours l'impératrice : voir et écouter sans être reconnue. Même si l'idée revient à Ida Ferenczy, Sissi est tout à fait à son aise dans ce complot emprunté aux sortilèges de Venise et, il ne faut pas l'oublier, ourdi en l'absence de François-Joseph.

L'impératrice, comme une jeune fille désobéissante, fait semblant de se retirer dans ses appartements, se relève et revêt une robe à capuchon et à traîne, un domino, de brocart jaune ; elle dissimule ses cheveux sous une perruque blonde et son visage derrière un loup noir frisé de dentelle. Par précaution, Ida Ferenczy, qui est en domino rouge, décide d'appeler l'Impératrice Gabrielle pour égarer les soupçons éventuels sur Gabrielle Schmidt femme de chambre de Sissi.

Onze heures du soir. Arrivées dans la grande salle où l'on a du mal à résister aux violons entraînants, les deux femmes restent sur la galerie qui domine les farandoles frénétiques. Le carnaval encourage toutes les audaces ; comme dans la Venise de Casanova, les femmes mystérieuses peuvent aborder les messieurs. Ida Ferenczv repère un homme seul, jeune, très élégant dont le visage lui est totalement inconnu. Sans façon, la lectrice passe son bras sous le sien et, d'un ton dégagé, lui pose toutes sortes de questions pour essayer de le situer : Appartient-il à l'aristocratie ? Est-il un familier de la Cour ? Les réponses sont claires : le garçon est un fonctionnaire civil et il se nomme Frédéric Pacher de Theinburg.

Très excitée, Ida lui demande :

— Une jolie amie est avec moi. Elle s'ennuie toute seule là-haut, sur la galerie. Ne voudrais-tu pas la distraire un moment ?

— Mais volontiers...

Le fonctionnaire est intrigué par la dame au domino jaune, qui parle d'une voix douce mais pose des questions trop précises pour être innocentes :

— Je suis étrangère ici... Que dit le peuple de l'empereur ? Est-il satisfait de la politique du gouvernement ?

Prudent, il répond cependant avec sincérité. Puis, le visage derrière le loup en dentelle pose des questions plus troublantes :

— Connais-tu aussi l'impératrice ? L'aimes-tu ? Qu'en dit-on, qu'en pense-t-on ?

Le jeune homme hésite. Non, la dame en jaune ne peut pas être l'impératrice. Jamais l'impératrice ne viendrait à une redoute et c'est ce raisonnement qui pousse Elisabeth à être aussi imprudente. Quelle volupté de savoir sans le filtre de la courtisanerie... Le fonctionnaire répond franchement :

— L'impératrice est une femme très belle. Je l'ai aperçue à cheval au Prater. On lui reproche de fuir la foule et d'être si peu présente alors qu'elle s'occupe tant de ses chiens et de ses chevaux.

La réponse amuse Sissi. La question suivante lui brûle les lèvres :

— Quel âge me donnes-tu ?

— Trente-six ans...

Sissi frémit. Il a vu exactement son âge, elle dont la jeunesse est vantée par des milliers d'admirateurs. Il est vrai qu'elle est grand-mère... Soudain, ce marivaudage dans l'énigme n'amuse plus du tout Gabrielle. Sur-le-champ elle veut prendre congé du jeune homme indiscret et Ida, qui suit la scène, commence à regretter les manières du carnaval. Mais, précisément, le carnaval a ses usages et on ne saurait admettre qu'une dame en domino disparaisse après avoir posé un tas de questions sans faire un geste de remerciement. Le jeune homme veut s'incliner dans un baise-main, à condition que Gabrielle se dégante. Elle refuse ; la franchise du jeune homme la séduit, son audace lui plaît et, finalement, la rassure. Le charme revient. Enjouée, elle lui lance :

— Reste et conduis-moi dans la salle.

Alors, le jeune homme va vivre deux heures surprenantes. Sa compagne est assurément quelqu'un de haut rang, sans doute une princesse. Il suffit de voir sa démarche, le luxe de son domino et combien elle est mal à l'aise d'être bousculée dans la cohue joyeuse. Il note, en particulier, qu'elle lui serre le bras lorsqu'un groupe empêche le passage. Et la dame en jaune lui parle sans cesse, passant en revue la situation politique, et glissant vers des sujets élevés, inattendus dans un bal de Mardi-Gras. Gabrielle se met à parler de théâtre, de littérature puis de philosophie et de religion. Le jeune homme avoue qu'il apprécie beaucoup la poésie de Heine. Est-il possible ? Un éclair de joie traverse ce regard sombre. Il aime Heine, le poète favori de Gabrielle !... Quel hasard enchanteur ! Le jeune homme, qui avant de s'entretenir avec Gabrielle, errait paresseusement à la recherche d'une amourette, est passionné et perplexe. La dame en jaune devient très aimable, chaleureuse. Et elle lui avoue :

— Les hommes, d'ordinaire, ne sont que des flatteurs. Quand on a, comme moi, l'occasion de les connaître, on ne peut que les mépriser. Quant à toi, tu sembles différent.

Gabrielle veut savoir s'il se doute de son identité. Il ne sait toujours pas. A peine un pressentiment... qu'il n'ose exprimer. Elle refuse de lui dévoiler sa main mais lui annonce :

— Tu finiras bien par me connaître un jour mais pas

aujourd'hui. Nous nous reverrons. Viendrais-tu, par exemple, à Munich ou à Stuttgart si je t'y donnais rendez-vous ?

Et elle ajoute ces mots lourds de sens que le monde entier pourra vérifier :

— Je n'ai pas de patrie et je passe ma vie en voyage.

Frédéric Pacher est prêt à tous les rendez-vous, au bout du monde, s'il le faut. Quelle femme étrange, quelle personnalité fascinante, quelle conversation inattendue et grave au milieu des rires de Colombines qui s'étourdissent de vin pétillant...

La dame en jaune exige une ultime promesse :

— Conduis-moi jusqu'aux fiacres et quitte la salle du bal...

Le jeune homme tient sa promesse mais, pendant que le fiacre commandé s'avance, il ne résiste pas et, par un geste rapide, essaie de soulever le bas du loup noir masquant le visage. Ida Ferenczy se précipite en poussant un cri et projette la dame en jaune au fond du fiacre qui s'éloigne au trot.

M. Frédéric Pacher de Theinburg reste seul, presque certain que le mystère de la dame en jaune est résolu : et si c'était l'impératrice ? Sa tête est en feu, ses idées foisonnent. Est-il possible ? Est-ce un rêve ? Les jours suivants, il essaie de l'apercevoir au Prater. A force de surveillance, il finit par croiser sa voiture. Sissi, qui n'a alors aucune raison de se cacher, dévisage rapidement le fonctionnaire. Leurs regards se croisent. Il lui semble que l'impératrice a manifesté de l'émoi avant de refermer le rideau de son coupé.

Une semaine s'écoule. Le fonctionnaire, qui avait donné son adresse à l'inconnue du bal, reçoit une lettre postée de Munich. La date, en haut à droite, est d'une écriture que le jeune Frédéric reconnaît sans peine. Il l'a vue au bas de nombreuses photographies officielles : c'est celle de l'impératrice. En revanche, le contenu de la missive paraît avoir été rédigé d'une autre main, sans doute pour éviter toute identification précise. Une écriture masquée, comme un bal. Avec un mélange d'émotion et de curiosité, il lit : « Cher ami, vous serez étonné de recevoir mes premières lignes de Munich. J'y suis de passage pour quelques heures et j'en profite pour vous donner le signe de vie que je vous ai promis. » Miracle : elle n'a pas oublié... Mais voici un ton plus étrange, un peu moqueur, un peu flatteur : « Avec quelle angoisse vous l'avez attendu ! Ne le niez pas ! Mais soyez sans crainte, je ne vous demande pas d'explications car je sais aussi bien que vous ce qui se passe en vous depuis cette fameuse nuit. Vous avez parlé à des milliers de femmes et de jeunes filles, vous avez cru, sans doute, vous amuser, mais votre esprit n'est jamais tombé sur l'âme sœur. Enfin, vous avez trouvé, dans un mirage étincelant, ce que vous cherchiez depuis des années, mais pour le perdre sans doute à jamais... »

Un mirage... Une vision entrevue et déjà enfuie... Le destinataire de cette lettre se précipite sur sa plume. Gabrielle a indiqué qu'il pourrait lui écrire poste restante à Munich.

Une seconde lettre arrive, écrite, dit Gabrielle, de Londres. Elle se plaint du brouillard, trouve la ville odieuse, se promène dans Hyde Park, va au théâtre et vit au milieu de vieilles tantes qui ont un chien, un bouledogue hargneux. « J'ai la nostalgie de cette Vienne légère, ensoleillée mais la nostalgie à la manière des chats, la nostalgie de l'endroit, non des hommes. Et maintenant, je te souhaite le bonsoir, il est minuit passé à ma montre. Rêves-tu de moi en ce moment ou envoies-tu dans la nuit des chants nostalgiques ? Dans l'intérêt de tes voisins, je te souhaite de rêver. »

Frédéric Pacher de Theinburg, que Gabrielle appelle Fritz, est perplexe. La lettre a bien été postée de Londres mais l'impératrice est toujours à Vienne, il s'est renseigné. Gabrielle n'écrit plus. Aucune lettre n'arrive, ni de Londres, ni de Munich, ni de Vienne.

François-Joseph, rentré fin février, se débat dans des difficultés avec le pape Pie IX, et empêche que le mariage civil obligatoire ne soit voté par le Parlement. Elisabeth est rêveuse, repliée sur elle-même, certaine que les hommes ne l'aiment pas et qu'on la regarde surtout comme une bête curieuse. Elle déclare à sa dame d'honneur : « Dès qu'il y a quelque chose à voir, tout le monde accourt, que ce soit un singe qui danse sur un orgue de Barbarie ou moi, c'est la même chose. » Elle refuse de se rendre à une soirée qui réunit Liszt et Wagner à Vienne et bientôt, François-Joseph entreprend un voyage épuisant en Dalmatie, prononçant une centaine de discours en un mois. Ce voyage préfigure l'intérêt que l'Empire portera à la Bosnie-Herzégovine dont une délégation vient se plaindre auprès de lui de la domination turque.

Au même moment, le jeune fonctionnaire qui se désespère du silence de Gabrielle, reçoit une nouvelle lettre. La dame en jaune s'étonne qu'il ne croie pas à son séjour en Angleterre et pense qu'elle ne se prénomme pas Gabrielle. Elle lui dit même qu'elle déteste les chiens... Pour toute indication, elle consent à lui avouer : « La période la plus saillante de ma vie a été un certain hiver que j'ai passé en Orient et mes souvenirs les plus chers se rattachent à ce pays féerique. (...) Je me suis insinuée dans ta vie, inconsciemment et involontairement. Dis-moi, veux-tu rompre ces liens ? C'est encore possible maintenant, mais plus tard, qui sait ? Crois à mon amical souvenir. Gabrielle. »

Pour Fritz, c'en est trop. Il est de plus en plus persuadé que Gabrielle n'est autre qu'Elisabeth, l'impératrice. Il le lui écrit, mais n'obtient que le silence. Définitif. Gabrielle s'est évanouie devant cette audace. Les jeux du Carnaval n'iront pas plus loin que ces lettres bizarres où la prudence devient de l'égoïsme. Une conclusion s'impose, une seule : c'est bien l'impératrice qui se cache, mal, avec des ruses très féminines, derrière son loup noir et sous son domino jaune. La vérité de son identité ne sera définitivement établie que près de soixante ans plus tard lorsque, en recoupant plusieurs documents, le comte Corti retrouvera M. Fritz Pacher de Theinburg. Avant sa mort, en 1934, à quatre-vingt-six ans, il se souvenait fort bien des détails du bal et avait conservé ses précieuses lettres, témoins secrets d'une brève rencontre.

On peut se demander ce que Sissi rechercha dans cette supercherie qui fit du jeune homme le héros d'une curieuse aventure et la victime de son audace. S'agissait-il d'un jeu ? Il aurait été déplaisant. Elisabeth songeait-elle à une aventure ? Certainement pas : la suite le prouve. Selon toute vraisemblance, elle fut prise au piège et son correspondant brisa le mystère lorsqu'il lui avoua qu'il n'ignorait plus qui était Gabrielle. Sans doute, Sissi, toujours en quête d'échanges littéraires et de correspondances d'âmes, aurait aimé continuer à jouer à l'impératrice masquée. Mais les conseils de sa dame d'honneur, qui jugeait son attitude équivoque et imprudente, l'on empêchée de poursuivre ce rêve fou et sans lendemain. Ses lettres, écrites à Vienne, avaient cependant été postées à Londres par sa sœur Marie de Naples qui voyageait alors en Angleterre. Il est révélateur que Sissi ait décrit, dans ses lettres, des voyages alors qu'elle demeurait à Vienne, et des pays qu'elle ignorait. Son souvenir de Corfou complétait son imagination. On peut aussi souligner, encore, combien Sissi n'aime pas être dévoilée et reconnue. Sa curiosité se heurte toujours aux limites qu'impose la vie d'un personnage officiel, particulièrement en vue et dont les moindres gestes et propos sont observés par les anthropologistes de la vie mondaine. Le romantisme du procédé utilisé par l'impératrice s'apparente à celui des admiratrices d'un écrivain comme Balzac. Le secret resta bien gardé ; François-Joseph n'en fut, probablement, jamais informé. Sissi et lui porteront sur leurs épaules des énigmes plus lourdes et tragiques.

En juillet, l'empereur se détend à Bad Ischl. Il est très las. A son ami le roi Albert de Saxe, il confie :

— Pour la première fois de ma vie, je me sens fatigué et je ressens le besoin de repos.

Elisabeth est auprès de lui mais bientôt la frénésie des voyages l'incite à partir. Voilà cinq mois qu'elle n'a pas quitté l'Autriche...

Le 28 juillet, elle monte dans son train et part pour la France, accompagnée de Marie-Valérie et de ses confidentes hongroises. Sa destination finale est l'île de Wight, au large des côtes anglaises où elle voudrait se baigner. Son obsession est d'être dans un pays où on ne la déteste pas.

Strasbourg. La capitale alsacienne, qui fait alors partie de l'Empire allemand, l'attire par sa cathédrale qu'elle visite seule, ayant modifié son horaire pour déjouer la moindre curiosité. A la demande de François-Joseph, son train évite Paris. La présence de l'impératrice risque de donner un caractère officiel à ce voyage et ni Sissi ni son mari ne le souhaitent, lui pour des raisons politiques, elle pour des motifs de misanthropie. Après s'être embarquée au Havre, elle atteint l'île de Wight le 2 août.

Une nouvelle île, un nouveau refuge. Le *losange fleuri* bénéficie d'un climat doux et la végétation, sollicitée par le soleil, est riche de magnolias et de lauriers. L'ambassadeur d'Autriche-Hongrie près de la Cour de Saint-James [1], le comte de Beust, ancien ministre des Affaires étrangères, a loué pour Elisabeth le château de Steephill, à Ventnor, dans le sud de l'île de Wight, face à la Manche. Il est surprenant que l'impératrice ait choisi d'y séjourner à une telle époque, sachant très bien que la reine Victoria réside tout près, à Osborne House, vaste demeure de style italianisant qui avait été construite en 1846 comme résidence d'été de la reine et du prince Albert. Quand on connaît la phobie de Sissi pour tout ce qui impose une vie officielle, pourquoi va-t-elle au-devant d'inévitables obligations ? C'est un paradoxe supplémentaire.

Le jour même de son installation, Victoria, souveraine de la plus grande puissance mondiale de l'époque, lui rend visite. L'incognito relatif de Sissi, voyageant sous le nom de comtesse de Hohenembs – l'un des nombreux titres portés par François-Joseph –, est vite percé. Sa suite – domestiques et pâtissier hongrois, gouvernantes, nurses, masseurs et dame d'honneur – ne peut passer inaperçue. Un chef français en fait partie. On se demande pourquoi : l'impératrice se nourrit presque exclusivement de jus de viande et de potage au poulet ! Victoria souhaite faire la connaissance de la si belle impératrice, si belle et si sauvage. Entre la svelte Sissi et la trapue Victoria, les différences sont un monde. « Je n'ai jamais encore vu une femme aussi grosse », écrit Marie-Valérie à son père. Accompagnée du prince de Galles, le futur Edouard VII, Victoria s'informe aimablement pour savoir si son hôte est satisfaite de son installation. Des salles de bains ont été aménagées, le billard a été transformé en gymnase et une vache de Jersey, visitée chaque matin par un vétérinaire, donne son riche lait à Marie-Valérie [2]. Sissi rassure François-Joseph : « J'ai été très polie et tout le monde en a paru étonné.

---

1. Nom officiel de la Cour d'Angleterre en souvenir du Palais de Saint-James édifié sous Henry VIII et résidence des souverains jusqu'en 1837.

2. Joan Haslip, *The Lonely Empress* (Londres, Weindenfeld and Nicolson, 1965).

J'ai fait ce que j'ai pu, j'estime que cela suffit. Ils se rendent parfaitement compte que je veux être tranquille et ne veulent pas me gêner... »

Mais Victoria doit s'ennuyer un peu car elle revient dix jours plus tard, invite Elisabeth à Osborne House, insiste mais Sissi refuse. La reine Victoria n'a guère l'habitude qu'on refuse ses invitations, surtout lorsqu'elle les formule elle-même. L'impératrice est belle mais n'a vraiment aucun sens du devoir. Tout ce qu'on raconte est donc vrai.

Pour fuir ce voisinage, Sissi décide de visiter Londres. Veut-elle vérifier ce qu'elle en disait à son compagnon improvisé au bal du Mardi-Gras ? Enchantée que la ville soit déserte, le soir dans Hyde Park elle monte le cheval blanc qui avait été le sien le jour de son couronnement à Budapest, et son maintien de grande amazone émerveille les autres cavaliers. Une curiosité londonienne l'attire, le célèbre Musée de Cire de Mme Tussaud. Une surprise l'attend : la silhouette de François-Joseph, en uniforme, avec ses favoris moussus, est au milieu d'autres grands personnages. Après un instant, elle reconnaît :

— C'est tellement ressemblant que c'en est inquiétant.

Sa visite de cet endroit magique dure plus d'une heure et demie.

Une autre est plus inquiétante. C'est devenu une habitude : elle veut voir les asiles d'aliénés. Celui de Bedlam est le plus grand du monde ; il héberge des milliers de malheureux. Elisabeth, fascinée par le traitement des névroses, interroge les médecins. Elle parle doucement aux déséquilibrés et quand l'un d'eux lui affirme qu'il est saint Pierre, elle lui répond, d'un ton naturel :

— Alors, vous ne tarderez pas à être libéré.

L'impératrice ne peut oublier que son cousin, Othon de Bavière, vraisemblablement incurable, est maintenant enfermé dans la forteresse de Fürstenried. Et comment ne pas songer à sa belle-sœur Charlotte, la veuve de Maximilien, étroitement surveillée au château de Tervueren, en Belgique, où elle est en proie à des crises de démence de plus en plus aiguës ?

Fin août, elle accepte une des nombreuses invitations arrivées sur le bureau de l'ambassadeur Beust, celle du duc de Rutland qui organise la première chasse à courre de la saison sur ses splendides terres du château de Belvoir, près de Nottingham. Deux jours à cheval... Elisabeth est comblée. Et bien des cavaliers seront exténués alors qu'elle fait preuve d'une énergie incroyable. Revenue dans l'île de Wight – Victoria est partie pour Balmoral, en Ecosse –, Sissi se baigne fréquemment. Pour éviter les curieux, elle demande à Marie Festetics de s'habiller de la même façon qu'elle. Elisabeth utilisera souvent le procédé et s'amusera beaucoup de la confusion des gens croyant apercevoir ou croiser l'impératrice. Elle essaie de faire venir François-Joseph, lui parle d'un séjour à Londres, d'une visite à la reine, de chasses splendides. Elle lui propose de passer quinze jours avec elle mais se doute que la réponse sera négative : « Réfléchis quelques jours avant de dire tout de suite “non” avec ton obstination habituelle... »

Les deux époux sont tellement différents que leur couple est presque impossible. Certes, Elisabeth a le tort d'être absente aussi souvent. Elle est l'incarnation de la fantaisie. Pourquoi n'a-t-elle pas cherché à prendre, tout naturellement, la place qui lui revient depuis la mort de l'archiduchesse ? Sans doute parce qu'un tel rôle, bien que joué désormais à sa guise, eût freiné son indépendance pour ne pas dire sa liberté. Mais a-t-on le droit de fuir constamment le devoir lorsqu'on est souveraine ? François-Joseph apporte une cinglante réponse négative. Alors que pendant des années Elisabeth s'est battue pour être la seule première dame d'Autriche, elle a refusé cet emploi, lassée par la lutte. Sa victoire est intervenue trop tard. A cette indifférence, il faut ajouter un relatif désenchantement hongrois. Les querelles des autres nationalités perturbent la vie de l'Empire. Elle a accompli sa mission, son rêve s'est maintenant déplacé et son enthousiasme est disponible pour une autre cause. Mais l'observation la plus avisée que l'on puisse faire à propos de leurs tempéraments respectifs tient à leur emploi du temps. Elisabeth adore l'imprévu, François-Joseph le déteste. Elle aime s'enfuir tout d'un coup, partir sur-le-champ, agitée par une impatience qui épuise son entourage. « La mer me tente dès que je la regarde », a-t-elle confié à sa mère. L'appel du large bouscule horaires, rendez-vous et cérémonies. A l'opposé, l'empereur s'évertue à organiser ses journées et ses semaines à l'avance. Sans son ordre du jour personnel, sa vie deviendrait anarchique. Couché à neuf heures le soir, levé à quatre heures le matin, le rond-de-cuir couronné s'applique. Rarement, un souverain a fait preuve d'un tel sens du devoir. La grandeur de François-Joseph est de toujours faire passer sa mission avant ses plaisirs. Il sait que l'avenir de l'Empire et des Habsbourg est plus important que son bonheur personnel. Enfin, Sissi et son mari vivent psychologiquement dans deux univers différents. Elle connaît les joies d'une imagination débordante, il préfère les frontières tangibles du bon sens.

Lorsqu'il reçoit la lettre de Sissi, François-Joseph est toujours fatigué et c'est d'une voix sombre, atone, qu'il lit, le 31 août, le discours du Trône.

Elle décide de rentrer car il lui manque et elle a envie de voir Rodolphe après les manœuvres en Galicie où il a accompagné son père. « Je sais combien tu m'aimes, avec ou sans démonstrations, et nous ne sommes si heureux précisément que parce que nous savons ne pas nous déranger. » Un bel exemple de lucidité et de tolérance conjugales...

Boulogne, Baden-Baden : le train de l'impératrice s'immobilise en gare de la ville thermale. Les souverains allemands sont sur le quai. Sissi ne peut échapper au protocole. Guillaume Ier lui fait une cour brève mais osée. Vantant sa beauté, il lui dit :

— Il vaut mieux ne pas trop regarder, on risquerait de prendre feu.

Son petit-fils, Guillaume II, aura un commentaire plus éthéré, à propos de sa grâce :

— L'impératrice ne s'assoit pas, elle se pose.

A Possenhofen, Sissi tente d'échapper à Louis II. Depuis plusieurs semaines, il a disparu, absorbé par ses nouveaux projets de châteaux – un Trianon qui s'appellera Linderhof, un Versailles, qui deviendra Herrenchiemsee – et des tourments de plus en plus affolants. Pourtant, dans le cauchemar intérieur de sa vie, le roi conserve une alliée définitive, une sorte de fée du rêve qui ne le déçoit jamais. Lui qui ne supporte les femmes que lorsque ce sont des comédiennes ayant l'âge de sa mère, place Sissi sur le trône du fantastique et de l'impossible.

En pleine nuit, tandis que tout est silencieux, un aide de camp du roi réveille la comtesse Festetics et lui remet, de la part du monarque, une gerbe de cent roses, dans tous les tons possibles. Et il annonce que demain – dans quelques heures –, à Munich, le roi voudrait s'entretenir avec l'impératrice.

Louis II a encore grossi. Il est très agité. Sur la chaise de la voiture-salon, il explique à sa cousine qu'il va faire jouer des œuvres en hommage à Louis XIV. En pleine « bourbonite » aiguë, le roi s'évade de la réalité en s'asseyant dans la loge du théâtre de la Residenz. Il est minuit. La salle est vide, les machinistes portent des chaussures de feutre car il est important de ne pas briser le rêve. Au second coup de cloche, le rideau se lève. La représentation s'achève vers quatre heures du matin. Une comédienne viennoise, Mlle Charlotte Wolter, venue du Burgtheater, tiendra le rôle de Mme de Pompadour dans la tragédie *Narcisse*. Dans l'un des rares témoignages complets sur ces représentations pour le roi seul, elle dira comment, après que le rideau fut retombé, « on nous donna l'ordre de rester sur la scène, sans un mouvement, afin que le roi ne soit pas dérangé. Il a en effet l'habitude de rester un certain temps dans sa loge pour réfléchir à ce qui vient de se passer, comme quelqu'un à qui il en coûterait de revenir à la réalité. »

Louis II explique à Elisabeth qu'il a engagé des auteurs de théâtre et même de ballets pour évoquer l'heureuse époque qui va de Louis XIV à Louis XVI. Les œuvres, de commande, sont médiocres, bâclées en deux mois. Mais le roi fournit lui-même le canevas historique et tous les détails sont exacts dans *l'Eventail de la Pompadour* ou *Trianon*.

Sissi écoute, inquiète. Le seul intérêt réel de la conversation est la scène de chasse avec meute que Louis II va introduire dans une pièce. Et il lui parle de la machinerie qui peut faire pivoter les rochers, apparaître les arbres ou pleuvoir comme s'il s'agissait d'une averse... Louis II veut absolument rester avec Sissi jusqu'à la frontière mais elle n'y tient pas.

Le malaise l'emporte sur la fascination. Et le roi de Bavière, lourd dans son costume de bourgeois, coiffé d'un ridicule chapeau rond, reste sur le quai, contrarié par ce départ et vivant dans l'espoir de retrouver au plus tôt son rêve de femme.

Après un séjour à Vienne, Elisabeth retourne à Gödöllö. Autour de sa résidence favorite, sans atteindre les excentricités de son cousin, la reine de Hongrie a aussi bâti son univers : un manège. Plusieurs représentations du cirque Renz, installé à Vienne, lui ont permis d'admirer le travail d'une écuyère prénommée Elisa. Le duc Max, le père de Sissi, avait dit un jour : « Si nous n'étions pas princes, nous serions des écuyers de cirque. » Elisa intéresse beaucoup l'impératrice. L'écuyère n'est pas, comme on l'a toujours rapporté – même le comte Corti –, la fille du grand Ernest Renz. En réalité, elle se nomme Elisa Petzold. Fille d'un fabricant de savonnettes, elle a fait d'excellentes études dans un couvent puis – ce n'est pas incompatible – ses débuts en piste dans le cirque de l'écuyer français François Loisset. En 1867, elle a été engagée chez Renz. Sur les affiches, selon un usage très répandu, son nom de famille est omis. Elle est annoncée sous son seul prénom de Elisa ou encore *Mlle Elisa de Vienne*, bien que sa famille soit originaire de Dresde et donc saxonne. Mais son talent est tel qu'elle sera vite connue sous le nom de Elisa de chez Renz. Par une contraction erronée, on l'appellera Eliza Renz [1].

Sissi demande à l'écuyère de lui faire travailler la haute école. Elisa devient une amie de l'impératrice et cette amitié va sembler suspecte aux observateurs et experts en ragots. La solitude forcée de Sissi et sa fuite perpétuelle vont provoquer, inévitablement, des commentaires que l'on peut résumer ainsi : puisque l'impératrice ne mène pas une vie « normale » et qu'elle est très belle, elle doit dissimuler un secret, une vie intime inavouable. On lui prêtera quelques amants, sans

1. Henry Thétard, *la Merveilleuse histoire du Cirque*, réédition avec un chapitre inédit de Lucien René Dauven, chez Julliard, en 1978. Voir aussi *le Cirque dans l'Univers* du 1er trimestre 1983 (n° 128). Un tableau d'Elisa en « écuyère de haute école », identifiée par M. George Speaight, a été vendu au Nouveau Drouot le 31 janvier 1983. Il est dû au peintre parisien Edmond Grandjean (1844-1909).

aucune preuve ; on lui prêtera une liaison saphique avec Elisa, toujours sans preuve. Le romantisme exagéré de Sissi exclut une sensualité gourmande. Cependant, Elisabeth, effarée par la manière dont est interprétée son amitié pour Elisa, est obligée d'écrire à François-Joseph, alors en visite en Italie, le 23 avril 1875, qu'Elisa est « très convenable ». Si l'impératrice travaille pour agenouiller son cheval, lui faire exécuter cabrades, cabrioles et autres figures, elle ne joue pas les écuyères à panneau qui « crèvent les ballons », comme on l'a également prétendu. En revanche, elle fait cadeau à Elisa d'un cheval, nommé *Lord Byron*, le plus beau de l'écuyère.

Cet amour pour le cirque est, en ce printemps de 1875, la seule activité qui retienne Elisabeth à Vienne, outre ses rapports, affectueux, avec François-Joseph. Le voyage de l'empereur qui a rendu visite au souverain italien, l'a affolée. « J'appréhende un malheur », dit-elle en larmes et elle somme un général de ne pas quitter l'empereur une seconde. A sa mère, elle dit :

— Je ne peux pardonner à Andrassy d'exposer l'empereur à un tel danger.

Est-ce contagieux ? Lorsqu'elle manifeste, fin mai, son intention de séjourner en France, l'empereur lui répond que ce voyage l'inquiète et le contrarie :

— Il t'y arrivera malheur.

Les rapports du couple reçoivent une nouvelle base : ils ont peur l'un pour l'autre. Et Elisabeth, sans doute frappée par l'inquiétude de son mari – inquiétude inhabituelle, il faut le noter –, rédige son testament. François-Joseph sait que la France républicaine a donné asile à de nombreux anarchistes. L'impératrice sera-t-elle bien protégée ?

Le but de son voyage est médical mais il concerne Marie-Valérie : l'archiduchesse a besoin de bains de mer. Mais ce n'est qu'un prétexte. L'impératrice laisse son fils Rodolphe grandir sous la houlette de son père. Le prince héritier a maintenant dix-sept ans et ses rapports avec sa mère sont distants. Sissi cède à ses nouvelles envies de voyages, nouvelles mais toujours les mêmes ; seule la destination change. Ne vient-elle pas d'écrire ce quatrain ? Il résume sa quête permanente :

Un désir cède à un désir plus grand
Et le cœur reste toujours insatisfait.
Et le bonheur acquis
Cesse d'être un bonheur.

C'est, en quelques mots, les plus complets des aveux. Et l'on peut constater l'obsession de l'impératrice qui veut tricher avec son âge – elle a trente-huit ans – et craint d'étouffer moralement et physiquement si elle reste dans un palais viennois :

— Si je demeurais emprisonnée à la Hofburg, en un an, je serais vieille !

En juillet, l'impératrice, venant de Bavière, rend visite à sa belle-sœur Charlotte, sœur du très avisé roi Léopold II. Le souverain belge reçoit Elisabeth, bouleversée, en quittant Tervueren, par l'état pitoyable de la veuve de Maximilien. La folie rôde... Comment ne pas songer à Othon qui, le 27 mai s'est échappé et, faisant irruption dans l'église Notre-Dame de Munich, s'est confessé publiquement, aux pieds de l'archevêque, de perversions abominables ? Depuis, il est enfermé sous bonne garde...

Sissi se dirige vers la Normandie. Son train s'immobilise en gare de Fécamp le 31 juillet. Bien qu'elle ait choisi de voyager sous son pseudonyme de comtesse de Hohenembs, elle est accueillie avec cérémonie. Son arrivée ne saurait être un événement banal au château de Sassetot-le-Mauconduit, élégante demeure construite sous Louis XV, offrant vingt-cinq fenêtres sur chaque façade, au cœur d'un parc agréable où sont installées d'immenses écuries et tout près de la plage des Petites Dalles. Loué au mois de mai, le château appartient à M. Albert Perquer, d'une famille du Havre. Il a laissé de ce séjour un récit charmant et très précieux [1]. Des travaux ont été effectués en un temps record ; un salon a été transformé en salle à manger et boudoir, la pièce superposée à la chambre d'Elisabeth se mue en garde-robe, le billard devient

1. Albert Perquer, *Une Villégiature impériale en pays de Caux*, Paul Ollendorff éditeur, Paris, 1897. Je remercie Mme la comtesse de Mun de m'avoir confié son exemplaire de cette rarissime plaquette. Le comte de Mun était le petit-fils de M. Perquer.

un salon. Enfin, comment Sissi pourrait-elle passer inaperçue dans ce coin du pays de Caux, où elle arrive avec... soixante-dix personnes ? La curiosité pousse la population à saluer et à venir voir la souveraine. « Songez donc ! dit Albert Perquer, en aucun temps, ni tête couronnée, ni même président de la République ne s'était jamais montré dans la région. »

Mgr Bonnechose, archevêque de Rouen, apparaît tous les cinq ans, lors de sa tournée pastorale et M. le Préfet de Seine-Inférieure préside, une fois par an, le conseil de révision. Dans ces conditions, la présence d'une impératrice et reine est une révolution...

L'importance de sa suite, de ses bagages – elle a fait transporter son petit lit de fer étroit et dur dans un grand coffre noir et carré qui ressemble à un cercueil –, de son énorme chien *Shadow*, gardien impitoyable, tout, en fait, attire l'attention sur Sissi qui descend de voiture en sombre costume de cheviotte bleue. Marie-Valérie est accompagnée de ses deux gouvernantes, une anglaise et une française.

Le boulanger autrichien a apporté ses sacs de farine... de Hongrie. « ... Et il pétrit les fameux petits pains viennois qui seront servis le soir même au dîner de Sa Majesté. Trois fois par jour, il allumera son four car l'impératrice et ses dames ne sauraient se passer, à chaque repas, de ces miches exquises, dont le boulanger parisien, pour viennois qu'il la baptise, ne réussit à fabriquer qu'une indigne contrefaçon. » Deux chefs de la Cour sont aidés par un chef français, engagé à Paris. Selon l'intendant d'Elisabeth, « sa présence permettra d'étudier expérimentalement l'art culinaire d'un pays qui se pique d'en savoir tous les secrets ». Mais est-ce la peine ? Le régime de Sissi est tellement éloigné de la gastronomie ! Albert Perquer observe que si Elisabeth est particulièrement friande de soupes qu'une femme de cuisine, surnommée « la soupière », prépare exclusivement pour elle, le reste de la suite mange de bon appétit. « Les autours de Sa Majesté ne sont point précisément ennemis d'une chère fine et délicate. » Le marché de Sassetot sera très intéressé et très heureux de fournir la Maison impériale. Pour clore ce chapitre alimentaire, il faut encore signaler deux confiseurs autrichiens, experts en pièces montées et en papillotes, sucreries enveloppées de papier doré et de gaze pailletée. Ces bonbons, tous ornés d'un portrait de la famille impériale, sont toujours dans la poche de Marie-Valérie.

La première visite de Sissi après avoir approuvé l'aménagement du château en disant, en français : « c'est bien » est pour ses trois chevaux, venus par le même train qu'elle. Elle leur apporte des carottes. La présence de l'impératrice à l'église de Sassetot, pour la messe du dimanche, fait sensation. Ses marches de la plage au château, avec son chien « grand comme un bourricot » et son négrillon ne sont pas plus discrètes. Ensuite, l'impératrice redevient cavalière. En amazone noire d'une étoffe élastique qui moule le buste, avec chapeau de soie et bottes fines dont l'une – celle de gauche – est ornée d'un minuscule éperon, la « comtesse », qui tient son stick ou, souvent un éventail, est en selle avant neuf heures. Il lui arrive de se perdre ou de poursuivre un lièvre à travers champs, foulant le blé ou les betteraves. Le grand maître de la Cour, le baron Nopcsa, intervient pour dédommager largement les paysans mécontents. L'incident, colporté et déformé, devient une « affaire » dans la presse locale et le préfet, très gêné de tout ce tapage républicain autour de la souveraine, s'empresse de rassurer les propriétaires. Néanmoins, Sissi se plaint d'un climat de voisinage peu agréable. Le 2 septembre, elle écrit à François-Joseph : « Les gens sont si effrontés et si mal élevés dans ce pays, ils m'ont tellement poursuivie hier que je suis allée tout de suite à Fécamp et que j'en suis revenue par voie d'eau. A cheval aussi, j'ai eu souvent des ennuis ; sur les routes et dans les villages, les enfants, les voituriers et tous les habitants s'amusent à effrayer les chevaux. Quand on traverse les champs, ceux qu'on ne risque pas d'abîmer, bien entendu, les paysans deviennent excessivement grossiers. » Pour éviter les regards républicains, Sissi fait installer un couloir de toile qui la conduit du château jusqu'à la mer où elle se baigne chaque matin.

D'Angleterre, elle fait venir un professeur d'équitation qu'elle avait rencontré l'année précédente, M. Allen. Immédiatement, avec un sens prémonitoire du malheur, la comtesse Festetics juge néfaste l'influence de cet homme. C'est un cavalier mais uniquement un cavalier et qui a tendance à demander l'impossible aux chevaux et aux gens de cheval. Il persuade l'impératrice de s'essayer sérieusement au parcours d'obstacles et aménage un véritable circuit dans le parc. « On la voyait apparaître enveloppée d'un manteau, raconte Jules Claretie, bottée et plantant sur ses cheveux nattés la coiffure que portait sa sœur la reine de Naples, au siège de Gaète, puis, tout à coup, en selle, elle disparaissait comme une vision de ballade allemande. » Il arrive souvent que Sissi, les jambes serrées dans des leggings de peau de daim grise, monte à cheval comme un homme. Seule sa grosse natte brune à reflets fauves qu'elle n'a pu dissimuler sous le feutre trahit alors sa féminité. Et souvent, elle monte à cru.

Au matin du 11 septembre, Elisabeth essaie un nouveau cheval, *Zouave*. Mais M. Allen a déjà fatigué l'animal ; lorsque l'impératrice parvient devant une petite haie, le cheval hésite, bondit en un formidable saut et, se recevant mal sur ses jambes antérieures, tombe à genoux. Elisabeth est projetée contre une cépée de chêne et reste inanimée tandis que sa monture reprend sa route en boitant. Le cheval est blessé.

Un cri bouleverse la comtesse Festetics, absorbée par son livre, tandis que la suite de l'impératrice s'adonne aux joies de la plage.

— Un médecin ! Vite, un médecin ! Il y a eu un accident dans le parc ! L'écuyer haletant crie encore :

— Sa Majesté est à moitié morte !

Avec précaution, Sissi est transportée jusqu'à un fauteuil de jardin distant d'environ deux cents mètres. Le Dr Widerhofer, qu'on a fini par trouver vers la plage, l'examine en silence, très inquiet. Elisabeth ouvre les yeux mais son regard est fixe et un hématome brunit son front. Ses lèvres tremblent. D'une voix bizarre, elle veut parler :

— Qu'est-il donc arrivé ?

— Votre Majesté est tombée de cheval.

— Mais je ne suis pas montée. Quelle heure est-il donc ?

— Dix heures et demie, Majesté.

— Du matin ? Mais je ne suis jamais montée à cheval à cette heure-ci.

La comtesse Festetics pleure et ne se pardonne pas de n'avoir su retenir l'impératrice imprudente.

Sissi veut voir le cheval. Il saigne et on constate que sous la violence du choc, la selle d'Elisabeth s'est détachée.

Sissi continue de parler mécaniquement, recouvrant peu à peu ses esprits mais avec des questions angoissantes :

— Où sommes-nous ?

— En Normandie, Majesté.

— Mais, que faisons-nous en France ? S'il est exact que j'ai fait une chute, je suis stupide. Le resterai-je dorénavant ? Je vous en prie, n'effrayez pas l'empereur.

Le médecin diagnostique une commotion cérébrale. La nuit est mauvaise. Sissi souffre beaucoup de la tête et vomit. Le Dr Widerhofer annonce que si la malade ne va pas mieux dans la journée, il faudra essayer de résorber l'hématome en incisant le cuir chevelu et, par conséquent, couper les cheveux d'Elisabeth.

Couper les cheveux ! Ida Ferenczy et Marie Festetics sont encore plus effondrées et se relaient au chevet de l'impératrice.

Moins de vingt-quatre heures plus tard, elle va mieux. Le choc s'atténue et la tache brune diminue.

Malgré sa demande, il a bien fallu prévenir François-Joseph. Un télégramme chiffré est expédié par le baron Nopcsa au bureau de poste de Sassetot auquel le ministère des Télégraphes a adjoint un employé qui parle allemand... L'empereur, alors au Tyrol, est affolé et regagne Vienne. Il veut partir sur-le-champ pour la France. Andrassy le supplie d'attendre une nouvelle dépêche car la venue en hâte de François-Joseph sur le territoire français ne peut échapper aux policiers de la République présidée par le maréchal de Mac-Mahon. Et si l'impératrice voit l'empereur alarmé, les conséquences de sa présence ne risquent-elles pas de nuire au repos absolu dont a besoin l'accidentée ?

Après une nuit blanche dans son bureau de Schönbrunn, l'empereur reçoit une nouvelle dépêche : sa femme va mieux.

Des lettres pathétiques arrivent en Normandie, dans lesquelles le souverain remercie le ciel : « Je n'ose imaginer ce qui aurait pu arriver. Que ferais-je sans toi, le bon ange de ma vie ? » Elle est sa seule lumière et son seul sourire. Et il est l'unique homme qu'elle ne veut pas peiner ou inquiéter. Le 16 septembre, elle peut lui écrire : « Je regrette de t'avoir causé cette frayeur, mais nous devons tous deux nous attendre à de pareils accidents... Je vais beaucoup mieux. Widerhofer est affreusement sévère mais il me laissera voyager aussitôt que possible. » On remarque que l'impératrice considère un accident comme toujours possible. On ne lutte pas contre la fatalité [1]...

François-Joseph lui fait promettre de ne pas remonter en selle immédiatement bien que, psychologiquement, ce soit la seule chose à faire. D'ailleurs, Sissi n'a qu'une envie, quitter cette Normandie relativement inhospitalière. Elle-même laisse, en revanche, un excellent souvenir. Le 27 septembre, à dix heures du matin, voulant prendre congé de ceux qui l'ont accueillie, elle reçoit M. le Maire et M. le Curé. Ils la remercient de sa générosité. Ici, elle a donné cinq cents francs au capitaine des pompiers pour qu'il les répartisse dans une famille de marins dont la chaumière vient de brûler. Là, elle laisse des dons pour diverses œuvres. Les employés des chemins de fer, surveillés par l'inspecteur général des compagnies austro-hongroises, le chevalier de Klaudy, sont également récompensés. Le préfet reçoit le grand cordon de l'Ordre de François-Joseph, les maires la plaque de Chevalier. En revanche, le sous-préfet est arrivé à l'hôtel du Commerce pour vérifier son uniforme brodé et, ayant enfilé ses gants blancs, se dirige « important et satisfait » vers le château. Sissi, qui ne l'attend pas, ne le recevra pas : elle trouve que sa présence a déjà donné lieu à trop de manifestations.

L'empereur lui demande de passer par Paris pour une visite au président de la République. Il n'y a aucune raison d'offenser le brave maréchal de Mac-Mahon, le vainqueur de Magenta. Assistant aux manœuvres qui se déroulent dans l'Eure, il vient au-devant de l'impératrice en espérant lui présenter ses respects en gare de Vernon, pendant le changement de locomotive. Mais Sissi dort dans sa voiture-lit-salon, les

1. Aujourd'hui encore, près du château de Sassetot-le-Mauconduit, un chemin vicinal porte le nom d'*Allée Elisabeth d'Autriche*.

quatre stores sont baissés et il ne saurait être question de la réveiller. Le train repart et Mac-Mahon reste sur le quai, en grande tenue, déçu, « gardant la solennelle attitude du général en chef devant lequel passent les régiments un jour de grande revue ». Elisabeth arrive à Paris le 26 septembre. Invitée à résider à l'Elysée, elle préfère s'installer à l'Hôtel du Rhin, place Vendôme, où Louis II de Bavière était descendu sous le pseudonyme de comte de Berg. L'impératrice a récupéré toute sa vitalité. Ne connaissant pas Paris, elle veut tout voir, tout visiter, sans perdre une minute.

Dans sa précipitation à vouloir semer les guides qu'on lui choisit, elle visite les Invalides en la seule compagnie de sa lectrice.

Devant un sarcophage, elles s'arrêtent. C'est le tombeau de Napoléon. Elles échangent leurs impressions, à voix basse. Un visiteur s'approche d'elles et les informe que... ce sarcophage n'est pas celui de l'empereur Napoléon Ier mais celui de son frère, Lucien Bonaparte ! De la Vénus de Milo au jardin d'Acclimatation, Elisabeth avale les curiosités parisiennes en deux jours, préfigurant les touristes sous pression. Il s'en faut de peu qu'elle ne fasse une promenade à dos de dromadaire. Elle insiste pour que sa dame d'honneur prenne place sur un « vaisseau du désert ». Un éclat de rire général salue cette expérience. Le 29, elle se rend à la chapelle élevée, à l'entrée de Neuilly, à l'endroit où le duc d'Orléans, fils de Louis-Philippe, est mort, en 1842, à la suite d'un accident de voiture. Elisabeth est bouleversée. Ses remarques sont celles d'une femme résignée, qui sait que tout est écrit et qu'on ne peut modifier la marche de la fatalité :

— C'est bien une preuve qu'il nous arrive exactement ce que Dieu nous destine (...). Vous voudriez que je ne monte plus à cheval. Que je le fasse ou non, je mourrai comme le veut mon destin.

Et, par bravade, elle caracole à Auteuil, accompagnée d'un aide de camp de François-Joseph que l'empereur a envoyé à Paris avec mission d'empêcher l'impératrice de faire des acrobaties équestres. Elle méconnaît ses limites et ne veut surtout pas être raisonnable. Après une visite à sa sœur Sophie, la duchesse d'Alençon, Elisabeth décide de s'encanailler en se rendant, déguisée, au célèbre Bal Mabille, célèbre pour sa mauvaise réputation. Véritable Bourse de l'Amour, il est fréquenté par des « femmes du monde interlope », celles qui, selon le mot de Gavarni, « *gagnent* à être connues ». Le chroniqueur Alfred Delvau précise que lorsqu'elles vont « quelque part elles ne tardent pas à y être suivies par les hommes de tous les mondes et de tous les âges, j'entends ceux à qui leurs moyens permettent d'être amoureux [1] ». Elisabeth évoque la soirée parisienne de François-Joseph assistant à un vaudeville mais on lui fait remarquer qu'il y a une différence et que la clientèle du Bal Mabille est moins relevée que celle des bals de Vienne, même ceux du Carnaval. Les deux confidentes hongroises iront à sa place, sous l'œil protecteur du baron Nopcsa, premier chambellan de l'impératrice. Le lendemain matin, les deux Hongroises racontent, horrifiées, à Sissi, ce qu'elles ont vu. Et Sissi ne s'arrête plus de rire.

Mais soudain lasse, elle veut retrouver tous les siens. « Comme toi, j'aime Paris mais maintenant, je suis tout à fait prête à rentrer », annonce-t-elle à son époux.

Rentrer où ? A Gödöllö, qu'elle considère comme sa véritable maison. François-Joseph est si heureux de la retrouver d'excellente humeur qu'il en est transformé. Il a été privé d'elle pendant trois mois, il a craint pour sa santé et maintenant, enfin, la vie de famille reprend, avec ses joies simples, ses journées de chasse et l'espoir d'une existence sereine. Mais la mélancolie veille, tenace. Un jour d'octobre, Sissi perd son fidèle compagnon, *Shadow*. Le grand chien, qui suivait sa maîtresse comme une ombre, est enterré dans le parc. Elisabeth perd un « ami » qui ne l'a jamais déçue et s'enferme, en larmes, dans sa chambre.

Elle constate que Rodolphe a beaucoup changé. Le prince héritier a dix-sept ans. Il est brillant et son intelligence est supérieure, il s'exprime très bien en public, parle aisément plusieurs langues sans accent, et ses connaissances tant histo-

1. *Les Cythères parisiennes*, histoire anecdotique des Bals de Paris, Paris, E. Dentu, 1864, réédition en 1979 par les Editions Marcel Valtat.

riques qu'économiques sont très poussées, avec un intérêt marqué pour les préoccupations sociales. En ce sens, il ne ressemble pas à son père. Rodolphe, bien informé de la politique européenne, vient de rédiger un mémorandum destiné à son précepteur dans lequel il révèle des idées très libérales, une sympathie pour le système républicain et une philosophie qu'on peut qualifier de positiviste. François-Joseph est satisfait de la valeur intellectuelle de son fils et espère que ses idées politiques se modifieront avec l'âge et l'expérience.

Sissi regrette que son fils s'intéresse peu aux arts et, en particulier, à la poésie. Ce n'est, pourtant, pas faute de lui avoir seriné des vers et imposé un grand nombre de strophes à apprendre. D'elle, il a l'esprit libre, un certain cynisme, une nature passionnée et qui se pose des questions. Il pense et c'est là une différence avec l'empereur qui note : « Il ne doit pas devenir libre-penseur mais il doit être au fait de l'évolution des temps modernes. » Comme sa mère, sa personnalité est un assemblage d'idées paradoxales, élevées et de sentiments confus. Il dit : « Mon esprit est toujours occupé d'une chose ou d'une autre. Tout m'intéresse, chaque chose me tient un langage différent. Parfois, j'ai des pensées gaies et heureuses, parfois elles sont sombres et amères... Je me rends compte que je ne saurai jamais tout ce que je désire savoir et pourtant une chose est certaine : il faut longuement faire effort pour aspirer à atteindre davantage, toujours davantage, non pas des titres, des dignités, de la richesse, non certes, ce sont des buts qu'il faut laisser à ces races vénales qui énumèrent leurs aïeux jusqu'à la naissance du Christ. Non, je veux savoir. » Et Rodolphe pose la question fondamentale : « Parvenons-nous, en tant qu'êtres humains, à nous élever ou bien sommes-nous simplement des animaux ? »

On comprend que François-Joseph, excellent homme mais à qui ces préoccupations échappent, s'inquiète de ces penchants. Il est, en revanche, fier que son éducation soit très solide et « pas seulement bien à la façon d'un Kronprinz ». En définitive, le tempérament vif, nerveux et un peu exalté ainsi que l'allure aristocratique de Rodolphe en font davantage le fils de Sissi que de François-Joseph. Et pourtant, elle a le sentiment que, par sa nature désinvolte, le jeune homme lui échappe. Elle s'interroge : est-ce l'âge ou l'effet de ses absences ? Les deux raisons sont peut-être additionnées...

Un deuil bouleverse la Hongrie. Le 31 janvier 1876, Ferencz Deák meurt à soixante-treize ans. Considéré comme le plus prestigieux des hommes politiques de son pays, sa disparition atteint personnellement Sissi ; l'émotion nationale est aussi la sienne. Aux funérailles de celui que François-Joseph avait d'abord préféré à Andrassy, ses larmes sont sincères. Et la couronne qu'elle fait déposer au pied du catafalque est celle de la première des Hongroises : « La reine Elisabeth à Ferencz Deák. »

Agenouillée à gauche du corps exposé entre une forêt de cierges, Sissi pleure. La scène, fixée par une lithographie, circule dans tout le pays et ajoute encore à la popularité de la souveraine. Son cœur est hongrois. L'œuvre accomplie par Deák et par Andrassy, l'œuvre soutenue dans son ébauche par Elisabeth, porte ses fruits. Le président du Conseil hongrois, Coloman Tisza, et son successeur imposeront le hongrois comme langue dans la justice, les écoles et les chemins de fer. Mais la reine, déçue par la politique et ses acteurs, est émue au nom de la bataille qu'elle a livrée plus que par la Hongrie du milieu de la décennie. Gödöllö est son refuge de chasses, des jeux avec Marie-Valérie, des fêtes auxquelles tout le monde participe et même des forains qui, sur sa demande, campent à l'extrémité du parc.

Mais Sissi est déjà ailleurs. Après deux mois d'une vie harmonieuse, l'oppression de l'atmosphère viennoise lui est, de nouveau, insupportable. Fin février, elle repart pour l'Angleterre avec l'intention de participer aux dernières chasses à courre de la saison. L'ancien ambassadeur, le vieux baron Hübner, est choqué : « Mon pauvre empereur essaie de maintenir, par plusieurs attaches, le bouchon de cette bouteille de champagne mais, quel que soit le moyen utilisé, le bouchon finit toujours par sauter. » La formule, amère, est bien trouvée : Sissi est une explosion permanente. Le diplomate conclut : « Il faut se féliciter que ces explosions n'aient pas eu d'autres conséquences que celles que nous voyons : goût sans retenue pour les chevaux, la chasse, le sport ainsi qu'une vie retirée qui ne s'accorde pas bien avec les devoirs d'une impératrice. »

François-Joseph a cédé. Comment retenir ce bel oiseau qui étouffe toujours comme si la vie n'était qu'une cage ? Son amour, vivifié par quatre mois de vie commune, vient de tripler la pension annuelle de veuve que recevrait l'impératrice s'il venait à mourir. La rente est fixée à trois cent mille florins. On observera combien l'empereur fait preuve d'une quasi inlassable générosité matérielle à l'égard de son épouse. La mort, il y a un an, de son oncle l'empereur Ferdinand, qui vivait à Prague, a fait de l'empereur d'Autriche-Hongrie un homme très riche. Choisi comme légataire universel, il a reçu un million de florins. Cela ne change pas ses habitudes économes puisqu'il utilise les pages blanches de ses rapports pour rédiger ses notes ou ses dépêches et porte ses uniformes presque jusqu'à l'usure. Administrateur, l'empereur est avare des deniers de la Couronne. C'est un homme aux goûts simples. Les goûts de Sissi, par leur extravagance, sont plus dispendieux, bien qu'elle ne recherche aucun faste.

Londres. La reine Victoria, se souvenant que Sissi avait décliné deux fois son invitation à dîner, fait savoir à l'impératrice que son emploi du temps ne lui permet pas de la recevoir. Elisabeth proteste auprès de son mari, le 5 mars : « Si j'étais aussi mal élevée, moi ! Tous ceux à qui j'ai rendu visite ce soir en ont eu honte car j'ai été très aimable, je suis déjà allée partout. »

Cavalière intrépide, elle inquiète les Anglais qui la reçoivent pour une chasse à courre. L'accident de Sassetot est dans toutes les mémoires. Le capitaine George Middleton, surnommé Bay, est choisi pour escorter l'impératrice. Cette mission ne l'enchante guère.

— Que m'importe qu'elle soit impératrice ? dit-il, peu aimable, à Lord Spencer, organisateur de la chasse. Comment puis-je veiller sur elle ? Bien entendu, je m'en acquitterai mais je préférerais suivre la chasse comme je l'entends.

Le choix de Lord Spencer étonne ses amis. Bay Middleton est l'un des plus fameux cavaliers du royaume mais il prend des risques. Lord Spencer connaît trop Sissi pour ignorer qu'elle ne supporterait pas un compagnon timoré. Une centaine de cavaliers prennent part à cette chasse qui se déroule autour de Easton Neston, dans le Northamptonshire. La comtesse Festetics, moins passionnée que Sissi, soupire : « D'autres montent à cheval trois ou quatre fois par semaine. Nous, nous montons tous les jours. »

D'excellente humeur, Sissi, qui a fini par être reçue par la reine Victoria à Windsor et par remplir le rôle que lui avait assigné François-Joseph, est véritablement infatigable. Elle offre une coupe, c'est Bay qui la gagne. Elle observe avec un œil critique ce prototype du cavalier, pas très grand mais racé, sûr de lui, cultivant l'humour avec, parfois, férocité. A trente ans, il a le privilège d'intéresser les hommes et de séduire les femmes.

Dès la fin de la première journée de chasse, l'officier reconnaît que l'impératrice est une amazone exceptionnelle. Et les commentaires sont unanimes : par son maintien et son allure aucune femme, pas même l'élégante Lady Dudley, ne surpasse Elisabeth lorsqu'elle est à cheval. Le 26 mars, elle écrit à François-Joseph : « Tout le monde me demande si tu ne te décideras pas à venir un jour. » Mais François-Joseph, fidèle à ses principes, s'absorbe dans l'examen de la politique internationale vers les Balkans. Le tsar Alexandre II rêve de prendre sa revanche sur la guerre de Crimée et il est vital que les grandes puissances européennes aient une vision commune de la situation. L'empereur compte beaucoup sur l'appui de la reine Victoria et il est soulagé qu'elle ait reçu à déjeuner Sissi qui, au demeurant, ne veut plus entendre parler de politique.

Le 4 avril, l'impératrice regagne Vienne. Le rituel de vie de cour reprend ses droits et Elisabeth songe, à regret, aux dîners où elle apparaissait, à Eason Neston, dans une simple robe de velours noir, portant un collier de perles pour tout bijou et égayant sa coiffure de superbes camélias. François-Joseph est heureux : Sissi n'a pas eu d'accident.

Au début de mai, la visite de la reine des Belges puis celle des souverains de Grèce lui paraissent insupportables. Heureusement, la reine des Hellènes s'intéresse aussi aux chevaux, sujet qui alimente toutes les conversations.

Une lettre parvient à Elisabeth. Une lettre inquiétante et pathétique, écrite par Louis II, le 25 avril, à deux heures du matin. Entre une migraine et une rage de dents, le roi, qui vient de financer la construction du théâtre de Wagner, à Bayreuth, livre son angoisse à sa seule alliée : « Nos âmes – je crois pouvoir le démêler – ont une part assez étroite dans la *haine commune* contre toute bassesse et contre toute injustice (...). Peut-être un jour viendra où, à mon tour, je ferai la paix avec cette lourde terre ! Cela arrivera lorsque toutes les essences de mon idéal seront consumées à jamais et éteints les élans dont, avec tant de soin, je nourrissais le feu sacré... Mais je ne le souhaite point. » Et le roi tourmenté conclut par un résumé saisissant de sa vie : « Je veux demeurer pour moi et pour les autres une éternelle énigme. Chère et précieuse, vous m'êtes et vous le resterez, car je sais que *jamais vous ne douterez de moi.* »

Une éternelle énigme... Le vœu de Louis II sera exaucé. La terre lui paraît lourde parce qu'il ne peut effacer de sa mémoire la vision de son frère Othon qui a maintenant sombré tout à fait dans la folie. Le roi sait qu'il ne pourra abdiquer en faveur de son frère puisqu'il est déclaré incapable. Il lui faudra supporter ce fardeau de la vie et du pouvoir encore des années. Et la crainte de s'enfoncer, lui aussi, dans la démence le laisse prostré. Si l'hérédité des Wittelsbach est considérée comme responsable de ces névroses, il faut, cependant, rappeler que du côté de sa mère, princesse de Prusse, Louis pouvait aussi avoir recueilli quelques tares : une de ses tantes croyait avoir avalé... un piano, ce qui n'est pas un signe d'équilibre absolu !

Elisabeth est aussi une énigme, moins poignante peut-être mais tout aussi attachante.

Pendant l'été, la situation dans les Balkans s'enflamme. Comptant sur l'aide de la Russie, la Serbie et le Montenegro déclarent la guerre à la Turquie. Andrassy, dont les sentiments antirusses sont exacerbés, gêne François-Joseph qui veut rencontrer le tsar et fixer la position austro-hongroise. Sissi a dit à son époux :

— Je ne me mêlerai plus de politique...

Mais, alors qu'elle est au bord du lac de Starnberg, à Feldafing, elle apprend que François-Joseph va rencontrer Alexandre II au château de Reichstadt, dans le nord de la Bohême. Inquiète, elle lui écrit, le 5 juillet : « Sortira-t-il quelque chose d'intelligent de ce voyage à Reichstadt ? Je crains que n'éclate maintenant la grande catastrophe que Néné annonce toujours. » Elle lui demande de venir la rejoindre. « L'esprit tendu comme tu l'as par les difficultés où se débat l'empire, tu as grand besoin de te reposer un peu en famille, à Possi. »

Sissi ne s'occupe plus de politique mais a le pressentiment qu'un épouvantable conflit peut naître dans les Balkans. L'explosion aura lieu, trente-huit ans plus tard, au pied des minarets de Sarajevo...

Dans le plus grand secret, François-Joseph négocie avec le tsar. Alexandre II cherche à entraîner l'Autriche-Hongrie dans une guerre de conquête. Il souhaiterait occuper la Bulgarie tandis que François-Joseph annexerait la Bosnie-Herzégovine. Selon ce schéma, la Roumanie et l'Albanie pourraient devenir autonomes. Les deux empereurs regardent dans la même direction, vers cet Orient qui, seul, peut exciter leurs politiques étrangères. Toutefois, François-Joseph ne s'est pas engagé d'une manière formelle. Pour le décider, Alexandre II lui écrira : « ... Je considère qu'une entente entre nous est possible et je ne le souhaite pas seulement pour maintenir mais aussi pour l'avenir car c'est de ces moments qui peuvent déterminer le destin de nos deux pays pour plusieurs générations. »

Désolée que François-Joseph ne puisse la rejoindre, Sissi se rend en Bavière, accompagnée, entre autres, de son nouveau compagnon, *Platon*, un chien de berger qui a remplacé *Shadow* qu'elle ne pourra, cependant, jamais oublier : la statue en marbre du gros chien donnant la patte gauche a pris place dans le fumoir de la Villa impériale, à Bad Ischl.

Elle ne peut éviter une visite de Louis II. Le roi est transfiguré, il vient d'assister à la première représentation de *L'Or du Rhin*, au Festpielhaus, le théâtre immense, austère et sans goût que Wagner a fait construire à Bayreuth. Quelle émotion ! Le souverain a retrouvé l'*Ami* après huit ans de séparation. Cent quatre-vingts musiciens dissimulés dans une fosse gigantesque ont fait jaillir un son cristallin pour un seul spectateur, le roi mécène. Ce fut un moment magique, une soirée d'extase consacrant le triomphe de *la Musique de l'avenir* qui, désormais, a son temple. Depuis 1864, Louis II estime que sa véritable mission sur terre est de permettre à Wagner « de déployer les ailes puissantes de son génie ». Epuisé et dans un grand état d'excitation, le roi repart. Il ne refera jamais le voyage de Bayreuth, le rêve est accompli bien qu'il eût dû s'épanouir à Munich. Le roi précurseur dit encore : « ... Heureux le siècle qui a vu naître un génie pareil, comme les générations futures envieront tous ceux qui auront eu l'inexprimable bonheur d'être de ses contemporains. »

En revanche, le bonheur de Sissi est dans un rêve inaccessible. Elle décide de retourner à Corfou qui l'avait enchantée quinze ans plus tôt. « On peut toujours arriver à faire de soi une île », dit-elle. François-Joseph lui achète un yacht personnel, le *Miramar*, qui jauge mille huit cents tonneaux. Un nouveau moyen de fuir et de satisfaire à la fois son aventure extérieure et son dédale intérieur. La maladie des voyages, cette véritable « bougeotte », la pousse sans cesse vers de nouveaux rivages et devient une idée fixe témoignant d'une quête désespérée d'inconnu et de beauté. L'impératrice déserte, limitant ses obligations au strict nécessaire ; elle traîne le regret de ne pouvoir être utile. « ... C'est en ce sens que cette évasion et cette désertion sont aussi une ascension », souligne le comte de Saint-Aulaire[1]. Cette fois, Corfou la retient peu mais Athènes l'attire. Elle débarque au Pirée le 9 septembre, amusée que le consul d'Autriche-Hongrie la confonde avec la comtesse Fürstenberg : le vieil homme s'agenouille devant la dame d'honneur... Sa visite se concentre, bien entendu, sur la cité antique dont son oncle Louis Ier lui a raconté les trésors. Depuis, elle a lu et relu *l'Odyssée*, cherchant peut-être une comparaison entre Ulysse, navigateur perdu et elle, impératrice errante. Son voyage est une réussite. Enthousiaste, passionnée par ses découvertes, Elisabeth ne montre aucune impatience devant les petits contretemps. Au contraire, son humeur égale enchante sa

1. *François-Joseph*, Paris, 1933.

suite. Et la comtesse Fürstenberg, qui appartient pourtant à la génération des dames d'honneur choisies par l'archiduchesse Sophie, convient elle-même que « Sa Majesté est plus charmante que jamais ».

Septembre réunit toute la famille à Gödöllö. Et un invité surprise arrive à la gare de Buda : Bay Middleton. L'impératrice l'avait convié à venir chasser en Hongrie lorsqu'elle avait quitté l'Angleterre. La présence du jeune officier dont les seules ressources sont sa pension militaire et sa seule qualité le fait d'être un excellent « gentleman rider » étonne quelques courtisans. Sissi apprécie sa simplicité, sa franchise et s'amuse, sans méchanceté, des quiproquos permanents entre François-Joseph et Bay. En effet, à la suite d'une chute de cheval, l'Anglais est presque complètement sourd ! Dans un allemand approximatif et un anglais haché, la conversation est souvent cocasse. Parmi les hôtes, le frère d'Elisabeth, le duc Louis-Guillaume, est accompagné de son épouse, l'ancienne comédienne Henriette Mendel, promue, avant son mariage, baronne Wallersee. Leur fille, Marie, dix-huit ans, jolie, nièce morganatique de Sissi, est également venue. Elle semble souffrir d'un complexe social, en raison de l'origine de sa mère, et sa tante cherche à la mettre à l'aise. L'impératrice connaît trop les conventions, les préjugés et les ragots pour ne pas avoir envie de la protéger. Sissi, qui a vu grandir cette nièce et la trouve charmante, veut être son alliée et souhaite que Marie lui soit dévouée. Or, en cet automne 1876, la seule personne qui ne partage pas l'enthousiasme total de l'impératrice pour Marie est la comtesse Festetics, dont l'instinct est décidément très sûr : « Je voudrais l'aimer, elle me plaît quelquefois, mais... mais quoi ? Quelque chose me retient, je n'ose presque pas l'écrire, de peur d'être injuste. Je voudrais atténuer ma pensée, j'ai le sentiment qu'elle n'est pas sincère, pas franche, comme si elle avait *un talent de comédienne.* »

La dame d'honneur a malheureusement raison. Marie Wallersee, qui deviendra la comtesse Larisch, abusera de la confiance que lui témoignera Sissi et ses mémoires, lourds d'allusions et d'insinuations diverses, sont à considérer avec précaution même si, sur certaines questions, ils présentent un incontestable intérêt.

Précisément, la jeune fille observe, avec une complicité malicieuse, que la présence de Bay Middleton à Gödöllö met l'impératrice dans un état d'excitation intérieure dont elle affirme être le seul témoin. De l'officier, elle nous laisse ce portrait[1] : « Sous un élégant costume gris de voyage, c'était un homme corpulent d'une quarantaine d'années. Il avait une chevelure d'un roux flamboyant et une petite moustache assortie. Son visage vermeil était littéralement criblé de taches de rousseur et son nez semblait un peu trop gros. Pour compenser ces défauts, ses dents étincelaient de blancheur et ses yeux bleus pétillants de gaieté invitaient à la sympathie. » Que Bay Middleton ait commencé par admirer l'amazone puis la femme n'est pas original puisque tous les hommes qui approchent l'impératrice tombent amoureux d'elle. C'est, notamment, le cas du comte Nicolas Esterházy, grand veneur des chasses impériales et royales. Que cet éblouissement se transforme en sentiment et qu'il soit partagé n'est pas prouvé. Marie Larisch, dont l'ambition est de jouer un rôle, raconte que la veille du départ de l'officier, l'impératrice et Bay visitent les écuries avec elle et que sous le prétexte d'aller chercher un châle pour sa tante – qu'elle appelle Sissy, avec un *y* – elle s'est éloignée mais sans se dépêcher. « Il ne fait pas encore tellement froid. Tu n'as pas besoin de tant te presser », remarque Elisabeth. La nièce poursuit : « Je compris à demi-mot et ne revins pas avant que je ne le jugeasse absolument nécessaire. Je trouvai tante Sissy les yeux humides, la main serrée dans celle de Middleton. "Je vous verrai demain avant votre départ, Bay", dit-elle au capitaine. Il s'inclina profondément et, sans rien ajouter, tante Sissy me laissa lui envelopper les épaules de son châle ! Alors nous quittâmes l'écurie, laissant Middleton derrière nous. Ce soit-là, le souper se déroula sous un nuage sombre. Tante Sissy ne fit aucun effort pour simuler un entrain qu'elle ne ressentait pas. Le dessert ne fut pas plus tôt servi qu'elle quitta la table, bien

1. Comtesse Larisch Von Wallersee-Wittelsbach, *Les secrets d'une Maison Royale*, trad. franç. de G. et P. Caillé, chez Payot, 1935. Réédition en 1949.

que l'empereur lui-même nous honorât de sa compagnie. Quand je la vis, le lendemain, peu de temps après que Middleton eut été conduit à la gare, je la trouvai en larmes. J'en restai stupéfaite. Jamais auparavant je n'avais vu ma tante, si fière et si maîtresse d'elle-même, dans un tel état. "Chère tante Sissy, implorai-je, ne pleurez pas. Vous allez revoir votre *renard rouge* dans quelques mois." L'impératrice leva la tête et, sur ses lèvres, se dessina un sourire timide. "Tu as raison, Marie, je me conduis comme une petite sotte." A ce moment, on frappa à la porte. La femme de chambre revint et je l'entendis échanger quelques mots à voix basse avec la dame de compagnie qui attendait sur le seuil. "Sa Majesté l'empereur", annonça-t-elle. Tante Sissy se leva d'un bond. "Sous aucun prétexte il ne doit me voir ainsi, s'écria-t-elle en se tamponnant les yeux. Vite, Marie, arrête l'empereur. Dis-lui que j'essaye de la lingerie." Elle disparut comme une flèche dans sa chambre à coucher. Au même instant, on entendit frapper un petit coup et l'oncle François entra. Je lui fis ma plus belle révérence. "Tante Sissy est dans sa chambre à essayer de la lingerie", balbutiai-je. J'étais très émue, mais mon oncle ne parut pas remarquer ma confusion. Il tenait un télégramme à la main. Selon son habitude, il tiraillait sa moustache avec un geste d'impatience, puis il me dit : "Navré, je ne puis attendre. Remets simplement cette dépêche à ta tante Sissy et dis-lui que j'aimerais savoir ce qu'elle en pense avant que je ne quitte Gödöllö." »

Le télégramme n'annonce que l'arrivée de cousins quinze jours avant la date prévue...

Ce récit – et d'autres – qui tend à accréditer la thèse selon laquelle Elisabeth aurait eu un fort sentiment pour le capitaine Middleton, représente, pour l'historien, une source unique, donc à la fois précieuse et suspecte. Dans la légende de l'impératrice, rien de définitif ne prouve qu'elle ait accordé ses faveurs à l'officier, au séduisant Andrassy ou à d'autres hommes bouleversés par sa beauté et attirés par son mystère. Ils furent très nombreux. En revanche, les passions partagées pour les chevaux, une idée politique, le rêve, la fuite du monde et autres communautés de vues littéraires ou poétiques sont certaines chez Elisabeth qui a un besoin vital d'utiliser son énergie, son enthousiasme et ses dons même si, finalement, ce tourbillon n'apaise pas son angoisse. Son besoin essentiel est de communiquer.

Les indications de la nièce perfide d'Elisabeth font état d'un mystérieux voyage en Angleterre en janvier 1877 avec un séjour à l'hôtel Claridge, une visite du prince de Galles qui se montre très entreprenant – sa réputation, dans ce domaine, est bien établie ! – et des rencontres avec Bay. Or, on dispose, à cette même date, d'une correspondance d'Elisabeth à sa mère, datée du 20 janvier et écrite à Gödöllö, prouvant que l'impératrice n'a pas quitté son empire. De même, un voyage à Amsterdam, pour une cure à cette époque, paraît très douteux.

François-Joseph et le tsar ont eu de laborieuses et longues négociations mais, le 15 janvier, ils signent un traité ultra-secret dans lequel l'Autriche-Hongrie restera neutre en cas d'une guerre russe en Bulgarie ou en Turquie. « Je dois compter avec le suffrage constitutionnel des représentants du peuple à qui j'ai moi-même donné ce pouvoir », écrit-il à Alexandre II. Ce dernier lui confie, en avril, que la solution pacifique doit être exclue puisque le nouveau sultan, Abdul Hamid, refuse les réformes voulues par les grandes puissances. « Le moment d'une action est venu. Mes armées reçoivent l'ordre d'entrer en Turquie. J'ai fait tout ce qui est humainement possible pour éviter cette mesure extrême. C'est l'intérêt du monde entier que la guerre à venir soit courte. J'espère que rien ne viendra entraver mon action ; mes accords avec toi en sont la garantie. » La raison de cette intervention est, en fait, le panslavisme recherché par l'état-major de Saint-Pétersbourg. Et le conflit de 1877 rappelle beaucoup la guerre de Crimée.

Un jeune homme suit avec grand intérêt la progression des troupes russes. C'est Rodolphe. A dix-sept ans, il avait manifesté sa volonté de ne pas rester soumis à la Prusse. Et, se tournant vers les peuples slaves du Sud, il avait écrit : « L'Autriche doit fonder un puissant empire du Danube. » Le 27 juillet, il a dix-neuf ans et il est déclaré majeur. Il n'a plus de précepteur, il a désormais une Maison. Son intendant est le comte Charles de Bombelles qui avait été au service de l'infortuné Maximilien. Ce choix suscite divers commentaires car Bombelles est connu pour ses mœurs légères et Rodolphe montre un grand appétit pour les joies de la vie. Un de ses éducateurs lui a donné un dernier conseil : « ... Ne vous hâtez pas de vider d'un trait la coupe de la vie. Jouissez des plaisirs de l'existence avec mesure. » En revanche, François-Joseph fait preuve d'une grande ouverture d'esprit quant à la vie un peu libérale du prince. « Il ne faut pas que l'on vole sa jeunesse à mon fils comme on me l'a volée à moi », dit-il, se souvenant de l'écrasante charge qu'il reçut à dix-huit ans. L'intelligence de Rodolphe, son ouverture d'esprit et ses qualités de cœur l'ont déjà rendu très populaire, aussi bien à Vienne qu'à Buda-Pesth, avec, sans doute, chez les Hongrois, le sentiment rassurant de retrouver en ce prince des qualités qui sont celles de sa mère. « Jamais tête, jamais cœur appelés à régner n'ont été plus sages, n'ont été plus enthousiastes, jamais prince héritier n'a aimé sa patrie d'un amour plus absolu », écrit le poète magyar Jokai.

Il est intéressant de noter que Rodolphe joue, à cette époque, le rôle d'une sorte d'intermédiaire entre sa mère et Louis II. Depuis deux ans, le prince héritier entretient une correspondance avec le « pauvre roi » de Munich. Elle fait suite à une entrevue qui a beaucoup impressionné Rodolphe. « Je sais apprécier pleinement, et j'en suis fier, le fait qu'un homme qui a su se replier sagement sur soi-même et sur son savoir et peut donc dispenser avec une infinie rareté sa confiance et son affection, m'a cependant choisi pour ami. »

Ami ? Il n'est pas impossible que Sissi craigne que l'amitié dont il s'agit puisse être trouble. Rodolphe est beau, jeune, à l'aube d'une vie d'homme, en un mot vulnérable. Et la Cour reste prudente. Un exemple navrant est donné par un frère de François-Joseph, l'archiduc Louis-Victor, dont le goût pour les jeunes gens se transforme en scandale. Une brutale affaire de mœurs éclate, à cause de lui, dans un bain turc viennois, et François-Joseph sera obligé d'exiler ce frère qui s'habille en femme et pose ainsi devant les photographes. Lorsque Louis II donnera des fêtes et un banquet dans le jardin d'hiver de son palais en l'honneur de Rodolphe, Elisabeth met son fils en garde. Prévenu – et sans aucun penchant homosexuel, au contraire –, Rodolphe se contente, grâce à Louis II, de s'intéresser aux curiosités de l'art et de la musique. Et de plaindre ce cousin perdu dans des rêves de pierre et de carton pâte.

Lorsque, pendant l'été, Sissi arrive en Bavière, sa mère, Ludovika, s'exclame :

— Tu es aussi excentrique que ton père !

Il faut reconnaître que l'arrivée de sa fille fait grand bruit : elle est accompagnée d'un négrillon, cadeau du khédive d'Egypte comme compagnon de jeu de Marie-Valérie. Intention louable, sans doute, mais dont le résultat est pitoyable. En effet, Rustimo – c'est le nom de l'enfant transplanté des rives du Nil à celles du Danube – déplaît à tout le monde. Elisabeth prend sa défense avec, vraisemblablement, un plaisir de provocation. Personne ne veut s'occuper de l'enfant, ni voyager avec lui. La comtesse Fürstenberg affirme que c'est « un monstre qui grince des dents ». Marie-Valérie le surnomme « le diable noir » et Marie Festetics le juge « plus bestial qu'humain ». Elisabeth promet une jolie broche à sa nièce Marie si elle embrasse le négrillon. Marie Wallersee s'exécute. Ce baiser sur la joue de Rustimo déclenche chez l'enfant noir des réactions en chaîne : il se met à poursuivre toutes les femmes de chambre dans les couloirs !

Marie épouse, à Gödöllö, le comte Larisch. Elle n'en est pas amoureuse mais les fiançailles ont été conclues très rapidement. Elle proteste et s'étonne que sa tante s'acharne à la voir si vite mariée. Sissi rétorque :

— Je n'aime pas du tout les longues fiançailles. Elles ne portent pas bonheur.

Mais ce bonheur, justement, est-on sûr de le trouver lorsqu'on s'engage si vite ?

— Tu le trouveras aussi... une fois que tu seras mariée.

Après avoir passé Noël à Schönbrunn, Elisabeth décide de repartir en Angleterre mais elle sera accompagnée de Rodolphe. C'est leur premier voyage ensemble à l'étranger car les séjours en Bavière doivent être considérés davantage comme des vacances en famille que des déplacements en dehors de l'Empire. Rodolphe a d'ailleurs hérité de sa mère un goût certain pour les voyages et la nature. Il a déjà fait une croisière en Méditerranée, il a visité la Sicile et, sur recommandation de sa mère, Corfou. Mais ce voyage en Angleterre prend une autre dimension. Rodolphe de Habsbourg-Lorraine est *le* prince héritier d'Europe, le plus en vue, le plus envié. Ses qualités en font un observateur lucide des événements. Les années soixante-dix qui ont vu, à Vienne, le développement d'idées libérales débattues dans les cafés, dans les journaux et au Parlement, sont essentielles pour sa formation. Et il souhaite volontiers un contact enrichissant avec le monde extérieur.

Avant leur départ, sa mère lui fait promettre qu'il n'essaiera pas de la suivre à cheval au grand galop qu'elle recherche, sautant haies et bosquets et s'engouffrant sous les arbres romantiques de la Vieille Angleterre. Elle n'entend pas l'éliminer. Elle est seulement soucieuse de sa sécurité car il est moins bon cavalier qu'elle – moins intrépide, surtout – et la vie du prince héritier est on ne peut plus précieuse.

Pendant le voyage, Elisabeth ne se sent pas très bien et prend ses repas dans sa voiture-salon. Elle est heureuse que son fils l'accompagne et, pourtant, leur intimité reste glacée. C'est un nouveau paradoxe : elle apprécie beaucoup ses idées généreuses mais reste impressionnée par son intelligence. Très sensibles tous les deux, ils ne parviennent pas à être complètement proches. Il est curieux qu'Elisabeth, si instinctive, ne sente pas que son fils est parfois paralysé, voire blessé par cette mère fantasque, séduisante et qui a souvent laissé son père seul. Et alors qu'ils effectuent ce voyage ensemble, ils se voient à Londres presque aussi peu qu'à Vienne. Cependant, il faut noter que lorsque l'impératrice dîne avec son fils, elle soigne particulièrement sa mise. Les yeux bleus de Rodolphe contemplent, admiratifs, une mère qui, à quarante ans passés, conserve une silhouette de jeune fille. Le culte de son propre corps est, d'ailleurs, un travail quotidien. Sa nièce prétend qu'elle utilise, la nuit, un masque de beauté composé de viande de veau crue ou de fraises quand c'est la saison. Elle affirme qu'elle prend des bains d'huile d'olive presque bouillants (?), boit un mélange de blancs d'œufs avec du sel et dort, Dieu sait pourquoi, avec des tissus autour des hanches ! Si ces détails sont vrais, ils témoignent d'une obsession qui n'encourage guère les rapports amoureux...

Elisabeth reste peu de temps à Londres où elle a retrouvé sa sœur, Marie de Naples, et sa nièce jeune mariée, Marie Larisch, qui revient d'un voyage de noces offert par François-Joseph. L'impératrice gagne Cottesbrook Park, une demeure géorgienne du Northamptonshire qu'elle a louée pour six semaines. Elle est la reine de la chasse tandis que de nombreux cavaliers font des chutes spectaculaires. Bay Middleton empêche l'impératrice de se livrer à trop d'acrobaties équestres. Elisabeth est définitivement adoptée par les plus grands chasseurs et les meilleurs cavaliers. Ils lui font un immense compliment en disant :

— *Every inch of her is an empress.* (Littéralement : chaque pouce d'elle est une impératrice [1].)

Pendant ce temps, Rodolphe fait connaissance avec les milieux politiques et d'affaires d'Angleterre. Son séjour, bien organisé, est fort instructif. Entre un débat à la Chambre des Communes et une visite technique de filature, il découvre les rouages d'un pays qui est l'atelier du monde. La prospérité du royaume est impressionnante. Londres, qui vient d'atteindre les cinq millions d'habitants, est une fascinante métropole où se forge l'éclat d'une nation. Sa visite à la reine Victoria prend un relief particulier. La souveraine, qui règne depuis quarante ans et qui est, depuis deux ans, impératrice des Indes, est charmée par Rodolphe. Elle est même séduite et, fait rarissime, l'invite à passer quelques jours à Osborne House pour se reposer de joies londoniennes organisées par le prince de Galles, très expert. Après ce séjour de Rodolphe dans l'île de Wight auprès de Victoria, pourtant jalouse de sa tranquillité, la comtesse de Teck dit au comte de Beust, ambassadeur d'Autriche-Hongrie :

— La reine est amoureuse du prince héritier mais vous ne devez avoir aucune inquiétude : elle n'a pas l'intention de l'épouser !

1. Je signale que, cent trois ans plus tard, lors du retour de l'impératrice Zita à Vienne en novembre 1982, la presse britannique a titré ses reportages sur l'événement : « Every inch of an empress »...

Sans doute grâce aux ragots colportés par Marie Larisch qui en veut à Rodolphe, la rumeur de la présence continuelle de Bay Middleton aux côtés de sa mère finit par atteindre le prince héritier. Et il réagit selon son caractère, avec violence et colère. A un dîner offert par le prince de Galles, Rodolphe tourne le dos à Middleton. L'incident, rapporté à l'impératrice, l'affecte beaucoup. Qu'il y ait toujours des yeux et des oreilles qui voient et qui entendent les pires insinuations, Sissi y est habituée. Mais qu'elle soit calomniée auprès de son fils, elle ne peut le supporter. Elisabeth est trop belle, trop indépendante et trop originale pour ne pas faire de jaloux. Entre Sissi et Rodolphe, le climat s'est tendu. L'Angleterre, qui se montrait accueillante, se révèle hostile à l'impératrice. Le piège a fonctionné. Et, le 23 février, elle rentre à Vienne seule car Rodolphe doit rencontrer Bismarck et Moltke à Berlin.

Elisabeth retrouve une situation politique modifiée. La Russie vient de vaincre la Turquie et prépare son démembrement en créant une « grande Bulgarie » protégée par le tsar. Ce règlement, imposé par le traité de San Stefano, le 3 mars, ne peut être accepté ni par l'Angleterre, qui avait envoyé une flotte pour interdire Constantinople aux Russes, ni par l'Autriche-Hongrie qui voit ainsi barrée sa route vers l'Orient. Dans un autre domaine, le pape Pie IX, mort le 7 février, a pour successeur Léon XIII qui paraît mieux disposé à l'égard de François-Joseph que son prédécesseur.

Sissi rejoint un mari très soucieux. Et, le 8 mars, le père de François-Joseph, l'archiduc François-Charles, meurt. L'empereur est très affecté, l'impératrice ne le quitte pas. Bien qu'ayant renoncé à toute influence politique directe, elle est plongée dans les déchirements de la Cour qui proteste contre le traité de San Stefano, nouvelle étape de l'affaiblissement autrichien. Bismarck propose ce qu'il appelle ses bons offices « d'honnête courtier ». Et le 13 juillet, un congrès se réunit à Berlin. François-Joseph vise l'annexion de la Bosnie-Herzégovine et il sait que l'Angleterre le soutiendra car elle ne peut que soutenir tout ce qui freinera l'expansion territoriale russe. Andrassy est pour une solution moins extrême, il préfère une simple occupation provisoire car les Hongrois risqueraient de ne pas apprécier cette extension au profit de populations non magyares. Finalement, le Congrès stipule que la Bosnie-Herzégovine sera administrée et occupée militairement par l'Autriche-Hongrie. L'avantage est que François-Joseph ne risque pas de voir créer sur ses frontières méridionales un grand Etat slave dominé par la Serbie. L'inconvénient est résumé par l'état-major de Vienne : « cela revient simplement à faire la police pour le sultan et à devoir nous retirer le jour où il plaira aux puissances de nous retirer le mandat ». Aux yeux des militaires, le succès d'Andrassy est considéré comme incomplet et, bien entendu, le tsar est furieux : à cause de Bismarck, le sultan conserve une présence en Europe.

L'été ramène Elisabeth à Bad Ischl. François-Joseph regagne Vienne très vite, réclamé par l'application délicate des accords de Berlin. La solitude devient sa compagne. L'empereur-soldat s'en accommode, préférant savoir Sissi heureuse sans lui plutôt que mal à l'aise avec lui. A quarante-huit ans, le front déjà dégarni mais les favoris foisonnants, François-Joseph se distrait avec les cérémonies et visites officielles. Le Shah de Perse revient pour voir Sissi ; très déçu de son absence, il doit se contenter des danseuses du corps de ballet de l'Opéra. Puis, une étrangère descend à l'hôtel Impérial sous le nom de comtesse de Pierrefonds ; le pseudonyme est celui, habituel, de l'impératrice Eugénie. Immédiatement, avec sa courtoisie ineffable, l'empereur est auprès d'elle, l'invite à Schönbrunn. Elle lui relate la fin de l'empire français et la fin de Napoléon III, mort depuis cinq ans.

Puis, il lui faut se replonger dans l'affaire de la Bosnie-Herzégovine. Andrassy a mal évalué les nécessités militaires et, aux yeux de François-Joseph, un mauvais stratège ne peut pas être un politicien avisé. Effectivement, les soixante-quinze mille hommes prévus pour la « promenade militaire » sont très insuffisants et seuls des renforts peuvent rétablir l'ordre, fin septembre.

L'ancien ambassadeur à Paris, le baron Hübner, note, à propos de François-Joseph : « Le prince, né pour la vie de famille, est, du fait de l'absence permanente de l'impératrice, réduit à l'isolement. » Mais la solitude n'est pas toujours le seul résultat des voyages de Sissi, même s'ils y contribuent largement. Une campagne militaire, telle qu'elle se déroule en cet été de 1878, réclame toute l'attention du monarque. Il s'en réjouit même, passant ses matinées avec ses généraux, déjeunant à son bureau en étudiant cartes et dépêches, allant se baigner avec son aide de camp. Et comme Elisabeth, il aime, par-dessus tout, la vie simple, spartiate et organisée chez François-Joseph, imprévue et vagabonde chez Sissi. François-Joseph a deux familles : sa femme et ses enfants d'une part, l'armée d'autre part. Sa vie idéale oscille de l'une à l'autre et, souvent la seconde remplace la première.

Le 9 septembre, Sissi rejoint ses parents pour une grande réunion familiale car Ludovika et Max fêtent leurs noces d'or. Il y a cinquante ans qu'ils sont mariés mais voilà longtemps qu'ils ne se parlent plus. Et les Bavarois plaisantent le duc Max :

— Aujourd'hui, il est obligé d'être là, avec sa femme !

La fête a lieu au sud de Munich, à Tegernsee, au bord d'un lac ravissant lové entre des montagnes de forêts et de pâturages. Tous les enfants, petits-enfants, cousins et parents se retrouvent dans une ancienne abbaye bénédictine, fondée au XIIIe siècle et restaurée au XVIIIe. Dans l'aile nord, transformée en brasserie, on débite des litres d'excellente bière. Dans l'aile sud, transformée en château, Charles-Théodore, le frère favori de Sissi, reçoit la famille. Elisabeth et Rodolphe se réconcilient et l'atmosphère est joyeuse. Seul, le sort de Louis II est angoissant. Le roi n'a pas présidé un dîner officiel depuis deux ans et demi. Il ne vit plus que la nuit, s'habillant en prince oriental pendant qu'on lui récite *Guillaume Tell*, la pièce de Schiller. Sa cousine se demande s'il ne va pas sombrer dans la démence totale comme son frère Othon. Elisabeth est attristée que François-Joseph soit tellement absorbé par la politique et souvent retenu à Vienne. Alors qu'elle est à Gödöllö, où les grandes chasses commencent avec plusieurs hôtes venus d'Angleterre dont l'indispensable Bay Middleton, elle écrit à l'empereur, le 8 octobre : « Tu envoies tout le monde en vacances, il n'y a qu'à toi-même que tu ne donnes pas congé ! » Il s'échappe quelques jours au début de novembre. Heureux, selon la comtesse Festetics « d'être un homme parmi les hommes ». Mais trop vite, le devoir l'arrache à Sissi et aux chasses qu'elle organise parfaitement. Diplomatiquement, il est conscient que le tsar lui en veut depuis le Congrès de Berlin et Andrassy commence à être gênant ; intérieurement, le gouvernement « libéral allemand » du comte Auersperg est en crise.

Une émotion saisit la Cour. Le 11 décembre, Rodolphe se blesse d'un coup de carabine. La blessure, à la main gauche, résulte, selon la dame d'honneur de Sissi, de la sinistre habitude qu'a le prince héritier de jouer sans cesse avec les armes à feu et de tirer sur tous les gibiers passant à sa portée, en particulier sur les oiseaux. Il est d'ailleurs curieux que Rodolphe manifeste d'une part une passion pour les animaux et d'autre part une envie de les abattre. Marie Festetics note que « de tels hommes finissent par être obsédés d'une envie de tuer ».

Entre Sissi et son fils, les rapports sont difficiles. Rodolphe prend une indépendance – normale, au demeurant – qui le fait échapper à l'influence de sa mère. Affecté comme colonel au 36e régiment d'infanterie à Prague, il mène d'ailleurs une vie active, de sept heures du matin à six heures du soir, découvrant, avec intérêt, les rigueurs de la vie militaire et les idées de la bourgeoisie.

1879. Les bals officiels sont passés et Elisabeth décide de retraverser la Manche. Ce n'est plus l'Angleterre qui l'attire mais l'Irlande. Pendant tout l'automne précédent, ses invités lui ont répété que les chasses anglaises ne sont rien à côté de celles d'Irlande. François-Joseph objecte que, vis-à-vis de la reine Victoria, l'atmosphère anti-anglaise ne permet pas à l'impératrice d'Autriche et reine de Hongrie ce séjour sans que sa présence soit mal interprétée. Elle répond, selon les avis de ses invités à Gödöllö, que ces tensions politiques ont été beaucoup exagérées par la presse de Londres et qu'elles se limitent à la côte ouest.

Fin janvier, l'impératrice arrive au château de Meath, propriété de Lord Langford, à Summerhill, à l'ouest de Dublin. Sa dame d'honneur est affolée : il y a encore plus de petits murs et d'ornières qu'en Angleterre ! Elisabeth risque davantage une chute de cheval. Et, de fait, sa manière de se lancer au grand galop stupéfie les habitants. La griserie de l'air libre la maintient en selle six heures d'affilée. Elle monte sans gants et perd ses mouchoirs brodés que des paysans, admiratifs, ramassent et conservent comme souvenir. « Ici, enfin, je me sens libre et à mon aise », écrit-elle à sa mère. « Le grand avantage de l'Irlande est qu'on n'y rencontre pas d'Altesse Royale. » Le goût de Sissi pour une vie que les Viennois jugent sauvage dissimule de moins en moins sa misanthropie.

La paix totale lui sera refusée même au bout du monde. Le malheur la rejoint au cœur de la magique Irlande. Dans la nuit du 11 au 12 mars, une inondation catastrophique détruit la ville hongroise de Szegedin, à environ cent quatre-vingt-dix kilomètres à l'est de Buda-Pesth. La Thiess, l'une des deux rivières qui, avec le Maros, arrose cette cité commerçante, a rompu ses digues. Des dizaines de milliers de gens se retrouvent sans abri et on déplore deux mille morts. Très vite sur place, François-Joseph circule en péniche au milieu d'un lac boueux. « Je veillerai, dit-il, à ce que Szegedin redevienne plus belle qu'elle ne l'a jamais été. » L'absence de la reine choque les Hongrois. Ce n'est que quatre jours plus tard qu'Elisabeth est complètement informée de l'ampleur du désastre par des dépêches et les journaux. La moitié de la ville est détruite. « Les tristes nouvelles me décident à partir tout de suite, écrit-elle à l'empereur (...). Je juge préférable de rentrer dès maintenant, tu seras sans doute de mon avis. C'est le plus grand sacrifice que je puisse faire mais dans un cas pareil, c'est nécessaire. » C'est même indispensable : les obsessions équestres et les fastueuses chasses au renard de la souveraine coûtent très cher et les poursuivre serait une grave erreur. Le mot « sacrifice » utilisé par l'impératrice n'est pas trop fort : lorsqu'une passion est ancrée dans sa tête, seul un drame peut l'en détourner.

Onze jours plus tard, François-Joseph est radieux, Sissi revient en excellente condition. Il est très amoureux d'elle, il est ébloui. Comme le jour de son mariage. Le temps n'a, semble-t-il, aucune prise sur elle. Elle est « la plus jolie grand-mère du monde » comme disent les journaux et cela agace plutôt Sissi ! Et cependant, vingt-cinq ans se sont écoulés depuis leur union. Le 24 avril 1879, Vienne en fête célèbre les noces d'argent du couple impérial.

Dans tout l'Empire, ce jubilé donne lieu à des réjouissances régionales et locales mais Vienne se surpasse. De toutes les provinces s'annoncent des délégations dans un mélange fabuleux de langues et de costumes. L'Allemand et le Hongrois dominent mais d'innombrables Tchèques, Polonais, Ruthènes, Slovènes, Slovaques arrivent. On entend même parler italien dans les rues de la ville transformée. Le tumulte confus rappelle ceux des débats parlementaires où chaque député a le droit de s'exprimer dans sa langue maternelle.

Théâtres, monuments, musées s'intercalent entre les immeubles cossus, temples de la bourgeoisie enrichie. L'urbanisation de Vienne s'est presque faite en musique : Strauss a composé une *Demolierpolka*, et l'opérette triomphe, depuis que *la Chauve-Souris* enthousiasme les foules qui déambulent entre les joueurs de cithare et les orgues de rue. Toute la ville chante et danse. Dans une grande salle de la Hofburg, des cadeaux émouvants arrivent des régions les plus éloignées de l'empire. La veille du jubilé, trois mille cinq cents invités se pressent dans le palais. Il y règne une chaleur très orageuse. Le couple impérial fait son entrée, acclamé par une fantastique ovation. Elisabeth porte une robe de satin vert clair. Ses cheveux dénoués étincellent de diamants et de rubis. Les délégations restent stupéfaites : la souveraine paraît à peine vingt-cinq ans... Une grand-mère ? Une jeune femme ! En revanche, François-Joseph est vieilli par sa calvitie et ses favoris poivre et sel. Au bout d'un quart d'heure, Elisabeth, incommodée par la température, se retire dans ses appartements. Infatigable, François-Joseph traverse les salons et adresse des paroles aimables à tous ses invités. Le lendemain, le couple assiste à la messe dans une église néogothique, dominée par deux tours hautes de quatre-vingt-dix-neuf mètres. C'est la Votivkirche, commencée en 1856, construite en action de grâces après la tentative d'assassinat de François-Joseph. Elle a été élevée par souscription nationale et vient d'être consacrée.

L'orage éclate et compromet le déroulement des cérémonies. Il a été confié à un peintre, le plus célèbre des artistes viennois, Hans Mackart. Dans son atelier, vaste comme un hangar, derrière l'église Saint-Charles, Mackart a lancé une mode qui sera la forme la plus achevée de l'académisme fin de siècle. Ses évocations rococo et ses somptuosités féeriques connaissent un immense succès. Les couleurs de ses grands tableaux historiques feront de lui le maître du goût viennois. Il aime le colossal, l'historique, emprunte à Véronèse et à Rembrandt. Sa gloire lui vaut des jalousies féroces. Son *Triomphe d'Ariane*, peint en 1873, a été présenté par des critiques comme « un gigantesque abat-jour de bordel [1] » ! et son *Entrée de Charles Quint à Anvers* (présenté il y a un an, en 1878), a déconcerté. A la fois peintre, ensemblier et décorateur, Hans Mackart a prévu un défilé incroyable, qu'il faut reporter au 28 avril en raison du mauvais temps. L'impatience de la foule a encore excité son enthousiasme. Par un soleil éclatant, l'empereur et l'impératrice prennent place sous un dais à onze heures précises. François-Joseph est debout, coiffé d'un casque à long plumet vert saluant ses étendards. Elisabeth et Marie-Valérie sont assises, abritées sous une ombrelle entre l'empereur et Rodolphe, également debout. Les Viennois peuvent enfin satisfaire leur goût de la parade. Le « Cortège Mackart » est digne d'une opérette à la mode du XVIe siècle et l'artiste lui-même défile à la tête de hérauts, porte-enseignes, musiciens. La scène est proche de Rubens. Tous les corps de métier s'avancent en se découvrant devant la tente impériale. Un boulanger transporte un bretzel géant dont les habitants au deuxième étage d'une maison sur le Ring attrapent un morceau au passage ! Sur le char des pâtissiers, un gâteau de mariage d'un mètre de diamètre résiste à la chaleur. Les aubergistes transportent une barrique de cent litres, avec une banderole où on lit : « *Le coq chante beaucoup mieux s'il a la gorge bien imbibée.* » Le maître-imprimeur Manz, déguisé en Gutenberg, hisse un tableau sur lequel on peut lire *Quinze jours sur le Danube*. C'est le titre d'un mémoire rédigé par Rodolphe et qui vient d'être édité. Les plus jolies femmes de Vienne, assises sur un char, rappellent

1. *Vienne impériale*, un splendide album, par William M. Johnston. Traduit et adapté de l'italien par Bernard Guyader, Editions Fernand Nathan, 1982.

une œuvre de Dürer. Puis ce sont les chasseurs avec leurs meutes bruyantes et un gibier affolé. Deux cent trente mille personnes vibrent à ces réjouissances sans pareilles en Europe. Une réussite totale. François-Joseph, très ému, remercie son gouvernement :

— Pendant mes trente années de règne, j'ai partagé avec mes peuples maintes heures difficiles et beaucoup de joies ; on ne pouvait m'en procurer une plus pure ni plus profonde que celle de ces derniers jours.

Et l'hommage reçu par l'impératrice peut être interprété comme une réconciliation de la cité avec la souveraine amazone. Une boutade circule, en français, et fait rire Sissi : « L'impératrice ne fête pas vingt-cinq ans de ménage mais plutôt vingt-cinq ans de manège ! » Vienne manifeste un attachement profond au couple. L'ambassadeur de Suisse envoie une note à Berne : « C'est la preuve irréfutable que les peuples d'Autriche nourrissent à l'égard de leurs monarques une sympathie vivante et chaleureuse. » Même si les guerres malheureuses ont nui au prestige de la monarchie, la population connaît la sincérité et l'ardeur d'un souverain dont le seul souci est de faire ce qu'il y a de mieux pour son pays. Le couple recevra un cadeau charmant sous la forme d'un grand paravent. Sur cinq panneaux, le jubilé est peint d'une manière délicate et naïve comme le sont les images d'Epinal. Sissi et François-Joseph placeront le paravent dans le salon rouge de la Villa impériale.

La Hongrie n'est pas en reste. Le roi et la reine y sont reçus avec des acclamations que la comtesse Fürstenberg qualifie de « presque sauvages ». François-Joseph se rend compte que la diplomatie d'Andrassy n'est plus très avisée et elle gêne l'empereur qui veut consolider sa progression dans les Balkans. Le séjour du couple à Bad Ischl est agité par le cas d'Andrassy dont François-Joseph souhaite la démission. Le bilan du ministre hongrois est, politiquement, simple : d'une part, il a agrandi la monarchie, de l'autre il a creusé l'antagonisme avec la Russie. Sissi est navrée que celui qui a tant représenté les espoirs hongrois tombe dans une demi-disgrâce. Navrée mais résignée : les complications ont fini par la lasser. Lorsqu'il donne sa démission, le 8 octobre, Sissi et

François-Joseph disent, en des termes voisins, leur sentiment. L'impératrice :

— Cela ne l'empêche pas de rester des nôtres.

L'empereur :

— Pendant des années, une période des plus fertiles en événements mémorables, vous avez porté avec courage, force et succès, le poids d'une lourde responsabilité. Je ne considère en aucun cas votre retrait comme la fin de votre activité d'homme d'Etat.

A Gödöllö, la fête équestre reprend, entre les chasses et la haute école. L'impératrice cherche à corriger ses défauts en montant tous les chevaux disponibles. Ce n'est plus du sport, c'est une vocation. Et elle fait beaucoup travailler son lippizan favori, *Maestoso*. Avec la même énergie qui l'avait poussée à défendre la Hongrie, l'impératrice s'absorbe maintenant totalement dans le monde du cheval, joignant la théorie à la pratique : sa bibliothèque s'enrichit de nombreux ouvrages. Rodolphe peut constater, comme tout l'entourage, cet acharnement à travailler les cabrioles et autres changements de main. A son ancien précepteur, le comte Latour, il dit ses regrets : « Il fut un temps où l'impératrice s'occupait beaucoup de politique – si c'est avec bonheur, je ne résoudrai pas la question – et où, sous l'effet de convictions opposées aux siennes, elle entretenait souvent l'empereur de sujets graves. Ces temps sont révolus. La souveraine ne s'occupe plus que de sport. Encore une porte fermée aux libres opinions et aux idées libérales ! »

Et Sissi se montre très minutieuse. Il existe un témoignage fort précieux de son travail quotidien à cheval. C'est un petit carnet de cuir rouge, fermé par un élastique, que j'ai eu le privilège de tenir entre mes mains et d'étudier. Le calepin comprend, dans sa pochette gauche, un peigne minuscule (il mesure une dizaine de centimètres !), un miroir et une feuille de papier de riz. Dans la pochette droite, un calendrier plié. L'agenda, qui couvre l'été et une partie de l'automne de 1879, est entièrement rempli. Avec un crayon en ivoire, l'impératrice a dessiné des figures et consigné toutes sortes de remarques techniques, en hongrois, en allemand et en français. L'écriture est très variable allant de la plus allongée

– son écriture normale – à la plus hachée lorsqu'elle voulait noter immédiatement ses impressions après un saut de haie ou un galop. Le souffle court et l'effort l'empêchaient de rédiger calmement. A la date du 19 septembre, on lit, par exemple, en anglais, ce conseil inédit : « Quand vous allez au grand galop et que vous voyez que votre cheval n'a pas la bonne allure avant la haie, calmez-le ; ramenez-le au trot pour le saut qui convient. »

En cet automne de 1879, à Gödöllö, la chasse au prince héritier est également ouverte. Rodolphe, qui a plusieurs succès féminins à son actif et ne se couche jamais avant deux ou trois heures du matin, est littéralement poursuivi par une femme à moitié grecque d'origine, veuve et dont la famille, qui n'était pas depuis longtemps à Vienne, n'était pas reçue à la Cour. C'est la baronne Hélène Vetsera. L'aristocratie viennoise regarde avec un mélange d'amusement et de curiosité la manière dont la baronne, qui a deux filles, essaie de les « bien » marier. Toujours perspicace, la comtesse Festetics note, le 5 novembre, à propos de « cette Madame Vetsera » qu'elle est « sans danger, en apparence car Dieu sait qu'elle n'est pas séduisante mais elle est accorte et elle se sert volontiers de tout le monde pour être reçue à la Cour et mettre sa famille en avant. Ses filles grandissent, lentement, il est vrai, mais elle pose des jalons à temps ! » Assiégé, Rodolphe prend le parti d'en rire. Sissi et François-Joseph sont beaucoup moins indulgents. Au dîner de famille du 3 décembre, lendemain du trente et unième anniversaire de sa montée sur le trône, l'empereur fait une remarque :

— Les agissements de cette femme autour de Rodolphe sont incroyables. Elle le suit pas à pas. Aujourd'hui, elle lui a même fait un cadeau.

Et l'empereur de regretter qu'une baronne levantine offre, sans raison, un présent à un archiduc d'Autriche... Les vraies pensées de Rodolphe sont ailleurs. Son commandement à Prague et sa très bonne connaissance du tchèque le rendent très populaire en Bohême ; il y vit la période la plus heureuse de sa vie. Ses voyages, notamment en Espagne et au Portugal, l'ont rendu célèbre en Europe. A vingt-deux ans, il est le prince héritier le plus observé et le plus recherché. Sa vie personnelle, très agitée, ne dérange pas vraiment son père mais l'empereur pense qu'il pourrait marier son fils. Il serait temps... Et François-Joseph a déjà son idée. Ayant fait un examen précis des jeunes filles possibles – il a éliminé celles de Bavière et de Saxe, notamment – il a manifesté de l'intérêt pour Stéphanie de Belgique, fille du roi Léopold II et dont la mère, la reine Marie-Henriette, est née archiduchesse d'Autriche. Le roi des Belges est favorable à une telle union. Grâce à ce souverain, la Belgique cessera d'être un petit pays. Son esprit d'entreprise, ses idées ouvertes sont celles d'un homme pratique et moderne. Des deux côtés, du côté des Habsbourg comme des Cobourg, le mariage serait bien vu.

Aussi, lorsque Elisabeth, toujours avide de performances équestres, manifeste son intention de repartir fin janvier pour l'Irlande, François-Joseph lui demande de passer par Bruxelles à son retour car l'affaire pourrait vite évoluer entre les deux familles. Il le souhaite.

Le nouveau séjour à Summerhill est marqué par une succession de chutes de cheval et d'accidents spectaculaires. L'impératrice donne l'impression de vouloir repousser les limites de l'effort – et de la chance ? – en recherchant la vive allure, les fossés les plus larges, les talus les plus abrupts. Ses admirateurs habituels la suivent, quand ils le peuvent. « Nous tînmes bon, Middleton et moi, pendant une heure vingt », raconte-t-elle à François-Joseph le 5 février 1880. Le prince Rodolphe (Rudi) de Liechtenstein est tombé « sans se faire de mal ». En revanche, Lord Langford « qui s'abattit la face contre terre, a de la peine à avaler » et son cheval s'est cassé les reins. La frénésie de l'impératrice provoque le sort... François-Joseph est effaré du récit de ces cascades et accidents. Pourquoi Sissi a-t-elle cette rage de vouloir franchir des obstacles de plus en plus difficiles ? Refusant de porter des gants pour mieux tenir les rênes, elle a les mains en sang. L'impératrice amazone se lance des défis quotidiens. La chasse doit être sauvage. C'est la grande épreuve de l'être et de l'animal, le moyen de dompter l'un et l'autre. Autour d'elle, les meilleurs cavaliers tombent, y compris Middleton. « Il resta accroché à son étrier et ce fut presque plus effrayant que l'autre jour... » Le danger le plus réel que court l'impératrice est de se tuer à cheval et non d'avoir une aventure – possible mais historiquement non prouvée – avec le capitaine Middleton... Lorsque ce dernier, qui a gagné vingt-neuf courses avec sa jument *Lady of the Harem*, apparaît au dîner, au château de Meath, un des gentilshommes participant à la chasse au renard, s'adresse à Elisabeth en un poème intitulé *The Queen of the Chase* (La Reine de la chasse) qu'elle écoute avec émotion :

La Reine ! Oui, l'Impératrice !
Voyez, voyez comment elle vole
Avec une main qui ne défaille jamais,
Le meilleur homme d'Angleterre ne peut l'entraîner – il est par terre !
Le dos de « Bay Middleton » se retrouve merveilleusement brun.
Ecoutez la trompe et écoutez les cris !
Venez prendre votre place !
Il doit être en selle, nous suivions
La Reine de la chasse[1].

Cependant, Elisabeth, rougissante et avouant que ce séjour restera inoubliable, est rappelée à la réalité par une dépêche de François-Joseph. Il lui demande de se rendre au plus tôt auprès de la reine Victoria pour compenser l'effet de la présence, depuis plus d'un mois, de l'impératrice d'Autriche en terre irlandaise. Sissi n'est pas réjouie mais elle ne discute pas. Le 7 mars, elle quitte Summerhill pour Londres et le 10, elle déjeune à Windsor et reçoit le Premier ministre, le comte de Beaconsfield, plus connu sous le nom de Benjamin Disraeli. Le remarquable politicien préside son second gouvernement et conduit une politique étrangère combative. Sa conversation avec Elisabeth est importante pour dissiper les malentendus et resserrer des liens nationaux. D'une part, Disraeli est aussi romancier et son livre *Lothair*, paru en 1870,

1. Traduction de l'auteur.

critiquait la politique libérale du Cabinet Gladstone à l'égard de l'Irlande. L'impératrice amazone, qui trouve Disraeli « prodigieusement laid mais intéressant et fascinant », peut le rassurer. Sa présence en Irlande ne peut avoir la valeur d'un soutien aux idées anti-anglaises. Il s'agit, pour Sissi, de participer à des chasses tout à fait extraordinaires. D'autre part, Disraeli rêve de couronner sa politique impérialiste par une alliance anglo-germano-autrichienne.

En rentrant à l'hôtel Claridge, qu'elle préfère à l'ambassade austro-hongroise, Elisabeth reçoit un télégramme. Elle blêmit. La comtesse Festetics ouvre la dépêche en tremblant. Elle lit : « Le prince héritier s'est fiancé avec la princesse Stéphanie de Belgique. »

— Dieu soit loué ! Ce n'est pas un malheur, s'exclame Marie Festetics.

— Dieu veuille que cela n'en soit pas un, répond Sissi. Cette crainte, qui se révélera malheureusement vérifiée, témoigne de l'instinct prémonitoire de l'impératrice. En l'occurrence, son inquiétude se porte essentiellement sur l'âge des fiancés, celui de Stéphanie surtout, qui n'a que quinze ans... Cette décision est précipitée, ils sont trop jeunes. – Depuis son propre mariage, Sissi a la hantise des unions prématurées.

Sur le chemin du retour en Autriche, elle va s'arrêter à Bruxelles. L'arrivée de l'impératrice est, comme toujours, compliquée à force de simplicité. Le train impérial est immobilisé dans la nuit. Tout le monde dort dans les compartiments quand une salve d'artillerie secoue la gare et qu'une fanfare joue l'hymne national autrichien puis le belge. Derrière les rideaux tirés, on s'affole. Que se passe-t-il ? Le baron Nopcsa saute dans son habit et se retrouve, stupéfait, sur le quai, tenant son haut-de-forme. Il est quatre heures du matin ! Et le convoi n'est pas à Bruxelles mais à Tournai, au sud de la Flandre. La population et la municipalité ont seulement voulu manifester la joie d'accueillir la future belle-mère de Stéphanie... et peut-être voir l'impératrice qui fait tant parler d'elle.

Quatre heures plus tard, le train est à Bruxelles et toute la famille royale est au complet. Rodolphe, arrivé de Vienne il y a une semaine, se jette au cou de sa mère, splendide dans une robe bleue bordée de vison. L'impératrice et son fils sont très émus. Sissi captive tous les regards. La comparaison avec la princesse Stéphanie n'est pas à l'avantage de la jeune fille. Celle-ci est fraîche mais terriblement enfantine, un peu grassouillette. Elisabeth en est immédiatement convaincue : ce mariage est une folie. Il faut absolument le retarder... Et Rodolphe ? Est-il amoureux ou subit-il la décision de son père qui négocie un mariage par raison d'Etat ? Un changement brutal est intervenu dans le comportement du prince héritier. Il y a quelques semaines, il déclarait à son ancien précepteur : « Je ne suis pas prêt d'être un mari et n'ai pas l'intention d'en devenir un tant que je pourrai l'empêcher. » Mais, le dimanche 7 mars, après sa première entrevue avec Stéphanie, il écrivait au même comte Latour : « J'ai trouvé ce que je cherchais. Stéphanie est jolie, bonne, astucieuse, tout à fait distinguée et deviendra pour l'empereur une fille digne de foi, un fidèle sujet et une bonne Autrichienne [1]. »

Elisabeth se renseigne auprès de la reine Henriette : Stéphanie n'est même pas pubère... Pourquoi Rodolphe s'est-il enflammé pour Stéphanie ? Peut-être parce qu'ayant connu de nombreuses jolies filles peu farouches, l'absence de maturité de Stéphanie l'a ému.

Sa mère, qui n'apprécie pas tellement la famille royale belge, alors que Rodolphe est passionné par le roi Léopold, son futur beau-père, reste silencieuse. Elle ne veut pas contrarier son fils et attendra d'être rentrée à Vienne pour dire le fond de sa pensée à François-Joseph. En attendant, accompagnée de la reine des Belges, Sissi va rendre visite à sa malheureuse belle-sœur, Charlotte. Depuis un an, elle réside au massif château de Bouchout, proche du palais royal de Laeken, dans les environs de Bruxelles. Sa précédente résidence, le château de Tervueren, a été ravagée par un incendie dont la cause n'a pas été clairement établie. On sait seulement que l'ex-impératrice du Mexique répétait, en voyant le château brûler « Que c'est beau ! Que c'est beau ! ». Ses moments

1. Judith Listowel, *A Habsbourg Tragedy, Crown Prince Rudolf*, Ascent Books, London, 1978.

de lucidité sont de plus en plus rares mais son calvaire sera terriblement long[1].

En retrouvant son épouse et son fils, François-Joseph est heureux et rassuré. Sissi resplendit et Rodolphe a renoncé à une vie agitée. L'impératrice est inquiète.

— Pourvu que tout cela finisse bien...

— Tu te fais toujours du mauvais sang, répond l'empereur.

La discussion s'envenime. L'impératrice n'obtient qu'une chose : que la date du mariage ne soit pas immédiatement fixée. Rodolphe se plaint que sa mère soit très réservée à l'égard de sa fiancée puis il regagne le commandement de sa garnison, à Prague.

Le 17 avril, un grand carrousel costumé réunit à Vienne les cavaliers des plus grandes familles et, neuf jours plus tard, deux mille huit cents personnes chantent l'hymne national devant l'empereur. François-Joseph entreprend enfin une tournée en Bohême où le tchèque est maintenant admis à égalité avec l'allemand dans l'administration et la vie judiciaire. De telles mesures apaisent les revendications locales.

Revenue en Bavière, et pensant que Louis II est au château Berg, Sissi traverse le lac de Starnberg. Le souverain est absent – dans tous les sens du terme, d'ailleurs – et l'impératrice est désolée. Où est-il donc ? Sans doute du côté du Chiemsee, le plus grand lac de Bavière, sur la route de Salzbourg où il a l'intention de faire construire un troisième château fabuleux, en hommage à Louis XIV. Elisabeth tient à laisser à son cousin une marque de son passage plus affectueuse qu'une carte de visite – elle en a de deux sortes, en allemand et en français « L'Impératrice d'Autriche et Reine de Hongrie ». Dans le parc, elle cueille une branche de jasmin et l'ajoute à sa carte. Louis II trouve cette attention si charmante qu'il envoie à sa cousine une lettre particulièrement émue. En retour, elle lui adresse une brassée de jasmin et une photographie de Marie-Valérie. L'archiduchesse a douze ans. Physiquement, elle n'est pas très gracieuse mais son caractère

1. Devenue totalement folle, l'impératrice Charlotte mourra le 19 janvier 1927, à l'âge de quatre-vingt-sept ans. Elle ne sut jamais réellement que les Empires centraux s'étaient effondrés en 1918.

est agréable et son tempérament affectueux. Sissi et François-Joseph profitent au maximum de joies familiales avec leur dernière fille.

Le 18 août, l'empire austro-hongrois fête l'anniversaire de son maître : François-Joseph a cinquante ans. Le caractère multinational de cet Etat est particulièrement illustré lorsqu'on entend les différents peuples qui le composent chanter l'hymne national chacun dans sa langue. Ce jour-là, les querelles se taisent et, de Vienne à Budapest, de Budapest à Prague, on souhaite longue vie à l'empereur avec des messes et des parades.

Toute la famille est réunie à Bad Ischl. On attend des personnalités et, en premier lieu, Guillaume Ier qui interrompt sa cure à Bad Gastein. L'empereur allemand et roi de Prusse est âgé de quatre-vingt-trois ans et il évoque de plus en plus un masque de cire. Sa présence souligne l'importance du *Zweibund* ou accord à deux signé entre lui et François-Joseph huit mois plus tôt à Vienne et qui protège mutuellement les deux empires en cas d'agression russe. Sur le quai de la gare de Bad Ischl, il est accueilli par Elisabeth et se casse en deux pour un long baise-main.

A l'automne, François-Joseph et Sissi se montrent d'excellente humeur, enjoués. Marie-Valérie donne des petites fêtes où l'on s'amuse beaucoup dans un joyeux désordre. Seul, Rodolphe paraît soucieux. Ses fiançailles l'ont curieusement assombri. Rodolphe écrit au comte Latour un bref portrait de sa mère : « C'est une femme oisive mais très intelligente. » Le fait que Stéphanie ne soit toujours pas réglée préoccupe la Cour. La date du mariage ne peut toujours pas être fixée. Sissi ne s'en plaint pas. Elle dit à sa nièce, la perfide Marie Larisch, qui le raconte :

— Ce projet de mariage ne me plaît pas du tout. La Belgique a déjà porté malheur aux Habsbourg.

François-Joseph ne s'inquiète pas outre mesure. Ce mariage est heureux, un point c'est tout.

En janvier 1881, lorsque l'impératrice demande à l'empereur si elle peut se rendre à nouveau en Irlande, il s'y oppose. Cette fois, le gouvernement anglais et la reine Victoria ne comprendraient pas... Elisabeth se résigne, si l'on peut dire, à retourner en Angleterre, chez Lord Combermere, propriétaire d'une ancienne abbaye du XIIe siècle, transformée en château au XVIIe pour Guillaume d'Orange. L'endroit est superbe, au cœur d'une forêt de chênes et de tilleuls. Les prairies veloutées s'abaissent jusqu'à un lac où les canards s'ébattent. En revanche, la chasse déçoit l'impératrice. Les parcours sont trop faciles ! Pourtant, sur cent cinquante cavaliers une vingtaine seulement suivent la chasse sans peine. Bien qu'Elisabeth s'astreigne à un rythme épuisant, elle dort mal dans la petite chambre aux fenêtres gothiques qu'elle a choisie. Elle mange très peu et son système nerveux en souffre. Elle devient difficile pour la qualité des chevaux, en essaie trois par jour et malgré les prévenances de ses hôtes, elle ne semble guère satisfaite, surtout lorsque s'étant pesée deux fois par jour, elle constate qu'elle est sur le point de dépasser les cinquante kilos... Son régime de jus de viande et de jus de fruits est tout à fait insuffisant. Les hommes continuent de l'admirer. Sir William Watkin Wynn estime « qu'elle ressemble à un ange et monte à cheval comme le diable ». En revanche, l'entourage féminin anglais, les femmes de chambre en particulier, la trouve vraiment trop mince et moins jeune qu'on le leur avait dit. Elle porte bien ses quarante-quatre ans mais elle les porte. De plus, Sissi scandalise les domestiques en ne portant pas de jupons ; ils apprennent, stupéfaits, que ses dessous sont en très fine peau de chamois pour la protéger du froid. Dans ce domaine, une étrange rumeur circule : chaque jour un tailleur vient de la ville voisine de Whitchurch pour... coudre la robe de l'impératrice autour de son corps ! De cette façon, aucune torsade de vêtement, aucun bourrelet ne risque de compromettre sa taille de guêpe. La présence de Bay Middleton, qui a été très malade pendant l'hiver, encourage de nouvelles insinuations mais l'impératrice n'en tient aucun compte. Les critiques contre son train de vie fastueux, dès qu'il s'agit de chasse et de chevaux, apparaissent. Un habitant de Rotterdam lui demande même de lui prêter les sommes qu'elle dépense en un mois pour renflouer ses affaires ! Jugée vaniteuse, Elisabeth répond à sa dame d'honneur :

— La seule chose qui me surprenne encore, c'est de voir quelqu'un dire ou écrire du bien de moi.

Le 13 mars 1881, le tsar Alexandre II n'échappe pas à la cinquième tentative d'assassinat contre lui depuis le début de son règne, en 1855. Il meurt, déchiqueté par une bombe. Veuf depuis un an, il s'était remarié morganatiquement avec une princesse Dolgorouki. Se souvenant que Marie Festetics avait été courtisée avec ardeur par un prince Dolgorouki, Elisabeth, très émue, dit à sa dame d'honneur :

— Ne vaut-il pas mieux être avec moi, à Combermere, plutôt que dans cet horrible pays ?

Et pourtant, ce séjour n'est pas aussi exaltant que les autres. L'impératrice est un peu lasse des chevaux et des cavaliers. Lorsque, après d'inévitables visites protocolaires, elle quitte l'Angleterre le 28 mars, c'est avec moins de regrets que d'habitude. Elle s'arrête à Paris, refusant, selon son habitude, de résider à son ambassade. Après la joie de retrouver ses sœurs Marie de Naples, Mathilde Trani et Sophie d'Alençon, l'impératrice reçoit à son hôtel la visite du nouveau président de la République, M. Jules Grévy. Adversaire de la monarchie et du catholicisme, ce Jurassien qui cache son âge – il a au moins soixante-dix ans –, plutôt terne et exemple parfait du bourgeois ne forçant ni les événements ni les hommes, le président n'hésite pas, à l'occasion, à se montrer galant à l'égard des femmes. Il a très envie de rencontrer l'impératrice. Et il a, si l'on peut dire, deux points communs avec Sissi : il se lève à six heures du matin et mange si frugalement qu'être invité à l'Elysée est considéré comme une insulte et une garantie d'en ressortir affamé !

Le président veut faire un compliment à Elisabeth pour le mariage prochain du prince héritier avec Stéphanie.

— A vous voir, Madame, on vous prendrait pour la fiancée.

Sissi se retient de trop sourire et rougit, très étonnée. Le président a, certes, des mots aimables mais un peu lourds. Il est aussi peu à l'aise dans les mondanités que son épouse. Mme Jules Grévy s'est rendue célèbre, entre autres, pour la gentillesse sans façon avec laquelle elle suggéra à son mari de conclure un entretien qu'il avait accordé au prince de Galles :

— Jules, reconduis donc Monsieur[1]...

Le lendemain, Sissi reçoit un télégramme. Une mauvaise nouvelle ? En un sens, oui, le mariage de Rodolphe est fixé au 10 mai. Elisabeth est habitée d'un pressentiment implacable... Le Kronprinz poursuit un voyage en Terre sainte, en faisant diverses observations. A Bethléem, il note : « Je n'avais encore jamais vu autant de belles femmes dans la même ville. » Une tristesse mêlée de résignation se dégage du prince héritier. A la différence de sa mère, il ne craint pas les cérémonies et ne refuse pas le protocole. Comme elle, il sait se faire aimer. Tandis que François-Joseph a toujours provoqué le respect et l'admiration, Sissi et son fils déchaînent l'enthousiasme et l'affection.

En Belgique, les femmes qui, depuis des mois, ont travaillé pour confectionner le trousseau de la princesse Stéphanie, l'ont surnommée : « La rose de Brabant ». Une rose ? Lorsque la fiancée, accueillie à Salzbourg par Rodolphe, arrive au matin du 6 mai à Schönbrunn, les commentaires qui circulent à la Cour sur la fille du roi des Belges ne sont guère aimables. Ils succèdent aux portraits qu'on a pu voir depuis des semaines. Marie Larisch, qui cherche toujours à être désagréable, note : « Ses cheveux ternes et blonds étaient aussi mal coiffés que possible. Stéphanie était très grande (1,76 m) et sa silhouette, à cette époque, était déplorable. Elle n'avait ni sourcils ni cils. » D'autres propos de famille assurent : « Pauvre Rodolphe ! Sa femme a la délicatesse d'un dragon... »

Cependant, François-Joseph et Sissi accueillent Stéphanie dans la petite galerie de Schönbrunn. Les lustres à quarante-huit branches et les candélabres en bois sculpté plaqué d'or fin éclairent la scène. François-Joseph s'avance vers sa belle-fille et l'étreint avant de lui présenter les princes et les archiducs. L'empereur est heureux de ce mariage seulement dicté par la raison d'Etat. Puis, Elisabeth embrasse Stéphanie et lui présente les archiduchesses. L'impératrice, soucieuse de

1. Lire, à ce sujet, deux excellents ouvrages : *L'Elysée, Histoire d'un Palais* par Georges Poisson, Librairie Académique Perrin, 1979 : et le *Quid des Présidents de la République* par Dominique Frémy, Robert Laffont, 1981.

liberté et d'unions où le sentiment existe, tente de dissimuler son opposition à ce mariage par le détachement. L'empereur veut consolider l'empire et place, dans ce but, les intérêts de la Couronne avant ceux du cœur. Sissi plaide pour l'amour. N'a-t-elle pas pris la défense de son frère Louis-Guillaume et ne manifeste-t-elle pas à sa fille Marie Larisch une affection qui choque à la Cour ? Le lendemain, dans cette même salle où sont donnés les dîners d'apparat de famille – c'est-à-dire ceux qui ne dépassent pas cinquante couverts – le prince de Galles et le prince de Prusse, futur Guillaume II, sont réunis avant un grand bal.

La comtesse Festetics note ses impressions : « La princesse n'est pas du tout timide, très banale, elle a un comportement étrange. » Son mauvais goût vestimentaire et le fait qu'elle ne soit pas jolie font pencher la comparaison avec l'impératrice encore une fois en faveur de cette dernière. Et la dame d'honneur se demande si Rodolphe ne sera pas tenté de faire, lui aussi, cette comparaison. Mais le temps où Rodolphe admirait sa mère d'une façon touchante est passé. Un témoin disait, lorsqu'ils se dirigeaient vers le Prater : « Il faut le voir tenir l'étrier à l'impératrice lorsque celle-ci monte à cheval : nul page de l'époque galante n'a pu être plus tendrement respectueux ! » C'était encore l'époque où il était heureux de parfumer son mouchoir comme le faisait sa mère ou de tenir ses gants. Depuis, il se confine dans une solitude peu compatible avec les joies du mariage.

Au matin du 10 mai, une scène pénible en témoigne, rapportée par la comtesse Festetics. Sur le point de ramasser la traîne de sa robe, elle entend Rodolphe qui l'appelle :

— Comtesse Marie, ne partez pas, restez un peu... L'archiduc est morose et nerveux.

— Je me réjouis que nous nous rencontrions comme autrefois...

Mais il ne se décide pas à entrer, restant sur le pas de la porte. Il parle d'un bouquet qu'il va donner à la mariée puis reprend :

— Etes-vous pressée ?

— Oui, Votre Altesse Impériale, plutôt.

— J'ai tout mon temps.

Il lui tend la main, il la supplie :

— Au nom du ciel, dites-moi quelque chose de gentil.

La dame d'honneur fond en larmes.

— Que Dieu bénisse Votre Altesse Impériale et son bonheur !

Et il disparaît.

Malgré beaucoup d'efforts, le mariage à l'église des Augustins n'est pas joyeux. Sissi, très grave, très belle, entend sa belle-fille répondre un oui sonore au cardinal tandis que celui de son fils est à peine audible et prononcé d'une voix lasse.

La froideur d'Elisabeth – qui est son moyen de condamner ce mariage – devient de la distance. Autant sa belle-mère avait été envahissante, autant Sissi se montre détachée, extérieure à la cérémonie et à la nouvelle vie de son fils.

Stéphanie de Belgique, devenue archiduchesse héritière d'Autriche, conservera de sa lune de miel une impression de cauchemar. « Mes illusions furent détruites par la terrible expérience de ma nuit de noces », écrira-t-elle. La lune de miel se déroule à Laxenburg. Sissi y a de très mauvais souvenirs et ne semble pas s'être préoccupée d'installer un décor agréable pour les jeunes gens. Il fait froid, il neige. Une odeur de moisi règne dans toutes les pièces du château. « Pas une plante, pas une fleur pour fêter notre arrivée, donner un peu de couleur et de gaieté à ces lieux misérablement éclairés. Rien ne semblait avoir été préparé. Il n'y avait ni tapis ni coiffeuse. Près de ma chambre, une cuvette sur un trépied de fer. Rien n'avait été fait pour moderniser Laxenburg depuis que l'impératrice Elisabeth y avait accouché en 1856. Les lits, les matelas, les rideaux dataient de cette époque, selon toute apparence. Il n'y avait absolument aucun luxe, pas même de confort (...). Je ne puis m'empêcher de constater que nul n'avait ressenti d'intérêt pour moi, la femme-enfant. On ne m'accordait même pas une résidence digne de la future impératrice d'Autriche. »

N'est-il pas révélateur qu'Elisabeth n'ait pas cherché à entourer ce jeune couple d'attentions délicates ? Ce mariage ne lui convient pas car ce n'est pas un mariage d'amour. Mais l'impératrice, se souvenant de ses débuts à la Cour, aurait pu être chaleureuse avec sa belle-fille. Quant à Rodolphe, il est allé vers l'autel avec une résignation navrante. Il a obéi à son père, il s'est sacrifié. Mais qui s'en aperçoit ? L'instinct de sa mère ne lui permet pas de voir toute l'importance du drame qui se joue.

Sa dame d'honneur, à la fois au cœur de l'atmosphère et disposant d'un certain recul, se demande, le 9 juin : « Le prince est intelligent mais il est jeune et n'a pas reçu de principes. Et maintenant ? J'ai peur. »

En juillet, Sissi est en Bavière, à Garatshausen, chez son frère Louis-Guillaume. Les nouvelles de Louis II sont de plus en plus inquiétantes. Il ne veut être vu de personne sauf de sa cousine. Il lui envoie des gerbes de roses et lui rend visite la nuit, comme s'il fuyait le jour, les réalités, le monde. Le soir, tout s'animer, les rêves, les fantasmes. La vie devient un théâtre sur lequel il peut régner. Elisabeth s'inquiète : Que va devenir la Bavière ?

Elle retrouve François-Joseph à Gödöllö. L'empereur est satisfait. Il vient de conclure avec le nouveau tsar, Alexandre III, une alliance élargie à laquelle, bien entendu, la Prusse est partie prenante. L'accord – tenu secret – dispose que les trois monarchies s'engagent à rester neutres si l'une d'elles est attaquée par une quatrième puissance. L'élément le plus intéressant de l'accord est de permettre à l'Autriche-Hongrie de transformer, à moyen terme, l'occupation de la Bosnie-Herzégovine en annexion. Dans ce climat de détente où les antagonismes viscéraux s'assoupissent, l'empereur et l'impératrice reçoivent, en octobre, à Vienne, le roi Humbert Ier d'Italie, dont les moustaches sont très impressionnantes, et la reine Marguerite. A priori, cette visite ne réjouit pas Elisabeth qui a calculé qu'il lui faudrait changer de robe cinq fois par jour. Mais les deux souveraines sympathisent.

Hélas, un drame n'est jamais loin. Le 8 décembre, tandis que François-Joseph achève son dîner à la Hofburg, son chambellan lui apporte une dépêche. D'une voix brisée, il lit :

— Le *Ringtheater* est en flammes...

Et il ajoute, pour commenter l'information donnée par le comte Taafe, Premier ministre, assurant qu'on ne déplore aucune victime :

— Qui sait si cela est vrai ?

L'empereur traverse le salon rouge, encore appelé Salon Boucher, l'antichambre, le petit salon d'Elisabeth, son grand salon, sa salle de culture physique et retrouve Sissi qui, chaque fois qu'elle le peut, reste le soir dans ses appartements et se contente d'une tasse de lait. En même temps, on apprend, comme on le craignait, que l'incendie est une catastrophe : il y a de très nombreux morts, on ne sait pas combien au juste. L'incendie a pris sur la scène. La salle est pleine. Passionnés de théâtre et d'œuvres lyriques, les Viennois sont venus nombreux assister à la seconde représentation des *Contes d'Hoffmann*, le chef-d'œuvre posthume d'Offenbach. Lorsque l'incendie s'est propagé avec une vitesse inouïe, la salle était dans la pénombre. Affolés, les spectateurs se sont précipités jusqu'aux portes de sortie qui s'ouvraient... vers l'intérieur. La première panique collective du monde du spectacle fait quatre cents victimes brûlées ou écrasées contre les issues bloquées. L'émotion est immense et les morts sont considérés comme des martyres nationaux. A ses frais, François-Joseph fera ériger à l'emplacement du théâtre détruit une chapelle expiatoire et des immeubles de rapport dont les revenus seront versés à des œuvres de bienfaisance.

Vienne et l'Empire sont en deuil. Toutes les manifestations sont décommandées, y compris les chasses, pendant un mois. La presse accuse le gouvernement d'incapacité. Il est bien temps de prévoir des dispositifs coupe-feu entre les scènes et les salles de spectacles ainsi que de réformer le système absurde de portes qui ne s'ouvrent pas vers l'extérieur. Pour François-Joseph, l'épreuve est dure. Vienne n'aurait-elle qu'une vocation au désastre et aux incidents ? Quelle malédiction pèse sur la capitale ? Sissi n'aurait-elle pas raison de vouloir toujours s'en échapper ? Le devoir et la discipline sont une telle habitude chez François-Joseph qu'il n'abandonnera pas ses sujets. Sissi est plus inquiète. A sa dame d'honneur, elle avoue, sans illusion :

— La popularité est si fugace... L'empereur fut populaire comme peu de monarques, intouchable, envié par les souverains européens ; il était au-dessus de tous avec sa dignité sublime qui était une partie de son être. Et maintenant, il est un outil dans la main d'un acrobate qui veut rester au sommet et ne se sert de lui que comme d'un balancier.

Etrange et passionnante réflexion. Elle témoigne d'une inquiétude et d'un passéisme certain ainsi que d'une méfiance à l'égard de Taafe – *l'acrobate* – ami d'enfance de François-Joseph et qui, en effet, jongle entre les tendances extrêmes des nationalistes allemands d'une part, et les mouvements réformistes, tel celui du parti Jeune Tchèque, d'autre part.

Au début de 1882, et comme pour conjurer le sort, le couple impérial et Marie-Valérie assistent, à l'Opéra, à une représentation de *Oberon*, l'œuvre de Carl Maria von Weber. L'ancien ambassadeur Hübner est dans la salle. Sans indulgence, il note : « C'est un événement de voir l'impératrice autrement qu'à cheval et le public se montre reconnaissant pour ce spectacle rare. »

Les chasses de l'hiver, en Angleterre, ne passionnent plus l'impératrice. Elle y reste à peine trois semaines, jusqu'au 6 mars. Sa lassitude pourrait avoir comme origine l'annonce du mariage imminent de Bay Middleton et son remplacement auprès de l'émérite cavalière par un autre cavalier-officier mais une telle hypothèse reste à prouver.

De même, se situerait, à cette époque, une aventure digne d'un mélodrame à épisodes. Selon Marie Larisch, l'impératrice serait revenue à la fin de l'hiver à Sassetot-le-Mauconduit sous prétexte de soigner une sciatique. En réalité, elle aurait accouché clandestinement d'une fille, prénommée Caroline. Toujours selon Marie Larisch, Caroline épousera un certain Richard Khulnet, divorcera puis, ayant émigré en Amérique du Sud, se remariera avec le comte Zanardi Landi. De ce second mariage, la mystérieuse Caroline aurait eu une fille, prénommée Elisabeth. Celle-ci serait l'actrice de cinéma Elissa Landi qui connut une heure de gloire entre 1930 et 1940. Elle fut la vedette d'un film de Cecil B. de Mille, en 1932, *le Signe de la Croix* avec Claudette Colbert, Charles Laughton et Frederic March. La petite-fille naturelle de Sissi à Hollywood... Quel crédit apporter à ce que Marie Larisch appelle, perfidement, « le secret d'une impératrice » ? La plus grande prudence s'impose. En premier lieu, le récit de la nièce de Sissi est confus, manquant de détails et truffé, çà et là, d'invraisemblances et d'erreurs chronologiques. L'affaire se situerait en 1882 et Marie Larisch parle d'une « espèce d'accident de cheval » (la naissance !) sans mentionner celui que Sissi eut en septembre 1875 ni même son séjour à Sassetot cette année-là, séjour pourtant peu discret comme on l'a vu.

Marie Larisch, qui veut donner l'impression qu'elle est très renseignée sur la vie privée de sa tante, ignore des informations capitales et connues de centaines de gens. Donc, à supposer que Sissi soit revenue à Sassetot, sa nièce confond le premier séjour avec le second. Dès lors, le second séjour devient très suspect. A cette première anomalie, s'ajoute le fait que le propriétaire du château, M. Albert Perquer ne pouvait – et pour cause – être dans l'ignorance d'une nouvelle visite de l'impératrice qui lui aurait reloué sa demeure. Précisément, dans sa plaquette *Une Villégiature impériale*, à laquelle je me suis référé et qui est un témoignage de première importance, M. Perquer regrette que l'impératrice ne soit jamais revenue dans le pays de Caux. « Depuis 1875, Sassetot ne l'a pas revue » (...). Et encore, cette allusion à la manière dont les habitants, vingt ans plus tard, se souviennent de ce séjour en disant de l'an 1875 : « C'était l'année de l'impératrice. » Or, le livre de M. Perquer a été achevé le 31 janvier 1897, soit seize ans avant que Marie Larisch n'entreprenne, dans son premier livre, de se réhabiliter en ternissant la mémoire de sa tante illustre. M. Perquer n'a donc aucune raison de contredire Marie Larisch, puisqu'il ignore son récit. Enfin, à supposer que Sissi ait accouché d'un enfant naturel, dont la paternité n'est, par ailleurs, nullement évoquée, il est invraisemblable qu'elle ait choisi un endroit où elle était très connue, très identifiable et soumise à toutes possibilités d'indiscrétions. La « légende de l'enfant de Sassetot » reste donc, cent ans plus tard, une légende très douteuse. En l'absence des preuves qu'exige l'historien, elle n'a pas d'autre valeur qu'un ragot cherchant à diminuer une femme qui, réunissant la puissance et la beauté, ne peut que susciter des jalousies. Pour certains de ses contemporains, Sissi ayant trop reçu, ne peut que trop souffrir. Sa vie doit cacher quelque tare...

En repassant par Paris, l'impératrice, qui veut voir la ville sans cérémonial, ose prendre l'un de ces omnibus à impériale qui, de sept heures du matin à onze heures trente du soir, sillonnent la ville au grand trot et dont les conducteurs feignent de ne pas voir les signes qu'on leur fait au bord des trottoirs. La comtesse Festetics se plaint de ne pas les emprunter davantage ! « Nous allons tout le temps à pied ! » Il est vrai que l'impératrice pratique maintenant la marche à un rythme épuisant. Avant de regagner Vienne, elle accepte une chasse à courre en forêt de Chantilly, organisée par le général Hervé d'Orléans, duc d'Aumale. Grand amateur d'art, le prince a réuni les plus illustres noms et, après un galop enlevé, il remet à l'impératrice un trophée. L'impératrice amazone est mélancolique. Elle va repartir pour Vienne. Comme le note Jules Claretie dans sa célèbre étude [1] : « Paris n'a qu'un accueil à réserver à sa visiteuse : la regarder passer au galop de sa monture et la saluer de loin. Les respects les moins bruyants sont, en pareil cas, les plus profonds. »

1. *La vie à Paris*, tome III, 1882, Victor Havard éditeur.

VIII

L'AIGLE ET LA MOUETTE

Ils se sont retrouvés. Sissi et François-Joseph s'étreignent sur le quai de la gare de Vienne. Chaque fois qu'elle revient, l'empereur est heureux, si heureux... La mort d'une écuyère d'origine française, Emilie Loisset, à la suite d'une chute de cheval, attriste beaucoup l'impératrice mais sa passion équestre est de plus en plus freinée et remplacée par des marches forcées qui ressemblent à des courses ; elles laissent son entourage exsangue et au bord de l'inanition. Il faut remarquer que Sissi déteste perdre son temps, elle fait tout vite. Elle aimait la course à cheval, elle se livre à la course à pied. Vite. Toujours vite. Et les policiers affectés à sa sécurité ne s'expliquent pas comment elle peut, six heures d'affilée, véritablement galoper à pied sans s'effondrer. Le goût de l'effort, du pari gagné et de la maîtrise de soi est un nouveau défi. Et sa suite ne peut plus suivre Elisabeth sur ses sentiers. Sissi a même essayé d'aller à pied de Feldafing, au bord du lac de Starnberg, à Munich, soit environ trente-cinq kilomètres. Au bout de quatre heures et demie, elle doit renoncer. Lorsque, le 9 août, Guillaume Ier refait une visite à Bad Ischl, il invoque son grand âge – quatre-vingts ans – pour ne pas participer à ces randonnées dignes de chamois. L'empereur d'Allemagne, en revanche, se réjouit d'accompagner Sissi et Marie-Valérie au théâtre. Il le regrette : la pièce, intitulée *La Promesse derrière le fourneau*, et qu'apparemment personne ne connaissait, ridiculise un Prussien. Il faut toute la grâce de Sissi pour réparer cette gaffe et ramener le rire au milieu d'un état-major stupéfait. De son côté, Rodolphe a une longue conversation avec Bismarck et le chancelier de Fer tient le prince en très haute estime.

Un nouveau voyage officiel est prévu, en septembre, à Trieste et en Dalmatie. Il s'annonce délicat. Des extrémistes continuent d'entretenir l'agitation et les rapports de police estiment qu'un attentat contre l'empereur n'est pas à exclure. Il veut partir seul mais Sissi, informée des dangers, refuse de rester.

Elle exige de partager le péril. On vérifie ainsi l'un des paradoxes de cette souveraine : elle fuit la Cour à cause de ses futilités mais fait face aux risques conjugaux du métier de chef d'Etat. Sissi en veut au comte Taafe d'organiser ce voyage. Elle pressent un drame. De fait, il faut changer le programme au dernier moment car des conspirateurs sont arrêtés et des inscriptions assassines apparaissent au pied d'une effigie de François-Joseph. Sissi ne quitte pas son époux, s'exposant même dans une voiture découverte pour mieux le protéger. Au large de Miramar, de triste mémoire, sur le vapeur *Berenice*, un bal doit avoir lieu. Comme toujours lorsqu'elle est vraiment inquiète, Sissi est très calme. Une statue. La tempête fait rage et on découvre que le bateau fait eau de toutes parts. Il faut gagner une canonnière, le *Lucifer*, qui a beaucoup de difficultés à accoster. Les quatre jours de voyage tendus s'achèvent sur une note comique : au dernier grand dîner, l'un des invités, peut-être ému par la beauté de Sissi, confond son rince-doigts avec l'un de ses verres et le vide intégralement ! Elisabeth a le plus grand mal à ne pas éclater de rire d'autant que le convive, qui a réalisé son impair, ne sait plus où se mettre...

Le 20 septembre, à Gödöllö où arrive le couple, l'impératrice entre dans une colère exceptionnelle contre le comte Taafe. Le Premier ministre, qui était resté tranquillement à Vienne « fumant un gros cigare dans son fauteuil », accueille les souverains. S'adressant à Elisabeth, il dit :

— Leurs Majestés seront sans doute satisfaites que tout se soit bien passé... J'en étais convaincu. Sinon je n'aurais pas pris l'entière responsabilité de ce voyage... Les mesures étaient bien prises.

L'impératrice, qui l'a écouté étonnée, explose :

— Dans un tel cas, la responsabilité n'a pas d'importance. Si un malheur arrive, la responsabilité n'y change rien. Nous pouvons seulement remercier Dieu. C'est à lui seul que nous devons notre salut.

Et, inclinant légèrement la tête, elle quitte le Premier ministre, ébahi.

Les dames d'honneur, épuisées par les marches forcées de Sissi, déclarent forfait. « Bientôt, plus personne ne pourra la suivre », constate Marie-Valérie. Et une Hongroise, jeune et robuste, Sarolta Majlath, devient la dame de marche de l'impératrice. Sissi perfectionne encore sa résistance en prenant des leçons d'escrime... La cuirasse molletonnée blanche, la jupe grise et les gants lui vont très bien.

Le 8 juin 1883, elle réussit là où elle avait échoué : elle relie Munich à Feldafing à pied en sept heures, soit une moyenne de cinq kilomètres en soixante minutes, par une chaleur étouffante. La cadence quotidienne de Sissi à Bad Ischl est effarante : sept heures trois quarts de marche pour elle et ses dames d'honneur... Comment tient-elle ? Elle est pâle mais ravie, d'une minceur maladive mais satisfaite et elle résiste, comparant ses performances et analysant la résistance des malheureuses qui tentent de la suivre. Ce surplus d'énergie joint à une discipline de fer font de Sissi une montagnarde au pied sûr et qui emprunte ainsi des sentiers escarpés à cheval ou à dos de mulet. En Styrie, alors qu'elle passe quelques jours dans un pavillon de chasse construit en 1870 pour l'empereur, à Mürzsteg, elle fait une excursion aux gorges de la Mürz. Sissi arrive avec son cheval près de la cascade dite de « la femme morte ». Elle s'engage sur le pont de bois jeté au-dessus du torrent quand sa monture glisse entre deux planches ; le cheval, affolé, bascule déjà vers le gouffre. Un ouvrier, travaillant à côté du pont, se précipite et retient la monture et l'impératrice, puis les fait traverser. Elisabeth a-t-elle eu peur ? Ce n'est pas certain. En général, elle n'a peur que pour les siens, jamais pour elle-même. A son retour, apprenant l'accident qui faillit la précipiter au fond du ravin, Marie-Valérie, qui a quinze ans, grave un poème sur une pierre remerciant saint Georges qui « tant de fois a secouru ma mère » et lui demande « protège la vie précieuse à qui je dois le jour ».

Loin de ces acrobaties, François-Joseph se livre aux exercices, tout aussi délicats, des grandes manœuvres diplomatiques.

Après la *Triplice*, alliance entre l'Autriche-Hongrie, l'Allemagne et l'Italie, signée en 1882, il rêve d'étendre son traité défensif à la Roumanie. L'alliance à quatre sera signée le 30 octobre et marque un succès certain de sa politique étrangère jalonnée d'alliances secondaires dans les Balkans. Dans la politique intérieure, on relève plusieurs éléments intéressant les mesures sociales (sur la limitation du travail) tandis qu'une Université tchèque est créée à Prague.

La joie s'étend à la famille. Le 2 septembre, Stéphanie, épouse de Rodolphe, accouche d'une fille, à Laxenburg. L'enfant est prénommée Elisabeth, hommage que Rodolphe a voulu rendre à sa mère mais tout le monde l'appellera *Erszi*, diminutif hongrois de son prénom.

L'impératrice est grand-mère pour la quatrième fois.

Stéphanie, qui voulait un garçon, pleure. S'il avait eu un fils, Rodolphe l'aurait appelé Wenzel, en hommage aux Tchèques, avec lesquels il est très lié. Mais il est heureux.

— Cela ne fait rien, une fille c'est tellement plus gentil ! assure-t-il.

Fait remarquable, noté par Marie-Valérie : Sissi, penchée sur le berceau ne trouve pas, cette fois, que le bébé soit affreux !

François-Joseph offre au nouveau-né une émeraude de quarante mille florins et, vingt jours plus tard, Rodolphe est nommé commandant de la 25e Division, qui est en garnison à Vienne. La mesure semble compenser les idées avancées que le prince héritier soutient sans se dissimuler. En effet, depuis un an, il s'est lié à un journaliste libéral, Moriz Szeps, directeur du nouveau *Wiener Tagblatt*. La fille de celui-ci épousera le frère d'un ancien médecin vendéen, député français et chef des Radicaux, Georges Clemenceau. Rodolphe écrit des articles anonymes critiquant le gouvernement du comte Taafe et la politique étrangère de l'empire. Difficile à saisir, Rodolphe est surnommé *l'insondable*. Au cours d'une chasse, il déclare au peintre Franz von Pausinger, en lui désignant l'archiduc François-Ferdinand, son cousin :

— L'homme que vous voyez sera empereur d'Autriche. Pas moi...

Marie-Valérie note dans son journal, à la date du 27 novembre, qu'une nouvelle actrice vient de faire ses débuts au Burg Theater. Elle s'appelle Katharina Schratt. « Elle est magnifique... » Peu à peu, on remarque que, lorsque François-Joseph est dans sa loge, Mme Schratt est sur la scène, dans un de ses rôles, tel celui de *la Mégère apprivoisée*.

1884. Au début d'avril, Elisabeth repart en voyage, pour une véritable raison de santé : une sciatique – vraie – la fait souffrir et le meilleur moyen de se soigner n'est pas, comme le fait Sissi, de continuer ses marches et le cheval. Son incessante agitation la conduit à Francfort, à Wiesbaden et à Heidelberg. Mais, évidemment, elle souffre de plus en plus.

Un médecin, grand spécialiste des troubles musculaires, le Dr Metzger, installé à Amsterdam, reçoit l'impératrice. Il ne cache pas son pessimisme : Elisabeth risque une infirmité si elle continue ses « promenades ». La cure est urgente. Sissi accepte à la condition de pouvoir continuer à marcher. Le traitement est énergique, comme le Dr Metzger, qui constate que sa patiente monte quatre chevaux par jour, tire au fleuret et s'étonne d'avoir le genou enflé. Au bord de la mer du Nord, l'impératrice rêve devant le soleil qui est avalé par l'eau :

— J'aime la mer, mon dernier regard avant de me coucher est pour elle.

La plus grande victoire du Dr Metzger sur l'impératrice entêtée est d'obtenir qu'elle s'alimente normalement. Astucieusement, le médecin n'a pas parlé de malnutrition, d'anémie ou de fatigue nerveuse provoquée par un estomac presque toujours vide. Il n'a parlé que de beauté, jugeant que l'impératrice est « vieillie et ridée » et que si elle continuait à n'absorber que du lait, dans deux ans elle serait définitivement une vieille femme. L'argument a été décisif. Sissi, qui ignore toute mesure, ne peut supporter un instant que ses étranges façons de se soigner pour rester mince aboutissent au même phénomène d'âge que celui des femmes qui se contentent, pour tout exercice, d'ouvrir leur ombrelle...

Pendant que Stéphanie et Rodolphe entreprennent un voyage dans les Balkans avec une mission diplomatique confiée par l'empereur au prince héritier, Sissi circule beaucoup en Bavière puis se rend, le 11 septembre, au pèlerinage de Mariazell. Elle avait fait le serment de faire don de précieux objets à la Vierge protectrice de l'Autriche si elle guérissait de sa sciatique. Elisabeth anticipe quelque peu puisqu'elle souffre encore. Deux mois plus tard, à Gödöllö, le couple impérial reçoit le roi et la reine de Roumanie. La souveraine écrit des vers qu'elle publie sous le nom de Carmen Sylva, ce qui intéresse beaucoup Sissi. Petite, d'allure très jeune, elle a quarante ans mais ses cheveux sont gris. Il y a une certaine ressemblance entre François-Joseph et Carol Ier, premier souverain de Roumanie, formée de la réunion des anciennes principautés danubiennes de la Moldavie et de Valachie. Prince de Hohenzollern-Sigmaringen, c'est un homme de devoir et de rigueur. De même, un parallèle peut être établi entre les deux souveraines. La reine, née Elisabeth de Wied, en Rhénanie, a choisi son pseudonyme de Carmen Sylva car elle adore la forêt, les animaux, en particulier les grands chiens, et l'on retrouve dans ses œuvres tout le romantisme issu des bords du Rhin et empreint des mystères des Carpates. Sans atteindre le caractère dépressif, voire névrosé de Sissi, la nostalgie d'Elisabeth de Roumanie ne peut qu'intéresser l'impératrice d'Autriche. Lors d'un dîner à Bucarest en l'honneur de l'ambassadeur de France, la reine a déclaré : « On ne peut jamais être fatigué de la vie, on n'est fatigué que de soi-même [1]. »

Sans doute sous cette influence poétique, Sissi se replonge dans ses lectures. Homère et Heine sont ses compagnons de chevet. En janvier 1885, elle s'enferme à Miramar, pour relire *l'Iliade* et rêver au destin d'Achille, le bouillant héros du siège de Troie dont elle fait installer une statue dans le parc du château qui domine l'Adriatique.

1. Lire l'étude historique de Guy des Cars sur la dynastie roumaine : *Les Reines de cœur* (Librairie Académique Perrin, 1979).

Quelques bals officiels à Vienne l'ennuient ; elle monte à cheval avec moins de frénésie, comme si ses accidents l'avaient tout de même effrayée. « Soudain, sans raison, j'ai perdu courage et moi, qui la veille encore, ne soupçonnais aucun danger, je voyais une menace dans chaque buisson et ne pouvais libérer mon esprit de son angoisse », dira-t-elle, plus tard, à une dame d'honneur, en essayant d'analyser sa passion envolée. Lorsqu'elle est à cheval, elle est plus raisonnable. A ce spleen, s'ajoute la sciatique qui revient en crises aiguës. Elisabeth est terrorisée à l'idée d'être clouée sur un fauteuil. Ne plus pouvoir marcher au pas de course est une cruauté supplémentaire. Cela voudrait dire qu'elle ne pourrait plus fuir. Inquiète, elle reprend, en mars, le chemin de la Hollande pour consulter le Dr Metzger. La mer argentée et le ciel mouvant que seuls les peintres savent figer inspirent à l'impératrice des vers qu'elle écrit dans une villa louée à Zandvort, près de Haarlem.

Le regard d'Elisabeth erre sur la plage de sable fin déroulée au pied de hautes dunes et elle avoue :

Une puissante nostalgie
M'appelle au large.

L'idée, donnée par un architecte intéressé, de se faire construire un château face à la mer du Nord, ne la séduit pas. Rester en place, demeurer en un endroit pour toujours, lui est impossible :

... Sans doute, je t'aime,
Mer vaste et rude
Avec ta houle sauvage
Et tes tempêtes,
Mais l'amour veut être libre...
(...) Je veux planer, comme les mouettes
Librement, au-dessus de tes flots
Je ne puis fixer nulle part ma demeure

La fascination que Sissi ressent pour la mer rappelle le respect que Nietzsche éprouve lorsqu'il estime que jadis, les

Anciens disaient « Dieu » en regardant la mer. L'impératrice est attirée par les eaux profondes, cherchant à y noyer ses angoisses et ses désillusions, espérant un sacrifice ultime pour être, enfin, délivrée :

... A toi je ferai don
De tous mes sentiments, de toutes mes pensées
Et je plongerais en toi mon être égaré.

Les massages lui ayant fait du bien, elle regrette de quitter ce rivage magique. La nuit précédant son départ, elle écrit l'un de ses plus beaux poèmes sur elle-même bien qu'elle considère son œuvre très médiocre. C'est un texte qui est un chant d'amour et une confession secrète confiés aux vagues perpétuelles :

Un dernier regard encor
Sur toi, ma bien-aimée
Puis adieu, quelque dur que ce soit ;
Dieu veuille que ce soit un au revoir.
J'ai choisi pour prendre congé de toi
Une calme nuit de lune.
Tu es étendue devant moi, spectacle radieux,
Dans ton éclat d'argent.
Quand demain, par-dessus les dunes,
Les rayons du soleil te caresseront,
D'un coup d'aile rapide
J'aurai volé au loin
L'essaim blanc des mouettes
Continuera de planer sur toi,
S'il en manque une
T'en apercevras-tu ?

L'un des drames d'Elisabeth est de regretter les départs, tout en les recherchant. Elle n'aime pas quitter son havre de paix et de solitude et, pourtant, elle espère sans cesse un nouveau refuge. La mouette est menacée par la marée de la réalité et doit s'enfuir vers un autre rocher où elle ne restera que quelques jours ou quelques semaines.

En mai, elle revient en Autriche par Heidelberg où elle retrouve Marie-Valérie. La mère et la fille, en plein songe poétique, sont enchantées par la vieille ville universitaire, haut lieu du romantisme allemand. Comment ne pas songer à une autre Elisabeth, Elisabeth Stuart, dont le mari, Frédéric V, fit édifier ici, en une seule nuit de 1615, un arc de triomphe aux motifs rustiques ? Est-il possible de ne pas contempler longuement la cité et le vieux château depuis la rive droite du Neckar, en arpentant le fameux « chemin des philosophes » ? Sissi veut ensuite se rendre en Suisse pour visiter, dans le canton d'Argovie, le château de Habichtsburg dont le nom, par contraction, a donné celui de Habsbourg. C'est, en effet, le berceau de la dynastie autrichienne, construit vers l'an 1020 par Werner Ier. Mais le gouvernement suisse voit d'un mauvais œil la visite de la souveraine aux ruines du « château des autours » et Sissi doit renoncer à son projet. La méfiance de Berne reposerait sur l'intention – non confirmée – de François-Joseph qui voudrait acquérir l'ancien domaine impérial et le faire restaurer.

Lorsque l'impératrice arrive au bord du lac de Starnberg, à Feldafing, fin mai, elle éprouve le besoin de savoir ce qu'est devenu son correspondant rencontré au bal du Mardi-Gras à Vienne, lorsqu'elle n'était que la mystérieuse dame au domino jaune. Il y a déjà onze ans... Elle reprend son pseudonyme de Gabrielle. Le destinataire, M. Fritz Pacher de Theinburg, qui habite toujours Vienne, répond le 9 juin :

« Cher Domino jaune,

Rien ne pouvait m'étonner davantage que le signe de vie que tu me donnes. C'est peu de dire que j'en suis tombé des nues. Que s'est-il passé depuis ces onze ans ? Tu resplendis sans doute encore de ta fière beauté d'autrefois ; quant à moi, je suis devenu un époux respectable et chauve, j'ai une femme de même taille que toi et une fillette délicieuse. Tu peux, si tu le juges convenable, déposer sans crainte ton domino après onze années écoulées et éclaircir cette énigmatique aventure, la plus troublante de celles que j'ai vécues.

Tu vois, je suis toujours le même, toujours simple et confiant. De toi, je ne puis rien recevoir que de bon, envoie donc sans crainte ce que tu voudras. Quoi que ce soit, j'en éprouverai du plaisir comme à toute nouvelle venant de toi... »

Sissi est enchantée. Onze ans après sa brève rencontre, Fritz est au rendez-vous, n'étant toujours pas tout à fait convaincu, ou agissant comme tel, de l'identité de la dame en jaune.

D'une humeur décidément lyrique, l'impératrice décide de rendre visite à Louis II, espérant le trouver dans l'Ile des Roses. Le roi est absent. Sissi, accompagnée de ses deux filles Gisèle et Valérie, laisse une enveloppe sur un secrétaire. Une lettre ? Un poème dédié au plus poétique des rois. Quelques lignes qu'elle avait écrites en Hollande et qui cachent, en quelque sorte, le code de leurs échanges :

A toi, aigle de la montagne
Hôte des neiges éternelles
Une pensée de la mouette
Reine des vagues écumantes.

Elle est la mouette, il est l'aigle. Deux oiseaux solitaires. L'un tourne au-dessus des cimes de Bavière et son refuge est un piton ou une faille dans la roche offerte à l'air pur. Elle est la mouette infatigable qui traverse la mer en se reposant, ballottée par les vagues puis, d'un cri ironique, fait battre ses ailes vers l'horizon... La mouette a bientôt quarante-huit ans, l'aigle en a quarante. Et les plus folles rumeurs circulent sur le compte du roi. Sissi apprend, effarée, que son cousin parle tout seul, qu'il s'adresse, dans un français châtié, aux bustes de Louis XIV et aux portraits de Marie-Antoinette qui sont ses « invités ». Et après avoir vidé une dizaine de verres de champagne – son vin préféré – le roi prend congé de ses « invités » en faisant remarquer à ses laquais qu'il est très agréable de les recevoir car ils ne viennent que lorsqu'on les en prie et repartent de même... On dit que le roi, qui ne vit plus que la nuit, hurle des ordres à travers des portes fermées à double tour, s'habille en satrape oriental et, perdu dans la fumée d'un narguilé, fait danser des palefreniers nus devant lui... On certifie que Louis II entre dans des colères effroyables si son bain est trop chaud et son café trop froid.

Dans ses châteaux qui ont épuisé les finances du royaume, Louis II règne sur des machineries qui font surgir du sol des tables garnies. Dans le parc de Linderhof, une fausse grotte évoque à la fois la *grotte bleue* de Capri et celle du *Venusberg*, dans *Tannhäuser*. Le roi s'installe dans une nacelle qui a la forme d'un cygne tandis qu'un valet rame et l'embarcation tourne au milieu d'un décor fleuri de roses en plâtre et des éclairages changeants. Le « voyage » dure jusqu'à l'aube. Louis II, insatiable, a contraint son ministre des Finances, M. von Riedel, à souscrire un emprunt de sept millions et demi de marks. La Bavière court à la ruine et le souverain sombre dans des incohérences de plus en plus rapprochées. Et son entourage n'est plus composé que de laquais, de garçons d'écurie et autres domestiques agissant comme des espions.

Que faire ? La mouette peut-elle sauver l'aigle ? Lorsqu'elle le voit, il en est transformé, parle de la « grande bonté » de l'impératrice et se déclare « excessivement réjoui ». Hélas, cela ne suffit pas à freiner les caprices, la mégalomanie et une maladie de la persécution que Sissi a déjà pu observer chez sa belle-sœur Charlotte.

Comme l'impératrice souffre de migraines lorsqu'elle monte à cheval, elle poursuit ses explorations intellectuelles dans l'attente d'un nouveau voyage. Un Allemand de cinquante-trois ans étonne le monde et fascine Elisabeth. Ancien commerçant ayant fait fortune dans les denrées coloniales, Heinrich Schliemann est en train de réaliser un rêve fabuleux qui est la mise au jour des sites homériques. Grâce à sa parfaite connaissance du grec ancien et à son étude minutieuse de *l'Iliade* et de *l'Odyssée*, il a commencé des fouilles à Mycènes, à Ithaque, à Orchomène. Depuis un an, ses recherches concernent Tyrinthe. La plus extraordinaire découverte de Schliemann est le site de Troie qu'il identifie comme étant la colline turque de Missarlik. Elisabeth se passionne pour ces recherches. Elle entend le message de Schliemann qui résume son enchantement par ces mots : « Je pouvais enfin visiter les lieux où s'étaient déroulés les événements qui m'avaient toujours passionné et la patrie des héros dont les aventures m'avaient enthousiasmé et consolé dans ma jeunesse. » L'impératrice rêve d'éprouver ce même sentiment. Elle écrit : « Mon corps est encore ici mais mon âme m'a devancée à Troie ; si seulement je pouvais y aller ! » Elle espère ce voyage pour l'automne. Jusque-là, Elisabeth est retenue par quelques obligations officielles. Le 24 août, Sissi, François-Joseph, Rodolphe et l'archiduc Louis-Victor, frère cadet de l'empereur, montent dans le train impérial qui va les conduire à Olmütz, seconde ville de Moravie. La famille impériale gagne Kremsier, résidence d'été du prince-archevêque d'Olmütz. C'est dans ces murs que François-Joseph était devenu empereur d'Autriche en 1848. Une entrevue a été organisée avec le tsar et à l'instigation de Bismarck, qui remplace Guillaume Ier, pour mettre au jour les dispositions du Congrès de Berlin et essayer d'apaiser la tension dans les Balkans. Rien n'a été négligé pour que le tsar ait le sentiment d'être très bien accueilli et en sécurité. L'assassinat de son père le hante.

A sept kilomètres des somptueux jardins du palais, l'empereur d'Autriche, roi de Hongrie et le prince héritier accueillent, en gare de Hullein, la famille tsariste. Rodolphe, volontiers caustique, décrit à Stéphanie la scène vécue en fin de matinée : « Le tsar est devenu colossalement gros. Le grand-duc Wladimir et sa femme, ainsi que la tsarine, semblent vieux et éteints. Leurs suites et surtout leurs domestiques sont effroyables. Ils portent de nouveaux uniformes d'une coupe complètement asiatique. Au moins, au temps du tsar défunt, les Russes étaient élégants et quelques-uns des courtisans avaient l'air tout à fait distingués. Maintenant, c'est un troupeau affreusement vulgaire. » Seuls les détachements accompagnant le tsar ont fait une excellente impression sur Rodolphe.

Elisabeth est superbe dans une robe de satin à col montant et de couleur pêche. Pour honorer Alexandre III, François-Joseph a fait venir la troupe du Burg Theater. La soirée est douce, propice à la représentation en plein air du *Songe d'une nuit d'été*, l'œuvre la plus poétique de Shakespeare, qui mélange parfaitement le surnaturel aux facéties. Dans le rôle d'Hermia, Katharina Schratt est éblouissante. Alexandre III est subjugué. Il a déjà applaudi Katharina Schratt à Saint-Pétersbourg et demande à François-Joseph si la comédienne peut participer au souper prévu à huit heures sur la terrasse du jardin, pendant qu'un feu d'artifice éclaire les statues et les fontaines baroques. François-Joseph est embarrassé. Le tsar souhaite une entorse au protocole mais il est difficile de refuser. Elisabeth est ravie d'une telle surprise, elle qui adore les mélanges... Mais lorsque le tsar et Bismarck, dont les verres doivent être régulièrement remplis, commencent à raconter des histoires lourdes à force d'être légères, l'atmosphère est beaucoup moins plaisante. Le lendemain matin, François-Joseph vient se plaindre à Sissi que le tsar a fait porter cent roses et une broche d'émeraudes à Katharina Schratt avant de se promener avec elle. Sissi en conclut, légitimement, que son mari s'intéresse à Mme Schratt. Et cela n'est pas pour l'ennuyer... Puisqu'elle va repartir, peut-être sera-t-il moins malheureux en compagnie d'une femme qui a tant de qualités ? N'est-elle pas douce, d'humeur égale ? Elle a vingt-huit ans et François-Joseph cinquante-cinq... Et elle vit séparée de son mari.

La récompense de Sissi, présente à cette conférence sans grand résultat, arrive le 5 octobre avec son départ pour la Grèce. Un voyage qui est inopportun car la tension dans les Balkans est vive. Elisabeth n'a pas l'intention de modifier son voyage. Et, bien que François-Joseph lui demande, par télégramme adressé au baron Nopcsa, de ne pas traverser les Dardanelles ni de faire escale à Smyrne, le *Miramar* fait route vers Troie. Elle s'attarde devant le tombeau d'Achille mais ne marche guère au milieu des fouilles car ses pieds refusent maintenant des marches exténuantes. Enjeu des politiques autrichiennes et russes qui s'opposent, la Bulgarie est le prétexte à des incidents. Rodolphe, partisan d'une action armée, regrette le voyage de sa mère en Méditerranée orientale : « L'impératrice fait une croisière en Orient, écrit-il, le moment est des plus mal avisés. »

Après Rhodes, Chypre et Port-Saïd où elle passe son temps à fuir les consuls venus l'attendre et à leur déléguer ses dames d'honneur, l'impératrice regagne Trieste le 1er novembre. Malheureusement, ce retour dans l'humidité et le froid réveille sa sciatique et augmente sa nostalgie. Seul le soleil convient à ce corps épuisé par des privations ridicules et des efforts insensés. Sissi regrette de vivre et annonce à François-Joseph que, si à cause de sa santé, sa vie devait être un calvaire immobile, elle serait prête à se tuer.

— Alors tu iras en enfer, répond François-Joseph qui ne sait plus comment faire plaisir à son épouse.

Il est malheureux, elle aussi mais leur malheur n'est pas le même.

— L'enfer, on l'a déjà sur terre, soupire Elisabeth.

Sa dépression augmente en constatant que Valérie, qui a maintenant dix-huit ans, est courtisée. « Dans le fond, je n'aime que toi », dit Sissi en parlant de sa fille dont elle a des photographies sur tout un paravent dans son bureau à la Villa impériale. Très directe avec sa fille favorite, elle lui dit, après un bal :

— Si tu t'obstines à épouser un ramoneur, je ne t'en empêcherai pas...

Les deux autres enfants, Gisèle et Rodolphe, sont moins proches d'Elisabeth. Gisèle vit en Bavière et Rodolphe, dont le mariage est, selon les prévisions d'Elisabeth, une catastrophe, est de plus en plus attiré par les idées libérales, les tavernes où l'on chante dans des odeurs d'ail, de graisse cuite, de vin et de tabac et les maisons discrètes où des femmes peu farouches tentent de délasser le prince à l'humeur sombre.

En un sens, son mal est le même que celui de sa mère. C'est le désœuvrement. « Je suis condamné à être un fainéant », dit-il alors qu'il a publié de remarquables écrits sur les paysages viennois et la Basse-Autriche.

François-Joseph reste enchaîné à son devoir. Sissi se rend parfaitement compte que son instabilité l'empêche de rendre l'empereur parfaitement heureux, lui qui est toujours aussi bon et gentilhomme, toujours attentionné et d'une indulgence admirable. L'impératrice est impatiente mais elle n'est pas égoïste avec son mari. Elle a conscience de ses limites affectives et physiques, qui conviennent mal à un homme sain, encore jeune bien qu'il donne l'impression d'avoir beaucoup plus que cinquante-six ans. Sa calvitie et ses favoris gris le vieillissent au moment où Sissi, toujours belle, n'a pas un seul cheveu blanc. Leur complicité – qu'on a beaucoup critiquée parce qu'on n'a pas essayé de la comprendre – va régler les rapports du couple à partir du printemps 1886. Sissi, toujours entre deux voyages, songe de plus en plus à se faire « remplacer ». Si elle est auprès de l'empereur, elle le lasse avec ses angoisses, ses prémonitions et sa tristesse. Si elle est absente, il ne peut rester toujours seul. L'empereur a besoin d'une compagne discrète, digne, qui soit simple sans être familière, qui conserve la distance convenable envers un haut personnage mais sache être franche. Une aristocrate étant exclue, qui peut mieux jouer un rôle qu'une actrice ? Katharina Schratt, que François-Joseph admire de plus en plus, est la femme idéale pour jouer le rôle, ingrat, d'une sorte de doublure dont l'amitié ne serait pas choquante. Sissi commande un portrait de l'actrice au peintre Heinrich von Angeli et annonce à François-Joseph qu'elle va le lui offrir. Dire qu'il est heureux est faible. Le 20 mai, il fait porter un billet au peintre :

— Avec la permission de l'impératrice, j'aimerais venir demain à une heure dans votre atelier pour voir le tableau de Katharina Schratt dont vous avez reçu commande pour moi.

Le lendemain, Elisabeth accompagne son mari parce qu'elle sait que le modèle de l'œuvre est dans l'atelier. Mme Schratt, en revanche, ne s'attendait pas à la visite de la souveraine. Elle veut s'enfuir mais il est trop tard. Trois jours passent, l'empereur écrit sa première lettre à Mme Schratt. C'est une lettre pour la remercier de s'être donné la peine de poser pour le tableau. En reconnaissance, il joint à sa missive une magnifique bague en émeraude. Et il signe « Votre admirateur dévoué ».

Le lendemain, Elisabeth et François-Joseph visitent la nouvelle villa que l'empereur vient de faire construire tout près de Vienne, au sud-ouest, à Lainz. Elisabeth, en pleine inspiration hellénique, baptise l'endroit la Villa Hermès. De style Renaissance, somptueux et lourd, avec des bas-reliefs de marbre, la maison est sise au cœur d'un splendide parc. Sissi apprécie de pouvoir s'évader sans effort vers la forêt. Sa salle de gymnastique, véritablement pompéienne, est équipée d'un matériel sportif complet. Exercices, massages, tout est prêt pour la culture physique de l'impératrice qui n'a pas cinquante ans. Il y a même une balance très précise sur laquelle l'impératrice monte deux fois par jour...

C'est en Bavière que Sissi apprend une terrible nouvelle, redoutée par toute la famille : Louis II vient d'être arrêté dans son château de Neuschwanstein, sur ordre d'une commission médicale présidée par un célèbre aliéniste munichois, le Dr von Gudden [1]. Ainsi, la marche du roi fragile vers le cauchemar s'est poursuivie, inexorable...

La présence de l'impératrice près du lac est d'abord une coïncidence. Puis, on ne peut que s'interroger. Au-delà de l'affection qu'elle porte à son malheureux cousin, veut-elle se tenir informée du traitement que l'on va infliger au souverain ou bien cherche-t-elle à le protéger, voire à l'aider et, éventuellement, à organiser sa fuite ? Une vive discussion éclate entre l'impératrice et sa mère. Un homme aurait pu aider le roi et assurer la liaison avec l'impératrice, c'est le comte Durckheim, aide de camp de Louis II. Mais il se sentait surveillé et fut, d'ailleurs, arrêté à Munich par les conspirateurs. Marie-Valérie notera dans son journal du 13 mars 1902 : « Lors d'un dîner, le comte Durckheim m'a dit que Maman voulait lui parler à cette époque et qu'il lui avait déconseillé de le faire. » Selon cette thèse, Sissi, ne trouvant pas l'aide auprès de Durckheim, aurait organisé, en hâte, une tentative d'enlèvement mais celle-ci aurait échoué. Est-elle complice d'un projet ou simplement informée partiellement ? Sissi ne croit pas à la démence de son cousin. Certes, il est extravagant, dispendieux au point d'avoir endetté son pays de plusieurs millions de marks. Ludovika ne sait plus que penser de l'ancien fiancé de Sophie.

Sissi et sa fille Valérie s'installent dans un petit hôtel de Feldafing, ce qui ne peut qu'attirer l'attention, en face du château de Berg où le roi est interné. Veut-elle être libre de ses mouvements, pressentant une issue tragique comme le dernier acte d'un opéra baroque ?

La comtesse Festetics observe qu'Elisabeth est très pâle et qu'elle vient de pleurer en ce dimanche 13 juin, jour de la

---

1. Voir, pour plus de détails, du même auteur, *Louis II de Bavière ou le Roi foudroyé*, chez le même éditeur.

Pentecôte. Des dépêches partent pour François-Joseph et Rodolphe. Sissi ne tient pas en place, marchant le long de la rive malgré un temps très menaçant. Dans la nuit, l'orage qui traînait sur le lac crève en cataractes.

Le lendemain, Sissi et Marie-Valérie achèvent leur petit déjeuner lorsque Gisèle arrive, bouleversée, et demande à parler à sa mère sans témoin.

— J'ai quelque chose à te dire en particulier.

Dans la pièce attenante, la conversation est brève et vive. Elisabeth crie :

— Le roi s'est jeté dans le lac !

Elle est en larmes, secouée de spasmes.

— Il n'était pas fou ! C'était seulement un original perdu dans son rêve. S'il avait été traité avec plus de ménagement, sans doute une fin aussi tragique aurait été évitée.

Toute la journée, Sissi erre entre les larmes et la colère. Le gouvernement a tué le roi des rêves. Le prince Luitpold, oncle de Louis II, et beau-père de Gisèle, chargé d'assurer la régence, n'est qu'un assassin. Dans la soirée, tandis que la nouvelle se répand dans la Bavière stupéfaite, Sissi se jette sur le plancher de sa chambre, et, allongée, elle dit :

— Jéhovah ! Tu es grand ! Tu es le Dieu de la vengeance, tu es le Dieu de la grâce, tu es le Dieu de la Sagesse.

On a soutenu que l'impératrice, avertie par un domestique resté fidèle au roi, aurait cherché à le faire évader. Des traces de voiture devant la grille du château de Berg ont été, effectivement, relevées, imprimées dans la boue mouillée par la pluie. Cette hypothèse, très romantique et qui sied bien aux deux cousins, n'est malheureusement étayée par aucune preuve en dehors des traces de cette berline que deux domestiques affirment avoir vue.

On peut, en revanche, établir aujourd'hui que le roi, dont l'attitude très calme depuis son internement, contrastait avec ses bizarreries, a voulu s'échapper en s'approchant de la masse sombre du lac pendant une promenade avec son médecin. Il a étranglé le Dr von Gudden et s'est dirigé vers le centre du lac, sans doute pour s'enfuir, mais une attaque, imparable, en pleine digestion d'un repas pantagruélique, l'a foudroyé. Il n'est pas mort noyé mais d'un arrêt cardiaque.

Le destin a été plus rapide que sa volonté, ce qui exclut le suicide.

Sissi est décomposée. Un rêve qui était, en partie, le sien, vient d'être brisé. Des fonctionnaires étriqués ont poussé vers la mort un roi génial mais prodigue. Sissi s'était toujours sentie proche de cet homme qui lui ressemblait. Ils étaient grands et beaux tous les deux. Elle et lui fuyaient le monde, elle dans ses voyages, lui dans ses rêves de pierre. Et cette manière de bousculer le protocole avec ironie avait amusé Elisabeth quand le roi menaçait de faire présider son Conseil des ministres par son perruquier si on ne lui obéissait pas ! Elle se cachait derrière ses éventails, il s'abritait derrière un paravent. Il avait sauvé Wagner, il avait maintenu l'identité bavaroise dans l'union allemande, il avait fait travailler des peintres, des architectes, des maçons, des décorateurs, il avait encouragé la Croix-Rouge. Il avait souffert, méprisant le fardeau de la vie. Et comment Elisabeth ne pouvait-elle pas songer aux heures passées sur le lac tragique à bord du petit vapeur à aubes de Louis II, le *Tristan*, pendant lesquelles l'impératrice et le roi volaient de précieux instants à leur vie officielle ? Et ces roses, ces centaines de roses qu'il faisait porter à sa cousine ? Et ces lettres signées l'*Aigle* et la *Mouette*, cachées dans le tiroir d'un meuble devenu leur confident ? Le rêve est dissipé par une tragédie médiocre. La création est vaincue par la gestion, la ville vient de tuer un poète de la fantaisie et de la nature.

Méconnaissable, torturée par la douleur et, peut-être, poursuivie par le remords de n'avoir pu le sauver, Sissi envoie une couronne et une gerbe de fleurs mais elle n'a pas la force de s'incliner sur la dépouille du monarque qui a enfin trouvé la paix. Elle ne donne qu'un ordre, bref et révélateur : que l'on dépose sur sa poitrine barrée du grand cordon de l'Ordre de Saint-Georges, une branche de jasmin, cette fleur qu'il aimait tant et qui avait été leur signe de reconnaissance. Un dernier cadeau de la *Mouette* blessée à l'*Aigle* foudroyé...

Rodolphe est délégué par son père pour assister aux funérailles de Louis II à Munich. En chemin, il s'arrête à Feldafing. L'état de sa mère l'inquiète beaucoup et il montre une douceur soudaine à son égard. Elle répète :

— J'ai tant réfléchi aux insondables décrets de la Providence, au temps et à l'éternité, au châtiment et à la récompense, stériles et interdites, et je réalise maintenant qu'il faut être humble et placer sa confiance en Dieu...

Mais l'hystérie d'Elisabeth trouble aussi Rodolphe. Avec Gisèle, il questionne Valérie sur le comportement de leur mère. Son déséquilibre pourrait-il atteindre la démesure du roi ? Valérie ne peut répondre. Elle pleure.

Le 21 juin, quatre jours après les obsèques solennelles de Louis II suivies par une foule orpheline et en colère, Elisabeth se rend à Munich après avoir fait chanter un requiem en l'église de Feldafing. Dans le caveau des Wittelsbach, elle médite, très grave, et fait déposer une couronne sur la tombe. C'est une femme un peu apaisée qui ressort de la crypte familiale, une femme qui avoue : « La tristesse m'est plus précieuse que la vie. » Et, avant de quitter la Bavière, elle ouvre son cahier et écrit quelques lignes désespérées :

Adieu mon lac.
Aujourd'hui je jette ma patrie
Au fond de tes eaux
Et je repars sans repos à travers le monde
En quête de nouveaux horizons.

La Bavière lui fait soudain horreur. L'impératrice était la seule qui comprenait Louis II. Le dialogue, étrange, est interrompu à jamais. Elle se sent isolée pour supporter le poids de l'existence. Le roi a eu le privilège de vivre ses fantasmes et il en a péri. N'est-ce pas la fatalité de disparaître à cause de sa vie ? Sissi n'ignore plus que sa solitude fastueuse, ses prémonitions et ses angoisses ne prendront fin qu'avec sa mort. Un fabuleux roman s'achève en tragédie. Certains auteurs ont soutenu qu'entre les deux cousins, qui se fascinaient mutuellement, une passion charnelle a pu naître et dans son superbe film *Le Crépuscule des dieux*, Luchino Visconti a adopté cette thèse [1]. Elle ne repose sur aucune preuve et, ce

1. A l'été 1983, ce film éblouissant a été à nouveau projeté mais pour la première fois dans sa version intégrale de plus de quatre heures. Le montage initial avait éliminé environ quarante-cinq minutes par suite de la maladie du metteur en scène.

qui est plus grave, sur aucune vraisemblance. Homosexuel et misogyne, le roi considérait sa cousine davantage comme une âme à la dérive que comme une femme. La communion de leurs illusions et de leurs déceptions suffisait à leur plaisir d'être ensemble. En revanche, la disparition du roi, trahi et incompris, rompt en quelque sorte un équilibre dans le déséquilibre de Sissi. L'*Aigle* ne volera plus. Seule, la *Mouette* va tournoyer dans le ciel, égarée, battant l'air de désespoir. Elle le dira souvent :

— Je voudrais quitter ce monde comme un oiseau qui s'envole.

IX

MAYERLING OU L'IMPÉRATRICE MEURTRIE

Elisabeth ne se remettra jamais de ce choc. Et pourtant, elle n'a pas fini de souffrir... La fuite ne sera qu'un dérivatif, à la fois fastueux et misérable, à son chagrin.

Au printemps 1887, après une visite mouvementée à un asile psychiatrique viennois, après avoir reçu un bouquet de violettes de Mme Schratt et l'avoir applaudie dans ce chef-d'œuvre du mélodrame qu'est *Le Maître de forges*, l'impératrice se rend à Mehadia, un site admirable du sud de la Hongrie. Les Romains y avaient installé les *bains d'Hercule*, canalisant une eau très chaude qui jaillit entre 41° et 62°. La chaleur estivale est d'ailleurs accablante et les concierges des hôtels recommandent la prudence aux curistes car « il y a beaucoup de scorpions sous les pierres »... Cela n'empêche nullement Sissi de se promener en forêt, pour mieux communier avec la nature dont elle écrit :

Tout change en ce monde
Et la fidélité n'est qu'un vain mot.
Toi seule, puissante nature,
Tu es éternellement fidèle et sublime.
Heureux celui qui t'aime et s'incline devant toi.
Il échappe à l'amertume de la déception
Je donnerais tout au monde
En échange de ta sereine fidélité.

Ouvrant sa fenêtre au clair de lune, l'impératrice romantique rêve au cœur de l'admirable forêt d'Europe centrale. Tout serait parfait s'il n'y avait pas de serpents. Eux seuls lui font peur mais elle en expédie un à la Ménagerie de Schönbrunn...

Le 28 avril, a lieu une grande rencontre poétique entre Sissi et Carmen Sylva.

Elisabeth d'Autriche trouve « très gentille et très intéressante » Elisabeth de Roumanie. Cette dernière, moins désordonnée que Sissi, ayant plus les pieds sur terre, analyse très bien le caractère de la souveraine d'Autriche-Hongrie, une fée qui refuse « le harnais d'un protocole rigide et guindé » et constate qu'elle se moque de « l'approbation des hommes, qu'elle méprise, mais qu'il existe malgré tout en elle une puissante vitalité, avide de se manifester ». Lorsque Sissi rend à la reine sa visite et séjourne dans le château fantasmagorique de Sinaïa, la conversation devient plus intime. La reine demande à l'impératrice :

— Mais ta beauté doit t'aider à surmonter ta timidité ?

— Je ne suis plus timide, c'est plutôt de l'ennui que j'éprouve. On me revêt de beaux atours, on me charge de bijoux, puis je sors et je distribue aux uns et aux autres des paroles insipides jusqu'à ce que je tombe de fatigue. Enfin, je me précipite dans mes appartements et j'écris sous la dictée de Heine.

Carmen Sylva dont la vie intellectuelle est plus affirmée que celle de Sissi puisqu'elle publie ses poèmes – Sissi refuse d'en faire autant de son vivant –, résume le drame de Sissi qui ne veut pas être ce que j'appellerai une « reine-objet ». La reine de Roumanie ne peut pas mieux soutenir Sissi qu'en écrivant : « On est tenté d'accuser un être de manquer à ses devoirs dès qu'il s'écarte des voies connues. Vouloir penser et agir indifféremment du troupeau, c'est s'exposer à sa vindicte. Je l'ai toujours dit : la mode est faite pour les femmes sans goût, l'étiquette pour les gens dépourvus d'éducation, l'église pour ceux qui n'ont pas de religion, la routine pour les êtres qui manquent d'imagination et d'élan. »

Rentrée à Vienne, Sissi constate que l'on jase beaucoup sur l'intérêt que François-Joseph porte à Mme Schratt. Elisabeth fait face et rend visite à la comédienne, manifestant ainsi son soutien à l'amitié que sollicite l'empereur. N'est-ce pas l'impératrice qui a choisi Mme Schratt ? Le courage de Sissi est aussi, bien entendu, une nouvelle manière de se moquer des ragots. L'empereur lui-même écrit à la comédienne : « Votre honneur et votre réputation me sont sacrés avant toutes choses et je voulais vous dire que je tiens à laisser paraître au monde, sous son vrai jour, notre amitié à laquelle je ne vois rien de reprochable. »

En juillet, Sissi accomplit son premier voyage poétique. Elle se rend à Hambourg pour rencontrer Charlotte Emden, sœur de Heine et promet de faire déposer des fleurs sur sa tombe à Paris, où il est mort en 1856. On pourra y lire : « L'impératrice Elisabeth à son poète préféré. » Après un bref séjour en Angleterre, à Cromer, dans le comté de Norfolk pour les bains et à Osborne pour une visite à Victoria, elle regagne la Bavière. Elle est très détendue, affichant une cinquantaine éblouissante bien que tourmentée par des questions religieuses, surtout depuis la mort de Louis II.

L'anniversaire de François-Joseph – il a cinquante-sept ans – est fêté à Bad Ischl en famille. L'empereur lève son verre à la santé de son fils. Elisabeth glisse à l'oreille de son époux que l'on peut aussi fêter l'anniversaire de l'archiduc François-Salvator, amoureux de Marie-Valérie. François-Joseph hésite puis relève son verre et double son toast :

— Eh bien ! Aussi à la santé de l'autre !

Elisabeth, qui est certaine que Marie-Valérie épousera François-Salvator – elle ne se trompe pas – objecte, sans méchanceté, leur jeunesse. Il n'a que vingt et un ans, elle n'en a que dix-neuf.

— Il faut encore vous voir beaucoup. On ne se connaît jamais assez. Ne va pas croire, comme beaucoup de gens, que je veux te faire épouser Valérie pour la garder auprès de moi. Une fois mariée, qu'elle parte en Chine ou reste en Autriche, ce sera la même chose...

Et, sur-le-champ, elle se promet de ne jamais être une effroyable et envahissante belle-mère, racontant que « au début, les belles-mères ont coutume d'être charmantes, mais ensuite, vous verrez ! ». Plus de trente ans après ses débuts de jeune mariée, Sissi n'a pu oublier les serres de l'archiduchesse Sophie broyant son bonheur. Dans la nuit du 19 au 20 octobre, l'archiduc Rodolphe, qui vient de transformer un pavillon de chasse ravissant, au cœur de la forêt viennoise, y passe son premier séjour. L'endroit s'appelle Mayerling...

Son rêve grec poursuit l'impératrice. Fin octobre, elle s'embarque, à Trieste, sur le yacht impérial *Grief*. Le 30, elle fait une escale à Ithaque, où, consciencieusement, elle veut inscrire ses pas dans ceux d'Ulysse. Le vieux consul d'Autriche-Hongrie à Corfou, le baron Warsberg, helléniste brillant, les cheveux gris et la moustache rousse, a été requis pour guider Elisabeth. L'impératrice a fait un véritable voyage d'études mais, comme toujours, au pas de course. Le consul est partagé entre la nécessité de rester à Corfou pour sa santé et l'honneur que lui fait l'impératrice. Il succombe au charme de son élève mais doit reconnaître : « Ma fatigue dépasse tout ce que j'ai connu jusqu'ici dans mes voyages en Orient qui n'étaient pourtant pas dépourvus de fatigues. »

Pour les officiers et l'équipage du yacht, ce périple, suivant les indications d'Homère, n'est pas, non plus, de tout repos. Le *Grief* est un vieux bateau, secoué dans la tempête et qui navigue difficilement entre les îles. Il mouille devant Corfou le 4 novembre. Sissi n'est pas pressée de rentrer ; elle flâne sur la côte d'Albanie – ce qui inquiète François-Joseph – et regagne Gödöllö au début de décembre.

Le 24 est célébré un jour historique : Sissi a cinquante ans. Cela ne lui fait nullement plaisir, d'ailleurs... Physiquement, l'impératrice paraît n'avoir que trente-cinq ans et sa silhouette est toujours aussi étonnante. La mode glorifie ce corps qui lutte contre les années. Robes-fourreaux, manches à gigot, épaules relevées, collets montants lui vont bien et le noir qu'elle porte presque incessamment l'amincit encore. Son chignon, relevé, est le résultat de patients efforts. Et elle n'a pas son égale pour donner le coup de talon, impatient et précis, qui fait virevolter la traîne sans jamais laisser deviner une cheville, ce qui eût été un déshonneur. La mode féminine des années 1880-1890 n'a pas de plus prestigieux mannequin que l'impératrice. Elle fait triompher tous les efforts des couturiers et, par imitation, des modistes, pour atteindre un résultat qui fait rêver : une taille fine.

Mais, derrière le regard de miel, les orages intérieurs balaient la gaieté. Sissi est nerveuse, inquiète, perdue – volontiers – dans les labyrinthes de la poésie, de la nature sauvage, des animaux et des héros de l'Antiquité. La conversation devient difficile avec François-Joseph qui se contente, si l'on peut dire, de demander à Sissi des nouvelles de sa santé et de s'inquiéter de ses voyages audacieux. Heine et Homère sont pour lui des noms ; pour elle, il s'agit de modèles, d'idéaux. L'empereur signe des rapports, épluche des notes de service, analyse des dépêches dès quatre heures du matin. Sissi rêve de clairs de lune, tourne des vers et les fait imprimer en secret pour elle seule. Leurs univers se rejoignent maintenant très difficilement. Le mariage entre le réalisme sans génie et le romantisme névrosé est impossible. Mais une grande tendresse demeure avec, de part et d'autre, la volonté d'être attentif au conjoint et de ne pas lui faire de la peine. On comprend pourquoi François-Joseph, qui souffre tant de la solitude, écrit à Katharina Schratt, fin 1887, une lettre dans laquelle il lui demande de lui garantir « son amitié et sa gentillesse pour l'année suivante ». Cela n'empêche pas qu'il souhaite voir Sissi rester un peu auprès de lui. Les Viennois s'inquiètent d'une intention, prêtée à l'impératrice, de se retirer de la Cour et de sa famille après le mariage de sa fille, comme jadis Charles Quint. Et l'on compte les jours où Elisabeth a séjourné à Vienne. Le calcul est vite fait...

1888. En janvier, l'impératrice d'Autriche préside un grand bal à Vienne en supportant de tenir cercle avec ses dames pendant quatre heures et, en février, la reine de Hongrie agit de même à Budapest. La famille se remet d'une double émotion concernant Rodolphe : d'une part, en traquant un cerf, il blesse un garde-chasse qui se tenait à côté de son père, d'autre part, à Laxenburg, il est jeté à terre dans un accident de voiture. En mars, Rodolphe représente sa famille aux funérailles de Guillaume Ier à Berlin. Il a une longue conversation avec Bismarck et lui exprime son point de vue sur son attitude ambiguë dans le conflit austro-russe. Sa mère décide de repartir avec Valérie pour l'Angleterre. A peine arrivée à l'hôtel Claridge, elle se rend au musée de cire de Mme Tussaud et pousse un cri d'effroi devant son effigie et celle de l'empereur !

— Si seulement on pouvait les détruire !

Il n'est plus question de chasse à courre, même en Autriche ou en Hongrie car Sissi, très affectée, a fait vendre plusieurs de ses chevaux. Sa sciatique étant tenace, elle se baigne à Bournemouth, certaine que la station du Dorset, à la mode depuis 1810, est, selon le mot de Thomas Hardy, « un lieu de villégiature méditerranéen au bord de la Manche ». Une lettre d'Ida Ferenczy lui apprend que le comte Andrassy est très malade. Elle lui envoie ses pensées et une montre qui touchent beaucoup le Hongrois. Il répondra, deux mois plus tard, combien il apprécie ce geste, bien que la montre ne soit pas de valeur, en sachant que la reine ne fait jamais une chose pour la forme ou par caprice et qu'elle est toujours sincère : « Cette montre m'est d'autant plus précieuse que je sens, en la regardant, que ce n'est pas un présent de cour, une distinction, mais un souvenir. Celle qui me l'a envoyée, même si elle n'était pas notre reine bien-aimée, est, par son esprit, par sa personne et par son caractère, l'être le plus intéressant que j'ai jamais rencontré. Je ne souhaite qu'une chose, c'est que tous ceux qui la connaissent l'aiment autant que nous. »

C'est encore un des paradoxes de Sissi : pour l'aimer, il faut la connaître et pour la connaître, il faut l'aimer. Vénérée, elle gagnerait tous les cœurs si elle se montrait davantage. Celles et ceux qui la critiquent sont, d'abord, ceux qui déplorent ses voyages ; leurs reproches naissent d'une frustration perpétuelle et, finalement, le plus grand tort de l'impératrice est d'être absente. Et, à titre d'exemple, la procession du Saint Sacrement sans Elisabeth et ses filles perd beaucoup d'intérêt aux yeux de nombreux Viennois qui guettent les apparitions de l'impératrice à chaque cérémonie ou manifestation officielles.

Elle retrouve François-Joseph à Lainz. L'empereur vient de recevoir la reine Victoria à Innsbruck où elle est arrivée avec une migraine tenace consécutive à un voyage qui a duré dix-sept heures. Le *breakfast* prévu est compromis mais les relations entre les deux empires sont au beau fixe.

Si François-Joseph est plus chaleureux que jamais, Rodolphe fait preuve d'un accueil glacial envers sa mère. Le prince héritier, nommé, le 18 mars, inspecteur général de l'Infanterie, a l'esprit ailleurs.

— C'est ce qu'on appelle rentrer chez soi, dit sa mère, déçue.

Rodolphe alarme son épouse, car il disparaît des nuits entières, dans une société qui n'est pas la sienne, boit trop et s'amuse, selon la police, d'une manière regrettable. Il inquiète aussi son entourage car on dit qu'il a des contacts secrets avec les hommes politiques hongrois de l'opposition. Et avec des étrangers : Clemenceau est venu à Vienne où Rodolphe l'a reçu à minuit, à la Hofburg, dans un climat qui ressemble à celui d'une conspiration. En fait, Rodolphe, esprit ouvert et curieux, aime à être informé. Il l'est. Il apprend, ainsi, un projet d'alliance franco-russe et il écoute Clemenceau qui critique la politique impériale.

A table, sa mère qui l'observe et le trouve terriblement changé depuis la mort de Louis II, lui demande :

— Es-tu malade ?

— Non, simplement fatigué et à bout de nerfs.

En juillet, Katharina Schratt, qui séjourne à Bad Ischl, rend visite aux souverains et les accompagne en promenade. Les commentaires abondent sur l'étrange amitié du trio. Valérie trouve que sa mère a eu tort d'encourager ces relations ambiguës. L'impératrice s'en moque. Comme Louis II, elle a toujours aimé les acteurs et comme lui, elle aime écouter de beaux textes, avec un grand intérêt pour Byron et pour Shakespeare. Ce que Valérie ne peut savoir est la manière délicate dont son père conduit ses relations avec la comédienne. « ... Vous dites que vous vous dominerez, je le ferai aussi même si cela ne m'est pas toujours facile car je ne veux rien faire de mal. » Et ceci, qu'il faut retenir : « J'aime ma femme, et je ne veux abuser ni de sa confiance ni de son amitié pour vous. Comme je suis trop vieux pour être un ami fraternel, permettez-moi de rester votre ami paternel et traitez-moi avec la même bonté et la même candeur que jusqu'à maintenant. » L'empereur tient aussi à rendre justice à Elisabeth : « ... L'Impératrice a parlé de vous à plusieurs reprises, avec la plus grande bonté et gentillesse et je peux vous donner l'assurance qu'elle vous aime beaucoup. Si vous appreniez à connaître cette femme remarquable d'un peu plus près, vous auriez certainement les mêmes sentiments. »

Seule cette correspondance sans fard permet de mesurer la complicité qui entoure l'amitié amoureuse entre François-Joseph et Katharina Schratt. En effet, Sissi est trop lucide pour ne pas avoir de remords. La comédienne est tout ce qu'elle n'est pas, tout ce qu'elle ne peut pas être. Il y a, dans l'effacement de l'impératrice, une grande part d'abnégation qu'on ne peut nier. Par son éloignement, elle fait le sacrifice de son image et à une amie, comédienne allemande de Berlin, Mme Schratt écrit : « Les gens disent que l'impératrice est frigide et incapable de parler ouvertement et sans réserve à quiconque mais à moi elle parle de la manière la plus franche, me disant beaucoup de choses qui me semblent aussi incompréhensibles que touchantes. Elle a certainement des qualités rares parmi lesquelles il y a ses bons yeux enchanteurs. Si ceux-ci ont été affectés par ses nombreuses tristes expériences et déceptions, cela leur a aussi permis d'être encore plus expressifs [1]. »

Elisabeth et Valérie se rendent à Bayreuth, en souvenir de Louis II, inlassable mécène de cet extraordinaire festival dont la première édition, en 1876, avait failli être la dernière : le succès public n'enrayait pas la catastrophe financière avec un déficit de cent cinquante mille marks. Wagner avait même songé à vendre sa maison, la villa Wahnfried, et à s'exiler aux Etats-Unis d'Amérique.

Parsifal est au programme. Entre le premier et le deuxième acte, Elisabeth reçoit dans sa loge Cosima, la veuve de Wagner qui ressemble tant à son père, Franz Liszt. Elle parle de lui, de son mari et de Louis II sans qui rien n'aurait été possible.

— La musique est ma seule joie...

— Vous avez raison, moi non plus je ne sors guère ; au

1. Joan Haslip, *The Lonely Empress*. Londres, Weindenfeld and Nicolson, 1965.

théâtre, tout le monde me dévisage ; pour tout dire, je ne me plais pas au milieu des hommes.

— J'éprouve les mêmes sentiments. J'ai toujours compris le roi Louis II. A notre époque, il devient impossible à un être qui a tant soit peu de délicatesse et d'idéal de vivre au milieu des hommes tant ils sont barbares et grossiers.

Cosima oublie de préciser comment elle avait été chargée plus d'une fois, par son mari, de solliciter des aides financières urgentes auprès du roi. Elle se garde de rappeler que, le 18 octobre 1865, Wagner l'avait lâchement laissée entasser quarante lourds sacs dans deux fiacres contenant 40 000 guldens. Le cabinet royal, furieux des largesses du souverain, s'était vengé en payant la somme uniquement en petites pièces de monnaie et en le faisant savoir. Enfin, Cosima oublie de redire à Sissi le jugement qu'elle avait porté sur sa sœur Sophie, au temps de ses navrantes fiançailles avec Louis II : « C'est une petite duchesse... » Non, Cosima n'a ni la bonté ni la grandeur de son admirable père.

Octobre. Le mirage grec s'inscrit, tenace, dans l'esprit de l'impératrice. Elle se prépare à repartir pour Corfou où elle manifeste l'intention de se fixer. Personne ne l'en croit capable.

François-Joseph est attristé de ce nouveau départ. L'empereur a appris à se contenter d'une présence par intermittence. Quand Sissi est là, elle n'est pas simplement là ; elle arrive d'un voyage, elle en organise un autre. Il lui dit son regret de la voir partir si loin, si longtemps. « Surtout après les jours brefs et agités, mais si intimes, que nous venons de passer ensemble. Tu t'es montrée particulièrement gracieuse, charmante et bonne et je t'en remercie... Pense quelquefois à ton petit qui est bien seul et qui t'aime infiniment. » On ne peut qu'être ému de cet attachement qui dure depuis trente-cinq ans. Le bonheur de François-Joseph serait simple : il lui suffirait d'être auprès de son épouse. La solitude, insupportable, le pousse à voir Katharina Schratt qui sait n'être ni l'instrument d'un clan ni le porte-parole d'une coterie. Sa conversation est gaie, distrayante ; elle aère les heures qui ne sont pas consacrées aux dossiers ou à la discipline et dictent à l'empereur sa règle de vie. Dans sa petite maison de la Gloriette Gasse, non loin de Schönbrunn, elle est une parfaite maîtresse de maison bourgeoise. Son chocolat est onctueux, sa charcuterie bien fumée et elle n'est pas obsédée par son poids. Pour tout dire, la blonde Mme Schratt est appétissante. Rien, cependant, à l'examen de leur correspondance, ne permet de dire que leurs relations furent véritablement charnelles malgré une légende tenace à ce sujet...

Le cas d'Elisabeth est plus complexe : à l'inverse de son mari, elle n'a aucune solution pour être apaisée. Tout doit être toujours recommencé. Elle bondit d'enthousiasme en lubie, tourbillonne, s'affole, se cherche et ne se trouve pas. Elle le sait et est, sans doute, encore plus malheureuse que son époux.

Avant de repartir, Sissi accepte de présider avec l'empereur les réceptions en l'honneur du nouvel empereur allemand [1], Guillaume II, dont le père, Frédéric III, n'a régné que quatre-vingt-dix-neuf jours. Le nouveau roi de Prusse est accueilli courtoisement mais sans chaleur, et, le 4 octobre, un dîner de cent soixante couverts est donné à la Hofburg. Elisabeth, belle, a déjà l'esprit en Grèce. Elle regrette que François-Joseph empêche Marie-Valérie de l'accompagner. L'empereur est d'ailleurs tout à fait opposé à ce voyage pour des raisons de sécurité. Il craint que les brigands des côtes albanaises n'accostent à Corfou et n'enlèvent l'impératrice. Et l'on peut mesurer le dialogue impossible entre cet homme et cette femme qui passent tout près d'un bonheur conventionnel : lui, a peur pour sa vie à elle ; la peur de Sissi n'est pas la mort mais la vie.

Corfou. La douceur d'un automne doré, une eau calme, des cyprès droits comme les sentinelles du soleil. Elisabeth apprend le grec, l'ancien et le moderne, sous la direction d'un avocat, Maître Thermojanis, que le baron Warsberg, guide toujours dévoué, lui a recommandé. Sissi est une élève appliquée, installée sur la terrasse de la villa Braila, à Gastouri. La vue est splendide et l'animation des ruelles, très italiennes,

1. Petit-fils de Guillaume Ier par son père et de la reine Victoria par sa mère.

ne trouble pas l'impératrice studieuse qui déclame en faisant les cent pas, pendant que les femmes du port vont et viennent avec leurs coiffures à étages sous d'extravagants fichus bleus, jaunes et roses. Elisabeth d'Autriche vibre d'aventures homériques.

Est-elle satisfaite à défaut d'être heureuse ? La comtesse Festetics dresse un tableau sinistre à Ida Ferenczy, restée à Vienne : « Ce que je vois et ce que j'entends ici m'afflige, ma chère Ida. Sans doute Sa Majesté est toujours gentille dans l'intimité et elle parle comme autrefois. Mais elle n'est plus la même, une ombre s'est répandue sur son âme. C'est la seule expression qui convienne ; si, par commodité ou par plaisir, un être refoule et nie tout sentiment noble, ce ne peut être qu'amertume ou cynisme ! Crois-moi, mon cœur pleure des larmes de sang. En outre, elle a des réactions qui choquent le bon sens et même la raison. Hier matin, le temps était mauvais, elle n'en est pas moins sortie en cotre [1]. A neuf heures, survint une pluie diluvienne, accompagnée de tonnerre, qui dura jusqu'à trois heures de l'après-midi. Pendant tout ce temps, elle continua sa promenade le long de la côte, assise sur le pont sous un parapluie ; elle était trempée. Enfin, elle débarqua n'importe où, commanda une voiture et voulut passer la nuit dans une villa étrangère. Tu peux imaginer où nous en sommes. Dieu merci, son médecin l'accompagne toujours. »

L'impossibilité de rester immobile et les déplacements immédiats de l'impératrice valent à Elisabeth un surnom cocasse : on l'appelle « le chemin de fer » ou « l'impératrice locomotive » ! On peut noter, avec le comte Corti, que c'est une « appellation qui n'a rien de péjoratif car, pour la population rurale en Grèce, le chemin de fer est le comble du grandiose ».

Le 12 novembre, Sissi reçoit une dépêche qui l'affole : son père vient d'avoir une nouvelle attaque d'apoplexie. Elle télégraphie à l'empereur annonçant qu'elle part au plus tôt. Mais le 15, après midi, un nouveau télégramme arrive, de François-Joseph, lui annonçant que son père est mort à quatre

1. Ce bateau s'appelait le *Lizzy* (note de l'auteur).

heures du matin, à Tegernsee. « Dans la mort de ton papa, j'éprouve un amour sincère pour toi. » Le chagrin de Sissi est profond. C'est encore un adieu à l'enfance mais c'est le plus grave, car le joyeux duc Max, qui disparaît à quatre-vingts ans, était toute la fantaisie du monde. Le non-conformisme et la générosité. Un poète de la vie s'éteint mais, à la différence de sa fille, il était toujours gai. De nouveau, l'impératrice s'habille de noir, la couleur de la fatalité.

Avant de rentrer à Trieste, Sissi, qui a réchauffé ses douleurs au soleil corfiote revenu, écrit à sa fille Valérie : « ... J'ai déjà vu beaucoup de belles choses, mais rien au monde ne dépasse Skherié (nom homérique de Corfou). Sous le ciel étoilé, le spectacle est encore plus enchanteur. Hier soir, ce pays des merveilles s'ouvrit devant moi et mon cœur n'arrive pas à se rassasier devant tant de beauté. »

Sa décision est prise : elle veut se faire construire une demeure à Corfou et en charge le baron Warsberg, promu architecte et jardinier. Et elle rentre, accompagnée de son lecteur grec.

Le 2 décembre, quarantième anniversaire du règne de François-Joseph, la famille réunie apprend deux nouvelles, l'une heureuse, l'autre étonnante. D'une part, Valérie annonce son intention de se fiancer avec l'archiduc François-Salvator, ce que sa mère avait toujours pressenti et qui ne surprend nullement son père. Rires, émotions. D'autre part, Sissi avoue qu'elle s'est fait tatouer une ancre bleue sur l'épaule !

Deux semaines plus tard, Elisabeth, inquiète du comportement étrange de Rodolphe, blafard et taciturne, l'invite à dîner avec Stéphanie. Elle demande à son fils :

— Je t'en prie, sois bon pour Valérie et son époux, le jour où ils dépendront de toi...

— Je le promets et je le jure.

L'impératrice bénit son fils par un signe de croix sur son front.

— Tu es mon fils et je t'aime profondément.

Rodolphe est ému. Il baise la main de sa mère et Valérie enlace l'impératrice et son frère. Un cri d'affection lui échappe, élan du cœur presque incongru sous les lambris de la Hofburg :

— C'est ainsi que nous devrions être toujours...

La veille de Noël, l'impératrice a cinquante et un ans et la famille est assemblée pour l'annonce officielle des fiançailles de Valérie. Même l'ancienne gouvernante de l'archiduchesse est là. Elisabeth lui dit, avec humour :

— Nous voilà toutes les deux à la retraite.

Un profond bonheur nimbe la famille impériale... pendant quarante-huit heures. Le lendemain de Noël, Elisabeth repart pour Munich sans que l'on puisse la critiquer : elle va passer quelques jours auprès de sa mère qu'elle n'a pas revue depuis la mort de son père. Elle est accompagnée des fiancés. François-Joseph, resté à Vienne, envoie une lettre tendre à Sissi : « Mes meilleurs vœux pour tous, mais surtout pour toi, mon ange doré. Puissent tous tes désirs, qui sont réalisables et ne me gênent pas trop, être exaucés. Conserve-moi ton amour, ton indulgence et ta bonté. J'ai le sentiment, et j'en éprouve une profonde gratitude, que ton amour, loin de se refroidir avec les années, comme le mien, augmente avec elles et j'en suis très heureux. J'ai reçu hier de l'amie le télégramme ci-joint. »

La franchise et la sérénité règlent maintenant les rapports du couple impérial. Il semble même que, grâce à Mme Schratt, intermédiaire qui fait jaser, un équilibre réel soit intervenu entre Sissi et François-Joseph. L'actrice a empêché une rupture et sait être disponible pour elle comme pour lui. La porte et le cœur de la comédienne ne sont jamais fermés. Pendant ce temps, à Munich, la duchesse Ludovika est heureuse de voir sa fille. « Nous étions debout, prêts à l'accueil, dit la baronne de Redwitz, nous avions piqué des fleurs sur nos vêtements noirs, pour atténuer le deuil que nous portions en l'honneur du duc défunt. Tout d'abord arriva l'impératrice, qui monta rapidement l'escalier. Je fus surprise de la voir si jeune, si belle, si alerte et si rose de teint malgré ses cinquante et un ans. » Sissi est enjouée mais, selon son habitude, elle évite de prendre part au repas de famille. Le jour de l'An, elle refuse même qu'on lui souhaite une bonne année. Elle travaille le grec et soigne son corps avec un médecin, un masseur suédois et une robuste frictionneuse. « Toute une ménagerie ! » déclare Ludovika.

Avant de regagner Vienne, elle se recueille, mince silhouette noire, sur la tombe de Louis II. La *Mouette* n'oublie pas l'*Aigle*, dont elle porte une effigie dans un petit sac. Elle regagne Vienne à la mi-janvier.

Tout serait presque parfait si l'état de Rodolphe n'était de plus en plus inquiétant. Quel mal ronge, exactement, le prince héritier ? C'est là une bouleversante énigme, le premier mystère d'une immense tragédie dont le retentissement se mesure encore aujourd'hui.

Mais, dès la mi-janvier 1889, des événements non confirmés, des comportements, des réflexions et des décisions, qui appartiennent parfois plus à la légende qu'à la vérité historique, sèment une incroyable confusion dans la vie de la famille impériale, dans celle de millions d'hommes et de femmes sujets de l'Empire et, pour tout dire, vont secouer le monde d'un traumatisme ineffaçable.

La plus grande prudence commande donc un examen le plus objectif possible sur les causes, les circonstances et les conséquences du coup porté à la Maison d'Autriche par ce qu'il faut bien appeler la fatalité.

La fin du mois est relativement chargée en obligations. Le dimanche 27 janvier, l'ambassadeur d'Allemagne, le prince de Reuss, reçoit au 3 de la Metternichgasse, en l'honneur de l'anniversaire de Guillaume II. François-Joseph, la Cour et la haute société sont présents. Sissi demande à sa belle-fille de la représenter car elle n'a pas envie de « se harnacher ». Rodolphe paraît abattu et triste. Son teint est blafard. Le 29, un dîner réunit la famille à la Hofburg car Sissi et François-Joseph partent le surlendemain pour la Hongrie. Rodolphe se fait excuser à cinq heures de l'après-midi et demande à son père de le pardonner car il se sent très enrhumé. Il prévient aussi son épouse Stéphanie qu'il ne paraîtra pas au dîner. Le prince héritier est déjà dans son pavillon de Mayerling pour une chasse qui doit débuter le lendemain. Il espère être rétabli.

Mercredi 30 janvier. La grande horloge de la Hofburg, qui donne sur la Josefs Platz, marque dix heures du matin. L'impératrice a quitté son cabinet de toilette où elle vient de finir sa gymnastique. Dans sa chambre-salon, elle prend maintenant sa leçon de grec en écoutant son professeur qui lui lit Homère. Onze heures. Ida Ferenczy, qui est l'une des rares personnes qu'Elisabeth autorise à entrer dans ses appartements sans être annoncée, frappe à la porte. Elle est décomposée. D'une voix éteinte, elle dit :

— Majesté, le baron Nopcsa veut vous parler immédiatement.

— Qu'il attende ou qu'il revienne plus tard.

La lectrice de Sissi insiste : le premier chambellan doit être reçu sur-le-champ. Pour justifier son insistance, elle ajoute :

— Il apporte de mauvaises nouvelles de Son Altesse le prince héritier.

Le professeur grec s'éclipse. Le baron Nopcsa, qui aime Elisabeth comme sa fille, parle doucement, avec une émotion intense.

— Majesté... Le prince héritier, Rodolphe, est mort...

Sissi éclate en larmes, et s'effondre sur son lit en fer qui n'a pas été encore retiré. On entend un pas rapide et souple dans le salon du petit déjeuner. C'est l'empereur...

Elisabeth crie à Ida :

— Qu'il n'entre pas ! Pas encore !

La Hongroise se précipite à la porte devant laquelle se trouve le baron Nopcsa qui s'efforce de maîtriser sa douleur. L'impératrice essaie de sécher ses larmes.

— Cela se voit-il ? Eh bien ! Soit, laissez-le entrer et que Dieu vienne à mon secours.

L'atroce tête-à-tête est bref. Aucun témoin ne peut dire quels mots Sissi employa pour annoncer la terrifiante vérité à l'empereur. Au bout de quelques instants, la porte du salon s'ouvre. François-Joseph, accablé, brisé, passe devant le chambellan et ne donne qu'un ordre étouffé :

— Venez avec moi, baron.

Sissi descend chez sa lectrice car elle sait que Katharina Schratt attend l'heure de sa visite à l'empereur. L'impératrice fait un effort surhumain. Mme Schratt, si douce, si calme, saura aider l'empereur à surmonter le choc. Maintenant, il faut prévenir Valérie. Elisabeth retourne dans sa chambre. Valérie l'y trouve en larmes.

— Rodolphe est très, très malade... Il n'y a plus d'espoir !

Sa fille s'avance et passe son bras autour du cou de sa mère en s'asseyant sur ses genoux.

— Le pire est arrivé...

— Est-ce qu'il s'est tué ?

— Pourquoi dis-tu cela ? Non, non... Il a sans doute été empoisonné...

François-Joseph paraît. Les deux femmes se jettent dans ses bras, en larmes. Le silence est insoutenable. L'empereur dit à sa fille :

— Va chercher Stéphanie...

Entre deux sanglots, Elisabeth répète :

— Quand il se met à détruire, le grand Jéhovah est comme la tempête.

Ce sont, à peu près, les mêmes paroles qu'elle avait prononcées en apprenant la mort de Louis II. Et, comme pour Louis II, l'impératrice refuse de croire au suicide de son fils.

Que s'est-il passé à Mayerling dans la nuit du mardi 29 au mercredi 30 janvier 1889 ? Que s'est-il passé *exactement ?* La plus fantastique énigme historique du XIXe siècle, le drame le plus poignant de la vieille Europe, n'a pas fini de susciter les interprétations les plus diverses. Mayerling est le drame d'un homme, d'une famille, d'un monde. Ce mot, jadis doux comme du miel quand on le prononçait est, depuis plus d'un siècle, celui d'une tragédie qui s'est déroulée dans un joli pavillon sis au cœur d'une vallée paisible. Un endroit ravissant, romantique où l'on a, aujourd'hui encore, le cœur serré. Un cauchemar dans la forêt viennoise. Un haut lieu de l'Histoire quand elle se confond avec la mort.

Le lecteur comprendra que dans une biographie de l'impératrice Elisabeth, il ne soit pas possible d'étudier en détail les causes, les circonstances et les conséquences de cette tragédie hors série telles que d'innombrables auteurs, chroniqueurs, témoins authentiques et faux témoins, écrivains fascinés et cinéastes plus ou moins inspirés l'ont fait. Beaucoup d'éléments sont connus, d'autres restent hypothétiques et la vie de l'archiduc Rodolphe de Habsbourg, personnage de grande dimension, mérite, à elle seule, des centaines de pages. D'excellentes études ont, néanmoins, fort bien posé le problème [1]. Ont-elles, pour autant, résolu de manière satisfaisante cette énigme ? On pouvait, en général, le croire. Mais depuis le 11 mars 1983 la thèse officielle, admise tant bien que mal au temps de François-Joseph comme en 1982, est contestée d'une manière aussi inattendue que spectaculaire. Et dans les pages suivantes, on lira ce fantastique bouleversement, exposé pour la première fois dans un livre.

Quelle était donc la thèse officielle ? Je la résume. Le prince héritier, intelligent mais dépressif, brillant mais instable, était très malheureux dans sa vie privée comme dans sa vie publique. Marié, par raison d'Etat, à la princesse Stéphanie de Belgique, il n'éprouvait que lassitude auprès de son épouse, jugée peu gracieuse, mesquine et jalouse.

La naissance de leur fille « Erszi » aurait, un moment, permis d'espérer une entente raisonnable sinon idyllique dans le couple. Officiellement, l'accouchement de Stéphanie fut difficile et les médecins l'avertirent qu'elle ne pourrait avoir d'autres enfants. Rodolphe, profondément peiné par l'impossibilité de donner un fils à la dynastie, se serait détaché définitivement de son épouse. En réalité, une maladie, en 1888, dont la nature est incontestablement vénérienne – sans doute une blennorragie –, aurait largement contribué à perturber son esprit et ses sentiments. L'archiduc se serait, en effet, livré à une débauche triste, insatiable, désespérée, mais en toute lucidité. Seuls quelques confidents comme son cocher ou son valet de chambre auraient été véritablement au courant de ses liaisons avec des femmes de mœurs légères, sans oublier, bien entendu, la police impériale chargée de sa sécurité... et de renseigner l'empereur. Il aurait fomenté un complot contre

1. On lira avec profit, entre autres parmi les ouvrages récents, *Mayerling ou le destin fatal des Wittelsbach*, par Celia Bertin (Perrin, 1972), *le Secret de Mayerling*, par Raymond Chevrier (Pierre Waleffe, 1967), et, bien entendu, les pages que le comte Corti consacre au drame dans son œuvre magistrale *Elisabeth d'Autriche* plusieurs fois signalé (réédition du texte de 1934, traduit en français, chez Payot, 1982). Mais, par définition, aucun ouvrage ne contient les révélations que j'ai recueillies en priorité qu'on lira plus loin.

son père et cherché à se faire couronner roi de Hongrie à la place de François-Joseph...

Dans sa vie publique, Rodolphe nourrissait des ambitions plus vastes que celles offertes par les fonctions qu'il exerçait, déléguées graduellement par son père. Ses contacts avec les milieux progressistes et libéraux, contacts secrets ou clandestins, étaient nombreux... Son intérêt pour les Hongrois était fédéraliste et contrastait avec la diplomatie de l'Empire. Ses écrits politiques, publiés sous des pseudonymes, critiquaient la ligne suivie par Vienne. Frustré de n'être encore que prince héritier à trente ans (son père était empereur à dix-huit ans), il aurait recherché un destin éclatant, une cause européenne à soutenir. Son idée était un grand empire allant du Danube à la mer Egée.

En 1888, il était tombé amoureux d'une des filles de l'entreprenante Hélène Vetsera, la très jeune baronne Mary. Marie Larisch, la cousine perfide de Rodolphe et nièce morganatique d'Elisabeth, a servi d'entremetteuse. Mary Vetsera, encore une enfant – elle a dix-sept ans –, est petite, potelée et déjà épanouie en raison d'une ascendance orientale. Rodolphe est à ce point épris qu'il adresse au pape Léon XIII une demande d'annulation de son mariage. La demande est refusée et provoque, dit-on, une scène violente entre François-Joseph et son fils. L'empereur aurait mis en demeure l'archiduc de cesser cette liaison scandaleuse. A la soirée de l'ambassade d'Allemagne, le 27 janvier, Mary Vetsera aurait ostensiblement refusé de faire sa révérence à Stéphanie.

Doublement déçu, Rodolphe aurait décidé de se tuer et proposé à Mary Vetsera, éprise d'absolu, de le suivre dans la mort. Le rendez-vous de Mayerling fut le dernier rendez-vous des amants.

L'enquête, commencée par le Dr Widerhofer, le médecin de la Cour, va s'efforcer d'établir les circonstances du double décès en omettant soigneusement de parler du corps de la baronne Vetsera. Officiellement, la jeune fille n'était pas à Mayerling...

Une série de communiqués confus et contradictoires va jeter le trouble – et le discrédit – sur l'archiduc. Successivement, on parlera d'un empoisonnement de Rodolphe par

Mary Vetsera puis la jeune fille se serait fait justice. On dira ensuite que le prince a eu une embolie et que sa maîtresse s'est tuée de désespoir. Puis, la thèse d'un accident de chasse fut retenue, fondée sur la passion de Rodolphe pour les armes à feu. Mais la version « définitive » est celle d'une double mort volontaire. Mary Vetsera est tuée par Rodolphe qui se suicide ensuite. Leurs deux crânes portent, dit-on, la même double blessure : la balle est entrée par une tempe et ressortie par l'autre. Le tempérament suicidaire de Rodolphe serait étayé par la proposition qu'il aurait déjà faite à une femme légère, Mitzi Kaspar, de se tuer avec lui au célèbre Temple des Hussards, au sud de Vienne (un endroit où François-Joseph et Sissi s'étaient promenés à cheval). Son caractère morbide serait révélé, notamment, par la tête de mort qu'il conservait sur son bureau. Mais cette explication officielle vient trop tard, après beaucoup d'autres pour être finalement accueillie sans provoquer de nouvelles interrogations. Le zèle de certaines déclarations est, dans ces circonstances, pire que le silence.

La raison évidente qui expliquait ces hésitations était la honte éprouvée par François-Joseph, dont le fils était présenté comme un meurtrier et un suicidé. Le seul moyen d'obtenir du Vatican l'autorisation de funérailles religieuses serait la preuve d'un état de démence.

En résumé, selon cette thèse, Rodolphe, acculé à un double échec sentimental et politique, n'aurait eu d'autre issue que la mort, ultime fuite devant la réalité. En retenant cette version, on peut y ajouter deux variantes essentielles. Premièrement, Mary Vetsera, maîtresse de Rodolphe depuis le 13 janvier, est enceinte et la rupture demandée par François-Joseph intervient trop tard. Deuxièmement, ils sont demi-frère et demi-sœur, François-Joseph ayant eu des bontés pour Hélène Vetsera. Les deux variantes ne seraient pas incompatibles.

En examinant cette fascinante tragédie, j'ai toujours pensé qu'elle était, en fait, soit très simple, soit très compliquée. L'hypothèse simple est celle de la mort volontaire de deux êtres traqués par le monde, le protocole, l'honneur et les conventions. Seule, la mort à l'aube, dans ce décor splendide de la forêt enneigée, peut libérer leurs esprits et délivrer leurs corps du poids de tous les tabous. Cette thèse, la plus romanesque, a eu de très nombreux partisans bien que ses contradictions et lacunes ne la rendent pas entièrement convaincante. Pour beaucoup, le mystère demeurait.

Et si l'affaire était fort différente, beaucoup plus compliquée ?

Alors que j'achevais les recherches nécessaires au présent livre, le hasard du journalisme me conduisit, à nouveau, en Autriche. Envoyé spécial du *Figaro-Magazine*, j'ai couvert le retour triomphal de S.M. l'Impératrice Zita à Vienne après... soixante-trois ans d'exil. La veille, j'eus le privilège d'être le seul journaliste français reçu en audience par la dernière impératrice d'Autriche et dernière reine de Hongrie, où elle avait été couronnée en 1916. L'une de mes questions – officieuse puisqu'elle portait sur mes travaux personnels –, demanda à S.M. Zita son opinion sur le drame de Mayerling. Sa réponse fut bouleversante :

— La vérité sur Mayerling n'est pas du tout ce que l'on raconte.

Et certaines observations de son entourage, troublantes, me furent exposées. Je n'oublierai jamais cette soirée du vendredi 12 novembre 1982 où j'eus beaucoup de mal à m'endormir, la tête agitée d'hypothèses « révolutionnaires ». Je promis de garder le silence jusqu'à ce que l'impératrice rende publique sa version, en Autriche, ce qui était tout à fait normal.

Sa déclaration est intervenue le vendredi 11 mars 1983, quatre mois plus tard. Répondant à une interview du quotidien viennois *Kronen Zeitung*, journal de large audience, l'impératrice déclara :

— L'archiduc Rodolphe ne s'est pas suicidé. Il a été assassiné. Son assassinat est un assassinat politique.

On imagine la stupeur et l'émotion provoquées en Autriche par cette affirmation. La presse européenne y a consacré des pages entières, du britannique *Observer* à l'italien *Corriere della Sera*, journaux qui ne sont pas réputés pour leur goût du sensationnel. Les propos eurent – et ont toujours, depuis cette date – un retentissement immense pour deux raisons. D'une part, c'est la première fois depuis les jours ayant suivi le drame que la thèse du suicide est *officiellement* contestée ; c'est donc une nouveauté spectaculaire dans cette affaire qui a provoqué des milliers d'analyses. D'autre part, c'est la première fois, également, que la thèse du suicide est démentie avec une telle vigueur par un membre de la famille de Habsbourg alors que cette même dynastie s'efforça, il y a quatre-vingt-quatorze ans, d'accréditer la version du suicide. La personnalité de l'impératrice Zita et sa popularité sont telles qu'une de ses affirmations dépasse, de loin, les conclusions auxquelles auraient pu parvenir un chercheur. Désormais, toute étude de ce mystère devra faire référence à ses propos.

Cependant, l'historien doit raisonner sur des faits. Il a besoin de preuves. Deux questions viennent immédiatement à l'esprit : pourquoi S.M. Zita a-t-elle attendu le 11 mars 1983 pour parler et relancer l'énigme de Mayerling ? Et, surtout, quelles sont les raisons de croire qu'il s'agit, d'une part d'un assassinat, d'autre part d'un assassinat politique ? Connaît-on, enfin, l'incontestable vérité sur Mayerling [1] ?

Le 31 janvier 1889, en pleine nuit, un fourgon escorté de cavaliers sabre au clair ramène le corps de Rodolphe à la Hofburg. Sur ordre de François-Joseph, il est installé dans son lit comme s'il y était mort. A sept heures, l'empereur, en grand uniforme, gants blancs et sabre, entre dans la chambre aux volets clos. Le crâne de Rodolphe est entouré d'un bandage et, avec de la cire, l'orifice d'entrée de la balle a été maquillé. L'aide de camp de l'archiduc, le baron Arthur de Giesl, remonte jusqu'au cou de Rodolphe une couverture de flanelle blanche, détail, qui, on le verra, fera courir le bruit que Rodolphe avait eu les mains coupées... Sa poitrine est entourée de fleurs. Un quart d'heure s'écoule. L'empereur d'Autriche et roi de Hongrie est face à son fils unique, son héritier direct. Au-delà du chagrin, au-delà du drame familial et de tous les remords possibles, l'avenir de la double monarchie est en jeu. Le baron de Giesl et le prêtre qui prie observent que François-Joseph ne cesse de caresser sa moustache, signe d'une vive émotion intérieure. En vingt-quatre heures,

1. Voir annexe très importante en fin de chapitre, page 380.

le malheureux père a vieilli de dix ans. Sans un mot, il quitte la pièce. A midi, l'impératrice, Marie-Valérie et François-Salvator entrent dans la chambre. Elisabeth s'effondre en larmes au pied du lit. Depuis deux jours, elle prend sur ses nerfs et résiste, car toutes ses pensées sont pour François-Joseph. La fatalité a voulu que ce soit elle, fragile, émotive, qui ait l'effroyable mission d'annoncer la nouvelle à l'empereur. D'emblée, il a fallu à Sissi une énergie et une maîtrise de soi dignes d'une nature forte. Dans la tragédie, Elisabeth est toujours une femme courageuse. Puis, Stéphanie vient avec sa fille, la petite Elisabeth, qui n'a pas encore six ans. La mère marque le front de l'enfant du signe de la croix. Au triste repas qui réunit la famille, l'impératrice éclate en sanglots. C'est la première fois depuis vingt-quatre heures qu'elle perd le contrôle d'elle-même devant son mari.

La publication par la presse, le 2 février, du rapport d'autopsie est un nouveau choc pour l'impératrice. Une phrase des médecins torture son esprit. « ... Les caractères pathologiques qui accompagnent habituellement les états anormaux... » (...) « L'acte a été accompli dans un état d'aberration mentale »...

La folie ! Elisabeth de Wittelsbach ne peut fuir cette menace. L'hérédité de ses cousins Louis II et Othon est aussi la sienne. Est-elle génétiquement coupable ? Comment ne pas être hantée par cette idée ? Egarée par une mauvaise conscience qui ne la laisse pas en paix, traumatisée par la douleur, Elisabeth fait irruption chez Valérie :

— Ce n'est pas vrai ! Rodolphe n'est pas là-haut, mort. Je veux monter le voir.

Sissi est aussi en révolte contre le ciel qui a permis la tragédie.

François-Joseph, sauvé par le travail, silencieux devant ses dossiers, poursuit en ces heures tragiques sa tâche d'action de l'union des peuples du Danube. Sa discipline, qui pourrait passer pour de la froideur, est extraordinaire. Derrière sa domination de lui-même, toute militaire, Sissi l'aide. Aux parlementaires venus lui présenter leurs condoléances, il dit :

— Je ne puis trouver de mots assez forts pour dire combien je suis reconnaissant à ma chère épouse adorée, l'impératrice, de son soutien pendant ces tristes jours. Je vous serais reconnaissant de le faire savoir autour de vous.

Mardi 5 février. Les funérailles ont lieu aujourd'hui, une semaine après le drame. François-Joseph demande à Sissi de ne pas y assister car il craint sa réaction nerveuse. Mary Vetsera est déjà inhumée et cette cérémonie clandestine a été particulièrement macabre : son corps, maintenu par un bâton, a été transporté assis, en voiture, jusqu'au cimetière forestier de Heiligenkreuz, à quelques kilomètres de Mayerling.

Quatre jours plus tard, le samedi 9 février, l'impératrice se retire très tôt dans ses appartements. Comme d'habitude, Elisabeth s'est préparée pour la nuit. Ses femmes de chambre et sa lectrice viennent de partir. Silencieusement, Elisabeth se rhabille et dissimule son visage d'un voile de soie noire. A neuf heures, elle quitte la Hofburg par une petite porte, hèle un fiacre et se fait conduire à la crypte du couvent des Capucins. Rodolphe, archiduc d'Autriche, est le cent douzième Habsbourg qui y repose.

Elle sonne, un jeune moine ouvre la porte. Mais que veut donc cette femme en pleine nuit, et qui demande à voir le Père prieur ?

— Je suis l'impératrice. Conduisez-moi auprès de mon fils...

On allume des torches. Elisabeth descend l'escalier. Devant une grille, elle dit :

— Je désire être seule avec mon fils.

L'impératrice passe devant les alignements de sarcophages, devant le double et monumental tombeau de Marie-Thérèse et François Ier de Habsbourg-Lorraine, devant le cercueil de Maximilien. Arrivée devant celui de son fils, couvert de fleurs, elle se fige. Et soudain, dans la nuit sépulcrale où reposent onze empereurs et quinze impératrices, un cri retentit, deux fois, surprenant les moines :

— Rodolphe ! Rodolphe !

Le silence. Le mort ne répond pas. Sur les tombeaux, des têtes de morts couronnées sont sculptées dans le bronze. Pour sa mère, cette scène, grandiloquente et bouleversante, est à la fois un soulagement et une déception. Elle se sent un peu apaisée et en même temps, intéressée par les médiums et les contacts avec l'au-delà, Elisabeth a pu croire qu'elle communiquerait avec son fils.

Le lendemain, après qu'elle eut avoué à François-Joseph et à ses filles sa visite nocturne, l'empereur décide de maintenir leur voyage en Hongrie. Il faut, d'urgence, arracher Sissi à l'atmosphère encore plus triste de la Cour, à cette ville en noir, frappée par le chagrin et où les rumeurs les plus folles circulent. Dans son journal, Marie-Valérie note que sa mère est capable d'héroïsme mais ne sait pas se plier aux exigences de la vie quotidienne. « Maman reste prostrée. » Et l'impératrice craint que son humeur n'accable encore davantage François-Joseph. A sa fille, terriblement inquiète, elle répète :

— Si seulement Jéhovah me rappelait à lui... Papa serait libre et ton bonheur conjugal ne serait pas troublé à la pensée de la vie désolée que je devrais mener sans toi.

A Madame Schratt, l'empereur écrit, le 16 février : « Apparemment, l'impératrice est calme et ne semble se préoccuper que de mon bien-être et de mon divertissement mais je remarque quand même cette douleur profonde, silencieuse, qui l'habite. Elle est une grande dame, une femme rare. »

L'impératrice meurtrie appelle la mort. Elle l'espère. Elle va partir à sa rencontre. Elle va devenir l'impératrice errante.

RÉVÉLATIONS SUR LE DRAME DE MAYERLING

Pourquoi l'impératrice Zita a-t-elle attendu si longtemps avant de faire ces révélations ? D'une part, S.M. Zita fut exilée d'Autriche de 1919 à 1982. Elle vécut des jours difficiles après la mort de son mari, l'empereur Charles, en 1922 et, sans jamais perdre courage, éleva ses huit enfants. Des difficultés urgentes l'empêchèrent de prendre position sur le drame de Mayerling et il lui était sans doute impossible de le faire loin de son pays. Son retour, triomphal, en 1982 et la popularité de sa personne donnent, aujourd'hui, une valeur extraordinaire à son attitude. D'autre part, tandis qu'elle était exilée en Suisse, aucun historien et aucun journaliste ne lui ont officiellement demandé son opinion sur la tragédie. Cela paraît étonnant et c'est pourtant la vérité : les milliers d'articles, les dizaines de livres consacrés au sujet ne font nullement référence à l'appréciation de l'impératrice Zita. C'est là une grave lacune : S.M. Zita n'a jamais été interrogée sur ce sujet... La question lui a été posée pour la première fois par l'envoyé spécial du journal *Kronen Zeitung*, M. Dieter Kindermann, qui a publié son enquête fracassante dans les numéros des 11, 12, 13, 14 et 15 mars 1983 de ce grand quotidien viennois. Le poids des réponses de l'ancienne impératrice est immense : elle fut la souveraine de cinquante-trois millions de sujets, elle est le seul témoin de cette époque impériale qui soit encore vivant. Née en 1892, soit trois ans après la tragédie, elle a très bien connu les contemporains du drame, notamment François-Joseph et ses deux filles, Gisèle et Valérie. Lorsque Sissi fut assassinée, Zita de Bourbon-Parme avait six ans. Le drame de Mayerling lui est donc plus proche qu'à tous les chercheurs, fussent-ils experts. Il est normal de penser que S.M. Zita est mieux placée que le plus acharné des historiens pour connaître les dessous de ce secret d'Etat qui est, avant tout, un secret de famille.

Enfin, si l'impératrice a décidé de parler en 1983, c'est pour accomplir la mission que lui confia son mari qui, en raison de sa mort prématurée, n'eut pas le temps de s'en acquitter. L'empereur Charles, qui succéda à François-Joseph en 1916, aurait reçu de lui la tâche de réhabiliter la mémoire de Rodolphe en produisant les preuves de son assassinat. La guerre et la mort l'en ont empêché. Agée de quatre-vingt-onze ans lorsqu'elle m'a accordé audience au château de Waldstein en novembre 1982, l'impératrice était – je puis l'attester puisque je l'ai interrogée – d'une lucidité et d'une mémoire exceptionnelles. Elle pouvait, légitimement, souhaiter lever toute ambiguïté sur l'affaire. Au journaliste de la *Kronen Zeitung*, elle précisa : « On a assez écrit de légendes. Ce qui a été raconté se limite à des soupçons et à des hypothèses. La vérité est que l'archiduc Rodolphe a été assassiné et que cet assassinat était politique. Dans la famille, nous avons toujours su la vérité. »

Selon les arguments avancés par S.M. Zita, recoupés par des informations personnelles, je dégagerai les observations suivantes :

Premièrement, il est exact que François-Joseph a fait jurer à tous ceux qui, de près ou de loin, ont été au courant des détails du drame de garder le silence. Si Rodolphe s'est suicidé après avoir tué Mary Vetsera – hypothèse peu édifiante pour la dynastie mais d'un romantisme qui a séduit des générations... –, pourquoi avoir pris de telles précautions ? En effet, à partir du moment où une version officielle était donnée par la Cour, pourquoi continuer à cacher un secret qui ne peut qu'éveiller les soupçons ? Les communiqués contradictoires, des détails tardifs opposés à des mises au point hâtives ne pouvaient qu'entretenir les plus folles rumeurs. Si l'éloignement précipité de la baronne Vetsera, la mère de la jeune fille, peut s'expliquer pour des raisons de scandale privé, la disparition mystérieuse de l'archiduc Jean Salvator, cousin de Rodolphe, ne se justifie pas. Si François-Joseph et Sissi ont, très rapidement, été informés que leur fils avait été assassiné et ont accrédité pour l'extérieur la thèse du suicide (Sissi la confirma à l'impératrice Eugénie... pour laquelle elle n'avait guère d'estime), c'est parce que l'enjeu politique était trop grave et que de hautes personnalités de l'empire se trouvaient compromises. Selon S.M. Zita, François-Joseph disait : « Je n'ai pas pu faire autrement. L'existence de la monarchie était en jeu. » Dans ce cas, Mayerling serait le premier acte d'une entreprise de *déstabilisation* (pour prendre un terme actuel) et Sarajevo serait le deuxième acte. Le but a été atteint : l'empire austro-hongrois, ébranlé par Mayerling, fut démantelé par Sarajevo. Toujours dans ce cas, le poids du drame de la mort de l'archiduc serait aggravé pour la Maison de Habsbourg par l'impossibilité de rétablir, à l'époque, la vérité. François-Joseph et Sissi auraient donc porté, en plus, l'atroce légende du suicide qu'ils savaient fausse.

Deuxièmement, après le premier télégramme envoyé par l'empereur au pape pour obtenir le droit d'inhumer Rodolphe religieusement, le Vatican refusa. François-Joseph adressa un second télégramme, chiffré, à Rome, d'environ deux mille mots, donnant toutes explications sur les causes de la mort de l'archiduc – en l'occurrence, son assassinat pour raisons politiques – et immédiatement, le pape accorda l'autorisation de funérailles religieuses. Or, Léon XIII n'avait aucune raison de faire un geste à l'égard de Vienne qui avait dénoncé le Concordat. De plus, Léon XIII venait de refuser l'annulation du mariage de Rodolphe avec Stéphanie. Les professeurs de droit canon sont formels : à l'époque, le suicide excluait toute indulgence du Vatican ; seule une raison grave, une cause extérieure, permettait de respecter le rituel catholique des morts. Or, si le premier télégramme a été retrouvé, le second a mystérieusement *disparu*. Il ne figure ni dans les archives du Vatican ni dans les archives d'Autriche. Pourquoi ? J'ajouterai – détail inédit – que la comtesse Hélène Esterházy a rapporté que son grand-père, qui était ambassadeur d'Autriche-Hongrie auprès du Saint-Siège et a reçu et déchiffré le fameux second télégramme, lui a parlé, plus tard, de son contenu expliquant qu'il s'agissait d'un assassinat.

Troisièmement, le dossier remis par François-Joseph au comte Taafe, Premier ministre – et son ami d'enfance –, a, lui aussi, *disparu* dans l'incendie suspect de son château. Un avocat de la famille impériale, dépositaire d'un double de ce dossier, se l'est fait voler par des gens très bien informés...

Quatrièmement, M. Frédéric Wolf, menuisier du village d'Alland, aux environs de Mayerling, a raconté que son père, également menuisier, avait été appelé pour remettre de l'ordre dans le pavillon de chasse deux jours après le drame. M. Wolf a toujours répété que la chambre avait été le théâtre d'un terrible combat. Le mobilier était renversé et brisé, il y avait des impacts de balles sur les meubles et dans les murs. Partout, on relevait des traces de sang et, en particulier, une énorme flaque près du lit. Pour la faire partir, M. Wolf dut raboter le parquet. Il ajoutait que la fenêtre de la chambre était brisée et qu'une échelle était posée contre le mur. Ce témoignage, que M. Wolf a toujours raconté dans sa famille et, plus tard, aux religieuses du couvent construit à la place du pavillon de chasse, a été publié par M. Fritz Judtmann dans son livre *Mayerling sans mythe*, récemment réédité.

Cinquièmement, l'archiduchesse Marie-Thérèse, veuve de l'archiduc Charles-Louis qui était l'un des frères de François-Joseph, a certifié que Rodolphe avait dit à son mari : « Je vais être assassiné. » Rodolphe faisait allusion à une conspiration européenne qui visait à déposer François-Joseph du trône de Hongrie et à placer son fils, libéral, à sa place. Il faut noter que la thèse d'un assassinat sur ordre de François-Joseph a souvent été évoquée mais ici, selon l'impératrice Zita, c'est la thèse inverse qui est avancée : Rodolphe aurait refusé de participer au complot contre son père. Il aurait dit à son oncle Charles-Louis : « Il y a beaucoup à critiquer dans la politique de mon père mais la critique a ses limites. Je suis un fils loyal de l'empereur. Je dévoilerai sans scrupule cette conspiration mais si je le fais, on me tuera. »

Sixièmement, l'archiduchesse Marie-Thérèse a vu Rodolphe mort et a touché ses mains. Elle a déclaré à Zita : « Les gants de Rodolphe, qui étaient noirs au lieu d'être blancs comme cela aurait dû être avec son uniforme, avaient été fourrés avec de la ouate car ses mains étaient brisées. » Je rapprocherai cette remarque de la confession faite, en 1978, par le prince Xavier de Bourbon-Parme, frère de Zita, né l'année du drame. Ce texte, recueilli par M. Pierre Ordioni, a été publié après la mort du prince, dans le numéro de décembre 1982 de la revue *Historia*. Regrettant de ne pas avoir écrit ce qu'il savait, le prince déclara à M. Pierre Ordioni : « Je tiens de bonne source, croyez-moi, puisque de la bouche d'un personnage officiel entré à Mayerling dans la chambre du drame alors qu'on venait d'enlever promptement le corps de Mary Vetsera, que le poignet droit de l'archiduc Rodolphe avait été sectionné d'un coup de sabre. » Cette interview a été publiée alors que depuis deux mois, j'étais informé, en Autriche, que l'impératrice Zita allait prochainement révéler ce qu'elle avait toujours su. Le prince ajoutait, pour conclure son entretien : « Voyez-vous, la vérité n'est que rarement où les historiens la cherchent. Elle se trouve souvent dans la mémoire des hommes. Elle est éphémère puisque, comme eux, elle est donc mortelle. »

Septièmement, le docteur Karl Georg von Boroviczény, médecin à Berlin, est le petit-fils de la princesse de Löwenstein dont la sœur avait épousé Don Miguel de Bragance. Ce dernier était un grand ami de Rodolphe et avait été invité à la chasse qui devait avoir lieu le matin du drame. Au dernier moment, il déclina l'invitation mais sut beaucoup de détails. Il a raconté à sa famille que Rodolphe s'était battu contre ses assassins, qu'il s'était cramponné à un meuble pour se protéger et que ses agresseurs lui avaient brisé les doigts. Don Miguel jura à François-Joseph de ne pas parler mais c'était trop tard. Il répéta que Rodolphe lui avait dit : « On va m'assassiner. Je sais trop de choses. »

Huitièmement, lorsqu'on demande aux carmélites du couvent élevé à Mayerling, si elles prient pour l'archiduc *qui s'est suicidé*, elles répondent seulement qu'il est *mort*. La supérieure en 1983, Mère Johanna Högler, déclara que chaque nouvelle carmélite est instruite que l'archiduc ne s'est pas suicidé mais qu'il a été tué. Il faut également noter que la brochure vendue aujourd'hui par les carmélites précise : « Tous les récits qui mettent le ton sur l'affaire d'amour ne sont pas fondés. » Un changement spectaculaire d'opinion !

Neuvièmement, le cocher de Rodolphe, le fidèle Bratfisch, présent la nuit du drame, répéta, sans donner de détails : « Ce n'est pas comme on le raconte toujours, ce n'est pas un suicide. »

Dixièmement, la duchesse Marie-José en Bavière, belle-sœur de Sissi (elle avait épousé, en secondes noces, son frère Charles Théodore) a toujours dit qu'il s'agissait d'un assassinat. Gisèle a dit à l'impératrice Zita qu'elle avait touché la tête de son frère et qu'elle était broyée, comme enfoncée. La thèse officielle prétend que Rodolphe a tué Mary Vetsera en appliquant l'arme sur sa tempe gauche, la balle étant ressortie par la tempe droite. Or, l'ambassadeur d'Allemagne, dans une note à Bismarck du 9 février, rapporte une conversation avec le nonce apostolique, Mgr Luigi Galimberti et Mgr Laurenz Mayer, aumônier de la Cour, tous deux persuadés qu'il s'agit d'un assassinat. Le diplomate prussien relève que « les blessures ne sont pas aux endroits indiqués », que le corps est couvert d'autres blessures, que le revolver près du lit du prince ne lui appartenait pas et que les six coups du barillet ont été tirés. Ces observations figurent dans une brochure vendue à l'abbaye de Heiligenkreuz, proche du cimetière où repose la jeune baronne. (Texte de Camilla Freiser, 1973.) On y lit encore que la tombe a été profanée par les troupes soviétiques en 1946. Le 7 juillet 1959, les pompes funèbres de Baden procédèrent à l'exhumation du corps de la défunte, en présence d'un médecin légiste, de deux moines de l'abbaye et de M. Baltazzi Junior (je précise qu'il s'agit d'un des descendants d'un oncle de Mary Vetsera, Hector Baltazzi, qui montait à cheval en compagnie de Sissi. Il était si petit qu'elle l'avait surnommé « mon petit mouchoir de poche »...). On constata que « Le crâne présentait un trou ovale de sept centimètres. Il n'y avait pas de trou par où aurait pu ressortir la balle. Le directeur des pompes funèbres et deux témoins attestent cet état de choses qui est en contradiction avec tous les témoignages de l'époque, excepté celui de Mgr Galimberti. » Le 8 juillet 1991, le tombeau de la jeune fille fut profané. L'auteur, vite identifié et arrêté, était un marchand de biens, M. Fritz Flatzelsteiner, qui voulait « en avoir le cœur net ». Il vola le cercueil ! L'enquête de police et de médecine légale démontra que le crâne n'avait pas été fracassé par une balle, mais portait des marques de coups, caractéristiques de celles que pourraient causer un accessoire agraire, comme une houe de jardinage...

Onzièmement, le dossier d'Etat, ouvert en 1955, ne contenait que du papier blanc, ce qui est anormal ! Les lettres laissées par Rodolphe, lettres qui ont pour la plupart disparu, si elles permettent de conclure à une mort prochaine de leur auteur, n'autorisent pas pour autant, à conclure automatiquement au suicide. L'archiduc n'y manifeste pas son intention de mourir mais sa mort prochaine, ce qui est tout à fait différent. « Je vais paisiblement à la mort qui seule peut sauvegarder mon nom », écrit Rodolphe à sa femme. « Il faut que je meure », écrit-il au diplomate Szogynény. Les condamnés à mort peuvent laisser des lettres, comme les suicidés. De plus, aucune de ces lettres n'est datée. D'autre part, bien des documents peuvent être des faux. Ainsi, on a vu circuler, au moment de la tragédie, une gravure montrant la tête de l'archiduc sans aucun bandage, un simple filet de sang coulant de sa tempe, en apparence intacte. Or, le corps de Rodolphe n'a jamais été présenté ainsi à la foule viennoise. J'ai plusieurs versions de cette photographie mystérieuse. Elles se contredisent si on les juxtapose.

Douzièmement, l'élimination physique du prince, pour raisons politiques, est parfaitement concevable. Différentes haines se sont déchaînées contre la famille de Habsbourg. On a vu, par exemple, celle de Bismarck, n'ayant de cesse d'affaiblir l'Autriche. Il y en eut bien d'autres. A titre d'indication – et sans aucune association d'idée –, je rappellerai une lettre de Georges Clemenceau écrite le 6 septembre 1867, donc après l'exécution de Maximilien. Ce texte, qui montre un mépris total pour tous « ces empereurs, rois, archiducs et princes », est terrifiant. En voici quelques extraits : « ... Je les hais d'une haine sans merci, comme on haïssait autrefois en 93, alors qu'on appelait cet imbécile de Louis XVI l'exécrable tyran. Entre nous et ces gens-là, il y a une guerre à mort... Je n'ai point de pitié pour ces gens-là. » (...) « Vous voyez que je suis féroce. Ce qu'il y a de pire, c'est que je suis intraitable. » En effet... Cette lettre est curieuse puisque les deux hommes s'estimaient et que le prince avait reçu le politicien à Vienne. Mais Clemenceau, comme Bismarck, était expert en *manipulations*. L'impératrice Zita affirme que les assassins venaient, en partie, de l'étranger. Il peut s'agir aussi bien de l'Europe occidentale que d'une partie de l'Europe centrale directement concernée par la puissance des Habsbourg. Dans l'hypothèse d'un assassinat, Mary Vetsera aurait été tuée uniquement parce qu'elle se trouvait aux côtés de Rodolphe. On est loin de la version « Roméo et Juliette ». Et, dans ce cas, le drame d'amour aurait occulté le drame politique, l'affaire privée serait, en quelque sorte, l'arbre cachant la forêt et dissimulant l'affaire publique, un crime d'Etat.

Treizièmement, d'après une lettre conservée aux archives royales du château de Windsor, le Premier ministre britannique est convaincu qu'il s'agit d'un double assassinat. Cette lettre a été écrite le 12 février 1889 par le Prince de Galles à la reine Victoria : « ... Vous me dites que Lord Salisbury est certain que ce pauvre Rodolphe et cette malheureuse jeune fille ont été tués... ». Cette lettre est à rapprocher d'une autre, contemporaine, adressée par le roi des Belges, Léopold II (beau-père de Rodolphe), à son frère, le comte de Flandre, resté à Bruxelles. Faisant le récit de l'éprouvant voyage jusqu'à Vienne, le monarque belge ajoute : « Il importe souverainement que la version du suicide soit affirmée et soutenue. Il peut paraître difficile aux yeux de nos populations catholiques de voir une Maison de sentiments tels que la Maison de Habsbourg affirmer la version du suicide. Le suicide et la folie étaient les seuls moyens d'éviter un scandale inoubliable dont je ne puis confier les détails à ma lettre mais que je vous narrerai en tous détails samedi. Votre frère, Léopold. » Cette lettre a été retrouvée après la mort, en 1942, de M. Paul Hymans, ministre des Affaires étrangères de Belgique à plusieurs reprises, de 1918 à 1920, de 1924 à 1925, en 1927, en 1934 et en 1935. Il fut l'un des signataires du traité de Versailles.

Cette lettre, capitale, était dans ses papiers personnels et a été identifiée par sa nièce qui l'a découverte par hasard.

Enfin, depuis la publication de ces révélations, les langues se délient en Autriche, en particulier dans la région de Mayerling. Des centaines de lettres sont parvenues soit à l'impératrice Zita soit au journaliste de la *Kronen Zeitung*, M. Dieter Kindermann, soit à moi-même. Ce courrier, émanant de gens souvent modestes et demeurant dans la tragique région, rapporte unanimement que depuis 1889, des milliers de gens, insatisfaits des contradictions de la thèse du suicide, étaient convaincus de la thèse de l'assassinat. Il y a des familles où l'on a toujours « su » mais qui ne voulaient pas parler selon le souhait de leurs ascendants. Le sujet reste tabou. Il dérange.

En conclusion, provisoire, car l'histoire est aujourd'hui une science très vivante, ces observations renouvellent bien des aspects de la tragédie et démodent plusieurs thèses « romanesques », ce que certains auteurs auront du mal à admettre... Sur un tel sujet, en apparence aussi épuisé, l'intime conviction peut finir par s'assimiler à une preuve – ce qui est très grave – et toute nouvelle information dérange l'idée reçue à laquelle le temps a conféré de la valeur, même relative.

L'intime conviction, dans un sens ou dans l'autre, ne saurait être une preuve. Mais, devant ces éléments très troublants – c'est le moins qu'on puisse écrire – il est désormais impossible de soutenir aveuglément la thèse du suicide. La thèse de l'assassinat ne peut plus être, systématiquement, écartée. Le doute, qui a toujours existé, est singulièrement renforcé par les déclarations de S.M. Zita ajouté à des observations techniques qui laissent songeur. L'ensemble rend encore moins crédible la thèse du suicide. On rapporte encore que François-Joseph avouait parfois : « La vérité est encore plus grave que tout ce qu'on a pu dire. » Depuis le 11 mars 1983, l'énigme de Mayerling doit être entièrement reconsidérée. Et, en novembre, l'impératrice Zita a précisé ses accusations dans un entretien avec l'historien autrichien Erich Feigl. Elles ont été publiées par le quotidien viennois *Kronen Zeitung*, comme précédemment. Selon S.M. Zita l'assassin de l'archiduc Rodolphe ne serait autre que... Georges Clemenceau. On imagine la stupeur provoquée par une telle affirmation ! Selon cette thèse, Clemenceau et l'un de ses agents, Cornelius Herz, commanditaire du journal *la Justice*, auraient tenté de gagner l'archiduc Rodolphe à leur cause. Clemenceau cherchait à faire de l'Autriche-Hongrie son alliée dans une guerre de revanche contre la Prusse. Selon ce schéma, Cornelius Herz aurait tenté de convaincre Rodolphe de monter sur le trône à la place de son père. Rodolphe était, en effet, connu pour ses sentiments pro-français et anti-allemands. Par ailleurs, ce changement de souverain en Autriche-Hongrie aurait permis à Clemenceau de trouver des fonds pour faire face aux conséquences financières du scandale de Panama. Rodolphe ayant refusé de déposer son père et étant devenu « l'homme qui en sait trop » aurait été tué par des hommes de main, après avoir opposé une résistance désespérée aux agents de Cornelius Herz et de Clemenceau. Ces révélations fracassantes peuvent être recoupées avec les paragraphes « cinquièmement » (p. 383) et « douzièmement » (p. 386) présentés par l'auteur lors de la première édition de ce livre. Près d'un siècle après ce drame, l'énigme rebondit. Après les funérailles – grandioses – de Zita à Vienne, le 1er avril 1989, son inhumation dans la Crypte des Capucins et la dislocation officielle du bloc communiste, de nombreuses indications et divers événements n'ont cessé de consolider la thèse de l'assassinat. On remarquera que les membres de la Famille Impériale n'adoptent pas la même position selon qu'ils résident en Autriche et se maintiennent dans une réserve bien compréhensible ou bien hors des frontières autrichiennes et s'expriment plus librement sur cette délicate affaire... Parmi les incidents que l'historien doit verser au dossier – toujours ouvert –, citons le nouvel examen du corps de Mary Vetsera, à l'automne 1991 et après un rocambolesque fait divers : il a été établi, d'une manière scientifique et comme en 1959, que le crâne de la jeune fille présentait bien un trou sur son dessus et non sur la tempe, comme on l'avait affirmé officiellement. Autrement dit, elle n'aurait pas été tuée par Rodolphe d'un coup de revolver mais bien par un agresseur alors qu'elle se serait réfugiée dans un panier de linge sale pour tenter d'échapper à ceux qui avaient reçu mission d'éliminer l'intelligent archiduc. La jeune baronne était, par hasard, le témoin de cet assassinat ; elle en savait trop et devait donc disparaître elle aussi... Les spécialistes des services secrets considèrent, d'ailleurs, que l'affaire Mayerling est un exemple parfait de « montage » (assassinat déguisé) de la seconde moitié du XIXe siècle. Depuis, il y en a eu d'autres... Le moins que l'on puisse dire est que la « certitude » imposée pendant des décennies a fait place à un doute grandissant. L'opinion elle-même a considérablement évolué. Ainsi, par exemple, lors d'une nouvelle rediffusion du film avec Catherine Deneuve et Omar Sharif sur la chaîne de télévision franco-allemande Arte, le dimanche 20 avril 2003, à 20 h 45, la critique du magazine *Le Nouvel Observateur* (n° 2006, du 17 au 23 avril), Nita Rousseau, écrivait : « ... le doute plane encore... » Jusque vers 1980, une telle remarque aurait été inconcevable.

X

L'IMPÉRATRICE ERRANTE

La rumeur vient de l'étranger. En dehors des frontières autrichiennes, plusieurs journaux évoquent la *folie raisonnante* de l'impératrice. En Allemagne, le *Berliner Tagblatt* du 21 avril, en France, *le Gaulois* du 13 avril, *le Matin* des 12 et 17 avril, rapportent que Sissi berce un coussin dans ses bras et demande à son entourage si le nouveau prince héritier est beau... La rumeur court partout : la malheureuse impératrice a perdu l'esprit, le choc a été trop fort. Informée de ces calomnies, Sissi fait, après Pâques qu'elle a passé à Bad Ischl, un séjour à Wiesbaden. Les hommes qui se découvrent sur son passage ont du mal à cacher leur curiosité et la révérence des femmes se fait rarement les yeux baissés. On veut la voir, on veut savoir. Le baron Nopcsa s'attend à ce que l'impératrice soit saisie d'une nouvelle fringale de voyages. « Dieu sait où nous irons encore, écrit-il à Ida Ferenczy. Fort heureusement, Sa Majesté se porte bien, elle est beaucoup plus calme et parle déjà couramment le grec. Il me semble que cette étude l'absorbe complètement, c'est bon signe. »

Mais la mort rôde encore. Le 22 mai, une partie du train spécial de Sissi déraille dans une courbe près de Francfort. Il n'y aura que des blessés légers et une très grande peur. Sissi, qui a été projetée contre la paroi de sa voiture-salon, dit à Marie-Valérie :

— Les hommes ne sont nés que pour le malheur.

La *Mouette* n'a plus la force de s'envoler.

— Mes ailes sont brûlées, je n'aspire plus qu'au repos.

Six jours plus tard, elle apprend que le dévoué baron Warsberg, qui avait été son guide en Grèce et responsable des travaux de sa villa à Corfou, vient de mourir. Même son rêve grec paraît brisé... Le consul est remplacé par Bukovitch, officier de marine et architecte. Sissi traîne sa tristesse en Bavière où ses filles s'inquiètent, non sans raison, quand elles l'entendent soupirer :

— Que j'envie Rodolphe... Mais qu'y a-t-il de l'autre côté ? Si on le savait, ce serait tellement plus facile.

Elle retourne au Tyrol, à Meran, dans le château de Trauttmansdorff. Un zèle louable et dévoué fait publier un avis prescrivant, d'une manière implacable, que personne ne fasse attention à l'impératrice, soucieuse de « demeurer dans une retraite absolue. Il importe qu'à l'occasion de rencontres, sans doute inévitables, les habitants s'abstiennent de toute manifestation, même la mieux intentionnée ». Le résultat est catastrophique. Les paysans se cachent dans leurs champs et les enfants se sauvent en hurlant dès qu'apparaît la *dame en noir* !

Grimpant sur les sentiers – sa sciatique a disparu –, elle déclame en grec, « ce qui, d'après un témoin, prouve en faveur de la force de ses poumons ». Son professeur a du mal à la suivre et le Dr Widerhofer est contraint de monter à dos de mulet. Comme il fait chaud, l'impératrice relève sa jupe jusqu'aux genoux ou retire son jupon sans faire de manières. Par discrétion, le médecin veut se retourner mais, mauvais cavalier, il tombe du mulet et se brise la clavicule.

Sissi n'a qu'un commentaire, implacable :

— Une malédiction pèse sur tout ce que j'entreprends et les êtres qui m'entourent en supportent les conséquences.

Et sa fille note, désespérée, cette autre réflexion de sa mère, le 25 octobre :

— J'en deviendrai folle ! Avoir devant soi encore tant de longues années à vivre !

A Corfou, Elisabeth rencontre son nouveau professeur de grec, M. Rhousso Rhoussopoulos, à qui elle expose sa volonté de travailler très sérieusement la langue littéraire. Son palais n'est pas achevé mais Guillaume II manifeste l'intention de rendre visite à Elisabeth, autant par courtoisie que par curiosité. Sissi s'enfuit, ne voulant voir personne et n'entendre ni pitié ni commisération. Seule la Grèce des dieux compte... L'empereur d'Allemagne, qui n'a pas compris, fait tirer des salves d'honneur par chacun des neuf vaisseaux de son escadre ! Au total, cent quatre-vingt-neuf coups de canon secouent la baie de Gastouri ! Et l'impératrice qui ne demande que de la discrétion...

Alors, elle fuit. Palerme, Malte, Tunis, Carthage voient passer la dame en noir qui interdit qu'on lui célèbre désormais sa fête. Le 4 décembre, elle est de retour à Vienne. Retrouver la Hofburg, c'est retrouver le cauchemar. François-Joseph écrit à Mme Schratt : « Pour nous, il n'y a plus de cadeaux ni de fêtes de Noël. » Le 30 janvier 1890, premier anniversaire de la mort de Rodolphe, François-Joseph, Sissi et Valérie se rendent à Mayerling. Elisabeth n'y était jamais venue. Pendant le voyage, elle ne dit pas un mot. Le pavillon a disparu, rasé en grande partie – un mur et une poterne demeurent encore visibles aujourd'hui – et, en expiation, une nouvelle église et un couvent de Carmélites ont été élevés à la place du drame[1]. L'autel se trouve à la place même du lit où gisait l'archiduc. L'aumônier de la Cour célèbre la messe. Agenouillée, en levant les yeux, l'impératrice peut voir, sous les arceaux néogothiques, une fresque représentant les saints patrons de la famille impériale : saint Joseph est au centre, saint Etienne de Hongrie est à gauche à côté de saint Rodolphe. Au fond, sainte Elisabeth et son manteau incrusté de roses. Derrière elle, sainte Sophie, sainte Gisèle, à genoux, sainte Valérie tenant une épée et sainte Thérèse d'Avila, fondatrice de l'ordre des Carmélites. La mort est passée. Voici venu le temps de la prière.

Le 18 février, la mort revient pour frapper l'un des rares hommes qu'Elisabeth ait toujours estimés, Andrassy. Il succombe à soixante-sept ans, après des mois de souffrance.

---

1. Contrairement au vœu de François-Joseph qui voulait effacer toute référence au drame, un petit musée, géré par les Carmélites, a été aménagé contre l'église. Outre des portraits, sont présentés trois fauteuils en tapisserie ordinaire, une chaise longue et deux petites chaises en soie brodée beige avec des guirlandes rose et vert, un guéridon et une théière en porcelaine.

— Mon dernier ami, mon seul ami est mort, murmure, en s'inclinant sur sa dépouille, l'impératrice meurtrie par les drames qui l'entourent comme un halo fatal. En mai, la sœur de Sissi, Hélène, qui aurait dû être l'impératrice d'Autriche, tombe gravement malade. Elisabeth, qui vient de déjeuner avec Mme Schratt et François-Joseph, prend le chemin de Ratisbonne. Chaque voyage devient un calvaire ; la mort ne cesse de conspirer contre celle qui l'espère mais elle refuse de l'exaucer. Hélène meurt dans les bras de Sissi, après une effroyable lutte. L'impératrice est brisée par tant d'épreuves :

— Je comprends maintenant qu'on puisse être amené à se suicider par peur d'une telle agonie.

La Cour de Vienne vit dans une perpétuelle atmosphère de veillée funèbre. François-Joseph en souffre beaucoup. Il s'accroche à son devoir d'Etat et consulte chaque matin les audiences du jour sur un pupitre en bois blanc et or. A Bad Ischl, le temps passe, un peu moins triste. L'électricité vient d'être installée à la villa impériale et des témoins de ce progrès font leur apparition dans le bureau de l'empereur : un allume-cigare ressemblant à un pied de lampe, un ventilateur à six pales conçu par la maison Siemens et, sur son bureau d'angle, deux sonnettes sur socle d'onyx pour appeler son valet ou ses aides de camp. L'un des boutons représente un trèfle à quatre feuilles, l'autre un fer à cheval. Deux porte-bonheur dans une maison qui en a le plus grand besoin. La villa s'égaie le 31 juillet pour le mariage de Marie-Valérie avec François-Salvator. Mais pour Sissi, le départ de sa fille favorite, dont elle ornera son paravent de nouvelles photographies, est insupportable. Rester ? Moins que jamais. Subir en attendant une fin qui s'éternise ? C'est impossible. Elisabeth va fuir, s'étourdir, livrer une course insensée contre la fatalité pour mieux la provoquer.

L'impératrice retrouve son élément préféré : la mer. Sur un cotre danois, le *Chazalie*, elle s'embarque à Douvres, voyageant sous le nom de Mrs. Nicolson. L'élégant steamer, mâté en goélette, appartient à l'ambassadeur du Danemark à Londres et jauge deux cent vingt-neuf tonneaux. Ses trente hommes d'équipage, tous anglais, sont commandés par le capitaine Humphries et il peut accueillir treize passagers. La

Manche est déchaînée. Face à face avec la mer en colère, Sissi se fait attacher au grand mât sous les regards effarés de l'équipage. Inconscience ou plaisir physique ? Il faut une âme bien délabrée pour fixer la proue qui s'enfonce dans les creux et, prisonnière volontaire, elle vibre, trempée d'embruns. Elle affirme : « Dans la tempête, je crois souvent que je suis devenue moi-même une vague écumante. »

Dix-huit heures... la « promenade » de l'impératrice dure dix-huit heures avec un risque permanent de naufrage. Enfin, elle atteint Arcachon, puis Porto et Lisbonne où sévit une épidémie de choléra. On la dissuade d'une excursion sur le Tage.

— Je suis prête à mourir pourvu que je n'aie pas à souffrir longtemps. Mais je suis responsable de la vie de ma suite et c'est pourquoi j'abandonne ce projet.

Puis, c'est Gibraltar, Oran, Alger, Tunis, Cagliari, Ajaccio – elle visite la maison natale de Napoléon –, les îles d'Hyères. Le *Chazalie* est très rapide, aussi bien à la vapeur qu'à la voile : c'est à la voile qu'il fait la traversée Corse-îles d'Hyères en moins de quatorze heures. Naples, Pompéi, Capri, Florence. Un tour de Méditerranée qui dure deux mois, jalonnés de marches de plusieurs heures. Sept heures à Tanger ! Des marches forcées dans les ruelles des cités du soleil.

Sissi arrive à Marseille le vendredi 10 octobre. A sept heures et demie du matin, le *Chazalie* est amarré dans le Vieux-Port, en face du fort Saint-Nicolas. A neuf heures et demie, seulement accompagnée de sa dame d'honneur qui doit, à terre, l'appeler Madame, et refusant le landau mis à sa disposition, elle part à pied, à travers la ville. Malgré l'incognito de « Mrs. Nicolson », un reporter du *Petit Marseillais* a démasqué l'impératrice. Il est séduit car elle « est grande et mince ; elle a une taille élégante et sa robe est d'une extrême simplicité ». Elle porte une robe de demi-deuil, un chapeau à la Rubens, peu garni, et une ombrelle de toile. Le Palais Longchamp, la Canebière, le Prado, les allées de Meilhan lui plaisent. Sur la Corniche, elle déjeune, à onze heures, à l'hôtel Roubion. La journée est merveilleusement douce. A sept heures du soir, elle regagne le bord. Au total : huit heures et demie de marche ! M. de Montlong, consul général d'Autriche-Hongrie, ne peut saluer sa souveraine en raison de son incognito.

Le lendemain, elle commande un déjeuner, en salon particulier, au Grand Hôtel Noailles pour midi et demi et visite en détail le jardin zoologique. Elle est particulièrement attirée par un groupe de Somalis arrivés la veille et leur remet une somme d'argent. « En signe de reconnaissance, écrit le *Petit Marseillais* du dimanche 11 octobre, “ils ont voulu lui serrer la main, ignorant absolument la qualité de l'illustre visiteuse”. Elisabeth leur tend joyeusement la main. “Les Noirs la lui ont pressée avec effusion et, croyant avoir affaire à une bourgeoise distinguée du pays, lui disaient *Bono, Madame*” car c'était tout ce qu'ils savaient dans notre langue. »

La villa de Corfou sera bientôt terminée. Une villa ? Un palais néoclassique qui doit comporter des dizaines de pièces et des écuries pour une véritable cavalerie. La comtesse Festetics déclare forfait ; dans une partie de ses fonctions, elle est remplacée par la comtesse Mikes... robuste et qui a vingt-cinq ans. « Pauvre femme, note la nouvelle dame d'honneur à propos de Sissi, je crois que personne au monde ne se sent plus malheureuse et plus incomprise qu'elle et personne n'y peut quoi que ce soit ! »

1891. Le 17 janvier, l'impératrice reparaît à une fête viennoise pour la première fois depuis la mort de Rodolphe. Elisabeth est toujours en grand deuil : elle a donné la plupart de ses robes claires, se débarrassant des gants, chapeaux et ombrelles assortis. La grande maîtresse de la Cour, la comtesse Goëss, a perdu sa sœur. Elisabeth s'approche d'elle et lui dit, doucement :

— Nous ferons notre chemin de croix ensemble [1]...

Le chemin de croix, c'est aussi l'obligation de paraître.

Deux mois plus tard, Sissi fait découvrir à Valérie et à son mari les travaux de sa résidence de Corfou.

— Je voudrais être enterrée ici, dit-elle en contemplant la vision des eaux calmes et des alignements de cyprès...

1. Inédit. Témoignage à l'auteur de Mme Erik von Kuehnelt-Leddihn, arrière-petite-fille de la comtesse Goëss.

Puis, elle leur fait visiter Corinthe et Athènes et après « un détour » en Sicile, regagne Corfou. De retour à Vienne, on lui parle d'un jeune étudiant grec qui prépare une thèse sur « les Institutions byzantines dans le droit franc ». Il s'appelle Constantin Christomanos. Elisabeth le fait conduire à Schönbrunn. Introduit dans le parc par un laquais en livrée noire, l'étudiant attend, le cœur battant, certain qu'il va voir une apparition. Dans ses souvenirs, brillamment préfacés par Maurice Barrès qui a si bien défini Elisabeth comme « une Impératrice de la solitude ». Constantin Christomanos dit : « Soudain, elle fut devant moi, sans que je l'eusse entendue venir, svelte et noire. (...) Elle était un peu penchée en avant ; sa tête se détachait sur le fond d'une ombrelle blanche que traversaient les rayons du soleil et qui mettaient une sorte de nimbe léger autour de son front. De la main gauche, elle tenait un éventail noir légèrement incliné vers sa joue. Ses yeux d'or me fixaient parcourant les traits de ma figure et comme animée du désir d'y découvrir quelque chose [1]. » Une vision idéale et tragique. Elisabeth le met à l'aise en s'adressant, en grec, au garçon :

— Quand les Hellènes parlent leur langue, c'est comme une musique.

Le jeune Christomanos est engagé comme nouveau professeur. Entre autres surprises, il a celle de découvrir que l'impératrice fait des anneaux « en robe de soie noire à longue queue, bordée de superbes plumes d'autruche, noires aussi ». Une tenue peu orthodoxe pour la gymnastique ! L'étonnante silhouette – est-ce un oiseau ? Est-ce un serpent ? – explique qu'elle attend des visites mais ne veut pas perdre son temps.

— Si les archiduchesses savaient que j'ai fait de la gymnastique dans cet accoutrement, elles seraient pétrifiées. D'habitude, je m'acquitte de cet exercice de bon matin ou dans la soirée.

Un parfait résumé de Sissi : elle mélange en permanence la discipline et l'indiscipline, la rigueur et la fantaisie. Perpétuellement en fuite d'elle-même, elle déclare encore :

1. *Elisabeth de Bavière, Impératrice d'Autriche*. Traduction de Gabriel Syvelton. Mercure de France, 1900.

— Quand je me meus parmi les gens, je n'emploie pour moi-même que la partie de moi-même qui m'est commune avec eux. Ils s'étonnent de me trouver si semblable à eux mais c'est un vieux vêtement que, de temps en temps, je tire de l'armoire pour le porter quelques heures.

Elisabeth glisse plus qu'elle ne marche, pâle, fluide, éclatante. Dans son landau noir aux coussins bleutés avec une petite couronne sur un galon doré et sur le verre de la lanterne arrière, elle quitte, à nouveau, Vienne.

En octobre, son palais de Corfou est terminé. En l'honneur d'Achille, elle le nomme l'*Achilléon*. Une statue du héros de la guerre de Troie est installée devant les colonnes. C'est un *Achille mourant*. D'autres statues, une de Rodolphe et une de Heine, prennent place au milieu d'un mobilier « romain ». D'autres fauteuils, à fleurs brunes, sont posées sur de longs tapis rouges à motifs bleu-vert. Dans ce palais aux colonnes marmoréennes, le confort moderne est représenté par des ampoules électriques. A l'Achilléon, la vie est sous le signe de la mer : l'emblème d'un dauphin orne l'argenterie – en partie du métal argenté selon le procédé du Ruolz – gravée pour l'impératrice et sa suite, plus simple pour la domesticité. La verrerie, la porcelaine et le linge de maison sont également signés d'un dauphin sous la couronne impériale. Le résultat, qui aurait enchanté le roi Louis Ier de Bavière, est pompeux et d'un goût discutable mais très original, ce que Elisabeth recherchait essentiellement.

Et la fuite reprend. Voici l'impératrice en Egypte, marchant si vite que « la police secrète ne peut suivre la souveraine qu'en voiture » ! Qu'importe ! « Même dans la grande cohue des portefaix et des âniers du Caire, je me sentais moins oppressée que dans un bal à la Cour et presque aussi heureuse que dans une forêt », dira-t-elle. Elle rentre à Vienne *via* – si l'on peut dire – Athènes et, à nouveau, Corfou.

L'année 1892 débute par deux événements familiaux. Le 26 janvier, Ludovika, la mère de l'impératrice, meurt à quatre-vingt-quatre ans. Le dernier lien rattachant l'impératrice errante à son enfance est rompu. Le lendemain, avec quatre semaines d'avance, Marie-Valérie accouche d'une fille. Elle est, bien entendu, prénommée Elisabeth mais pour la différencier de sa cousine, fille de Rodolphe, on décide de la surnommer Ella. La joie de cette naissance fait presque mal à Sissi, bouleversée par la mort de sa mère.

Corfou l'accueille de février à mai. Entre les roses et les lauriers, Elisabeth s'assoit sur un banc de marbre en demi-cercle. Au milieu des statues achetées au prince Borghese et d'un marbre de Canova, *la Troisième Danseuse*, qui aurait eu Pauline Bonaparte pour modèle, elle rêve. L'eau bleue, les montagnes dorées d'Albanie, la paix d'un soir de printemps semblent l'apaiser :

— En de tels instants, on ne doit croire qu'à une chose, la grandeur du néant.

Une cure à Carlsbad, une excursion au Rigi, en Suisse, un séjour à Gödöllö la conduisent jusqu'à l'automne. Il faut la forcer pour qu'elle s'alimente, persuadée qu'elle engraisse. Sans la comtesse Festetics, elle serait sans doute déjà morte de faim.

Un événement : en novembre, elle accepte de paraître au dîner officiel que la Cour donne, à Vienne, pour le grand-duc héritier de Russie, le Tsarevitch. Elle est très fière que pour le vingt-cinquième anniversaire de son couronnement à Budapest, l'opposition hongroise se soit jointe à un télégramme de félicitations. Cela aide Elisabeth à avoir une conversation laborieuse avec le futur tsar, très timide, son voisin. La politique impériale ne l'intéresse plus guère. Elle se tient au courant de ce qui se passe en France :

— Là-bas, la vie publique est assurément plus amusante.

Sa fuite s'accentue. Avec le temps, le protocole de la Cour ne s'est guère assoupli. J'ai consulté, par exemple, un volume de mille deux cent soixante pages, le *Répertoire de la Cour et de l'Etat de la monarchie austro-hongroise* pour l'année 1892. Les personnes ayant le privilège des « grandes entrées » sont plus de trois cents, celles ayant les « petites entrées » sont quarante... Cette menace d'invasion permanente dans les appartements de l'impératrice sert, à elle seule, de prétexte à Sissi pour justifier son éloignement de Vienne.

Noël. Noël sans l'impératrice... Le *Miramar* fait route vers l'Espagne avec comme escales Valence, Malaga, Grenade et

Cadix. Dans sa cabine aux meubles couverts de toile blanche, la souveraine est sur son île personnelle, mobile, errante. Dans la salle de bains, elle se baigne à l'eau de mer apportée par une chaloupe. Pendant son bain, le *yacht* est toujours immobilisé.

A Gibraltar, elle déclare :

— C'est la ville d'Espagne que je préfère parce qu'elle est anglaise et que tout y est propre.

En ville, elle n'arrête pas de faire des achats, amusée par le marchandage de sa dame d'honneur.

— C'est grâce à Marie Festetics que je ne fais pas de prison pour dettes !

François-Joseph lui écrit tous les deux jours des lettres qui l'attendent dans les consulats : « Je veux joindre à mes vœux de bonheur les plus sincères la demande expresse que tu sois, dans l'avenir peut-être bref qui nous est accordé, aussi bonne et aussi aimable que tu fus toujours pour moi... Puisque je ne sais pas suffisamment te le montrer et que cela te semblerait ennuyeux, j'aimerais te dire que je t'aime infiniment... Que Dieu te bénisse, te protège et nous donne de nous revoir agréablement. Nous n'avons rien à désirer ni à espérer de plus... »

L'odyssée impériale continue : Séville, Majorque, la Riviera italienne. Pour se faire pardonner ses absences, elle demande à Ida Ferenczy de prendre soin de l'empereur. La lectrice organise des petits déjeuners où les saucisses fumantes et le pain hongrois chaud ravissent l'empereur, doublement triste puisque Mme Schratt est absente. François-Joseph finit par rejoindre son épouse invisible en Suisse, à Territet. En passant, il s'arrête chez Marie-Valérie qui vient d'accoucher d'un fils, François-Salvator.

— Je ne peux pas m'empêcher de penser à Rodolphe, dit le grand-père de soixante-trois ans.

Des instants de bonheur osent se glisser dans l'amertume du couple ; l'empereur et l'impératrice sont heureux d'être ensemble, à Genève. « Avec son charme, l'impératrice met complètement son époux dans sa poche ! », note la comtesse Festetics, qui laisse les époux souvent seuls car elle souffre de bronchite chronique. Le baron Nopcsa, qui a soixante-dix-huit ans, aspire, lui aussi, à ne plus courir l'Europe.

Ce serait trop beau... Elisabeth est triste que François-Joseph doive regagner Vienne. Pour une fois qu'ils étaient en parfaite harmonie... Un mal ronge Elisabeth. Un nouveau mal ? Non, toujours le même : elle est lasse de l'*Achilléon*. Son explication est désespérante de simplicité :

— Si on m'obligeait à rester quelque part, fût-ce au paradis, pour moi, il deviendrait un enfer.

François-Joseph est très déçu :

— Encore un espoir qui tombe. Te voilà destinée à vagabonder et à errer de par le monde.

Effectivement, elle repart. Le lac de Côme, Milan, Gênes, Naples. L'impératrice cherche un acheteur fortuné pour l'*Achilléon*. Elle regagne l'Autriche en mai pour les fiançailles de la fille de Gisèle, Augusta. Lorsqu'elle reparaît à la Cour, l'ambassadeur d'Allemagne, chez qui Rodolphe avait été vu en public pour la dernière fois, trouve l'impératrice pâle et vieillie mais beaucoup moins déséquilibrée qu'on le prétend.

Elisabeth lui glisse :

— Je m'apprête à devenir arrière-grand-mère. J'ai donc bien le droit, je pense, de me retirer du monde.

Marie-Valérie résume sa mère : « Il y a chez maman les plus violents contrastes qui se trouvent réunis dans un caractère. »

Après un séjour à Ofen où sa présence consolide le prestige ébréché de la dynastie en Hongrie, elle repart, terrorisée par les dernières nouvelles d'Othon, le frère dément de Louis II : maintenant, il se prend pour un chien... Nouvelle escale à Alger puis Sissi gagne, à bord du yacht de François-Joseph, le *Grief*, Madère. Elle n'y est pas venue depuis... trente-trois ans. Que de souvenirs, que d'émotions, que de drames... Encore un Noël où François-Joseph est privé de la présence d'Elisabeth. Heureusement, Katharina Schratt, *l'amie*, est là. L'empereur écrit à sa femme des lettres très émouvantes : « Le terme de bonheur ne nous convient guère, il nous suffit d'un peu de calme, de bonne entente et d'une vie moins lourde de malheur. »

Fin février, elle débarque à Menton et se rend au Cap Martin Hôtel où François-Joseph la rejoint sans tarder. Une foule compacte se presse autour des jardins de l'hôtel où « des agents de la Sûreté, déguisés en paysans ou en cultivateurs surgissent au bon moment pour vous montrer votre chemin », écrit la presse locale. La curiosité et l'affection pour le couple accablé se traduisent en cartes de visite déposées à l'hôtel. François-Joseph, en civil, coiffé d'un melon, salue toujours courtoisement les gens. La population espère leur présence à la messe dominicale de dix heures, à la chapelle de l'archiconfrérie des Pénitents noirs de Menton. Une heure avant, on s'y bouscule. A dix heures dix, l'impératrice qui arrive n'est pas celle qui était espérée : c'est Eugénie, la veuve de Napoléon III qui se fait toujours appeler la comtesse de Pierrefonds. « Au passage, elle recueille les respectueux saluts du public. » François-Joseph et Elisabeth, qui a changé d'avis, suivent la messe dite par le curé de Roquebrune, sur un autel improvisé dans leurs appartements.

Pendant que François-Joseph, accompagné du prince Rodolphe de Liechtenstein, visite Cannes, la principauté de Monaco et rencontre le prince Albert Ier, grand explorateur, Sissi se passionne pour les jardins exotiques. La comtesse Foucher de Careil, ancienne ambassadrice de France à Vienne, lui fait remettre un somptueux bouquet de fleurs rares cueillies dans sa propriété de Garavan. Mme Schratt, dont la présence avait été initialement prévue, n'est pas là. Les époux en ont discuté et considèrent que l'incognito est impossible et que la critique serait malveillante. « Cet endroit n'est malheureusement pas tranquille du tout et très visité », écrit l'empereur à l'*amie*, en lui demandant de ne pas les rejoindre.

Le 15 mars, il embrasse l'impératrice à deux reprises, la supplie de ne pas se nourrir d'oranges et de glace à la violette – un dessert à la mode – et monte dans son train spécial. Sissi va rester encore un mois, fréquentant, par courtoisie, l'impératrice Eugénie. Les deux femmes ont, hélas, un point commun : leur fils unique est mort[1]. Une bonne nouvelle

1. Rappelons que le prince impérial est mort en Afrique australe, le 1er juin 1879, en se battant contre les Zoulous. Il portait l'uniforme anglais...

arrache Sissi à la Côte d'Azur : Marie-Valérie a un second fils, Hubert-Salvator.

Le Tyrol, Corfou, Gödöllö : les endroits préférés de l'impératrice n'ont plus, à ses yeux, leur charme d'antan. Le chef révolutionnaire Kossuth est mort en Italie et, à Budapest, une foule immense a manifesté son émotion. Sissi pense que, décidément, la politique est bien ingrate. Elle repart, le 2 décembre, pour Alger.

Pour se faire pardonner son absence à Noël, elle a commandé au peintre Franz von Matsch deux tableaux de Katharina Schratt, l'un en miniature, l'autre en pied.

1895. L'impératrice revient au Cap Martin. Son régime alimentaire rend François-Joseph furieux :

— Tu traites la faim par le jeûne au lieu de la satisfaire, comme le font les gens raisonnables et cela me préoccupe. Mais ce sont là paroles inutiles et mieux vaut ne pas entamer ce chapitre.

Il faut savoir que l'impératrice n'absorbe que du lait et encore s'agit-il du lait de certains vaches qu'elle fait acheter puis expédier en Autriche où Ida Ferenczy reçoit la mission inattendue de créer une laiterie modèle.

Protégée par son éventail ou son ombrelle, l'impératrice solitaire va de Corfou à Venise, où elle occupe les appartements de l'actuel Musée Correr, Place Saint-Marc, qui étaient les siens quand la Vénétie était autrichienne, des Carpathes à la Suisse, de Gödöllö au Cap Martin. S'apercevant que son poids dépasse de trois cent cinquante grammes (!) les cinquante kilos, elle s'estime obèse et recommande à Mme Schratt, un peu plus ronde, de se surveiller ! François-Joseph a le mot de la fin dans cette ahurissante course au régime :

— C'est curieux que vous tentiez toujours toutes les deux les mêmes expériences médicales, sans grand dommage, heureusement.

Dans son incessant marathon digne d'un roman de Jules Verne, Elisabeth n'oublie pas un rendez-vous exceptionnel avec l'Histoire. Le 30 avril 1896, la reine arrive à Budapest, avec le roi François-Joseph pour fêter le millénaire de la Hongrie. Le 2 mai, elle apparaît dans une somptueuse robe noire à manches gigot. Des milliers de paires d'yeux la scrutent. Comment est-elle ? Est-elle vraiment folle ? Non, elle a l'air triste. « C'est notre Erzsébet, notre reine bien-aimée. » Mais quel chagrin ! Les cheveux sombres, les perles noires, les épingles noires... Seul, le visage, marmoréen, est d'un blanc presque gênant. Le cardinal primat de Hongrie, trouve les mots pour rendre hommage à celle qui a, autrefois, « de sa main tendre et maternelle tissé le lien doré qui relie à présent la nation à son roi bien aimé ». Après trois apparitions en public, elle renonce. De telles représentations sont au-dessus de ses forces. Un souvenir l'obsède : Rodolphe qui, adolescent, était à ses côtés pour les cérémonies et les inaugurations. Les chants, les monuments, les uniformes sont les mêmes. Figée, Sissi est ailleurs. Sa présence physique est celle d'un fantôme, son âme erre, lointaine, sans repos. Les applaudissements, les cris de joie vont-ils animer cette statue de détresse ? Et ses yeux éclatants... La presse hongroise note : « Eux qui savaient autrefois sourire avec tant de séduction, qui consolaient un pays malheureux, les voilà qui s'emplissent de larmes. »

La *Mouette* n'aime pas le froid. Quel soleil va la réchauffer ? En décembre, elle choisit celui du pays basque français. Elle s'installe à Biarritz mais la tempête fait rage.

— Le vent et la mer hurlent nuit et jour, reconnaît-elle. C'est à vous rendre fou.

Ce qui est fou est son régime, qui ressemble à une autodestruction organisée, entretenue. Maintenant, elle se pèse trois fois par jour ! Une idée fixe. François-Joseph, consterné de cet entêtement, dépêche son médecin, le Dr Kerzl, à Biarritz. Ce dernier, affolé, fait peur à l'impératrice. Elle remange un peu et son moral s'améliore. Mais c'est un cercle vicieux. Dès qu'elle s'alimente d'une manière presque normale, son pauvre corps reprend vie et elle s'inquiète de gâter sa silhouette. Alors, elle refixe le curseur de la balance.

Paris, mardi 4 mai 1897. Au 17 de la rue Jean-Goujon, dans une longue construction en planches, une animation fébrile règne autour de comptoirs tenus par des femmes qui portent les plus grands noms. L'endroit s'appelle le Bazar de la Charité. A seize heures dix, une flamme jaillit d'un appareil de cinématographie qui fonctionne à l'éther... C'est le drame. La sœur de Sissi, la duchesse d'Alençon, se rend compte immédiatement de l'ampleur de l'incendie. Les portes de la salle de projection, qui s'ouvrent de l'intérieur, sont bloquées. Avec un admirable sens de l'abnégation, la duchesse crie aux jeunes filles du monde qui l'entourent :

— Que les autres passent avant moi ! Je partirai la dernière...

Elle sera l'une des cent cinquante victimes carbonisées et piétinées. Seul son dentiste pourra identifier son corps atrocement mutilé. Elle s'est sacrifiée. Cosima Wagner s'était trompée lorsque, en parlant de la fiancée de Louis II, elle disait :

— C'est une petite duchesse...

C'était une grande dame.

La nouvelle arrive le lendemain à la Villa Hermès où se trouve Elisabeth. Sa plus jeune sœur brûlée vive, les mains jointes, en priant...

L'impératrice, brisée, le regard voilé, murmure :

— La malédiction grandit...

L'avant-dernier acte de sa tragédie vient de se jouer. Maintenant, elle le sait : la mort s'avance. Elle le dit à sa fille Valérie :

— Cela finira bien un jour... Le repos éternel n'en sera que meilleur.

XI

L'INOUBLIABLE

Bad Ischl, 16 juillet 1898. La Villa impériale, tache jaune allongée, éclaire les bouquets d'arbres agrippés à la colline. Depuis deux mois, l'impératrice, lasse, se repose dans cette maison simple qui évoque la nature, la vie en forêt, la chasse. Les séjours ici sont le point de repère des vacances d'été. Un entracte. Le Dr Widerhofer a examiné la souveraine qui, pendant l'hiver, a fait un nouveau séjour sur la Riviera, commencé par un réveillon de Nouvel An à bord de son yacht, en rade de Marseille.

Sissi est atteinte d'anémie. Ne manger que huit oranges par jour est, malgré les vitamines, insuffisant. Elle souffre aussi de névrite, d'insomnie et d'une légère dilatation cardiaque. Elle va repartir, aujourd'hui même, en cure. Ses itinéraires deviennent un catalogue du thermalisme. Elisabeth et François-Joseph ont passé des jours paisibles ensemble. Elle jette un dernier regard rapide sur le paravent orné de photos de Marie-Valérie puis, en sortant, sur le Marmor Schloss, le château de marbre, petit pavillon qui domine la Villa impériale sur les hauteurs du parc. C'est son refuge favori à Bad Ischl.

L'empereur, navré de voir repartir celle qu'il aime depuis exactement quarante-cinq ans, l'embrasse. La voiture descend déjà l'allée qui conduit, dans une grande courbe, au pont de fer jeté sur la rivière.

Ils ne se reverront pas.

Sissi monte dans son train qui part pour Munich.

Depuis quelque temps, l'impératrice aime moins les

voyages ferroviaires car elle ne peut pas beaucoup bouger ni respirer d'air frais. Pour compenser ces heures d'immobilité forcée, elle marche de long en large dans le couloir conduisant de son lit à son salon, ne s'arrêtant que pour contempler le paysage qui défile. Après un périple en Allemagne, l'impératrice arrive en Suisse le 30 août, à Caux, au-dessus de Montreux. François-Joseph lui a écrit dès le lendemain de son départ : « Tu me manques infiniment, mes pensées sont près de toi et je souffre à l'idée de cette longue, si longue absence ; la vue de tes appartements vides a réveillé ma mélancolie. » La tristesse de l'empereur est aggravée par le fait que Katharina Schratt est également souffrante... et aussi impatiente que Sissi ! « C'est une seconde impératrice », se plaint l'empereur, accablé par le mimétisme.

Comme toujours, des lettres attendent Sissi, la rejoignent et la rattrapent. Elle demande à son mari de venir la rejoindre sur la riviera vaudoise. Hélas, la politique retient François-Joseph à Vienne et il sera obligé d'assister aux fêtes de son jubilé pendant la deuxième quinzaine de septembre : il y a cinquante ans qu'il est monté sur le trône. « Comme je serais heureux, si je pouvais, ainsi que tu souhaites, profiter de tout cela avec toi, en toute tranquillité pour quelque temps et si je pouvais te revoir après une si longue séparation... »

Sissi, enchantée par la beauté du site de Caux, choisit des excursions, un peu éprouvantes pour son cœur. Le 3 septembre, elle fait la montée aux rochers de Naye. Après l'ascension en funiculaire, elle découvre un panorama splendide. Le Léman étincelle, entouré par les Alpes bernoises, valaisanes, savoyardes et par le Jura.

9 septembre. Le temps est splendide. L'impératrice, revigorée et qui songe à de nouveaux voyages – pourquoi pas l'Egypte ? –, monte sur le vapeur qui va la conduire de Territet, au sud de Montreux, jusqu'à Genève. Elisabeth, d'excellente humeur et qui a passé les quatre heures de voyage sur le pont, a finalement accepté l'invitation de la baronne de Rothschild à déjeuner. Il a lieu à Pregny, une villa magnifique des environs de Genève.

La baronne Julie de Rothschild reçoit somptueusement l'impératrice. Des orchidées fleurissent la table qui a été dressée pour trois, car Elisabeth est accompagnée de sa dame d'honneur, la comtesse Irma Sztáray[1]. Sissi est ennuyée que le pavillon impérial flotte au sommet de la villa et que des laquais galonnés d'or servent le déjeuner. Mais elle ne peut en vouloir à son hôte : tout est si beau et si délicieux. En effet, Elisabeth, contrairement à ses regrettables habitudes, fait honneur au menu, digne d'une très grande table. Elle savoure des « petites timbales à l'impériale », une « truite du lac du Bourget », un « filet de bœuf jardinière », une « mousse de volaille Périgueux », un « chaud-froid de perdreaux en Bellevue », une « crème glacée à la hongroise », une « spongeade au citron » et une « marquise au chocolat ». C'est un événement ! En signe de fête, elle boit une coupe de champagne frappé. Elle demande à sa dame d'honneur d'envoyer le menu à l'empereur en insistant sur le fait que l'impératrice l'a beaucoup apprécié. Après une longue visite – plus de trois heures – à travers les volières d'oiseaux étranges, les aquariums de poissons exotiques et les fleurs d'essences rares, l'impératrice regagne son hôtel, l'hôtel Beau-Rivage, sur le quai du Mont-Blanc. Avant de partir, elle signe le livre d'or sans savoir que, sur une page précédant la sienne, son fils avait signé Rodolphe... Elle a refusé de rentrer à Territet avec le yacht de la baronne de Rothschild, le *Gitana II*. Elle décide de n'y retourner que demain, par un bateau ordinaire, un vapeur de la Compagnie générale de navigation, exactement comme elle était venue.

Des deux femmes, c'est la dame d'honneur qui est la plus fatiguée. En chemin, la conversation a été très élevée. La comtesse Sztáray est très religieuse. Elisabeth lui dit :

— Je suis croyante, moins que vous, certes, mais je connais ma nature. Il n'est pas du tout exclu que vous me voyiez redevenir très pratiquante. Je crains la mort, qui ne vous effraie pas bien que souvent j'y aspire ; le passage, l'incertitude me font trembler.

— De l'autre côté, c'est la paix, la félicité, assure la dame d'honneur.

1. La comtesse Sztáray a laissé un livre précieux : *les Dernières Années de l'Impératrice* (en allemand) publié par Adolf Holzhausen, à Vienne, en 1909 et par Wilhelm Engelmann, à Leipzig, la même année.

— D'où le savez-vous ? Aucun voyageur n'est jamais revenu de l'au-delà...

Les deux femmes s'assoient un moment devant le Jardin Brunswick. L'impératrice tient une pêche dans sa main. Au moment où elle va mordre dedans, un corbeau fait tomber le fruit d'un coup d'aile. Sissi se lève, très grave, et dit :

— Un corbeau n'est pas bon signe. Il indique toujours un malheur dans notre Maison [1].

Arrivée au Beau-Rivage, l'impératrice monte dans ses appartements. Contrairement à ce qui a été souvent répété, son incognito n'est pas absolu [2]. En effet, sur le registre de la clientèle de l'hôtel, un gros livre vert dont la couverture est ornée d'un ovale rouge, le réceptionniste a inscrit les mentions suivantes, dans l'ordre :

Sa Majesté l'Impératrice Elisabeth d'Autriche, chambres 34-36.

Comtesse Sztáray, dame d'honneur de S.M. l'Impératrice, chambres 32-33.

Dr Eugène Kromar, secrétaire particulier de Sa Majesté, chambre 64.

Général Bercivczi, chambellan de Sa Majesté, chambre 25.

Comtesse Harrach, dame de la Cour, chambres 23-24.

Comtesse Festetics, dame de la Cour, chambres 92-93.

Prince d'Auersperg, Grand chambellan de la Cour, chambre 91.

S.E. le comte Bellegarde, chambres 29-30.

Mlle de Meissel, cariste de S.M., chambre 40.

Mlle de Hennike, cariste de S.M., chambre 41.

Comte de Kuefstein, ministre d'Autriche-Hongrie à Berne, chambre 104.

M. Mader, contrôleur du Train impérial, chambre 90.

1. Inédit. Ce témoignage figure dans un coffre qui était conservé par M. August Patzelt, mort en 1961, administrateur des archives de la ville de Brno, anciennement Brünn, en Tchécoslovaquie. Il m'a été confié par S.A.I.R. l'archiduc Michel d'Autriche que je remercie de son aide et de sa bienveillance.

2. Je tiens à adresser, à nouveau, mes remerciements à M. Jacques Mayer, propriétaire et directeur de l'hôtel Beau-Rivage, de m'avoir permis de reproduire et d'utiliser de nombreux documents et souvenirs inédits rassemblés par sa grand-mère qui fut témoin des derniers instants de l'impératrice. Aucun historien n'avait songé, jusqu'ici, à explorer ses archives, alors gardées dans la chambre 424 de l'hôtel.

Détail cocasse : les hautes personnalités descendant au Beau-Rivage et leur suite, (au total, ici, douze personnes), ont droit à une écriture très soignée, en caractères gras et droits. Les clients « ordinaires » sont mentionnés, sur la même page, d'une écriture italique, moins élégante. La première cliente « ordinaire », attendue le 11 septembre, n'est autre que Mme... Sarah Bernhardt, qui a réservé les chambres 58 et 59. La tragédienne, alors âgée de cinquante-quatre ans, arrive de Paris. Celle qui fut le légendaire Aiglon, Phèdre et la Dame aux camélias est donc, d'un point de vue protocolaire et calligraphique, moins importante que M. Mader, contrôleur du train de l'impératrice...

En revanche, l'incognito de Sissi est respecté sur sa note de restaurant, libellée du nom de Mme la comtesse de Hohenembs. Toute la suite est logée au premier étage. La chambre de Sissi donne sur le quai avec une belle vue sur le lac ; le salon, à deux fenêtres, occupe l'angle du bâtiment, avec vue sur le jardin du prince de Brunswick. La chambre, dont le mobilier est simple, comprend essentiellement un lit en fer dans une alcôve, perpendiculaire à l'unique fenêtre. Il n'y a pas de salle de bains mais une chaise percée est dissimulée derrière un rideau coulissant, en bois. Les rideaux molletonnés sont très épais, brodés de motifs néoclassiques. L'électricité n'est pas encore installée partout. Quelques sonnettes ont cependant été aménagées pour que Sissi puisse appeler son personnel sans déranger trop de monde, selon son vœu. Le concierge dispose d'une table à bougeoirs, en argent, de style Charles X[1].

Après s'être reposée pendant une heure, Sissi repart, à six heures et demie, avec sa dame d'honneur, pour visiter quelques pâtisseries accueillantes. Quai du Rhône, chez Dimier, elle achète une table pour Valérie et parle hongrois

1. Il faut également noter que la galerie-patio de l'hôtel, qui évoque l'atrium d'une villa vénitienne, avec ses colonnes roses en agglomérat, a peu changé depuis 1898. En revanche, l'appartement occupé par l'impératrice a été plusieurs fois transformé, la dernière fois en 1977. Il porte aujourd'hui les numéros 119 et 120. Le souvenir d'Elisabeth y est rappelé par deux photographies de portraits, mais sans mention particulière. A l'occasion de la présentation de ce livre en Suisse, un émouvant musée du souvenir a été inauguré au Beau-Rivage, le 9 septembre 1983, quatre-vingt-cinq ans après la mort de l'impératrice et reine.

pour ne pas être reconnue. A dix heures moins le quart, elles sont de retour. La nuit est superbe et la chambre est éclairée par un beau clair de lune. Sissi, qui aime dormir la fenêtre ouverte, est gênée par le bruit de la rue et les mélodies d'un chanteur italien. De plus, le faisceau intermittent d'un phare inonde la pièce de lumière. Elle refuse de fermer ses doubles rideaux, reste sur le balcon du salon, ne s'endort qu'à deux heures du matin. D'habitude, l'impératrice se lève à sept heures mais sa nuit a été si courte qu'elle ne se manifeste pas avant neuf heures. Mme Fanny Louise Mayer, directrice de l'hôtel, a laissé un récit détaillé – et inédit – de la journée du samedi 10 septembre, journée tragique entrée dans l'histoire des drames du monde. Sur des feuilles de papier bleuté, elle a tenu à consigner, en 1940, les événements qui vont suivre.

« Pour son petit déjeuner, l'impératrice avait demandé un choix de petits pains, de tous les goûts et de toutes les formes, qui lui ont été servis sur un grand plateau en argent. »

A neuf heures, Sissi dit à sa dame d'honneur :

— A onze heures, je veux aller écouter en ville un nouvel orchestrion et, à une heure quarante, comme prévu, nous prendrons le bateau pour Caux. D'ici là, je n'ai besoin de rien.

A onze heures précises – Sissi est aussi pointilleuse sur l'heure que son mari – les deux femmes quittent l'hôtel et se dirigent vers le magasin de musique Baecker, situé rue Bonnivard. L'impératrice, qui paraît reposée malgré son manque de sommeil, a toujours aimé les boîtes à musique et les orgues de Barbarie. Un appareil à manivelle – que j'ai eu le privilège de voir –, fabriqué par J.H. Heller, à Berne, joue, sur des rouleaux, des airs à la mode : *Carmen, Rigoletto, Le Trouvère, Lucie de Lamermoor, La Grande Duchesse de Gerolstein, Lohengrin* dont elle juge que la partition « a quelque chose de fatal » et *Tannhäuser*, l'une des œuvres favorites de l'impératrice. Elisabeth achète l'appareil et vingt-quatre rouleaux.

— Cela fera plaisir à l'empereur et aux enfants.

Elle signe le livre d'or seulement en hongrois « Erzsébet Királyné » (la Reine de Hongrie).

A une heure, l'impératrice revient à l'hôtel. En raison de

la chaleur, les volets de son salon sont clos. Elisabeth les ouvre après avoir posé son ombrelle et son éventail. Devant la glace, elle retire son chapeau et ses gants blancs et sonne le laquais qui attend dans l'antichambre et lui demande du lait frais. La comtesse Sztáray achève un déjeuner rapide et regarde l'heure à sa petite montre suspendue à son cou par une chaîne en or. Il est une heure vingt-cinq. Elle se lève et se permet de frapper à la porte du salon d'Elisabeth car il est temps de partir. Devant le balcon du salon, Sissi savoure son lait dans un gobelet d'argent qui lui appartient.

— Majesté, dit la dame d'honneur en hongrois, il est presque une heure et demie, le vapeur part dans quelques minutes, il nous faut nous presser.

— Je n'ai jamais vu le Mont-Blanc aussi nettement, répond la souveraine en hongrois.

Elisabeth, d'habitude pressée, ne peut s'arracher à la vision des Alpes majestueuses. Par précaution, la dame d'honneur envoie le laquais au bateau, pour demander qu'on retarde éventuellement son départ de quelques minutes.

— Pauvre Irma, dit Sissi, la responsabilité que vous avez aujourd'hui semble vous peser, très lourd...

— Majesté ! Imaginez, je vous prie, que nous manquions le vapeur ! Nous serions entièrement seules à Genève ! C'est impensable !

En effet, plusieurs membres de la suite de l'impératrice ont déjà quitté Genève, avec les bagages, par le train de midi à destination de Territet. « Je n'aime pas les cortèges », avait expliqué Sissi [1].

En riant, Elisabeth donne le gobelet à la dame d'honneur qui le lave rapidement et le range dans un sac. Devant le miroir, l'impératrice remet son chapeau noir, ses gants blancs, prend son ombrelle et son éventail. A pas mesurés, elle quitte l'appartement.

Sur le quai du Mont-Blanc, les deux femmes pressent le pas. La cloche du bateau sonne déjà tandis qu'elles passent devant le monument du duc de Brunswick. Elisabeth admire

---

1. Inédit. Récit de Mme Fanny Mayer.

les marronniers, évoquant les arbres de Schönbrunn. Le quai est presque désert.

— Vous voyez, nous arriverons à temps, dit l'impératrice, les gens montent lentement et ne se pressent pas.

Un jeune homme vient à leur rencontre, le pas rapide. Les deux femmes s'effacent pour le laisser passer car il a l'air pressé. Soudain, au moment où il croise l'impératrice, l'inconnu paraît trébucher et lève le poing droit serré et frappe Elisabeth qui s'abrite sous son ombrelle. Sous le choc, l'impératrice s'affaisse, sans un mot. Sa tête heurte le quai. La dame d'honneur, qui n'a pas eu le temps de réaliser ce qui s'est passé, pousse un cri pendant que l'inconnu prend la fuite. Un cocher aide la Hongroise à relever Sissi. L'impératrice, rouge d'émotion, arrange ses cheveux défaits qui ont, d'ailleurs, amorti le choc de sa tête contre le quai. Le cocher appelle le concierge de l'hôtel Beau-Rivage, « un nommé Planner, un Viennois [1] ». La dame d'honneur, tout en brossant la robe de l'impératrice avec le cocher, lui demande, persuadée que l'homme a voulu lui donner un coup de poing :

— Est-il arrivé quelque chose à Votre Majesté ? Votre Majesté souffre-t-elle quelque part ?

— Non... Non. Je vous remercie. Ce n'est rien.

Le concierge insiste pour qu'elle retourne à l'hôtel.

— Mais non, il n'est rien arrivé.

— Votre Majesté a-t-elle eu peur ?

— Oui, j'ai eu peur.

Elles arrivent devant le bateau, le *Genève*, dont la cloche sonne toujours.

En hongrois, Elisabeth demande :

— Je me demande ce que me voulait cet homme... Peut-être arracher ma montre ?

La rougeur de son visage a fait place à une pâleur inquiétante. La comtesse soutient Sissi, craignant qu'elle ne s'évanouisse.

— Ne suis-je pas très pâle ?

— Oui, Majesté, très pâle. Votre Majesté souffre-t-elle ?

— La poitrine me fait très mal.

1. Inédit. Récit de Mme Fanny Mayer.

Le concierge revient en courant. Il crie.

— L'agresseur est arrêté !

L'homme, qui s'était enfui par la rue des Alpes, a été maîtrisé par un ouvrier électricien, M. Louis Chammartin, venant en sens inverse puis par un gendarme. Ce dernier l'amena à l'hôtel, en passant par la cour. On l'interroge. « Mon mari, raconte Mme Mayer [1], au comble de l'exaspération, lui assena un violent coup sur la bouche. Un jeune baron autrichien, qui se trouvait à l'hôtel, voulut aussi se jeter sur lui. Le gendarme l'en empêcha. » Il a transféré l'homme au poste de police des Pâquis. L'inconnu a refusé de répondre. Il a un air cynique et sauvage.

Pendant ce temps, Elisabeth atteint la passerelle du bateau. Sa dame d'honneur cesse de la soutenir pendant quelques secondes. A peine arrivée sur le pont, Elisabeth se retourne et dit :

— Maintenant, donnez-moi votre bras. Vite !

La comtesse saisit Elisabeth, aidée du laquais, mais l'impératrice s'affaisse, doucement, sa tête appuyée sur la poitrine de sa dame d'honneur. Sissi a perdu connaissance.

— De l'eau, de l'eau ! crie Irma Sztáray.

On asperge le visage de plus en plus pâle.

— Un médecin !

Il n'y en a pas mais une passagère, Mme Dardalle, ancienne infirmière, s'empresse. Arrive le capitaine du bateau, M. Roux. Il a entendu qu'une femme s'est trouvée mal. Il ignore son identité et conseille à la comtesse Sztáray de débarquer la malade et de la ramener à son hôtel.

— C'est une syncope due à la peur.

Une chaleur accablante règne sur le pont et près des machines. M. Roux propose une cabine. Non, il faut de l'air. Trois messieurs portent Elisabeth sur le pont supérieur et l'allongent sur un banc.

La dame d'honneur ouvre la robe noire, coupe le corset qui gêne la respiration et glisse entre les lèvres de Sissi un morceau de sucre imbibé d'alcool.

Le bateau est parti.

1. Inédit. Récit de Mme Fanny Mayer.

Sissi mange le sucre instinctivement. Elle ouvre les yeux et essaie de se redresser.

— Votre Majesté se sent-elle mieux ?

— Oui, merci.

Elle parvient à s'asseoir.

— Mais qu'est-il donc arrivé ?

— Votre Majesté a eu un malaise. Mais cela va mieux, n'est-ce pas ?

Pas de réponse. Elisabeth a reperdu connaissance.

En hâte, la comtesse achève de délacer Sissi et aperçoit sur la chemise de batiste mauve une tache brune, de la taille d'un florin d'argent. Au-dessus du sein gauche, elle découvre une blessure triangulaire et une goutte de sang séché. Un caillot...

— Grand Dieu ! s'écrie la Hongroise à l'infirmière. Elle a été assassinée !...

On appelle le capitaine.

— Pour l'amour du ciel, je vous en prie ! Accostez vite ! Cette dame est l'impératrice d'Autriche. Elle a une blessure à la poitrine. Je ne puis la laisser mourir sans médecin et sans prêtre. Accostez à Bellevue. Je l'amènerai à Pregny, chez la baronne de Rothschild...

— Vous n'y trouverez pas de médecin et probablement pas de voiture.

Et sur-le-champ, il donne l'ordre de mettre le cap sur Genève. Comme il n'y a pas de civière sur le bateau, on en improvise une avec de la toile à voile, des pliants, des coussins et deux rames. Elisabeth râle, le visage perlé de sueur. La comtesse, désespérée, est à ses pieds. Six marins portent la civière jusqu'à l'hôtel. Recouverte de son manteau, Elisabeth, toujours sans connaissance, oscille la tête de droite à gauche. Un combat désespéré, une ultime lutte...

Le concierge de l'hôtel tient la main de Sissi « afin qu'elle ne pende pas misérablement ». Un monsieur lui protège la tête avec l'ombrelle. « L'affolement était à son comble. La tristesse et la consternation se lisaient sur tous les visages. »

Etendue sur son lit, Elisabeth râle toujours. Il est deux heures dix.

Un médecin, le Dr Golay, tente de sonder la plaie.

— Y a-t-il un espoir ? demande la dame d'honneur.

— Aucun, Madame, répond le docteur avec tristesse.

— Essayez tout de même ! Essayez tout, essayez de la ramener à la vie !

Mme Mayer et une nurse anglaise aident à déshabiller Elisabeth et à la déchausser. Un prêtre arrive. Il donne l'absolution à la malheureuse. Toutes les femmes sont agenouillées et prient. Un second médecin, le Dr Mayot, incise l'artère du bras gauche mais il n'y a aucune goutte de sang. Il est deux heures quarante. L'impératrice d'Autriche et reine de Hongrie vient de mourir sans avoir repris connaissance. Elle avait soixante et un ans. Ses joues sont légèrement colorées et ses lèvres esquissent un dernier sourire, ce sourire qui avait ému des millions d'hommes et de femmes. « La comtesse Sztáray lui ferma les yeux et lui joignit les mains » écrit Mme Mayer qui ajoute : « Je restai avec la comtesse Sztáray jusqu'à l'arrivée de la suite qui vint vers les six heures. L'impératrice fut embaumée et mise dans un cercueil. Le soir, la comtesse me fit demander ainsi que mon mari et me donna une rose qu'elle prit du cercueil et que je garde précieusement ainsi qu'un petit bout de ruban mauve taché de sang. Aujourd'hui, le sang a disparu. » Mme Mayer conclut son émouvant récit : « Le drame a eu lieu il y a cinquante ans mais le souvenir m'en est resté comme s'il avait eu lieu hier. »

A Schönbrunn, François-Joseph a commencé sa journée comme d'habitude : il s'est levé à quatre heures du matin après que son valet de chambre, Eugène Ketterl, se fut approché de son lit pour dire, comme d'habitude : « Je me mets aux pieds de Votre Majesté. Bonjour. » L'empereur d'Autriche et roi de Hongrie, soldat discipliné de soixante-huit ans, a sauté de son lit, souhaité une bonne journée à Ketterl et s'est informé du temps pendant qu'apparaissait le préposé au bain apportant la baignoire vulcanisée. Lavé, rincé, séché et habillé, François-Joseph a revêtu son uniforme quotidien – tunique bleue, pantalon noir – et son médecin, le Dr Kerzl, lui a fait sa visite routinière. Du petit déjeuner au déjeuner, servi sur son bureau, l'empereur a préparé les manœuvres qu'il doit présider en Slovaquie. Il part ce soir. Au début de l'après-midi, ayant un peu de temps libre, il écrit à Sissi. Comme souvent, ses premiers mots sont en hongrois : « Edes szererett leckrem (Mon âme douce et aimée). » Il est heureux d'avoir de bonnes nouvelles, que le temps et l'appartement de Sissi lui conviennent « avec la vue magnifique sur la montagne et le lac. J'ai été touché que, malgré tout, tu ressentes une sorte de nostalgie de notre chère Villa Hermès. J'y suis retourné hier après-midi ». L'empereur parle aussi de l'*Amie* qui est, elle aussi, dans les montagnes mais en Autriche et il est piquant de lire que l'empereur se plaint aussi de l'énergie de Mme Schratt ! « Je ne comprends pas pourquoi elle a fait son tour en montagne si pressée, avec un tel emploi du temps pour une journée. » Il dit encore à Sissi que la veille, il s'est délecté d'un verre de bon lait de sa laiterie et qu'il part, ce soir, à huit heures et demie, pour les manœuvres. Ses derniers mots sont : « Je te confie à Dieu, mon Cher Ange et je t'embrasse de tout cœur. Ton petit. » Elisabeth ne recevra jamais cette lettre.

A quatre heures et demie de l'après-midi, le comte Paar, aide de camp de l'empereur, arrive de la Hofburg. Il est très pâle et demande à être reçu d'urgence. Il tient une dépêche, en provenance de Genève. Le texte est bref : « Sa Majesté l'impératrice grièvement blessée. Prière annoncer à l'empereur avec ménagement. »

François-Joseph, absorbé dans ses dossiers, lève la tête, surpris que le comte Paar, d'habitude impassible, paraisse si ému.

— Qu'y a-t-il donc, mon cher Paar ?

— Majesté... Votre Majesté ne pourra pas partir ce soir, je viens de recevoir une très mauvaise nouvelle, hélas...

François-Joseph se lève d'un bond et crie :

— De Genève ?

Il arrache le télégramme et recule en chancelant puis se ressaisit.

— Eh bien ! D'autres nouvelles doivent arriver... Téléphonez, télégraphiez, il faut absolument en savoir plus.

Dans le couloir, des pas se rapprochent. L'aide de camp de service se présente, au garde-à-vous, tenant une seconde dépêche. François-Joseph se précipite et déchire le pli. Il lit :

« Sa Majesté l'impératrice vient de décéder. »

Figé par l'effroi, le pauvre homme reste immobile puis s'effondre dans son fauteuil. La tête dans ses mains, il pleure. D'une voix neutre, comme s'il se parlait à lui-même, il dit, entre deux sanglots :

— Rien ne m'est épargné sur cette terre...

Une nouvelle dépêche précise que l'impératrice a été assassinée. C'est presque un soulagement, François-Joseph craignait surtout un suicide. Ce texte demande si les médecins peuvent procéder à l'autopsie.

— Que l'on fasse ce que prévoit la loi suisse », répond l'empereur assommé de douleur et qui ajoute, comme s'il revenait à lui : « Il faut prévenir les enfants. »

L'autopsie, pratiquée le lendemain, révèle une blessure en forme triangulaire, à quatorze centimètres sous la clavicule gauche et à quatre centimètres au-dessus de la pointe du sein gauche. L'arme du crime – on ne sait pas encore ce que c'est exactement – a pénétré de quatre-vingt-cinq millimètres, brisant une côte, traversant le poumon et le ventricule gauche. Le coup a été porté avec violence. Toutefois, le sillon creusé est très étroit, l'hémorragie a été retardée. Le sang a coulé goutte à goutte dans le péricarde. L'étonnante énergie de Sissi lui a permis de faire cent vingt pas entre l'endroit de l'agression et la passerelle du bateau de la Compagnie générale de navigation.

Revêtue de la robe noire que sa dame d'honneur appelait « sa belle robe » et d'un chemisier assorti, recoiffée, l'impératrice est enfin délivrée. Sa tête repose sur un coussin brodé de rouge, de blanc et de noir. La pâleur de son visage est devenue cireuse, les traits se sont figés, sereins dans un grand apaisement. L'impératrice portait deux médaillons, l'un contenant des cheveux de Rodolphe, l'autre, très simple, en or, contenait un psaume. J'ai tenu entre mes mains ce souvenir émouvant. Il avait été donné à Sissi par l'évêque hongrois Mgr Hyacinthe de Rónay, après sa chute de cheval à Sassetot[1]. A l'intérieur du médaillon, sur une feuille très mince pliée en huit, on peut lire les versets du Psaume 90, livre

1. Détail inédit.

quatrième de l'Ancien Testament. C'est une prière de Moïse à Dieu :

« ... Tu fais rentrer les hommes dans la poussière,

Et tu dis... Fils de l'homme, retournez [1] ! »

La chaîne du médaillon est chargée de divers talismans, porte-bonheur et médailles religieuses, mélangeant la foi et la superstition. Un souvenir du pèlerinage à Notre-Dame de la Sainte-Baume, près de Marseille, y est accroché ; la médaille a été gravée à Lyon. Sur une autre, représentant la Vierge, on lit : « Marie a été conçue sans péché. » La souveraine cherchait à conjurer le sort. Sa montre, un oignon simple, masculin, arrêtée à 13 h 54, l'heure où elle est entrée dans le coma, est suspendue à une chaîne où cliquetaient un sifflet, une tête de mort en or, deux mains de fatma et un minuscule cygne en cristal de roche serti de douze diamants, peut-être un cadeau de Louis II.

Le corps d'Elisabeth est sous un voile de dentelle. Trois mots y ont été brodés : *Repose en paix*.

Il a vingt-cinq ans. Il s'appelle Luigi Lucheni. Né à Paris d'une mère italienne, il n'a pas connu son père. Maçon, manœuvre, il a été valet de chambre d'un prince. Il est l'assassin d'Elisabeth. En début d'après-midi, il est interrogé par M. Charles Léchet, juge d'instruction, qui ignore encore la mort de Sissi. Ses réponses sont fières, cyniques. Il est arrivé à Genève le 5 septembre, venant de Lausanne où il travaillait sur le chantier de la grande poste. Il répète qu'il cherchait à tuer le duc d'Orléans qui séjournait à Genève. Mais le prétendant au trône de France est reparti pour le Valais.

— Je m'étais juré de tuer n'importe quelle personnalité haut placée. Prince, roi ou président de la République, ils sont tous pareils !

Son arme a été retrouvée par un concierge de la rue des Alpes. En courant, l'assassin l'avait jetée. Il l'a confectionnée lui-même, enfonçant dans un manche de bois une lime achetée à Lausanne. La lime, très effilée, mesure dix centimètres.

1. Il s'agit bien du psaume 90 et non du psaume 91, comme l'a indiqué, par erreur, le comte Corti dans son livre paru en 1934.

Lorsque M. Léchet est informé, par téléphone, du décès de Sissi, il dit à Lucheni :

— L'impératrice d'Autriche vient de succomber à ses blessures.

Une lueur brille dans les yeux vers de l'assassin :

— Vive l'anarchie !

Malgré la présence de nombreux réfugiés politiques en Suisse, malgré les attentats qu'on déplore – tel celui qui, en France, a coûté la vie au président Sadi Carnot – il ne sera jamais possible d'établir que Lucheni faisait partie d'un complot, sinon celui, éternel, des assassins de l'ordre. Lucheni a vraisemblablement agi seul. Il en est aussi fier que du crime lui-même.

Réuni en session spéciale, le Conseil fédéral adresse à son ambassadeur à Vienne un message contenant l'annonce officielle, par Berne, de l'assassinat. Le gouvernement suisse, très ému, précise : « Voulez-vous insister sur l'indignation profonde que nous inspire cet attentat dont la victime fut une noble monarque qui honorait notre pays de sa présence. La douleur est d'autant plus importante pour nous que cette atrocité a pu avoir lieu sur notre sol. Voulez-vous encore ajouter qu'avec l'ensemble du peuple suisse, nous envoyons à l'empereur, à la famille impériale et royale, nos plus chaleureuses condoléances pour cette cruelle perte. »

Une polémique éclata sur l'absence de protection de l'impératrice. Pour la police helvétique, sa présence était bien connue. Un télégramme du 29 août, adressé à 11 h 25 du matin par le département fédéral de la Justice et de la Police, à Berne, aux services compétents de Lausanne, s'achève ainsi : « Prions prendre toutes les mesures considérées comme nécessaires contre éventuels ennuis. » M. Virieux, chef de la police du canton de Vaud, avait organisé la protection de l'impératrice mais celle-ci, comme d'habitude, a jugé cette surveillance désagréable. Le vendredi 9 septembre, la veille de l'assassinat, M. Virieux retira ses agents... De même, Sissi avait renvoyé sa suite. Il est très possible qu'un entourage plus important qu'une seule dame d'honneur aurait dissuadé l'assassin d'agir à découvert sur le quai qui, à l'époque, était dépourvu d'arbres permettant efficacement de se dissimuler. Enfin, l'annonce dans la presse de la présence de l'impératrice à Genève paraît le samedi matin, jour de l'assassinat. L'indiscrétion – qui peut venir du personnel de l'hôtel – a pu être décisive mais rien ne dit que Lucheni n'aurait pas frappé ailleurs, à un autre moment, à Territet, par exemple.

Une polémique, plus discrète et plus brève, pose la question des soins prodigués à l'impératrice. Dans les archives inédites conservées par M. Mayer, il y a de très nombreuses dépêches de la presse européenne. L'une d'elles, expédiée par l'agence *Central News* de Londres, dit : « Quelques télégrammes touchant assassinat impératrice semblent montrer manque soin direction votre hôtel, ce qui empêcha impératrice être sauvée. Veuillez nous télégraphier faits exacts qui seront publiés tous journaux d'Angleterre. » En 1940, le récit de Mme Mayer tient à préciser : « L'épanchement de sang intérieur se manifestait par une tache allant grandissant. Aujourd'hui, l'opération consistant à refermer le cœur pourrait se faire mais en 1898, il n'en était pas question et encore, il aurait fallu demander l'autorisation à l'empereur[1]. » Un Jurassien, bouleversé, envoie une lettre, bordée de noir, à M. Mayer : « Je suis tellement dans la plus profonde désolation du crime horrible de Sa Majesté l'Impératrice d'Autriche que je vous adresse mes compliments de condoléances et le plus profond chagrin. J'irai vous faire une visite prochainement[2]. »

A Vienne, la nouvelle se répand à partir de six heures du soir. La foule s'amasse en groupes d'abord incrédules puis coléreux. Les mots sont colportés avec horreur : « Assassinée ! Notre Impératrice est assassinée ! Par un Italien ! » Des incidents éclatent dans les cafés fréquentés par les Italiens qui sont employés par la Compagnie du gaz. Des Autrichiens explosent d'indignation.

1. Inédit.
2. Inédit.

— Les Italiens nous retirent notre pain et assassinent notre Impératrice !

Bagarres, chants patriotiques, larmes : il faut l'arrivée de la police pour ramener l'ordre.

Le lundi 11 septembre, sur invitation du Conseil municipal, la population de Genève défile, à partir de onze heures trente, devant l'hôtel Beau-Rivage. L'émotion est immense sur tout le territoire de la vieille République.

Quinze mille personnes, de toutes conditions et de tous âges, manifestent, par leur recueillement, une colère contenue contre ce « qui ne peut inspirer qu'un profond sentiment d'horreur à toute l'humanité civilisée ».

Le corps d'Elisabeth a été placé dans un triple cercueil, deux en plomb, le troisième, extérieur, en bronze, repose sur des griffes de lion. La grosse cloche de la ville, la *Clémence*, sonne un glas lourd. La ville est morte, elle aussi, les magasins sont fermés, pas un bateau ne sillonne le lac.

Mardi matin, le train spécial autrichien amène les représentants officiels de l'empereur. Avant le plombage, ils peuvent s'assurer de l'identité du corps par deux ouvertures vitrées qui laissent voir le visage.

Mercredi matin, à huit heures et demie, c'est la levée du corps. De l'hôtel Beau-Rivage à la gare Cornavin, le cercueil est tiré par quatre chevaux caparaçonnés. Pendant les quinze minutes du trajet, la foule, immense, silencieuse, se découvre. La *Clémence* martèle un chagrin unanime. A la gare, le Conseil fédéral – il ne manque qu'un conseiller – et le Conseil d'Etat rendent un dernier hommage à l'impératrice. A neuf heures, dans un grand silence seulement troublé par des jets de vapeur, le train mortuaire s'ébranle en direction de Vienne. Sissi repart pour un dernier voyage, dans une voiture spéciale qui pèse neuf tonnes.

L'empire austro-hongrois est en grand deuil. A Budapest, la tristesse est particulièrement ressentie.

— Oui, ils peuvent pleurer, dit François-Joseph. Ils ne savent pas quelle amie ils ont perdue en leur reine.

Les télégrammes du monde entier s'amoncellent à la chancellerie, ceux de la reine Victoria, du président Félix Faure qui avait déclaré : « L'impératrice est sublime. On dirait qu'elle est française ! » ; ceux de l'empereur Guillaume II, du président américain McKinley, du tsar Nicolas II, du pape, qui juge l'attentat « méprisable ». Quatre-vingt-deux souverains et hautes personnalités suivent le cortège qui, au matin du samedi 16 septembre, conduit Elisabeth au caveau des Capucins.

Vivante, elle fuyait le protocole. Morte, elle ne peut y échapper. La petite porte de la crypte est close. Le premier chambellan frappe. Une voix monte du caveau.

— Qui est là ?

— L'impératrice et reine Elisabeth demande à entrer.

Une polémique regrettable, s'élève à propos de l'inscription sur le cercueil. On lit « Elisabeth, Impératrice d'Autriche ». Les Hongrois protestent. Elle était leur reine ; en hâte, on ajoute « et Reine de Hongrie ». Les Tchèques s'émeuvent aussi ; ils la considèrent comme la reine de Bohême... En fait, le monde entier pleure une femme exceptionnelle... Le monde a perdu un de ses modèles. Il gît dans un sarcophage en argent flanqué des armes de l'Autriche et de la Hongrie, posé sur six pattes de lion à quatre phalanges, en bronze.

Le protocole, en vigueur depuis le XVIIe siècle, est respecté : si le corps de la seizième impératrice de la dynastie des Habsbourg repose dans la crypte des Capucins, son cœur est conservé à l'église des Augustins, où elle s'était mariée, et ses viscères sont placés dans une sorte de carton à chapeau métallique, dans la crypte de la cathédrale Saint-Etienne.

Très fier de lui – très fier, surtout, qu'on parle de lui dans les journaux –, Lucheni ne manifeste aucun regret et souhaite être condamné à mort. Il compare son crime à l'affaire Dreyfus... Il se juge en héros, il se veut aussi martyr. Lorsqu'on lui demande pourquoi il a tué Elisabeth, qui ne lui a jamais rien fait, sa seule réponse est :

— C'est la lutte contre les grands et les riches. Un Lucheni tue une impératrice, jamais une blanchisseuse.

Or, Lucheni s'est doublement trompé. Il a cru tuer un personnage satisfait de son rôle officiel, friand des avantages de la vie publique, abusant d'un pouvoir capricieux et promenant une souveraineté insolente devant les plus défavorisés. C'est une première erreur. L'anarchiste a tué une anarchiste de

Cour, une femme qui ne connaissait que le poids de la couronne. Elle s'était détachée des grandeurs futiles et des honneurs clinquants. Lucheni aurait dû savoir qu'elle écrivait : « Qu'importent les sceptres, les couronnes et les manteaux de pompe ? Ce ne sont que haillons dérisoires, guenilles bariolées, hochets ridicules dont nous tentons vainement de couvrir la nudité de nos âmes alors que nous devrions penser à sauvegarder notre vie et nos sentiments intimes. »

C'est une impératrice démocratique, une reine populaire, une souveraine moderne. Selon Paul Morand, dans son étincelant livre *La Dame blanche des Habsbourg*, « c'est une femme d'aujourd'hui, qualités et défauts, elle est entrée dans le siècle précédent, le dix-neuvième, comme on se trompe de porte ». L'assassin a tué une image mais cette image était un faux. Lucheni ignorait qui était la véritable Sissi.

Avec une audace sans pareille, Sissi avait déclenché bien des révolutions mondaines et sociales à Vienne. C'était une femme scandalisée par la mesquinerie, par l'injustice et par l'égoïsme. Même s'il palpitait un peu en désordre, son cœur, qui avait tant souffert, était bon. Elisabeth n'avait rien d'un tyran. Elle souffrait sur terre et cela aurait dû émouvoir Lucheni car cette souffrance était publique. Il ne lui a pas fait grâce, étant, comme le rappelle *L'Illustration*, un « de ces sectaires imbéciles et féroces qui prétendent régénérer l'humanité par l'assassinat [1] ». Révolutionnaire, Sissi l'était plus que son agresseur. Ennemie des castes, elle l'avait été avant lui et l'était toujours. Elle écrivait « Ma mère, la Liberté ». Et, en 1890, celle qui avait scellé son testament d'un emblème représentant une mouette, avait écrit, en parlant des années 1950, le temps où ses poèmes pourraient être publiés : « Pas plus qu'aujourd'hui alors, ni le bonheur, ni la paix, c'est-à-dire la liberté, ne seront de ce bas monde. Dans un autre monde, qui sait ? »

A cette première méprise, l'assassin en ajoute une seconde, encore plus flagrante. Il n'a pas tué un être vivant, il a aidé quelqu'un qui voulait mourir. Armé par la fatalité, le bras de l'assassin a enfin porté le coup fatal à la *Mouette* blessée qui

1. N° 2899 du samedi 16 septembre 1898.

tournoyait dans le ciel du désespoir. Lucheni ne savait pas non plus qu'Elisabeth disait : « La pensée de la mort m'accompagne jour après jour, elle fait l'office du jardinier qui nettoie le jardin mais qui veut être seul et s'irrite si des curieux regardent par-dessus le mur. Ainsi, je cache mon visage derrière mon ombrelle et mon éventail pour que l'idée de la mort puisse travailler paisiblement en moi. » Il y a encore plus surprenant. Sissi avait dit : « Je sais que je marche vers un but effrayant qui m'est assigné par le destin... Je m'en irai comme la fumée s'envole, mon âme s'enfuira par une toute petite ouverture du cœur. » Singulière prémonition... Et son assassin ignorait encore qu'elle avait déclaré, fin 1897 : « Je ne veux pas survivre à l'empereur. » Et, en parlant de lui et de Marie-Valérie : « Je ne veux pas qu'ils soient présents à ma mort, je veux mourir toute seule. » Elle a été exaucée...

De même, il faut rappeler que l'église élevée à Mayerling comporte, sur la gauche, une petite chapelle baroque élevée à l'endroit de la chambre du valet de Rodolphe, Lotscheck. A côté de l'autel en bois sombre et colonnes de porphyre qui se trouvait à Corfou et du large prie-Dieu de François-Joseph, une statue de Vierge poignardée a été édifiée *avant* l'assassinat de Sissi par le sculpteur Tilgner. Une *Mater Dolorosa* dont le cœur, apparent, est percé d'un poignard ; or, la Vierge... a les traits d'Elisabeth...

Enfin, Lucheni a tué une personnalité, mais il a fait naître un mythe. La mort a encore grandi Elisabeth. A ce feuilleton exemplaire, il a ajouté le dernier épisode. Un drame, comme les précédents. Lorsque l'on réfléchit à l'impressionnant destin d'Elisabeth, on ne peut que s'incliner devant tant de douleur dans sa famille : l'archiduc Jean de Toscane disparu en mer, l'archiduc Ladislas tué à la chasse... Maximilien fusillé, Rodolphe mort (assassiné ?), Louis II noyé, Sophie d'Alençon brûlée vive, Charlotte démente. On peut ajouter la mort de sa nièce Mathilde, également brûlée, le suicide de son beau-frère, le comte Trani. Une famille ? Un cortège, un obituaire. Et une terrifiante liste des moyens de mourir. Chacune de ces morts a retiré à Elisabeth une raison de vivre. La fatalité des Atrides se retrouve dans ce pressentiment de Sissi lorsqu'elle avait dit un jour : « Nous mourrons tous de mort violente. » L'implacable engrenage tournera encore, tenace comme une malédiction, en abattant l'archiduc François-Ferdinand et sa femme à Sarajevo. Les premiers coups de feu de la Grande Guerre...

En octobre 1898, Luigi Lucheni est jugé par les Assises de Genève. Furieux que la peine de mort soit abolie sur le territoire de la République de Genève, il demande au président de la Confédération helvétique d'être jugé selon les lois du canton de Lucerne où la peine de mort est en vigueur. Sa lettre est signée « Luigi Lucheni, anarchiste et l'un des plus dangereux ». La triste vantardise de l'assassin a pu faire douter de sa raison. Il fut, cependant, déclaré sain et considéré, à son grand dépit, comme un prisonnier de droit commun et non comme un criminel politique. Condamné à la réclusion à perpétuité, l'assassin tente de se tuer avec la clé d'une boîte à sardines, le 20 février 1900. Nerveux, susceptible, il finit par se pendre dans sa cellule au soir du 16 octobre 1910, ayant agi beaucoup plus dans un accès de rage que par remords dont il était dépourvu. Son cerveau est conservé à l'Institut de médecine légale de Genève.

Tant de malheurs greffés sur tant de charme ont fait de Sissi un personnage inoubliable. Le 7 juin 1907, dans le *jardin du Peuple*, au centre de Vienne, François-Joseph inaugure le monument d'Elisabeth, impératrice d'Autriche. Vienne rend un hommage posthume à celle qui la fuyait. Hommage sélectif : Sissi n'est pas considérée comme « reine de Hongrie »... L'impératrice est assise, deux gros chiens à ses pieds. Elle regarde la Hofburg. Devant la statue, aujourd'hui des concerts réveillent quelquefois la nostalgie qu'inspire le personnage[1]. En Hongrie, malgré les bouleversements politiques, son souvenir est loin d'être effacé. A Budapest, le pont Erzsébet enjambe toujours le Danube et l'avenue Erzsébet n'a pas été débaptisée...

En observant la statue de l'Impératrice, la comtesse Fürstenberg, ancienne dame d'honneur, raconte : « Ce qu'elle fut

1. Egalement en 1907, Guillaume II achète l'*Achilléon*. Il y séjournera souvent et ne craindra pas de faire graver, au pied de l'*Achille mourant*, sculpté dans le marbre en 1884 par le Berlinois Herter et cher à Sissi, cet hommage insensé : « Au plus grand des Grecs, le plus grand des Allemands » !

en réalité, la grâce si prenante qui émanait de sa personne, aucun ciseau, aucun pinceau ne saurait en donner une idée : son charme si personnel était inexprimable. Elle continuera de vivre, non pas dans l'Histoire mais dans la légende... » En effet, Sissi est inoubliable même si la plaque de cuivre marquant l'endroit de son assassinat sur le quai du Mont-Blanc n'est visible que par ceux qui, entre le onzième et douzième arbre depuis le pont, se penchent par-dessus la balustrade en fonte des forges d'Ardon, édifiée en 1854. Au niveau du cinquantième pilier, une main anonyme a gravé, avec un burin, une croix dans le rebord de la pierre. L'écrivain hongrois Ferencz Molnár, qui avait relaté, pour la presse magyare, le procès du meurtrier de l'Impératrice, revint, bien plus tard, à Genève, en disant : « Une croix bien cachée signale maintenant ce sinistre endroit et il faut bien chercher pour la retrouver[1]. » Il faut tellement chercher qu'un cheminot retraité, M. Henri Seylaz, dut indiquer, en 1973, l'endroit exact aux lecteurs de *la Tribune de Genève*[2].

Inoubliable, Sissi le fut pour son malheureux époux, empereur et roi, digne et courageux, encore debout dans ces désastres à répétition, sanglé dans son devoir, muré dans son chagrin. Penché avec application sur des dossiers ou assis dans le fauteuil rouge de son bureau de la Villa impériale, où il fume en silence, l'empereur lutte contre la tristesse, le cœur au bord des larmes. Incomprise de beaucoup de gens parce qu'elle avait de la peine à s'assumer, Sissi fut victime de l'éternel procès engagé par la médiocrité. Elle est la preuve flagrante que la médiocrité déteste l'originalité et que l'association de la célébrité avec la beauté déchaîne toutes les jalousies. Katharina Schratt en convient dans une lettre : « ... Elle était l'une des femmes les plus attirantes que j'ai connues, une personne unique, extraordinaire et seuls les gens qui l'ont vraiment approchée de près peuvent apprécier sa valeur. Sa vie fut une série de déceptions. Si l'on y réfléchit et si l'on en tient compte, on devra être indulgent... »

D'elle, Andrassy écrivait : « ... A un esprit qui honorerait

---

1. *Revue du Vieux Genève*, n° 7, 1977.
2. Mardi 14 août 1973.

un grand homme, elle unit tous les dons du cœur. Bref, elle n'a pas sa pareille au monde. Je n'ai qu'un regret, c'est qu'il y ait si peu de gens à la connaître. Je voudrais que le monde rendît justice à son rare mérite. »

Et l'empereur erre dans les pièces vides où chaque objet est prêt à recevoir Sissi, « même la balance sur laquelle elle se pesait chaque jour ». Il bute sur tous les souvenirs de la défunte, son éventail en bois et en cuir, ses cravaches en ivoire sculpté, une pour elle, une pour lui, chacun ayant la photo de l'autre et son chiffre, entourés de rubis. Tout rappelle son épouse adorée à qui il pardonnait ses accès d'égoïsme, sachant qu'elle souffrait plus que lui, ses jumelles en ivoire dans leur coffret de velours bleu à double couronne, sa boîte à cigarettes en argent, son livre de prières à fermoir, son coupe-papier incrusté de coccinelles et de libellules... Sans cesse, il lève les yeux vers les portraits de la disparue, comme s'il voulait se rassurer de son regard. Selon le témoignage que m'a confié S.M. Zita, il ne cessa de répéter, jusqu'à sa mort, le 21 novembre 1916 :

— Personne ne saura jamais combien je l'ai aimée...

BIBLIOGRAPHIE

SOURCES

De très nombreuses sources utilisées pour la rédaction de ce livre ont été citées dans le cours de l'ouvrage. Toutefois, l'auteur tient à indiquer, à titre de rappel, les documents, les témoignages, dont certains inédits, ainsi que les études classiques, parfois anciennes mais essentielles, qu'il a consultés. Il précise que, en raison de l'importance du sujet, de ses implications familiales dans toute l'Europe et de ses divers aspects, en particulier personnels, politiques et diplomatiques, les éléments ci-dessous ne peuvent que constituer une sélection personnelle établie dans l'intérêt du lecteur soucieux d'approfondir le sujet. Un obstacle supplémentaire est constitué par les langues. Des travaux très intéressants ont été publiés, bien entendu, en allemand, en hongrois mais aussi en anglais et, pour beaucoup d'entre eux, aucune traduction française n'est envisagée.

SOURCES INÉDITES

Agenda de l'impératrice Elisabeth (année 1879). Petit album personnel de l'*Achilléon*. Souvenirs (documents, correspondances, dépêches, photographies) conservés à l'Hôtel Beau-Rivage par M. Jacques Mayer. En particulier, le récit de sa grand-mère, Mme Fanny-Louise Mayer.

Interview de S.M. l'impératrice Zita, témoignages et compléments d'enquête fournis par son entourage sur la thèse, nouvelle, de l'assassinat politique de l'archiduc Rodolphe.

Enquête auprès de différentes personnalités, liées directement ou indirectement à la famille impériale ou qui lui sont étrangères et dont je respecte le strict désir d'anonymat. Ces recherches m'ont permis de dégager des aspects nouveaux, dans des domaines divers, de la personnalité de Sissi et d'examiner certains souvenirs intimes.

SOURCES PUBLIÉES

Concernant directement l'impératrice Elisabeth, la base de toute étude sérieuse reste l'admirable travail de Egon César comte Corti, première biographie complète jamais publiée. Ce texte date de 1934. Sa dernière réédition, sans aucune mise à jour, a été publiée en français par Payot, en 1982. Il est également dommage que l'édition française ne comporte aucune illustration, comme l'édition en allemand : *Elisabeth, die seltsame Frau* (Ed. Styria, Vienne et Graz).

Histoire de Sissi par Raymond Chevrier (Pierre Waleffe, 1968). Un texte relativement bref mais bien conçu, une remarquable illustration. Cet ouvrage, le plus récent paru en français sur le sujet exclusif de Sissi, a été également publié en allemand, sous la forme d'un album de petit format : *Sissi, die Geschichte der Kaiserin Elisabeth von Œsterreich* (Amalthea, Vienne, 1970).

Elisabeth, impératrice d'Autriche par Karl Tschuppik. Traduit de l'allemand par Gabrielle Godet (Plon, 1933). Un survol, doté d'intéressantes réflexions mais confus sur le plan chronologique.

Elisabeth d'Autriche par Henry Vallotton (Fayard, 1957). Un excellent travail.

Elisabeth, impératrice d'Autriche par Maurice Paléologue, de l'Académie française. (Plon, 1939).

Les secrets d'une Maison royale par la comtesse Larisch von Wallersee-Wittelsbach (Payot, 1935, réédition en 1949). J'ai dit – et je redis – avec quelle prudence il convient d'aborder ce livre où l'intention de nuire, évidente, se heurte à des contradictions, à des lacunes graves et à des impossibilités chronologiques. La nièce morganatique de Sissi commet, d'ailleurs, sa première imposture en utilisant ce nom d'auteur. En effet, en 1896, elle divorça du comte Larisch, épousa un chanteur bavarois, M. Otto Brucks puis, en troisièmes noces, un fermier américain, M. Fleming. Son livre fait suite à celui qu'elle publia à Londres, en 1913, sous le titre « My past ». Je précise que son fils s'est suicidé après avoir appris le rôle trouble joué par sa mère dans la tragédie de Mayerling.

Aus den letzten Jahren des Kaiserin Elisabeth par la comtesse Iram Sztáray (Adolf Holzhausen, Vienne, 1909). Une source précieuse sur les dernières années d'Elisabeth. Le récit, d'un ton parfois exalté, couvre la période d'août 1894 à septembre 1898. Il n'a jamais été traduit en français.

Villégiature impériale en pays de Caux par Albert Perquer (Paul Ollendorff, Paris, 1897). Une rarissime plaquette, aussi précieuse que charmante, sur le séjour de Sissi à Sassetot-le-Mauconduit, en 1875.

The Lonely Empress par Joan Haslip (Weidenfeld and Nicolson, Londres, 1965). Le meilleur ouvrage après celui du comte Corti. Il contient d'intéressants détails sur les séjours de la souveraine en Angleterre et en Irlande. Traduction française chez Hachette, en 1967.

La mort de l'impératrice Elisabeth ou l'acte de l'anarchiste Lucheni par Maria Metray et Answald Kruger (ouvrage publié en allemand par Kurt Desch, à Vienne-Munich-Bâle, en 1970).

Elisabeth, Kaiserin wider Willen par Brigitte Hamann (Amalthea, Vienne, 1982). La plus récente étude en allemand. Un texte volontiers critique, voire hostile, avec des lacunes surprenantes dans un ouvrage de cette dimension. Il contient des poèmes que Sissi ne voulait pas publier de son vivant. C'est davantage une étude psychanalytique qu'une véritable biographie. Du même auteur, chez le même éditeur, un intéressant album de photographies et d'illustrations diverses, *Elisabeth, Bilder einer Kaiserin*.

La Dame blanche des Habsbourg par Paul Morand, de l'Académie française (Librairie Académique Perrin, 1979). Une évocation brillante, à l'image de son auteur.

Elisabeth de Bavière par Constantin Christomanos. Préface de Maurice Barrès, de l'Académie française (Mercure de France, traduction de Gabriel Syveton, 1900). Un texte lyrique, des observations capitales couvrant la période 1891-1892 par celui qui fut le quatrième – et le plus connu – professeur de grec de Sissi.

Concernant plus particulièrement l'empereur François-Joseph et la vie du couple impérial, c'est encore au comte Corti que l'on doit le travail le plus fouillé. Son étude comporte trois volumes : *Vom Kind zum Kaiser* et *Mensch und Herrscher* (Anton Pustet, Graz-Salzbourg-Vienne, 1950). Le troisième volume a été rédigé par Hans Sokol après le décès du comte Corti en 1953. Il a été publié en 1955, *Der Alte Kaiser* (Ed. Styria). Ce monumental triptyque n'a jamais été publié en français.

Franz Joseph I. par Ernst Trost et Christian Brandstätter (Fritz Molden, Vienne-Munich-Zurich, 1980). La plus récente étude sur l'empereur, présentée sous forme d'un album somptueusement illustré, avec des documents exceptionnels et remarquablement mis en page.

François-Joseph par le comte de Saint-Aulaire (Fayard, 1945).

Francis Joseph I par Michael McGarvie. Introduction de Béla Menezer (The Monarchist Press Association. Londres, 1966). Ce petit volume est d'un grand intérêt et riche de nombreuses références.

S'agissant d'études complémentaires et générales, je signale :

Mayerling ou le destin fatal des Wittelsbach par Célia Bertin (Librairie Académique Perrin, 1972). Une étude de Sissi, de François-Joseph et de Rodolphe.

Le secret de Mayerling par Raymond Chevrier (Pierre Waleffe, 1967).

Crown Prince Rudolf and the Mayerling tragedy par Emil Franzel (Herold, Vienne, 1974).

A Habsburg tragedy, Crown Prince Rudolf par Judith Listowel (Ascent books, Londres, 1978).

Maximilien et Charlotte, la tragédie de l'ambition par André Castelot (Librairie Académique Perrin, 1977).

Imperial adventurer, Emperor Maximilian of Mexico and his Empress par Joan Haslip (Weindenfeld and Nicolson, Londres,1971).

Vienne impériale par William M. Johnston. Traduit et adapté de l'italien par Bernard Guyader (Fernand Nathan, 1980). Un splendide album, magnifiquement illustré, un texte très complet.

Kaiser Franz Joseph I und seine Zeit par Anton Graf Bossi Fedrigotti (Ringier, Zurich-Munich, 1978).

Les Habsbourg, histoire politique et galante d'une dynastie, par Dorothy Gies McGuigan. Traduit de l'anglais par Hervé Laroche (Tallandier, 1968).

Zita, impératrice courage par Jean Sévillia (Perrin, 1997).

Louis II de Bavière ou le Roi foudroyé par Jean des Cars (Librairie Académique Perrin, 1975, réédition 2002).

TABLE

collection tempus
Perrin

DÉJÀ PARU

1. *Histoire des femmes en Occident* (dir. Michelle Perrot, Georges Duby), *L'Antiquité* (dir. Pauline Schmitt Pantel).
2. *Histoire des femmes en Occident* (dir. Michelle Perrot, Georges Duby), *Le Moyen Âge* (dir. Christiane Klapisch-Zuber).
3. *Histoire des femmes en Occident* (dir. Michelle Perrot, Georges Duby), *XVIe-XVIIIe siècle* (dir. Natalie Zemon Davis, Arlette Farge).
4. *Histoire des femmes en Occident* (dir. Michelle Perrot, Georges Duby), *Le XIXe siècle* (dir. Michelle Perrot, Geneviève Fraisse).
5. *Histoire des femmes en Occident* (dir. Michelle Perrot, Georges Duby), *Le XXe siècle* (dir. Françoise Thébaud).
6. *L'épopée des croisades* – René Grousset.
7. *La bataille d'Alger* – Pierre Pellissier.
8. *Louis XIV* – Jean-Christian Petitfils.
9. *Les soldats de la Grande Armée* – Jean-Claude Damamme.
10. *Histoire de la Milice* – Pierre Giolitto.
11. *La régression démocratique* – Alain-Gérard Slama.
12. *La première croisade* – Jacques Heers.
13. *Histoire de l'armée française* – Philippe Masson.
14. *Histoire de Byzance* – John Julius Norwich.
15. *Les Chevaliers teutoniques* – Henry Bogdan.
16. *Mémoires, Les champs de braises* – Hélie de Saint Marc.
17. *Histoire des cathares* – Michel Roquebert.
18. *Franco* – Bartolomé Bennassar.
19. *Trois tentations dans l'Église* – Alain Besançon.
20. *Le monde d'Homère* – Pierre Vidal-Naquet.
21. *La guerre à l'Est* – August von Kageneck.
22. *Histoire du gaullisme* – Serge Berstein.
23. *Les Cent-Jours* – Dominique de Villepin.
24. *Nouvelle histoire de la France*, tome I – Jacques Marseille.
25. *Nouvelle histoire de la France*, tome II – Jacques Marseille.
26. *Histoire de la Restauration* – Emmanuel de Waresquiel et Benoît Yvert.
27. *La Grande Guerre des Français* – Jean-Baptiste Duroselle.
28. *Histoire de l'Italie* – Catherine Brice.
29. *La civilisation de l'Europe à la Renaissance* – John Hale.
30. *Histoire du Consulat et de l'Empire* – Jacques-Olivier Boudon.
31. *Les Templiers* – Laurent Daillez.

32. *Madame de Pompadour* – Évelyne Lever.
33. *La guerre en Indochine* – Georges Fleury.
34. *De Gaulle et Churchill* – François Kersaudy.
35. *Le passé d'une discorde* – Michel Abitbol.
36. *Louis XV* – François Bluche.
37. *Histoire de Vichy* – Jean-Paul Cointet.
38. *La bataille de Waterloo* – Jean-Claude Damamme.
39. *Pour comprendre la guerre d'Algérie* – Jacques Duquesne.
40. *Louis XI* – Jacques Heers.
41. *La bête du Gévaudan* – Michel Louis.
42. *Histoire de Versailles* – Jean-François Solnon.
43. *Voyager au Moyen Âge* – Jean Verdon.
44. *La Belle Époque* – Michel Winock.
45. *Les manuscrits de la mer Morte* – Michael Wise, Martin Abegg Jr. & Edward Cook.
46. *Histoire de l'éducation,* tome I – Michel Rouche.
47. *Histoire de l'éducation,* tome II – François Lebrun, Marc Venard, Jean Quéniart.
48. *Les derniers jours de Hitler* – Joachim Fest.
49. *Zita impératrice courage* – Jean Sévillia.
50. *Histoire de l'Allemagne* – Henry Bogdan.
51. *Lieutenant de panzers* – August von Kageneck.
52. *Les hommes de Dien Bien Phu* – Roger Bruge.
53. *Histoire des Français venus d'ailleurs* – Vincent Viet.
54. *La France qui tombe* – Nicolas Baverez.
55. *Histoire du climat* – Pascal Acot.
56. *Charles Quint* – Philippe Erlanger.
57. *Le terrorisme intellectuel* – Jean Sévillia.
58. *La place des bonnes* – Anne Martin-Fugier.
59. *Les grands jours de l'Europe* – Jean-Michel Gaillard.
60. *Georges Pompidou* – Eric Roussel.
61. *Les États-Unis d'aujourd'hui* – André Kaspi.
62. *Le masque de fer* – Jean-Christian Petitfils.
63. *Le voyage d'Italie* – Dominique Fernandez.
64. *1789, l'année sans pareille* – Michel Winock.
65. *Les Français du Jour J* – Georges Fleury.
66. *Padre Pio* – Yves Chiron.
67. *Naissance et mort des Empires.*
68. *Vichy 1940-1944* – Jean-Pierre Azéma, Olivier Wieviorka.
69. *L'Arabie Saoudite en guerre* – Antoine Basbous.
70. *Histoire de l'éducation,* tome III – Françoise Mayeur.
71. *Histoire de l'éducation,* tome IV – Antoine Prost.
72. *La bataille de la Marne* – Pierre Miquel.
73. *Les intellectuels en France* – Pascal Ory, Jean-François Sirinelli.
74. *Dictionnaire des pharaons* – Pascal Vernus, Jean Yoyotte.

75. *La Révolution américaine* – Bernard Cottret.
76. *Voyage dans l'Égypte des Pharaons* – Christian Jacq.
77. *Histoire de la Grande-Bretagne* – Roland Marx, Philippe Chassaigne.
78. *Histoire de la Hongrie* – Miklós Molnar.
79. *Chateaubriand* – Ghislain de Diesbach.
80. *La Libération de la France* – André Kaspi.
81. *L'empire des Plantagenêt* – Martin Aurell.
82. *La Révolution française* – Jean-Paul Bertaud.
83. *Les Vikings* – Régis Boyer.
84. *Examen de conscience* – August von Kageneck.
85. *1905, la séparation des Églises et de l'État.*
86. *Les femmes cathares* – Anne Brenon.
87. *L'Espagne musulmane* – André Clot.
88. *Verdi et son temps* – Pierre Milza.
89. *Sartre* – Denis Bertholet.
90. *L'avorton de Dieu* – Alain Decaux.
91. *La guerre des deux France* – Jacques Marseille.
92. *Honoré d'Estienne d'Orves* – Etienne de Montety.
93. *Gilles de Rais* – Jacques Heers.
94. *Laurent le Magnifique* – Jack Lang.
95. *Histoire de Venise* – Alvise Zorzi.
96. *Le malheur du siècle* – Alain Besançon.
97. *Fouquet* – Jean-Christian Petitfils.
98. *Sissi, impératrice d'Autriche* – Jean des Cars.
99. *Histoire des Tchèques et des Slovaques* – Antoine Marès.
100. *Marie Curie* – Laurent Lemire.
101. *Histoire des Espagnols,* tome I – Bartolomé Bennassar.
102. *Pie XII et la Seconde Guerre mondiale* – Pierre Blet.
103. *Histoire de Rome,* tome I – Marcel Le Glay.
104. *Histoire de Rome,* tome II – Marcel Le Glay.
105. *L'État bourguignon 1363-1477* – Bertrand Schnerb.
106. *L'Impératrice Joséphine* – Françoise Wagener.
107. *Histoire des Habsbourg* – Henry Bogdan.
108. *La Première Guerre mondiale* – John Keegan.
109. *Marguerite de Valois* – Eliane Viennot.
110. *La Bible arrachée aux sables* – Werner Keller.
111. *Le grand gaspillage* – Jacques Marseille.
112. *« Si je reviens comme je l'espère » : lettres du front et de l'Arrière, 1914-1918* – Marthe, Joseph, Lucien, Marcel Papillon.
113. *Le communisme* – Marc Lazar.
114. *La guerre et le vin* – Donald et Petie Kladstrup.
115. *Les chrétiens d'Allah* – Lucile et Bartolomé Bennassar.
116. *L'Égypte de Bonaparte* – Jean-Joël Brégeon.
117. *Les empires nomades* – Gérard Chaliand.

118. *La guerre de Trente Ans* – Henry Bogdan.
119. *La bataille de la Somme* – Alain Denizot.
120. *L'Église des premiers siècles* – Maurice Vallery-Radot.
121. *L'épopée cathare,* tome I, *L'invasion* – Michel Roquebert.
122. *L'homme européen* – Jorge Semprún, Dominique de Villepin.
123. *Mozart* – Pierre-Petit.
124. *La guerre de Crimée* – Alain Gouttman.
125. *Jésus et Marie-Madeleine* – Roland Hureaux.
126. *L'épopée cathare,* tome II, *Muret ou la dépossession* – Michel Roquebert.
127. *De la guerre* – Carl von Clausewitz.
128. *La fabrique d'une nation* – Claude Nicolet.
129. *Quand les catholiques étaient hors la loi* – Jean Sévillia.
130. *Dans le bunker de Hitler* – Bernd Freytag von Loringhoven et François d'Alançon.
131. *Marthe Robin* – Jean-Jacques Antier.
132. *Les empires normands d'Orient* – Pierre Aubé.
133. *La guerre d'Espagne* – Bartolomé Bennassar.
134. *Richelieu* – Philippe Erlanger.
135. *Les Mérovingiennes* – Roger-Xavier Lantéri.
136. *De Gaulle et Roosevelt* – François Kersaudy.
137. *Historiquement correct* – Jean Sévillia.

Impression réalisée sur Presse Offset par

BRODARD & TAUPIN

GROUPE CPI

La Flèche (Sarthe), le 06-07-2006
pour le compte des Éditions Perrin
76, rue Bonaparte
Paris 6e

N° d'édition : 2004 – N° d'impression : 36577
Dépôt légal : avril 2005
Imprimé en France